行程精确 资讯贴心 双语地图

线路百搭让你高效利用7天时间

中旅游书架

海外一周游

第2版

《亲历者》编辑部 编著

中国铁道出版社

CHINA RAILWAY PUBLISHING HOUSE

图书在版编目（CIP）数据

海外一周游 /《亲历者》编辑部编著 . —2 版 . —北京：中国铁道
出版社，2017.5

（亲历者）

ISBN 978-7-113-22718-0

Ⅰ．①海… Ⅱ．①亲… Ⅲ．①旅游指南—世界 Ⅳ．① K919

中国版本图书馆 CIP 数据核字（2017）第 005327 号

书　　名：海外一周游（第 2 版）

作　　者：《亲历者》编辑部 编著

策划编辑：聂浩智
责任编辑：郭景思
版式设计：戴立志
责任印制：赵星辰

出版发行：中国铁道出版社（北京市西城区右安门西街 8 号　邮码：100054）

印　　刷：北京顶佳世纪印刷有限公司

版　　次：2015 年 9 月第 1 版　2017 年 5 月第 2 版　2017 年 5 月第 1 次印刷

开　　本：660mm×980mm　1/16　印张：29　字数：667 千

书　　号：ISBN 978-7-113-22718-0

定　　价：78.00 元

/前言

    无论是追求"读万卷书，行万里路"的境界，还是想去体验不同的异域风情，海外的土地总是有着莫名的吸引力。走出去，你会遇见充满地中海风情的希腊、自由奔放的美国、时尚潮流的日本，在那里能体验不同的文化、欣赏不同风格的建筑、品味无与伦比的美食，以及在众多的购物乐园里享受"血拼"。

    在美国辽阔的土地上，不仅会遇见繁华的都市，还有著名的自由女神像、能释放心灵的国家公园，以及加利福尼亚热烈的阳光。在欧洲的小镇，不仅能见证风车下的浪漫，还可以前往北欧寻觅"火狐尾巴扫过天际"的那一抹灿烂极光。当然少不了柬埔寨的吴哥窟、泰国的大王宫、德国的科隆大教堂、韩国的景福宫、英国的大本钟、意大利的古罗马斗兽场等众多人文景观，等着人们前去寻找不同的文明；还有如瑞士的少女峰、法国南部大片的薰衣草花田、日本春季里盛开的樱花、加拿大秋天的枫叶走廊、横跨美加两国的尼亚加拉瀑布、热情无比的澳大利亚黄金海岸，亦在等着世人前去探索。

    除了令人惊叹的美景外，法式大餐、澳大利亚海鲜、日本的寿司、瑞士的奶酪火锅、韩国的泡菜和泰国的咖喱，也都在挑逗着人们的味蕾；选购价格合适的奢侈品、最新发布的数码产品、时尚的服饰、好用的化妆品，都成了前往海外旅游的重要日程。另外，潜水、滑雪、冲浪甚至是乘坐热气球、直升机观景，也越来越多地被大众所接受。

    越来越多的人奔赴海外旅游，既然要出发，就应当无所畏惧，本书让你不再背负沉重包袱，让你的出境之旅变得简单，只剩轻松惬意。勇敢地启程吧！以一周为期，许自己一个璀璨的旅程。在本书的指导下，路线规划迎刃而解，吃、住、行、游、购、娱不再是令人头疼的问题。

    本书在开篇详细介绍了旅行前的计划、准备、出发，以及返回的实用攻略；正文则分为12个部分，分别以一周的旅行时间串联了日本、韩国、泰国、柬埔寨、英国、法国、德国、意大利、瑞士、北欧、澳大利亚、美国、加拿大等多个旅游热门地，并以最有效率的顺序安排了各国的旅游路线。在一周的每一天里，从早餐开始，合理安排吃、住、游、购等细节，每天的行程路线清晰可见，让你的旅行更加完美无缺。

    一切就绪，只待出发！

目录 CONTENTS

PART2:加拿大一周游
120-145

PART3:英国一周游
146–183

PART4:法国一周游
184–219

PART5:德国一周游
220-249

PART6:意大利及瑞士一周游
250-287

PART7:北欧一周游
288-313

PART8:日本一周游
314-349

PART12:澳大利亚一周游
436-461

导读

畅游世界，现在开始

导读 畅游世界 现在开始

计划

一周时间能去哪

　　境外旅游资源丰富，一周的旅游时间可以游览2～3个城市，如果只是走马观花还可以选择更多目的地。尤其是在欧洲，发达的交通网络能够有效地节省旅行时间，提高旅行质量，一周的时间基本可以去2～3个国家，边走边看，只要路线设计合理，一周的时间也能够很好地体验当地风情。

　　一周的时间，如果前往美国、加拿大、澳大利亚、韩国等国家，则建议采用1个大城市、1个中等城市加上2个小镇或者2个大城市、1个中等城市的搭配，这样既能体验到当地的精华，又能深入了解当地的风土人情。在欧洲的申根国家内游玩，则可以凭借发达的铁路系统，多去几个城市。前往亚洲其他国家，一周时间适合在同一个国家内游玩，如果行程安排紧凑，也可以游玩两个国家。

一周游精华线路推荐			
目的地	游玩区域	区域特色	行程安排
美国	线路一：纽约、华盛顿、布法罗 线路二：旧金山、洛杉矶、拉斯维加斯	美国旅游主要分为美东、美西两条路线。美西可从旧金山到洛杉矶，然后前往拉斯维加斯感受沙漠之城的魅力，美东可从纽约到华盛顿，然后前往布法罗，见证尼亚加拉瀑布的壮观	每天可根据所在城市的特色，安排相应行程。如果时间充足的话也可以同时游览两条路线，从拉斯维加斯乘坐飞机前往纽约十分方便。如果对夏威夷更有兴趣，则可以乘飞机前往游玩
加拿大	多伦多、渥太华	多伦多与渥太华都是加拿大安大略湖周围的城市，无论是尼亚加拉瀑布的壮观还是枫叶走廊的绝美，都让人叹为观止	如果有更多的时间，可以驱车前往位于多伦多至魁北克市的枫叶走廊。在这里可以欣赏到壮观的红叶，或是到温哥华等城市体验不一样的加拿大风情
英国	伦敦、剑桥、爱丁堡、牛津	英国的城市都具有鲜明的特色，大本钟、剑桥大学、爱丁堡城堡等标志性景点是英国的名片	如果更喜欢牛津这座城市，可以将游玩区域中的剑桥或爱丁堡行程替换为在牛津游玩，或者在时间充足的情况下，可在游览完伦敦后先到牛津参观，然后再乘车前往剑桥

目的地	游玩区域	区域特色	行程安排
法国	巴黎、普罗旺斯、里昂	法国最为吸引人的当属巴黎和普罗旺斯的薰衣草花田了。从巴黎到普罗旺斯各小镇的行程中，能够充分感受到法国的浪漫气息	从巴黎前往普罗旺斯地区的路上会经过里昂，如果时间充足可在里昂停留并游玩两天，如果对薰衣草花田十分感兴趣，则可在阿维尼翁包车前往山地地区，那里有更为壮观的花海
德国	柏林、慕尼黑、法兰克福、科隆	德国给人的印象是严谨，但德国的慕尼黑却是出了名的啤酒之城，在这里能感受到德国纵情狂欢的一面，也更容易融入当地生活	如果有更多的时间在德国游玩，可以前往科隆，看看著名的科隆大教堂；或是前往法兰克福，游览这座著名的"会展之城"
意大利与瑞士	罗马、佛罗伦萨、威尼斯、米兰、卢塞恩	意大利与瑞士的许多城市都十足的文艺，无论是历史悠久的罗马还是著名的"翡冷翠"佛罗伦萨，或是水城威尼斯和充满诗情画意的卢塞恩，都是令众多游客向往的地方	从威尼斯前往卢塞恩的路上会经过著名的时尚之都——米兰，如果有兴趣，不妨停下来，感受一下意大利风格的时尚设计吧
北欧	哥本哈根、斯德哥尔摩、伊瓦洛、奥斯陆、赫尔辛基	北欧的大部分地区总是被冰雪覆盖，皑皑的白雪也让这里充满了童话气息，在芬兰北拉普兰地区的圣诞老人村感受圣诞的快乐氛围，或是在哥本哈根的街头遇见安徒生的童话故事，都能重温温馨的梦境	北欧有很多城市都很值得游览，除了游玩区域中提到的城市外，赫尔辛基、罗瓦涅米等城市都有自己的特色，如果有充足的时间，可以将这些城市一一走遍，你将会更加深入地了解北欧风情
日本	东京、箱根、京都、大阪、北海道	繁华之都东京、温泉胜地箱根，还有充满历史厚重感的京都，以及著名的旅游目的地大阪、北海道，都在本次行程安排中	如果有更充足的时间，可以乘车前往著名的北海道地区游玩，或是从箱根前往距离富士山更近的地方欣赏美景
韩国	首尔、仁川、釜山、济州岛	去韩国旅行能看到很多的历史建筑，还有很多在韩剧中出现过的场景与美食，都能在现实生活中找到	如果时间充足可以前往韩国的济州岛游玩，那里四面环海，奇岩怪石、海天一色，瑰丽多彩
泰国	曼谷、普吉岛、清迈	泰国有绮丽的热带风光，佛教文化的熏陶也使得泰国人民性格温和，首都曼谷的发展已经十分现代化，而普吉岛更成了游客们公认的度假天堂	在游玩曼谷和普吉岛的同时，也可以前往曼谷西北部的清迈，体验邓丽君歌声中的小城风光
柬埔寨	暹粒、吴哥窟、金边	柬埔寨因著名的吴哥窟而闻名世界，这座吴哥王朝留下的辉煌遗迹也吸引众多的游客纷至沓来	如果只是在吴哥遗迹游览，并不能满足你对柬埔寨的好奇心，那么柬埔寨的首都金边将是不错的选择
澳大利亚	悉尼、布里斯班、凯恩斯、黄金海岸	澳大利亚这个南半球国家，疆域辽阔且拥有众多奇特地貌，自然的厚爱也让这里拥有众多珍奇的生物，袋鼠、考拉等都是能代表其特色的动物	到澳大利亚，可以去繁华的悉尼城看澳大利亚著名的建筑——悉尼歌剧院，在布里斯班的黄金海岸与大海亲密接触，在凯恩斯还可以探寻大堡礁的秘密

一周需要多少钱

出境游玩的消费基本比较高，特别是在发达国家，其中吃、住、行、购等方面的花费会较多，在东南亚国家的花费会相对低一些。不过具体花费多少，还得根据个人情况而定，一般来说，准备2万～3万元人民币就差不多可以在欧美等发达国家旅行一周了。如果前往东南亚等地旅游，一周的时间基本需要花费8000～12000元人民币。下面简单列出境外旅游的费用表供参考，读者可以根据这个表格估算自己的旅程费用。

境外旅行单人费用预算（单位：人民币元）			
国家/地区	饮食	住宿	交通
美国	汉堡、三明治、比萨约40元/餐 餐馆点餐约160元/餐	经济型约300元/晚 豪华型约1500元/晚	公共交通约10元/次
加拿大	中式快餐约30元/餐 西式正餐约120元/餐	经济型约400元/晚 豪华型约1000元/晚	公共交通约13元/次
英国	面包与牛奶约50元/餐 西式正餐约500元/餐	经济型约600元/晚 豪华型约1000元/晚	公共交通约30元/次
法国	法式面包、三明治约50元/餐，中式快餐约100元/餐，法式大餐、鹅肝、红酒等约600元/餐	经济型约650元/晚 豪华型约1100元/晚	公共交通约16元/次
德国	早餐的肉类、面包、主食、牛奶、咖啡等约100元/餐 德国猪肘餐约300元/餐	经济型约800元/晚 豪华型约1000元/晚	公共交通约16元/次
意大利	意大利面、通心粉、比萨等约150元/餐	经济型约900元/晚 豪华型约1300元/晚	公共交通约14元/次
瑞士	路边小店快餐约100元/餐 奶酪火锅约300元/餐	经济型约600元/晚 豪华型约900元/晚	公共交通约12元/次
北欧	三明治、汉堡约60元/餐，午间自助餐约80元/餐，海鲜、正餐约300元/餐	经济型约800元/晚 豪华型约1800元/晚	公共交通约5元/次
日本	面包与牛奶约60元/餐，面食约60元/餐，米饭、汤类套餐约120元/餐	经济型约400元/晚 豪华型约800元/晚	公共交通约8元/次
韩国	普通饮食约30元/餐，含海鲜韩国料理约80元/餐（沿海地区如济州岛、釜山等地），含其他肉类韩国料理约200元/餐	经济型约300元/晚 豪华型约500元/晚	公共交通约6元/次
泰国	普通约30元/餐 海鲜约80元/餐	经济型约100元/晚 豪华型约500元/晚	公共交通约3元/次
柬埔寨	普通米饭套餐约25元/餐 高档餐厅约100元/餐	经济型约150元/晚 豪华型约500元/晚	突突车约30元/次
澳大利亚	烤三明治约50元/餐，自助餐约80元/餐，中餐约200元/餐，西餐厅约300元/餐	经济型约500元/晚 豪华型约900元/晚	公共交通约6元/次

一周如何自助游

自助游最大的好处就是自由，这也是不少中国游客喜爱的出境方式。出境自助游可以分为全自助游和半自助游两种。全自助游，时间完全自主，行程也可以任自己安排，随时可以融入当地人的生活，体验异域风情。半自助旅游有两种类型，一类是由国内的旅行社代订往返机票与住宿的酒店，其余自己解决，另一类是游客自己预订机票与酒店，到了目的地后，再跟当地团参加旅游。

自助游如何选择舒心住宿

旅途中的休息对每个人来说，是最重要的事情之一。晚上休息不好，第二天的游玩就会受到很大影响。自助游的游客，可以借助现在发达的网络预订酒店，节省精力。考虑自己的实际情况，选择适合自己的酒店类型也很关键，无论是体验一把奢华的星级酒店，还是经济舒适的经济型酒店，或是价格低廉的家庭旅馆，都是不错的选择。如果喜欢结交朋友，那么青年旅舍是最佳之选。

自助游怎样吃饱吃好

在国外就餐，如果没有明确的就餐地，选择附近人气较高的餐厅用餐也是不错的选择。如果实在看不懂菜单，可以参照周围人桌子上的菜品，向服务员表示自己也要一份就可以了。

以早餐为例，如果要求不是太高的话，首选在酒店享用免费的自助早餐（多为冷面包、冰牛奶等），或是在住宿地周围的小超市及甜品店购买面包、牛奶等食物，偶尔也可以奢侈一把，在路边的餐厅坐下来美美地吃上一顿丰盛的早餐。

至于午餐和晚餐就更好解决了，在全球有数以万计的中餐馆，在发达国家的大城市，几乎每个著名景点周围都可以找到一家以上的中餐馆。但是有一点需要注意，由于中国游客较多，几乎所有的中餐馆在用餐高峰期都会出现等位的情况，最好能够赶在用餐高峰期之前到就餐地。在找不到中餐馆的情况下，日本料理店也是不错的选择，并且在欧美国家有不少的日式料理都是华人开的，游客与之交流起来也不会有太大的困难。

自助游怎样选择交通工具

自助游乘坐交通工具都需要自己一手操办，如要乘坐飞机、火车等交通工具最好能够提早查询信息并预订，这样能够节省不少费用，且让自己的行程更加井然有序。城市内的交通则可以在抵达该城市后，购买当地公共交通一卡通使用，既能节省费用还能免去多次购票的麻烦，节省旅行时间。另外，在小城市租赁自行车游玩也是很好的选择。在到达新的游玩城市后，最好在机场问讯处索要免费的城市旅游指南，还可以确定该城市是否有免费的自行车提供。

自助游如何更省钱

出境旅行，有很多省钱的办法不要忽视。很多中国游客会错过不少折扣信息，你如在欧美这样的发达国家，首先要养成凡事先预订的习惯，这样就能很容易获得折扣价。收藏各类折扣网站定时获取信息，看到与自己行程有关的特价酒店、机票等迅速入手。在东南亚各国则可以大胆地砍价，为自己节省费用。另外，交通、购物、娱乐、门票等都是很大的开支，如何在自助游中节约开支是必须考虑的问题，下面提供一些建议，方便你根据自己的情况调整开支。

自助游省钱窍门	
省钱方法	细节
制订旅行计划	确定时间、地点，以重点目的地为中心沿途选择其他次级目的地，减少同类型景点及路线重复
巧用时间差	尽可能选择淡季出游，住宿、交通都有很大优惠，能省不少钱。或者在旺季来临前，提前预订好自己的住宿及交通
选择交通工具	多在比价网站上关注自己想要乘坐的交通工具的价格，在欧洲有不少的折扣机票，其价格比乘坐高速火车还要便宜，另外要把公共交通作为出行的第一选择
车票购买技巧	多数情况购买往返票更便宜，一般情况下往返票价＜单程票价×2，一些火车通票也是不错的选择
带上信用卡	带大量现金既麻烦又容易丢失，带上信用卡既方便，又能攒积分
以步代车	身体力行地感受风景，减少走马观花的失落感，也能节省不少交通费用
在景区外食宿	景区内的食宿一般都贵，可以中午携带方便食品填肚子，出了景区再找食宿
筛选景点	理顺必游、经典的景点，重复或者意义不大的景点可不游；留些时间逛街，省钱又能深切感受当地民俗风情
慎买景区商品	景区的物价都很高，可以到特色街区买到便宜并具有纪念意义的物品
结伴出游	在城市里，独自出游合适；若是到较为偏远但有特色景观的地区，结伴自驾、包车等更合适

一周如何自驾游

现在出境自驾游，已经成为越来越多人的选择，可见，自驾游并不是一件难事。境外自驾，首先准备好自己的证件，然后在出发前在网上预订好车辆，研究好路线，购买地图手册等，最后就是走出国门享受自由自在的自驾游了。自己开车游玩，在风景美丽的地方可以随时停车拍照，十分自由。不过，一定要注意遵守当地交通规则，确保行驶安全。

驾车攻略

打算在境外自驾游，可以在国内就将车辆预订好，在到达目的地之后，直接提车开始自己的自驾之旅。不过由于部分国家车辆为靠左行驶，所以要提前掌握相关信息。

热门国家自驾游提示

目的区域	中国驾照如何使用	行驶方向	其他注意事项
美国	持驾照原件与翻译件，翻译件需在公证处公证	靠右行驶	美国公路大多笔直畅通，注意不要超速，遇到警车要求停车时，应当迅速靠边停车并将双手放在方向盘上等待询问，切勿过于焦急地解释或伸手去拿证件，否则可能会使警察误判甚至开枪
加拿大	持驾照原件与翻译件，翻译件需在公证处公证	靠右行驶	加拿大的北部城市冬季积雪较厚，没有经验的游客不要轻易前往人迹罕至的山区，以免遭遇暴风雪而被困
英国	持驾照原件与翻译件，翻译件需在公证处公证	靠左行驶	英国为车辆靠左行驶的国家，交通法规和行驶习惯需要极其注意
法国	持驾照原件与翻译件，翻译件需在公证处公证	靠右行驶	在法国持驾照原件与翻译公证件可以租车，但发生事故后，法国政府可能会拒绝承认中国驾照及翻译公证件的有效性，从而导致事故判定为中国驾驶者的责任
德国	持驾照原件与翻译件，翻译件需在公证处公证并送到德国驻中国大使馆认证	靠右行驶	德国多数租车公司不会强制要求游客出具经过认证的翻译公证件，但是，一旦出现事故或遭遇警察盘问时，一份经过德国驻华大使馆认证的驾照翻译公证件会更具有说服力
意大利	持驾照原件与翻译件，翻译件需在公证处公证	靠右行驶	在意大利租车自驾游并不是太好的选择，因为水城威尼斯不能开车。在一些偏僻的地点，可能会有盗窃等问题
北欧	持驾照原件与翻译件，翻译件需在公证处公证	靠右行驶	目前，在北欧租车自驾的中国人越来越多，持有正规的驾照与翻译公证件就可租车，在北欧的芬兰是最好租车的
日本	持中国驾照不能租车	靠右行驶	想要在日本合法租车自驾，需要持有国际驾照或是在日本考取当地驾照
澳大利亚	持驾照原件与翻译件，翻译件需在公证处公证	靠左行驶	澳大利亚有很多修在海岸边的公路，如大洋路，景色十分美丽，在欣赏风光的同时一定要注意行车安全

在哪租车

众所周知，欧洲、美国、澳大利亚等国家的汽车租赁业十分发达，不仅有数十家跨国企业，并且有不少租车公司都有中文服务，十分方便。如果在境外临时想要租车，可以在租车公司的营业网点咨询。

人气租车公司

租车公司	简介	网址
安飞士租车公司（Avis Rent a Car System）	这是一家美国的租车公司，在欧洲及美国的各大城市遍布租车网点	www.avis.cn
赫兹租车公司（The Hertz Corporation）	这是一家美国租车公司，在欧洲、美洲、亚洲均有租车网点，车辆种类齐全	www.hertz.com
欧洛普卡租车（Europcar）	这是一家法国租车公司，也是在欧洲最常见的租车公司	www.europcar.com
国家租车（National Car Rental）	这是美国一家经营汽车租赁的跨国集团，在美国、欧洲、亚洲等地都有营业网点	www.nationalcar.com
Sixt租车	Sixt是德国的一家公司，为全球著名的优质汽车租赁服务商	www.sixt.com

租什么车

在境外自驾游，车型也是很重要的选择，首先要根据出游人数决定车型大小，一般情况下，3人乘坐小型汽车即可，5人就需要乘坐7座左右的商务车了，因为是在外长时间旅行，车辆座位至少要有一个空余，可以用来休息或是存放行李。欧美等地的公路十分发达且路况较好，一般轿车就可以保证出行品质。如果前往高山地区或是北欧等冰雪覆盖面积较广的地区，选择适合当地路况的车辆十分重要。

租车需要的证件

由于中国并未签署联合国道路交通公约，所以在中国是不能办理国际驾照的。在境外租车，中国游客需要持有的证件较多，分别为：（1）驾驶者本人护照及签证，（2）驾驶者本人中国驾照和驾照翻译公证件（以目的地国语言与英语双翻译为最佳），（3）驾驶者本人足够额度的信用卡。

Tips

1.在德国租车时，驾照翻译公证件需提前获得德国驻华大使馆认证，即在出发前将驾照翻译公证件送到德国驻华大使馆进行认证即可，费用为45欧元/份。

2.在日本租车十分困难，即便租车成功，在行车途中如遇到警察检查，会十分麻烦，所以，仅持中国驾照最好不要在日本自驾出行。

3.在美国自驾游的时候，不要超速，遇到警察盘问需要积极配合，但切勿做出奇怪举动。

4.北欧自驾游时，由于冰雪覆盖面积很大，行车时需要格外小心，在北欧北部森林地区经常有动物走上马路的情况，开车时需要避让。

5.在境外自驾由于语言和生活习惯的不同，有不少地方都需要注意。在路上加油、住宿以及行车安全都需要提前做了解，以做到有备无患。

停车须知

在欧美的大城市之间，交通十分便捷和顺畅，但是在城市内部的交通情况大致分为两种：（1）如巴黎、纽约等超大城市，市区内经常堵车，并且在高峰期驶入市中心要加收税费；（2）如布鲁日等历史古城，市区内道路较为古老且多为单行道，驾驶人容易违反交通规则，并缺少停车场。所以在欧美自驾游的时候，很多城市市区周围会有大型停车场，把车辆停在市中心外，乘坐公共交通工具前往市中心是不错的选择。另外，不少市区周围的停车场为免费停车场。

收费停车场通常都是开放式的，在停车位附近会有自助交费机，先找到车位将车停好，然后去交费机上按停车时长投币，得到一张小票，上面会写着可停放的时间，然后将小票放到前挡风玻璃下的仪表台上，锁车离开。如果不自主交费的话，在警察巡查时没有看到交费小票，很有可能会"吃罚单"，也有停车场是在提车时收费。

加油站

从租车公司提车时，车子一般都是加满油的，在还车时最好给车加满油，否则，租车公司会向你收取额外加油费用

（按升计价）。不少加油站都是自助加油，在加油前一定要辨别清楚油枪，以免加错油。

自助加油站收费模式大致分为两类：（1）自己加油，刷卡交费，需要使用带有芯片的信用卡，否则无法识别；（2）自己加油，柜台报加油机号码交费，可以使用现金或银行卡。

收费站

欧洲、美国的高速公路大多设有收费站，只有少部分是免费的，其中法国的高速公路收费站较多。多数高速公路虽便捷，但收费并不便宜，平均每百千米人民币100元左右，与之对应的是"国道"一律不收费，而且风景和路况都很好，如果不赶时间，路途又不太绕，走国道是在法国自驾游的上选。

在进入收费站时一定要减速，注意顶部的车道标志。车道大致分为以下几种：（1）免停车自动扣费通道，如果车上没有安装相应设备则不能通过；（2）信用卡交费通道，使用带有芯片的信用卡交费后通过；（3）现金交费通道，使用现金投币交费后通过，一般只收取5欧元/美元与10欧元/美元等小额纸币或硬币；

（4）人工交费通道，人工收费后可通过。

海外服务区

欧美国家的高速公路服务区比较密集，一般间隔不会超过20千米，但是与国内不同的是，并非所有服务区都有加油站。常见的服务区大致分为两种：（1）纯休息站，有停车场、洗手间等简单设施，无加油、购物等服务；（2）设有加油站、餐饮、便利店、车辆清洗等服务点的大型服务区，如果时间较紧，在这类服务区的便利店或餐饮店可以解决用餐问题。

海外自驾游注意事项

在海外自驾游，由于语言和习惯的不同，需要极其注意交通法规的问题。欧美等发达国家的公路大多装有摄像头，所以不要抱有侥幸心理做出超速行驶等违规的事情。另外，在欧洲对于司机疲劳驾驶的监管也十分严格，最好不要长时间驾车，否则很有可能被警察（高速路上也有警车巡逻）开出高额罚单并强制休息，这样会严重影响旅游心情和接下来的行程安排。

另外，如果是租车自驾，对于租来的车也要小心爱护，在出状况的时候要第一时间给租赁公司和道路救援打电话。如果不幸发生事故，可以按照如下步骤做。

①拨打道路援助电话	②写下涉及此事故的所有人及目击者的姓名和联系方式	③任何时候都不要不承认事故，要诚实	④若涉及第三方责任，请立即跟警方联系	⑤若有人员受伤，则要立即联系急救中心	⑥填写事故表格，多数租车公司会将其放在副驾驶前面的储物箱内	⑦未经租车公司允许，最好不要对所租赁车辆自行修理

海外自驾游注意事项	
事项	解决方式
租车价格	建议多看几家，了解价格，不能一冲动就租，事后后悔
签订合同	签订正规的租车合同，合同上标明取车的车牌号、剩余油量、哪些地方有刮痕（可以拍照留作证据），喇叭和雨刷等是否好用，计价方式等各细节；并且在签订租车合同之前要求公司工作人员陪同看车
购买保险	建议买份保险，防止出现意外情况，大额赔偿让自己措手不及，影响心情
携带证件	绝大多数租车公司都需要提供护照、驾照及驾照翻译公证件，这些要随时带在身上，以便检查时使用
交通标识	交通标识国际通用，尤其注意单行线和步行街
行驶速度	根据道路限定速度行驶，过快或过慢都十分危险
戴头盔	开摩托车必须佩戴头盔，一般租车时一辆摩托车配两个
拿上名片	别忘记拿一张租车店的名片，万一迷路或者需要救援时，可以拨打名片上的联系电话
GPS	一定要有，建议用iPad导航，能显示单行道，有不少租车公司提供中文导航
副驾作用	副驾最好会开车，并在租车时登记名字

一周如何跟团走

如果担心自己的语言能力，或者没什么出国旅行的经验，怕在当地遇到麻烦，可以选择随团旅行。跟团的好处是"吃、住、行"全部不用自己操心，比较省事。看的景点必定是经典的，而且会有导游陪同介绍，路线上也比较合理，不会把时间浪费在找某个景点或吃住上。这种旅行方式适合那些经济上比较宽裕、平时比较忙，或者不愿意去做旅行攻略的人。

如何选择旅行社

如果你打算跟团旅行，首先要熟悉各旅行社的情况。目前，国内旅行社针对境外游的报价可以分为两种：一种是全包价，即包括了旅行途中食、宿、行、游的全部费用；另一种是小包价，即只包含了旅行途中的一部分费用（多数旅行社提供机票+酒店报价）。

在选择旅行社时，最好到旅行社的总部或官网进行报名。这样做可以避免接触到那些假冒大旅行社的非正规公司。多了解几家旅行社，多做些咨询和调查，真正做到货比三家。国内旅行社有评级系统，目前5A旅行社是最高级别，其中具有较大影响力的旅行社有中国旅行社（简称"中旅"）、中国国际旅行社（简称"国旅"）、中国康辉旅行社、凯撒旅游、众信旅游、春秋旅行社、神舟国旅、港中旅国际旅行社等。

国内部分旅行社相关信息		
名称	电话	网址
中国旅行社	4008-116666	www.ctsho.com
中国国际旅行社	4006-008888	www.cits.com.cn
中国康辉旅行社	4006-140031	www.cct.cn
凯撒旅游	4006-066666	www.caissa.com.cn
春秋旅行社	4008-206222	sh.springtour.com
众信旅游	4008-199898	www.utourworld.com

怎样筛选路线与价格

各个旅行社给出的境外旅行线路五花八门，仿佛所有你能想到的目的地都能够在旅行社的线路中找到。不过，在挑选线路的时候要十分细心，因为很有可能你最喜欢的那个景点虽然被安排了在行程中，但只是坐在车上远远地看上一眼。看起来差不多的行程安排，价格却会差几千块钱，这个时候就要分析景点是否入内观看、费用是否包含门票、住宿酒店星级、餐饮标准等方面的具体情况了。

如何快速判断旅行社给出的行程安排其实很简单，一般情况下，旅行社为了更好地规范合同，都会在行程安排中的景点后标注游玩时间，一般时间在5～20分钟的，大多都是游客在外观赏并不入内，30分钟以上的多为入内参观，可以结合自己的喜好对旅行社提供的线路进一步筛选。对于入内参观的景点，旅行社给的报价也有可能不包含门票，这些都是需要在合同签订之前询问清楚并最终写入合同的。

另外，几乎所有旅行社的旅行线路都会推荐购物店，在旅行社推荐的购物店一般都能够享受退税待遇，在导游推荐的购物商店内购物，如果遇到质量问题可以要求导游帮忙协商解决。如果在自己寻找的商店购物，导游一般不会保证所购物品的质量和退税待遇。如果想要自己的行程更加愉快，最好提前了解这些购物商店，与旅行社约定在店购物时间并写进合同。

旅游合同不得忽略的问题

跟团旅游与旅行社签订的合同是游客的保障，在遇上问题的时候就变得更加容易解决了。在签订合同之前，一定要认真审阅合同内容，首先，要确定的是行程安排及价格等信息，是否与之前咨询或协商的一致；其次，检查旅途中乘坐的交通工具、入住的酒店等是否具体，如航班号、旅游车车型、酒店星级、用餐标准等；然后还要认真查看行程安排以外的各项条款，比如涉及推荐商店、自费项目、保险购买等。在签订合同之后，一定要保留合同副本与发票，这样才能够保障自身利益不被侵害。

跟团游上路须知

跟团游毕竟不是自己出去游玩，相对安排较为固定，不能随意改变。同行人数较多，导游与领队可能有照顾不到的地方，一定要自己留心跟上队伍。上路前一定要牢记旅行社电话，在见到导游后一定保存好导游电话，如果在出游过程中，在不更换旅游车和司机的情况下，最好能够再了解一下司机的电话，这样在自己不小心掉队或者有其他情况的时候，能够第一时间联系到旅行团的人。

另外，跟团游每到一个城市，在酒店入住后，最好取一张酒店的名片带在身上。这样，如果掉队，也能在语言不通的情况下返回酒店。

跟团游注意事项

跟团旅游与其他消费一样，如果过度追求低价团，很有可能在旅行过程中遭遇"黑导游""黑司机"等情况，"被宰"几率增大，得不偿失。所以正规旅行社会更安全更专业，选择性价比较高的旅行线路才能让自己真正拥有一次愉快的海外之行。

准备

3个月前需要做哪些准备

办理护照

护照是游客在国外证明自己合法身份的证件，想要出国旅行，第一个需要办理的证件就是护照。如果你已经拥有护照，还要保证自己的护照有效期在6个月以上。因办理护照需要一定的时间，建议游客在旅行前3个月就开始着手办理护照。另外，办理护照时需要提交照片，照片实物与电子版均需携带，或者也可以在办理地点现场照相，费用为20～40元。

护照办理步骤

① 领取申请表

1.现场办理，携带本人身份证、户口簿到居住地或户口所在地的县级或县级以上的派出所、公安分局出入境管理部门或者参团旅行社领取申请表

2.从当地公安局官方网站上下载并打印

② 提交申请表

提交本人身份证及户口簿等相应证件

填写完整的申请表原件

彩色白底照片一张（需在出入境管理处或者是他们指定的照相馆照相）

采集指纹

提交护照工本费200元

Tips：

最新规定，北京、上海等地已经可以异地办理护照了，但多数需要满足在当地缴1年以上社保或税等诸多条件，并且需要采集指纹。

网址：www.bjgaj.gov.cn/web/detail_getZwgkInfo_44427.html（北京市护照签发说明）

另外，你也可以在各城市出入境管理处的官网上预约办理护照。

③ 领取护照

审批、制作和签发护照需10～15个工作日

领取护照时，携带本人身份证或者户口簿

如果本人不方便取护照，也可以选择邮寄的方式领取，需先缴纳邮寄服务费

办理签证

　　护照办理好后就可以着手办理签证了，想要弄清楚目的地国家是否需要办理签证，登录其国家驻华大使馆网站查询是最为方便快捷的方法。在了解清楚自己需要办理的签证类型后，就可以着手准备材料，在材料准备齐全以后，就可以前往大使馆或签证中心递交材料并交纳签证费，部分国家需要面试后才能拿到签证结果。

部分热门旅游国家驻华大使馆网站信息			
国家	**网站**	**国家**	**网站**
美国	chinese.usembassy–china.org.cn	日本	www.cn.emb–japan.go.jp
加拿大	www.canadainternational.gc.ca/china–chine/offices–bureaux/index.aspx?lang=zh–cn&view=d	韩国	chn.mofa.go.kr/worldlanguage/asia/chn/main/index.jsp
英国	www.gov.uk/government/world/china.zh	泰国	www.thaiembbeij.org/thaiembbeij/cn
法国	www.ambafrance–cn.org	澳大利亚	china.embassy.gov.au/bjngchinese/home.html
德国	www.china.diplo.de/Vertretung/china/zh/Startseite.htm	瑞典	www.swedenabroad.com
意大利	www.ambpechino.esteri.it	芬兰	www.finland.cn/Public/Default.aspx
瑞士	www.eda.admin.ch/countries/china/zh/home.html	泰国	www.thaiembbeij.org/thaiembbeij/th/index.php

签证类型

　　前往不同的国家旅游，所需要办理的签证类型也不尽相同，持中国护照出国游玩，签证大致可分为免签、落地签、申根签证及其他签证等类型。欧洲多数国家都签署了申根协议，申请一个国家的申根签证就可以免签前往其他申根国家，十分方便。但是，英国、爱尔兰、俄罗斯等国家还是需要单独办理该国签证才能前往。

签证类型信息	
类型	**详解**
免签	无须提前办理签证，持中国护照可通过该国海关
落地签	抵达目的地国家机场后，在入境检查时，填写表格并出示相关资料获得签证
申根签证	为欧洲20多个国家通用签证
其他签证	只承认该国家驻华大使馆自己签发的签证

　　我国居民出境旅行，目前在东南亚、非洲等国家地区落地签较多，欧洲国家则多数要申请申根签证，美国与加拿大则需要自己提交签证申请。另外需要注意的是，申根签证分为单次入境和多次入境等类型，如果申请的是单次入境签证，则需要在路线规划上极其小心，因为单次入境申根签证，同一个国家只能入境一次，也就是说，在路线规划中不能走重复的国家。

热门旅游国家签证类型			
国家	**签证类型**	**国家**	**签证类型**
日本	该国签证	丹麦	申根签证
韩国	该国签证	瑞典	
泰国	落地签	芬兰	
柬埔寨	该国签证（电子签），也可落地签	挪威	
英国	该国签证	瑞士	
法国	申根签证	澳大利亚	该国签证
德国		美国	该国签证
意大利		加拿大	该国签证

签证申请步骤

各国签证的申请步骤大致相同，免签国家无须办理签证，落地签国家则到达之后直接办理签证，其他国家的签证申请步骤基本一致，有出入的就是涉及是否面签的环节以及现场缴费还是网上缴费。

如果你的护照有过美国、加拿大等国家签证的记录，在申请申根国家签证的时候多数情况不再需要面试。另外，部分国家会对签证申请人进行电话问询，需要留意。中国公民办理美国签证，需要提前在网上预约面试时间，并在预约的时间前往该国驻华大使馆面试。办理英国签证一般无须面试，但需要申请者本人前往大使馆录指纹。

签证申请步骤

① 了解签证信息

登录签证申请国驻华使领馆网站，浏览有关签证申请信息及所需材料与办理的步骤。

② 准备申请材料

签证申请表格、邀请信、签证费以及各种类型签证所需材料，可在各国驻华大使馆签证申请中心网站查询和下载。

③ 递交申请材料

将准备好的各项材料一并送往签证中心，需要在线支付签证费的国家在递交资料的时候，要将收据一起送往签证中心，在递交材料后，签证中心会给你一个回执。上面标明所申请的签证种类、费用和领取时间等信息。

④ 签证面试

除了递交相关材料，有些国家还会要求申请者进行面试。在面试时签证官会问一些与旅行相关的简单问题，一般以下几个方面：（1）出行目的；

（2）出资方经济实力，财产证明等。此外，在等待面试时，也有一些需要注意的地方，比如按顺序排队，不大声喧哗，将手机调为静音等。这些小细节都能给签证官留下好印象，加大自己获得签证的几率。

⑤ 领回护照

在使领馆或签证中心给出的回执上会标明需要前往领取护照的时间，部分国家也可以选择邮寄回护照。在领回护照后就能得知自己是否顺利获得签证，对于大部分申根国家来说，只要按要求提供完整资料，申请签证的通过率还是很高的。

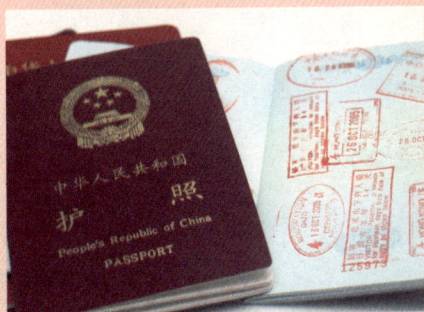

Tips

美国签证攻略

1.美国个人旅游签证为B1/B2签证，需要在线填写申请表，表格名字为DS-160表格，在线填写有时间限制，可以下载表格填写后，复制粘贴到网站。

2.填写表格后，可以选择在线支付还是线下支付签证费用，目前美国B1/B2签证费用为160美元，交费时需要依据汇率（以美国国务院公布的领事汇率为准）缴纳人民币。在线支付可在网站上直接操作，需要使用中国境内银行发行的借记卡交费。线下支付可以在中信银行的柜台和ATM操作。

3.在缴费后会获得交费单据和号码，凭号码可以在网站上预约面谈时间与地点。预约时要选择好领取护照的中信银行。

4.在预约的时间前往所预约的面谈地点，接受签证官的询问。注意不要迟到，在面谈时，应当携带自己所准备的签证申请材料，如实回答签证官提出的问题。

5.面谈结束后，一般会当时告知签证结果，如果被拒签，护照当时会被退回。如果获得签证，则需要在5个工作日左右的时间后，前往预约时勾选的中信银行柜台领取护照。

6.从2014年11月12日首批10年期的旅游/商务签证发放后，美国B1/B2签证的有效期从原来的1年时间，更改为10年时间，极大方便了游客们的出行。

7.以上所有信息均可以在美国驻华大使馆官网签证页面上查询到，也可以致电010-56794700咨询，网站地址为chinese.usembassy-china.org.cn/niv_howtoapply.html。

签证申请所需材料

由于办理签证需要较多资料，很多游客对此十分头痛。虽然各国签证中心对申请签证所需资料要求不尽相同，但总结起来签证所需资料只有3个部分：（1）身份证明（身份证、户口簿、护照、照片等），（2）资产证明（银行存款、对账单、车本、房本等），（3）在职证明（中外文在职及准假证明、公司营业执照复印件等）。其他涉及的资料都是在旅行准备中会必然产生的，只需要顺手保存并打印出来就可以了，如申请表、机票订单、酒店订单、保险订单等。

签证申请所需材料		
分类	**材料**	**材料详解**
身份证明	护照	护照原件，有效期6个月以上护照及护照首页复印件一份（旧版护照最后一页签名处用中文亲笔签名，使领馆不接受签名签错地方的护照）
		持新换发护照者，务必同时提供之前所有的旧护照原件或换发证明原件，旧照如丢失者，请提供当地派出所开的护照丢失证明
		预留足够护照空白页，每张签证需占据2张左右护照空白页，如做多国签证请注意
	照片	彩色照片（白底，规格多为35毫米×45毫米或55毫米×55毫米）
	身份证	新版身份证正反面复印件
	户口簿	户口簿逐页复印件，户口簿上婚姻、学历、工作信息有变更的话，变更页也需要复印，如申请人和配偶的户口不在同一本上，需同时提供配偶的户口簿复印件
申请表	签证申请表	填写详细真实的申请表，务必有亲笔签名。每个项目都要填写，如没有，则需要填写没有或无
资产证明	银行对账单	申请者本人最近6个月的银行对账单原件，或最近6个月活期存折复印件。对账单上面必须显示持有者姓名和卡号，并加盖银行公章 如：计划10月1日出国，则近6个月的对账单应为3～9月的（一般在所有资料准备齐全后去银行打印对账单，多数银行不收费，部分银行收费20元左右）
		申请亚洲国家签证对账单，或存折余额最好不少于8000元人民币
		申请欧美国家签证对账单，或存折余额最好不少于20000元人民币

分类	材料	材料详解
资产证明	存款证明原件	冻结至回国后6个月的存款证明原件，最好每人5万元人民币左右 申请东南亚国家签证无须提供
	工资单	工资单、工资卡对账单复印件
	车产、房产	自己名下、配偶（需提供结婚证复印件）名下或直系亲属名下的车产复印件和房产证明复印件
在职证明	中英文在职证明	在职证明上需要写出的内容：公司名称、地址、详细联系方式、申请人职务、在公司入职时间、月收入、出行时间（具体到年月即可，最好比实际出行时间宽松）、境外停留时间、出行目的、付费方是谁、表示在境外遵守法律、旅游结束后会回公司继续工作等信息，加盖公司公章和负责人（最好是法人代表）签字
		如果申请小语种国家签证，最好将在职证明翻译为该国语言
	营业执照或组织机构代码复印件	提供所在公司《营业执照副本》复印件，如事业单位等无营业执照副本的，则提供《组织机构代码副本》（体现每年的年检章）复印件。复印件上加盖公司公章，公章名称务必和证照上的单位名称相符
	退休证	退休人员提供退休证复印件
	无业证明	无业人员提供所在地派出所或居委会开具的无业证明加盖红章、付费方资产证明
	未成年人和学生	学生证复印件、学校准假证明原件（用学校信头纸提供，并需要有班主任的签名及联系电话，并加盖学校公章）、父母结婚证、在职证明、父母经济证明 未成年人如跟随父母一同前往，还需多提供一份三方亲属关系公证（带英文译文），未成年人如跟随单亲前往，在此基础上需多提供一份委托公证（带英文译文）
旅行计划	行程安排	一份简单的行程安排，显示计划旅行时间、前往的城市与停留天数，最好比实际时间多一两天
	机票订单	显示姓名、往返航班号、起落时间等信息即可，不需要出票和盖章等
	酒店订单	显示计划前往城市所预订的酒店地址、电话及入住天数等信息
	保险订单	购买申根国家区域适用的医疗保险订单

Tips

各个国家对于是否面签的要求不尽相同，法国、德国等发达国家签证申请一般不需要面签，特别是有过欧美国家出境记录的申请者，绝大多数申根签证国不再要求面签，英国签证申请则必须本人亲自到场录入指纹，俄罗斯一般不对申请者进行面试询问。日本、韩国等多数亚洲国家也不要求面签。

办理旅游保险

出门旅游不比在家里，有时遇到一些状况，在国内可以很顺利地解决，但要是在国外发生，大概会令你措手不及。买一份保险，花的钱不多，但却可以有一份保障，买一份安心。

出境旅游可选择的保险种类很多，相对来说，旅游意外险、海外旅行人身伤害险、医疗保险等是比较常规的选择，另外还有作为特别合同的疾病保险、赔偿责任保险（旅行中损坏物品、对别人造成伤害时支付）、救援者费用保险（本人遇到事故时作为别人救援

的费用）、行李保险（旅行途中行李被盗、损坏时支付）等，可以根据自己实际的旅行安排购买。

购买保险网站

购买出境游的保险，可在保险公司网站上选择适合自己的保险种类，但需要注意尽量挑选正规大型的保险公司，能最大限度地保障自身利益。平安保险、人寿保险、太平洋保险、泰康人寿保险等都是值得信赖的大型保险公司。不过，无论选择哪家保险公司，一定要选择适合自己境外旅行的险种。

保险公司网站信息				
保险公司	网站	有关险种	简介	保费
中国人寿保险公司	www.e-chinalife.com	出境保险	意外伤害保险金额最高可达30万元	7.15~2205元
中国平安人寿保险公司	www.4008000000.com	境外旅游保险–欧洲（申根签证保险）	适用欧洲旅游，涵盖旅行意外、突发急性病医疗及身故、境外紧急救援等方面	72元起
		境外旅游保险–全球	承保在全球各地旅行的意外身故和医疗（包括意外、牙科门诊及急性病医疗）；保险生效前拒签全退	68元起
中国太平洋人寿保险公司	www.ecpic.com.cn	境外旅行综合及紧急救援保险	意外伤害保险责任、境外紧急救援保险责任、恐怖主义行为保险责任、境外住院医疗保险责任、境外紧急门诊医疗保险责任等多种组合	54元起
太平人寿保险公司	www.cntaiping.com	太平悠长假期旅行意外保障（长假游）	海陆空交通意外保障，还有综合意外全保障	205元

1个月前需要做哪些准备

购买机票

　　现在很多大型比价网站，如携程网、去哪儿网、天巡网等，订酒店和机票都很方便，价格也比较便宜。另外，航空公司的选择也很重要，前往目的地国家，选择国内大型航空公司或目的地国家航空公司都是不错的。北京、上海、广州等城市每天都有大量航班前往世界各地，相对选择范围较大，可进行较多比较，选出性价比最好的出行航班。

常用航空订票网站	
公司	网址
一起飞	www.yiqifei.com
天巡	www.tianxun.cn
去哪儿	flight.qunar.com
春秋航空	www.china-sss.com
穷游廉航网	www.fly2save.com
携程	flights.ctrip.com

携程手机客户端订票步骤

①下载客户端
你可以从官网通过网络下载，也可以扫描二维码下载

②查机票信息
输入你出发时间和返回时间，以及出发机场和到达机场，就能看到往返的机票信息。通常往返的机票比单程2次的票价格便宜，所以可以把往返票一起订好

③填写订单
填写订单，主要就是选个航空险，填写一下个人信息之类。手机客户端最大的好处就是极其简洁

④付款
可支持的银行卡种类很多，建议不要绑定银行卡，不要让手机记住银行卡密码；如果手机丢失或者系统漏洞遭攻击，你银行卡里的钱很可能被盗刷

预订酒店

出境旅游，最好提前预订酒店，这样不仅给自己的行程增加一份保障，也能节省不少旅行费用。以下推荐几个预订酒店常用网站，大家可根据实际情况自己预订。

预订酒店网站推荐	
名称	网址
雅高达网	www.agoda.com
缤客网	www.bookings.com
携程网	www.ctrip.com
艺龙网	www.elong.com

了解当地语言

虽然中文在世界上的影响力越来越大，但除了亚洲一些国家外，其余国家还是很难找到中文标识。所以在出发前了解一些目的地的语言十分有必要。通常来说，英语、西班牙语是使用范围最广的语种，德语、法语等会在局部地区使用较为频繁。当然，在亚洲的多数国家都使用该国特有的语言。在出发前几天突击熟悉一下目的国的常用语，可为自己的旅途减少沟通障碍。

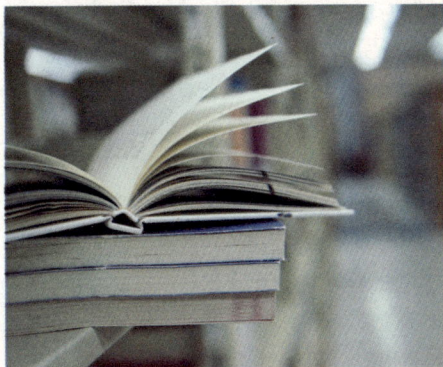

常用词语			
中文	英语	德语	法语
请	Please	Bitte	S'il vous plaît
你好	Hello	Hallo	Bonjour
谢谢	Thank you	Danke	Merci
对不起	I'm sorry	Es tut mir leid	je suis désolé
没关系	Never mind	Keine Ursache	ça ne fait rien
再见	See you	Wir sehen uns	à plus
早餐	Breakfast	Frühstück	petit déjeuner
午餐	Lunch	Mittagessen	déjeuner
晚餐	Dinner	Abendessen	dîner
地铁站	Subway Station	U–Bahn–Station	station de métro
火车站	Station	Bahnhof	gare
飞机场	Airport	Flughafen	aéroport
公交车站	Bus Station	Busbahnhof	station de bus
出租车	Taxis	Taxen	taxis
酒店	Hotel	Hotels	hôtels
医院	Hospital	Krankenhaus	hôpital
洗手间	Toilets	Toiletten	toilettes
收银处	Cashier	Cashier	caissier
多少钱	How much is it	Wie viel	combien ça coûte

7天前需要做哪些准备

购买行李缺失物品

出国前一周就要开始准备行李，这样能有比较长的时间补充缺失的行李，尤其能给需要网购的物品留出充分的时间。准备行李前，不妨列个清单，可以将行李分类。当然，选择不同旅游方式的旅友，需要准备的行李也不尽相同，这些在出发前的部分有图示，可供参考。

海外旅行行李类型	
类型	说明
证件类	原件及复印件，并在邮箱里存一份电子版备用
衣物类	根据前往地区准备相应衣物，如前往北欧则需要准备保暖力强的衣物，前往东南亚则需要准备轻便的衣物
器材类	手机、电脑、相机及充电器、存储等电子设备
日常生活用品	洗漱、保养、化妆等用品
药物类	常规肠胃、感冒等药品，如有慢性疾病等所带药品需携带医嘱及英文翻译件

牢记海关禁带物品

海关禁止携带的物品需要提前知道，以防在海关检查时被扣留下来或罚款。登机时可以免费托运及携带登机的手提行李也都有规格限制，具体以航空公司规定为准。很多国家对于鲜活产品入境有严格规定，最好不要携带此类物品；如有携带电子产品则应根据目的地国家的规定进行申报，以免在出境时被要求缴纳税费；对于香烟、雪茄及酒精类饮料等多数国家有数量限制，需要注意。

Tips

穿戴假冒名牌入关，如果被海关工作人员发现，冒牌物品不仅会被没收，甚至还将面临高额罚款。

开通国际漫游

如果不打算到境外购买当地电话卡的话，在出发前一周时间可以将自己的手机开通国际漫游业务，不过最好先关掉手机的语音信箱功能，否则一进入语音信箱，即开始计算漫游费用。手机开通国际漫游的具体资费，可拨打各运营商的客服电话进行咨询。

提前兑换货币

前往海外旅游，可以提前兑换部分当地货币。在中国的各大银行都有货币兑换业务，持以下有效证件之一即可办理：本人身份证（中国公民）、户口簿（16岁以下中国公民）、军人身份证件（中国人民解放军）、武装警察身份证件（中国人民武装警察）等有关法律、行政法规规定的有效证件。

如果前往欧洲，可提前兑换一小部分小面额（100欧元面值以下）欧元。前往东南亚地区则可以兑换当地货币，不过如果前往柬埔寨等地，也可以先兑换一部分美元，在到达柬埔寨后，再兑换为当地货币。另外，在较为发达的地区，信用卡的使用频率很高，使用信用卡消费则是更为安全的方法。可以选择携带两张不同种类的信用卡使用，并且要确保信用卡是芯片卡，单一磁条卡在欧美等很多国家的POS机和售票机可能会无法识别。

出发

确认行李清单

在旅行的过程中，我们常常会发现遗漏了一些物品在家，从而造成旅途的不便。为了防止这样的事情发生，你不妨在出发前，根据自己的出行方式和实际情况准备一份行李清单，并逐个核实，以确保所需物品已经放入行李箱或是放在手提包内。

必须要知道的行李收纳小窍门

1.将重要的证件等放在手提包内，一来可以方便检查，二来以免行李箱丢失造成不必要的麻烦。

2.将自己的行李箱做上特殊的标记，这样在机场领取行李时，能更快地找到自己的行李，也以免被他人拿错。

3.把衣服一件件卷起来塞进行李箱，这样既节省空间又不容易让衣服起皱，想找哪一件也一目了然。

4.收拾行李时，可把鞋子放进浴帽里，浴帽很容易洗干净，还可以防止鞋子把干净的衣服弄脏。

5.把各种电源线缠好放到旧眼镜盒里，把夹头发的小卡子放到空糖盒里，放在包里随用随拿，还能避免弄丢。

6.把腰带卷好放到衬衫的领子里，既可以撑起衬衫的领子又能保证腰带不弯折、不乱跑。

7.如果去海边的话，把手机放到密封的塑料袋里。

8.扫描并复印自己的护照、身份证，扫描文件发到自己的邮箱里，复印件留给信任的人。如果这些东西不幸丢失或被偷的话，至少还能证明自己的身份。

9.在瓶身和盖子之间加一层保鲜膜，保证不会有液体漏出来。

10.耳机和电源线可以缠在没用的卡片上，用剪刀稍微剪两下就省下买绕线器的钱。

自助游、跟团游的行李

　　无论是选择自助游或是跟团游出境旅游，所需的行李大致差不多。准备行李，可提前查询旅行目的地的天气情况，根据自己的需要准备相应的行李。如果在冬天前往东南亚地区，则可以将自己的羽绒服等厚重衣物交给送行的朋友保管，可以节省很多行李箱空间。另外，如果有安排浮潜、冲浪、滑雪等活动，还要准备相关专业设备。

自助游、跟团游的行李示意图

行李背包

 相机　　 手机　　 笔记本电脑　　 移动电源　　 电源转换器

 钱包　　 急救药包　　 证件夹　　 移动硬盘　　 多元充电线

 家门钥匙　　 保温水杯　　 手电筒

万向轮行李箱

 长外套1件　　 短袖2件　　 短裤/裙2件　　 凉鞋1双

 贴身服3件　　 沙滩装1套　　 雨伞1个　　 洗漱品包1个

 防晒霜1套　　 纸笔1套　　 拖鞋1双　　 毛巾3条

衣物都裹一层干净塑料袋

自驾游的额外行李

　　如果打算在欧洲自驾游的话，还要准备一些与驾驶有关的行李，如指南针、擦车布、"车三宝"、最新地图等，导航仪一般可在租车公司租到（部分租车公司有中文导航仪），驾照及英文翻译公证件（德国需经大使馆认证）也需要准备。另外，还要准备一些零钱，以备停车、过收费站使用。

　　自驾游的行李收纳相对简单，可以选择在后备厢放置收纳箱，这样子能够把各类物品妥善放置在车内，防止在行车途中行李来回摆动造成不便，平时不必从车上搬下来，在旅行最后结束时再拿下来即可。如果有两辆或以上车辆同行，最好将自己所驾驶车辆的备用钥匙交给另外车辆上的人员保存，这样可以在钥匙丢失或钥匙锁在车里的时候，使用备用车钥匙打开车门。

安装实用软件

　　手机、平板电脑如今已成为现代人常见的阅读工具。因此在准备去欧洲前，不妨下载一些有关欧洲旅行的APP软件、翻译器等，这样在旅行途中有什么不清楚的地方可以随时拿出手机或平板电脑查询。在苹果手机的App Store，以及安卓手机的Android Market上，都可以下载到有关出境旅行的APP应用。

旅游攻略

　　旅游攻略为旅游爱好者提供精彩实用的旅游攻略，内有详细的吃、住、行、景点、线路、实用信息，还有网友提供的照片和感受。

猫途鹰无线

　　猫途鹰无线是Trip Advisor的中国官方网站，你可以轻松浏览真实旅行者的评论、照片以及地图信息。不仅如此，你还可以在手机中预订心仪的酒店。

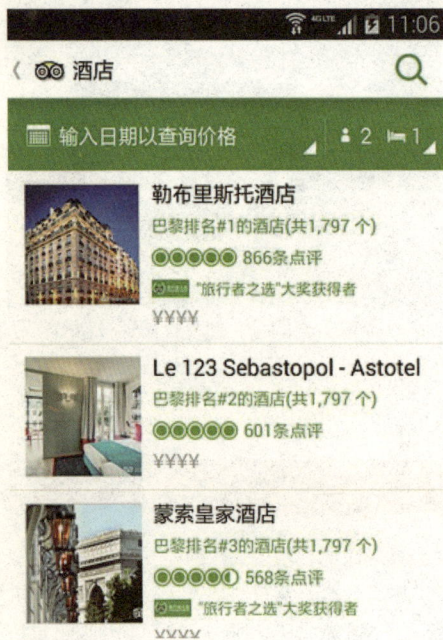

Google地图、翻译、地方信息

　　Google地图、翻译、地方信息，这是谷歌开发的一系列手机导航软件，使用该软件可以查询世界各地的各类信息，包括导航、路线规划、食宿信息等，还自带翻译功能。

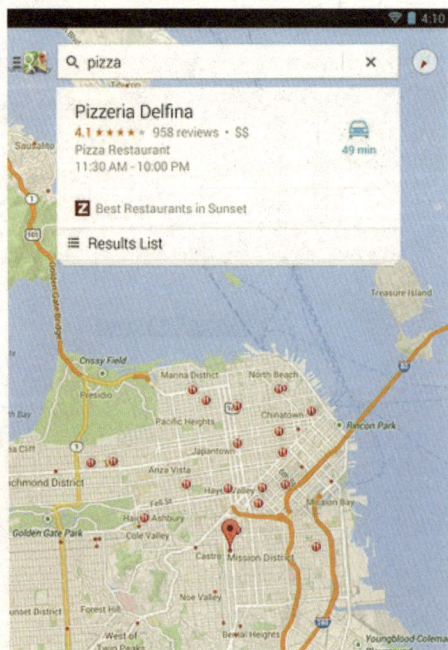

收藏必用网站

在出发之前，可以登录目的地国家的相关网站，对旅游目的地做多方面的了解，如目的地有哪些著名的景点，基本住宿情况如何，对前往旅行的游客有何优惠政策等信息。从我国驻外大使馆的网站上及各国国家旅游局网站上，能了解到最为全面、官方的信息。

中国驻外大使馆网站			
国家	网站	国家	网站
美国	www.china-embassy.org/chn	日本	www.china-embassy.or.jp
加拿大	ca.china-embassy.org/chn	韩国	www.chinaemb.or.kr/chn
英国	www.chinese-embassy.org.uk	泰国	www.chinaembassy.or.th/chn
法国	www.amb-chine.fr	柬埔寨	kh.china-embassy.org/chn
德国	www.china-botschaft.de	澳大利亚	au.china-embassy.org/chn
意大利	www.fmprc.gov.cn/ce/ceit	丹麦	www.chinaembassy.dk
瑞士	ch.chineseembassy.org/ger	瑞典	www.fmprc.gov.cn/ce/cese
芬兰	www.chinaembassy-fi.org	西班牙	es.chineseembassy.org/chn/

主要旅游国家旅游局网站			
国家	网站	国家	网站
美国	www.gousa.cn	日本	www.welcome2japan.cn
加拿大	zh-keepexploring.canada.travel	韩国	chinese.visitkorea.or.kr/chs/index.kto
英国	www.visitbritain.com	泰国	www.tourismthailand.org
法国	cn.rendezvousenfrance.com	柬埔寨	www.tourismcambodia.org
德国	www.germany.travel/cn/index.htm	澳大利亚	www.australia.cn
意大利	www.enit.it/zh	瑞士	www.myswitzerland.com
丹麦	www.visitdenmark.com	瑞典	www.visitsweden.com
芬兰	www.visitfinland.com	西班牙	www.spain.info/en/

保存求助电话

　　在境外旅行，很可能会遇到各种各样的突发事件，所以出境前，不妨保存些应急电话，这样当你遇到紧急情况时就可以直接拨打电话求助。（注：牢记112为欧洲统一紧急呼叫电话，在欧洲几乎所有的国家都能使用。）

出境游热门国家求助电话

国家	驻该国大使馆	警察	急救	国家	驻该国大使馆	警察	急救
美国	202-4952266	911	911	日本	090-87761119	110	119
加拿大	613-7893434	911	911	韩国	02-7550536	112	119
英国	020-72994049	999	999	泰国	085-4833327	191	1691
法国	01-49521950	17	15	柬埔寨	00855-12810928	117	119
德国	030-27588555	110	112	澳大利亚	0418-452387	000	000
意大利	06-8413458	112	118	丹麦	0045—40764204	112	114
瑞士	31-3527333	117	144	瑞典	08-57936437	112	112
芬兰	09-22890110	10022	112	—	—	—	—

其他紧急电话

国家	电话	类型
英国	192	电话号码查询
	155	在英国境内打国际长途电话遇到困难时用
	153	国际号码查询
意大利	803803	公路抢险
	115	意大利火警
	1530	海上急救
德国	0800-1507090	德国列车时刻查询台
	069-69052141	国航驻德国办事处
	0180-2222222	汽车故障求助(ADAC)
法国	01-42771190	VISA银行卡求助热线电话
	12	电话号码查询电话
	18	火警电话

掌握入境技巧

入境步骤

当航班将要抵达目的地国家时，空乘服务人员会发放入境卡让游客填写，各国入境卡内容有些区别，且多为当地语言，不懂的地方乘客可与空乘人员沟通。部分国家入境无须填写入境卡，下飞机后前往入境检查处接受检查，可能接受询问后盖入境章，提取行李后就可以出海关，前往下榻酒店。

1.填写入境卡

在飞机快要到达目的地国家时，工作人员会发给乘客一份入境卡，部分国家不需要填写入境卡。入境卡多为英文，部分国家有德语、西班牙语或法语等标注，如果不会填写，可以请工作人员帮忙。多数入境卡的部分表格，是需要由海关工作人员填写的，要注意区分。在填写时，注意要使用英文或当地语言填写。在填写后准备好护照、签证、往返机票等资料，以备下飞机后检查使用。

2.前往移民局柜台

下飞机后跟着"Arrivals"标志牌走，就能找到入境检查处（Immigration Control）。欧洲国家一般有3个通道，分别是当地居民的通道、欧盟会员国公民通道（E.U.）、持有其他护照公民的通道（Other Passports，Non-EU），一般我国的游客前往欧洲国家都需排在持有其他护照公民的通前。其他国家多为两个通道。

3.盖入境章

在入境检查时，需将护照、入境卡等资料递给工作人员，这时，工作人员会问你一些问题，如为什么来？打算待多久？住在哪里等，只要照实回答就可以了。检查无误后，入境检察员会在你的护照上盖章并标明入境日期。美国则是在这个时候确定游客在该国的停留时间，一般为3个月或6个月。

4.领取托运行李

入境检查完毕之后，就可以去行李提取处（Baggage Rechaim）领取托运的行李了。你可以通过行李提取处电子显示屏上显示的航班编号，找到相应的行李转盘，拿到自己的行李。

5.出海关

如无需要申报的物品，请走绿色通道；如有申报物品或有不知是否应予申报的物品，请走红色通道。海关工作人员会对绿色通道内的乘客抽查，如果发现携带有需申报物品但没有申报，会对其进行重罚，甚至有可能被遣返回国。只有顺利通过海关后，才算正式到达目的地。

▲ 全球退税支票

到达

吃什么

如果对于当地美食有追求，如果你的肠胃有担当，如果你想尝试别样的美食，那么没有什么比在旅游目的地吃一顿地道的大餐更加畅快淋漓的了。漫步在欧洲中世纪风格的街道上，手里怎能缺少一块醇厚的巧克力或是一个美味的冰激凌呢？北欧盛产新鲜美味的冷水鱼，法式大餐世界闻名，意大利面与意式冰激凌让无数人向往；在美国，随处可见的熊猫速递，让你惊叹中餐在美国人民心中的地位；泰国的咖喱与海鲜，则使得众多游客回味无穷……美食，让你的旅行加分。

欧洲特色美食图鉴

意大利面

意大利面，又称之为意粉，是西餐品种中最接近中国人饮食口味的美食。关于意大利面条的起源，有的人说是源自古罗马，也有的人说是由马可·波罗从中国经由西西里岛传至欧洲的。

西班牙海鲜饭

西班牙海鲜饭，主要产地在西班牙鱼米之都瓦伦西亚，是以西班牙产艮米为原料，再加入海鲜的一种饭类食品。新鲜美味的海产品加上软糯可口的米饭，让人欲罢不能，只需一口就能品尝到整个地中海的美食精髓。

法式鹅肝

法式鹅肝在法式大餐中的首席地位无可动摇，无论是烤制而成或是加上松茸提鲜，还是制成工艺烦琐的珍馐——鹅肝酱，都不能阻挡人们对它的热爱。法式鹅肝配上红葡萄酒，曾一度是法国贵族才能享用的至高享受。

德国猪肘餐

德国猪肘餐中最受欢迎的就是德国烤猪肘，霸气外露的巨型烤猪肘，区别于其他欧洲菜系。在品尝猪肘的同时饮一杯味道厚重的德国黑啤，可尽享畅快淋漓的美食体验。

亚洲特色美食图鉴

日本寿司

日本的寿司闻名世界，软硬适中的米饭搭配各类新鲜海产品，十足的日本风味。不只是在日本，在欧美国家都能很轻松地找到日本寿司店。芥末和特制的酱油是日本寿司的好搭配，芥末的辣味还能使生鱼片的鲜味更加突出，融合米饭的香软，使整个食用过程成为一种享受。

韩国泡菜

韩国的各式泡菜经常出现在各类电影、电视剧中，已经成为韩国的文化符号之一，更是深受世界人民的喜爱。在韩国几乎家家都会做泡菜，每到冬天，韩国许多地方还会举办大型的制做泡菜活动，通常都有上百人参加，十分热闹。

柬埔寨昆虫

在柬埔寨的街头，能经常看到令人惊悚的昆虫菜，但无须害怕，这些看起来很恐怖的昆虫，在柬埔寨人眼里却是十足的美味，特别是黑色的大蜘蛛，用油炸之后十分鲜美，如果有勇气的话，可以挑战一下。

泰国菠萝饭

泰国菜风格独特，味道浓烈，让人从口到胃都体验到美味的刺激。而菠萝饭有浓郁的菠萝香味，混合着咖喱的味道加上软糯的米饭，令人欲罢不能，更是成为泰国菜中不可被忽略的一道佳肴。

北美洲特色美食图鉴

枫糖煎三文鱼

枫糖煎三文鱼是加拿大一大特色菜肴，先用胡椒、玉桂粉腌制三文鱼，然后用油煎熟，以薯蓉和蔬菜丝为配料，淋上枫糖而成，十分美味。

布罗美湖鸭

布罗美湖鸭是加拿大蒙特利尔市的特色美食，采用苹果做填料烹制的布罗美湖鸭，不仅有肉类美食的味道，还有清新的水果香味，令人垂涎三尺。

Turducken

Turducken是最具代表性的美国本土食物，表面上看起来与普通的烤火鸡无异，但其实火鸡肚子里有鸭子，鸭子肚子里有一只鸡，鸡肚子里又塞满了香肠和熏肉，通常人们在美国国庆日（每年7月4日）、感恩节、圣诞节的时候才能吃到。

布法罗辣鸡翅

布法罗辣鸡翅是美国著名旅游城镇布法罗的招牌美食，这道菜是将鸡翅放到油中炸至焦脆，沾着熔化了的Blue cheese一起吃，其放在盘底的蔬菜，因吸收了鸡翅上的油，也变得十分美味。

澳洲特色美食图鉴

澳洲小牛排

澳大利亚及新西兰等国家因为优良的自然环境，其各类牛羊肉十分优质，无论是采用煎、炒或烤的方法料理，都十分美味。

帝王蟹

帝王蟹的体型巨大，肉质美味，含有丰富的蛋白质、微量元素等营养，对身体有很好的滋补作用，常见的烹饪方法有蒸食或烤制。

澳洲龙虾

澳洲龙虾属于名贵海水经济虾种，通体火红色，爪为金黄色，肉质最为鲜美，也是在澳洲旅行中经常见到的一道菜肴。

酒类图鉴

比利时果味啤酒

比利时的啤酒以口味众多著称，多达数千种，且以果味最受欢迎，相比于德国啤酒的味道醇厚，比利时的果味啤酒更容易受到女孩子的欢迎。比利时果味啤酒在中国销量较好的有林德曼、粉象等。

德国黑啤

黑啤以其咖啡色或黑褐色而得名，又以德国的黑啤口碑最佳。该酒主要选用焦麦芽、黑麦芽为原料，啤酒花的用量较少，采用长时间的浓糖化工艺而酿成。在中国销量很大的爱士堡黑啤，就是德国黑啤的代表。

法国葡萄酒

世界红酒以法国出产的品质最为上乘，但是法国的葡萄酒绝不仅限于红酒。其他如白葡萄酒、起泡酒等也都是不错的选择。另外，经过调配的葡萄酒融合了各种好品质葡萄的味道，结合出更为独特美妙的口感，值得一尝。

英国威士忌

威士忌是一种只用谷物作为原料、含酒精的饮料，属于蒸馏酒类。在英国境内，威士忌被誉为"生命之水"，这里出产的威士忌也十分优质。在中国销量极好的芝华士，就是英国著名的威士忌品牌。

住哪里

出境游旅行，住宿是头等大事，现在多数旅游目的地的住宿设施十分完善，从星级酒店到简易帐篷和露营小屋等一般城市都有。如果旅行经费有限，建议多选择经济型酒店，在大城市可选择正规青年旅舍，在小村镇则可以选择农庄或古堡等有当地特色的酒店，这种组合的住宿能让人在节省费用的情况下，最深入地体验到当地的特色。

常见住宿类型图鉴

豪华酒店

旅游目的地的豪华酒店不胜枚举，四星、五星的酒店经常聚集在市中心及海边或景点周围，费用2000元人民币左右起，上不封顶，酒店内部宽敞的房间、优质的客房服务以及健身房、游泳池等设施一应俱全，如果有兴趣可以体会一次奢华住宿的享受。

古堡酒店

古堡酒店在欧洲比较常见，这类酒店一般都处在离大城市较远的地方，由于保护较好，酒店的建筑已经有数百年的历史了，单是酒店的建筑就足以称得上是一件艺术品了。古堡酒店的价格差距较大，在一些小村镇的酒店价格相对便宜，但设施较为简单。大城市周边的古堡酒店内部现代化设施较齐全，十分方便。

农庄住宿

在澳大利亚、新西兰的乡村，农庄住宿是一种不错的选择，这些农庄多位于景色秀美的偏远乡村，有的农庄会提供晚餐，有的甚至可以让你亲自动手做饭，田园风光十足。在澳大利亚的乡村农庄多住上几天，能切实感受到当地淳朴民风和惬意生活。

经济型宾馆

最受游客欢迎的就是经济型宾馆了，这类住宿地价格合适，又能满足游客的基本需求，性价比极高。经济型旅馆房间相对干净整洁，配备的设施也相对齐全，但在节假日或旅游旺季时的房间较为紧张，建议提前在网上预订。

家庭旅馆

如果想找一个经济合理、舒适干净的住宿地，家庭旅馆也是不错的选择。家庭旅馆舒适干净、有家庭的温馨感等诸多优点，如果想要深入当地人的生活，不妨试一试家庭旅馆，不过要在正规网站上预订。

青年旅舍

青年旅舍算是最经济的住宿地点，这里设备比较简单，通常有4、6、8人间，房价以床位计算，每个床位约100元人民币，在东南亚国家也有30元人民币每晚的价格。青年旅舍一般提供公共卫浴，住在这里的人多是来自世界各地的年轻人，在青年旅舍住宿也很容易找到结伴同行的朋友。

连锁酒店推荐

国际青年旅舍

　　国际青年旅舍是背包客口口相传的最省钱住宿地，多人间每晚住宿甚至最低至30元人民币以下，再加上热闹的环境和便利的交通，在很多人心目中，国际青年旅舍是很不错的选择。在欧洲几乎每个国家都有国际青年旅舍，这里总是汇集着来自世界各地的游客，如果要选择在国际青年旅舍住宿，可以在网站www.hihostels.com上预订。

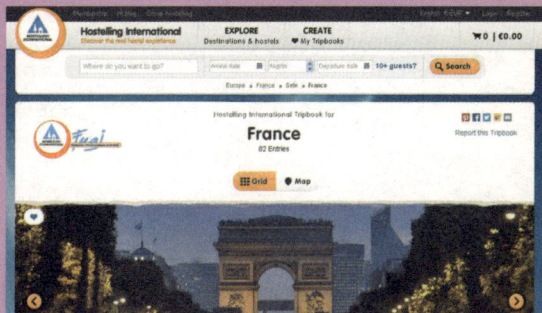

假日酒店

　　洲际酒店旗下品牌——假日酒店，以经济的价位赢得了广大游客的欢迎，在欧洲及亚洲有不少连锁店，在酒店官网www.ihg.com/holidayinn/hotels/cn/zh上，可以查询并预订全球的假日酒店，并且有中文页面，十分方便。

宜必思连锁酒店

　　宜必思连锁酒店是老牌的欧洲连锁酒店，现在在中国也能够看到宜必思酒店的身影了。在欧洲，宜必思酒店的客房价位适中，位置相对都较为便利，也是中国游客住宿时优先选择的酒店。酒店网站为www.ibis.com/zh/booking/hotels-list.shtml（中文网站）。

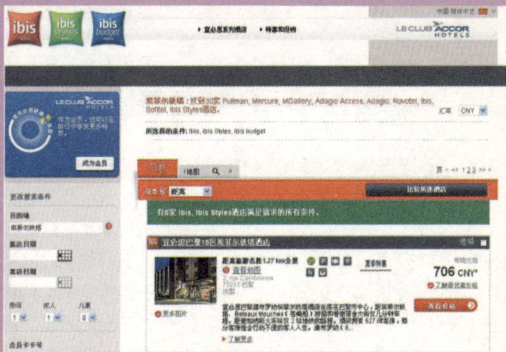

贝斯特韦斯特酒店

　　贝斯特韦斯特酒店是成立于美国的连锁酒店公司，现在在德国、法国、意大利等欧洲国家已经是比较出名的酒店品牌了，所以在欧洲住宿的时候也可以考虑下该酒店，在网站www.bestwestern.com上，可以查询到全球的该品牌酒店的地址和价格，并且有中文网站，进行在线预订也十分简单。

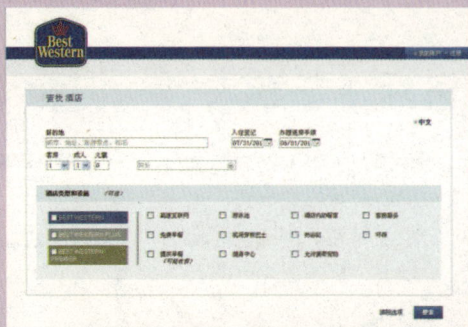

怎样出行

乘飞机

　　欧洲、美国、澳大利亚等国家的航空运输十分发达，相对应的航空费用也就较为便宜，有很多廉价机票网站上的机票能低到几欧元。出行选择乘坐飞机的话，最好先到各大常见的廉价机票网站上查询机票价格，但是要注意的是，部分航空公司所提供的特价机票不包含餐食。当然也可以前往各大航空公司官网寻找关于特价机票的信息。

欧洲廉价机票网站信息		
公司	简介	网址
eDreams	欧洲较大的旅游公司，会不定期推出各类优惠，有折扣极低的机票，另外由于总部在西班牙，会经常推出西班牙廉价机票	www.edreams.com
瑞安航空	欧洲著名廉价航空公司，多为小型飞机	www.ryanair.com
Trabber	Trabber旅游预订网站提供全球航班、酒店和汽车等低价信息	www.trabber.es
Wegolo	Wegolo为旅行者提供了便捷、低价航班的搜索服务，并且尽可能地满足旅行者在财务、日程方面的需求	www.wegolo.com
易捷航空	欧洲著名廉价航空公司，网站提供航班信息、租车、旅游指南等服务	www.easyjet.com/cn
Vueling	Vueling提供欧洲境内的航班、租车、酒店信息	www.vueling.com/en

Tips

　　乘坐廉价航空公司的航班，多数对所托运的行李重量有要求，如西班牙伊比利亚航空公司规定为：每人只能免费托运一件23千克以下的行李，超出总部分每千克需缴纳12欧元，每多托运一件23千克以下行李需缴纳费用100欧元。对于手提行李也有重量和尺寸要求，每人只能携带一件手提行李登机，且重量不能超过10千克、尺寸不能超过55厘米×40厘米×20厘米，若超过则需要支付35欧元的费用。登机前在办理手续时，要为带上飞机的行李领取随身行李登机牌，否则行李将被拒绝登机。

机场信息

在乘坐飞机前，对起降机场做一定的了解，能让自己的旅行更加顺畅。现在大部分机场都有自己的官方网站，在其网站上能够轻松地找到有关机场的大量信息，包括航班的动态，十分方便。

国家	城市	机场	网站
热门地国家及城市机场信息			
日本	东京	成田国际机场	www.narita-airport.jp/ch1/index.html
	大阪	关西国际机场	www.kansai-airport.or.jp/cn/index.asp
韩国	首尔	仁川国际机场	www.airport.kr/chn
	济州岛	济州国际机场	www.airport.co.kr/jejuchn/index.do
泰国	曼谷	素万那普国际机场	www.suvarnabhumiairport.com
	普吉岛	普吉国际机场	www.phuketairportonline.com
英国	伦敦	伦敦希思罗国际机场	www.heathrowairport.com/zh
	爱丁堡	爱丁堡机场	www.edinburghairport.com
法国	巴黎	夏尔·戴高乐国际机场	www.aeroportsdeparis.fr
	尼斯	尼斯机场	www.nice.aeroport.fr
德国	法兰克福	法兰克福国际机场	www.frankfurt-airport.com
	慕尼黑	慕尼黑机场	www.munich-airport.com
意大利	罗马	罗马菲乌米奇诺国际机场	www.rome-airport.info
	米兰	米兰马尔彭萨国际机场	www.malpensa-airport.info
澳大利亚	悉尼	道格拉斯麦克柯迪悉尼机场	www.sydneyairport.com.au
	墨尔本	墨尔本机场	melbourneairport.com.au
美国	纽约	约翰·菲茨杰拉德·肯尼迪国际机场	www.jfkiat.com
	旧金山	旧金山国际机场	www.flysfo.com
	夏威夷	火奴鲁鲁国际机场	www.honoluluairport.org
加拿大	多伦多	比利·毕晓普多伦多市机场	www.torontoairport.com
	渥太华	渥太华国际机场	ottawa-airport.ca

乘火车

很多国家的铁路系统十分发达，高速列车是节省旅行时间的最佳选择，如果时间充裕也可以选择乘坐夜间火车。

比如，从伦敦乘坐火车最快3.5小时就能到达巴黎；从哥本哈根到达斯德哥尔摩的火车，经过跨海大桥时的风景也十分优美；还有荷比卢三国的火车联票也是省时省钱的不错选择。在澳大利亚乘坐火车往返于各个城市间，需要花费较多的时间，但是沿途能欣赏到非常美丽的风景。美国国铁的路线几乎覆盖了整个美国，还有不少火车路线沿着海岸而行，景色十分优美。日本的新干线列车也是闻名世界的快速列车，十分方便。

在境外乘坐火车，由于习惯和文化的不同，所以需要提前了解好乘车的时间、地点等信息，以免错过火车，给自己的出行带来不便。

1.乘车时间

一般在车票上会显示乘车时间，最好提前20分钟以上到达火车站，否则很有可能面临安检结束不能进站的尴尬。另外，有的欧洲列车可能会提前2分钟出发，因而乘客一定要提前到达火车站。

2.乘车车站

很多城市会有不止一个火车站，这些车站的名称十分接近，要注意区别清楚，如果所持火车票上的站点名称与实际乘坐地点不符的话，很有可能会被拒绝上车。

3.乘车车次

火车站大多有多种类型的火车通过，要看清楚是否是自己要乘坐的那一趟列车，否则很有可能上错车，最简单有效的区别方式就是看火车颜色与Logo。

4.到站时间

在出发前了解好大致的乘坐时间，快要到站的时候注意听报站信息，不要错过下车时间，以免耽误自己的行程。

乘坐长途汽车

相对飞机、火车来说，乘坐长途汽车的人并不多，毕竟其在速度和安全性上都不如前者。但是在一些较为偏僻的小镇，如果你想全方位体验当地的风俗民情，长途汽车也是一个不错的选择，另外有时候，长途汽车的价格十分划算。长途汽车车次差别很大，不同线路的运行时间很不相同，因此如果你选择乘坐长途汽车，就要时刻留意当地发车时刻表，以免滞留延误。在欧洲，Eurolines和Megabus是首选的长途汽车公司，在美国、澳大利亚与加拿大，灰狗巴士则是最好的选择。

常见长途汽车公司信息		
公司	简介	网址
Eurolines	是欧洲最大的长途汽车联盟，经营线路几乎覆盖欧洲全境，且提供15天或者30天的通票服务	www.eurolines.com
Megabus	英国首推的廉价长途汽车公司，是低预算旅游者的首选	megabus.com
灰狗巴士	灰狗巴士是美国的长途商营巴士公司，公司运营范围除了美国，还有加拿大、澳大利亚，车身都绘有奔跑着的灰狗图案	www.greyhound.com

水运

无论是作为交通工具还是赏景方式，乘坐水上交通工具都会带给人不同的体验。莱茵河上的水运从阿姆斯特丹开始，穿越了10多个国家，不妨乘船感受下欧洲这条最繁忙的河流吧。游览水城威尼斯，乘坐水上交通工具更是最佳的方式。丹麦、瑞典、芬兰与爱沙尼亚等波罗的海沿岸国家之间的交通是以邮轮为主，著名的"维京号"就常年往返于瑞典与芬兰之间，另外还可以选择乘船从伦敦出发，前往马赛或阿姆斯特丹、安特卫普等城市，一览港口小镇的繁华。乘坐游艇往返于普吉岛周围的小岛，也是很多游客的选择。

市内交通图鉴

地铁及轻轨

地铁是很多人在大城市出行时普遍选择的交通方式。建议购买日票，这样可以无限次搭乘。由于各个城市的情况不一，具体信息可咨询当地的旅游中心，或登录该城市的交通局网站查询。

自行车

在一些小城市，租赁自行车游玩是省时省力又省钱的选择，不少城市内会有市政系统提供的自行车租赁服务，这些自行车一般为免费使用的，即便收费，费用也十分低廉，不过需要办理租赁卡。

出租车

在欧、美乘坐出租车，很多需要在出租车站点上下车，如果有大件行李的话可以提前预约出租车，这样能在节省时间的同时节省一部分费用。但是要注意，最好不要在交通拥堵时段搭乘出租车，另外选择乘坐正规出租车也是保障自己的权益的重要方式。

公交车

欧洲、美国的公交系统多由独立的公交公司经营，有的城市有好几个公司，各公交公司在不同区域提供服务，且都有自己的价格表和时刻表。相对来说，大城市的公交车站点十分密集，乘坐公交车出行十分便捷。

游哪里

出境游玩，每个国家都有自己的特色，但整体而言，可分为人文与自然两大类。体验人文环境，可以前往繁华的大都市或是带有当地特色的小城镇；感受自然景观的壮阔，则可以根据自己的喜好，前往峡谷、海湾或是名山、国家公园等地旅游。

世界名城图鉴

纽约

纽约（New York City）是美国最为繁华的都市，联合国总部的所在地，也为其带来了"世界之都"的称号。在这座城市里，有自由女神像、第五大道、中央公园等诸多举世闻名的景点。

东京

东京（Tokyo）作为日本的首都，这里有繁华的银座，还有香火旺盛的浅草寺，且极度现代化的发展并未让这座城市丢失自己原有的"日本风格"。

巴黎

巴黎（Paris）是浪漫与时尚的代名词，哪怕只是在街头喝咖啡晒太阳，你也会爱上她的浪漫，爱上她的时尚。无数人前往这座梦幻的城市，到这里追赶时尚、到这里流浪、到这里度蜜月。

伦敦

伦敦（London）在泰晤士河的河畔，经历了数千年的岁月洗礼，如今，站在伦敦的街头你会看到，那些充满活力的少男少女们散发着青春时尚的气息，给这座古老的城市点燃了新的热情。

雅典

雅典被誉为"西方文明的摇篮"，也是欧洲哲学的发源地，对欧洲以及世界文化产生了重大影响，诞生了苏格拉底、柏拉图等一大批历史伟人。这里至今仍保留了很多历史遗迹和艺术作品，其中最著名的是雅典卫城的帕特农神庙。

曼谷

曼谷（Bangkok）有"佛庙之都"之誉，地跨湄南河两岸，地势低洼，平均海拔不足2米。市内河道纵横，货运频繁，有"东方威尼斯"之称。

悉尼

悉尼（Sydney）是澳大利亚新南威尔士州首府，也是澳大利亚最大的城市和港口，悉尼歌剧院如贝壳的造型是它永不能被替代的风景。

罗马

罗马（Rome）是意大利的首都，众多的历史遗迹让这座城市有一种令人肃穆的厚重感。而奥黛丽·赫本主演的经典电影《罗马假日》，也让这座城市多了一份浪漫的气息。

柏林

柏林（Berlin）是德国首都，这里有巴洛克风格的弗里德里希广场、新古典主义风格的申克尔剧院等众多蜚声于世的建筑。这些美不胜收而又经历了历史沧桑的建筑，使人强烈地感受到了柏林古典与现代、浪漫与严谨的氛围。

053

特色城镇图鉴

温莎小镇

温莎小镇因著名的温莎城堡而闻名于世，关于这座古堡的爱情故事，也让这座小镇笼罩了一层浪漫的气息。

富良野

富良野作为北海道的著名城市，这里春季樱花烂漫，夏秋季薰衣草芳香以及冬天白雪皑皑，童话般的景色是使得众多人争相前往的原因。

水城威尼斯

这是一座没有汽车和自行车、也没有交通指挥灯的城市，这里唯一的交通工具是船。这里有纵横交错的河流，更有著名的叹息桥。

尼斯小城

尼斯这座小城带有和法国其他城市一样的浪漫，紫色的薰衣草花田与远处蔚蓝的大海交相辉映，令无数的人流连忘返。

自然景观图鉴

阿尔卑斯山

阿尔卑斯山是欧洲最雄伟的山脉，横跨法国、意大利、瑞士、德国、奥地利和斯洛文尼亚。或许它不是世界上最高的山峰，但它那独特的气质，却吸引着无数人争相前往。

尼亚加拉瀑布

尼亚加拉瀑布是美洲大陆最著名的奇景之一。瀑布从高处的伊利湖流入安大略湖，湖水经过河床绝壁上的羊岛，分隔成两部分，分别流入美国和加拿大，十分壮观。

科罗拉多大峡谷

科罗拉多大峡谷被称为"活的地质史教科书"，在复杂的地壳运动下，这里形成了壮观的自然景观，在这里的峭壁上，你能将近20亿年来的地质变迁史一览无余。

富士山

富士山是日本国内的最高峰，也是世界上最大的活火山之一。不过，目前富士山处在休眠期，爆发的可能性较小，但地质学家仍然把它列入活火山之列。富士山有著名的"富士八峰"，即剑峰、白山岳、久须志岳、大日岳、伊豆岳、成就岳、驹岳和三岳。

著名教堂图鉴

巴黎圣母院

雨果笔下的《巴黎圣母院》，描写了悲伤而缠绵的故事，现实中的巴黎圣母院气势恢宏。这座矗立在塞纳河畔的哥特式风格教堂，是古老巴黎的象征。它位于整个巴黎城的中心，是历史上最为辉煌的建筑之一。

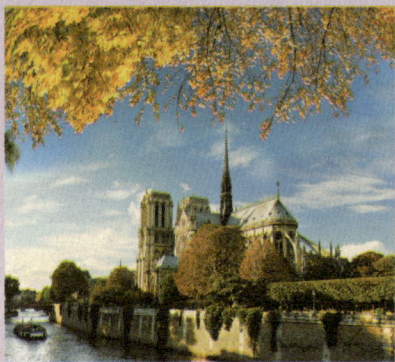

威斯敏斯特教堂

威斯敏斯特教堂在英国享有至高无上的地位，被称为"荣誉的塔尖"。教堂是英国皇室举行重大典礼的地方，内部廊柱高大凝重，雕刻精致优美，还有大量馆藏，包括加冕用品、庆典用品，如勋章等，被认为是英国建筑中的杰作。

圣家族大教堂

圣家族大教堂是巴塞罗那的象征性建筑，也是一座尚未完成的建筑，其是西班牙建筑大师安东尼奥·高迪的毕生代表作。教堂主体以自然物诸如洞穴、山脉、花草、动物为装饰，以螺旋、锥形、双曲线、抛物线等各种形状巧妙构思而成。

科隆大教堂

科隆大教堂是德国最大的教堂，也是世界最高的教堂之一，同时也是中世纪欧洲哥特式建筑的代表作。当夜幕降临，聚光灯向教堂射出光柱时，教堂便罩上了一层淡蓝色的荧光，高耸的教堂与莱茵河中的倒影相映成彰，显得很神秘。

买什么

　　出境游玩，总要给自己买一些纪念品，或为亲朋好友们带回一些礼物。不同的地方都有其特色的商品，无论是购买奢华的礼品，还是当地的土特产，为自己的旅行留下一些物质上的纪念都十分必要。另外，不少国际大牌的原产地或品牌集散地的商品，价格会很便宜。不过在境外购物时，不能购买野生动物制品，够买其他物品时，也要注意海关的相关要求，以免回国过海关时，自己所购买的东西被没收或被征收高额税费。

热门商品图鉴

工艺品

　　世界各地的城市都会有跳蚤市场或集市，在那里逛一逛，总会看到很多令人心仪的小工艺品，既有十足的当地特色，价格又不会很贵，在购买过程中还能享受讨价还价的乐趣。

香水

　　世界排名靠前的香水品牌大多来自欧洲，在欧洲购买香水也是很好的选择。相对来说，折扣店或奥特莱斯等地售卖的大牌香水，比在国内专卖店的要便宜30%左右。

服饰

　　欧美及澳大利亚是多个国际知名品牌服饰的发源地，如范思哲、阿玛尼等，来到这里，势必要好好扫货一番。

奶酪

　　奶酪也是前往欧美旅行不可忽略的特产之一，如果喜欢奶酪，大可多买一些回国，毕竟正宗且优质的奶酪在国内售价极高。

退税须知

非欧盟国家国籍的游客在欧盟境内旅游时，购买的商品总价达到规定的价格、并将商品带出欧盟，就有权申请退税。欧盟的成员国包括：奥地利、比利时、塞浦路斯、捷克、丹麦、爱沙尼亚、芬兰、法国、德国、希腊、匈牙利、爱尔兰、意大利、拉脱维亚、立陶宛、卢森堡、马耳他、荷兰、波兰、葡萄牙、罗马尼亚、斯洛伐克、斯洛文尼亚、西班牙和瑞典。欧洲其他非欧盟成员国为了刺激旅游消费，也有一些税费优惠政策，这些都是在购物过程中可以享有的优惠。

各国退税标准

一般来说，退税单没有海关盖章将无法退税，这是至关重要的一个步骤。退税单全部给海关，确认每一联都盖章，底联自己保留；如遇只有一联的退税单，需拍照留底。最好在商品购买后3个月内获得海关印章，根据有些国家的规定，退税单超过3个月没有获得海关盖章，就会被作废。

实用购物用语

在境外购物，特别是逛各地的夜市，必然少不了与当地人砍价，若苦于语言沟通不畅，可以学一些比较实用的购物用语，这样会大大方便你的旅行。

实用的购物用语				
中文	英语	德语	法语	意大利语
多少钱	How much	Wie viel kostet das	Combien ça coûte	Quanto costa
可以试试吗	May I try this on	Ich kann es versuchen	Je peux essayer	Posso provare
折扣、打折	Discounts	Discounts	Réductions	Sconti
水果	Fruits	Früchte	Fruits	Frutta
试衣间	Where is the fitting room	Ankleideraum	Dressing	Spogliatoio
我不喜欢	I do not like	Ich mag nicht	Je n'aime pas	Non mi piace
便宜点	Cheap	billig	Pas cher	Abuon mercato
结账	Checkout	Kasse	Caisse	Cassa
刷卡	Credit card	Kreditkarte	Carte de crédit	Carta di credito
现金	Cash	Bargeld	Espèces	Contanti
收银台	Checkout counter	Kasse	Caisse	Casse
超市	Supermarket	supermarkt	Supermarché	Supermercato
市场	Farmers Market	Farmers Market	Farmers Market	Farmers Market
商场	Mall	das Einkaufszentrum	Le centre com mercial	Il centro comm erciale

怎样娱乐

如果你是一个艺术爱好者，很多旅游目的地那随处可见的歌剧院与音乐厅，就是你夜晚消遣的最佳去处；如果你是一个对酒吧文化十分热爱的人，那么在街头巷尾的酒吧就是最合适的地方；如果你钟爱体育，大型体育场的激烈赛事足以吸引你的眼球；或者你是一个养生达人，那么SPA与泡温泉则是你不容错过的享受。

在美国看NBA联赛

到了美国，不去看一场NBA球队的比赛，就不算了解美国的篮球文化。在赛场的看台上与众多球迷一起呐喊，一起激动，在进球的瞬间感受篮球运动的魅力，这是不可多得的体验。各NBA球队的主场球馆，经常有比赛举行。

在欧洲看歌剧

意大利歌剧在世界上负有盛名，其他国家的各大歌剧院也是不容错过的地方，歌舞剧的魅力不光是经典的剧目，还在于每一个歌剧院均有悠久的历史。它们都是一个个故事，现在还在传承着数百年的经典。

在小城泡酒吧

很多国家的酒吧文化很出名，每个城市的酒吧都会有这个城市独特的味道，无论是布鲁塞尔樱桃味啤酒的清新，还是赫尔辛基重金属乐队的刺激，或者日本小巷子里居酒屋的雅致，哪怕只是在泰晤士河畔静静地品酒看景，或者在拉斯维加斯的酒吧体验奢华的感觉，都足以令人沉醉。

在芬兰洗桑拿

桑拿在芬兰人心目中的位置，是无可取代的。在芬兰这个崇尚自然的国度，平均不到3个人中就有一间桑拿房。在芬兰宴请朋友，很可能是去他家洗桑拿浴。即便在酒吧，也有专为客人准备的桑拿房，朋友聚会，可以边喝酒边桑拿。

到日本泡温泉

日本的"泡汤"文化闻名世界，很多地方拥有丰富的地热资源，在日本享受一次户外温泉是十分惬意的。在箱根等地享受户外温泉时，还能欣赏远处富士山的美景。

应急

出境旅游最怕的就是遇到意外情况，人生地不熟、语言不通，万一遇到什么事就会束手无策。建议在海外旅游，无论是吃、住、行、购、娱都该保持一份警惕心，不要粗心大意，出门检查东西，在外注意行李……万一遇到什么事，应该冷静对待，并且懂得寻求帮助。

东西丢失	
名称	**解决办法**
护照遗失	护照遗失后，首先报警，并获得报案号码，然后前往中国驻当地使领馆，补办旅行证，回国了再补办护照，但需要携带报案回执单，最好能事先准备照片和护照首页复印件及身份证等，以防万一
行李遗失	出行前在行李上做一些独有的记号，会为你找回行李提高成功几率。行李丢失后，就要对行李进行遗失登记。在登记遗失行李表时，要详细地写清楚行李箱中的物品和价格，并且留下登记表格的号码和登记人员的姓名和联系方式，如3天后还没有找到行李，则可以向航空公司要求理赔
信用卡遗失	信用卡遗失，首先立即打电话至发卡银行办理挂失与停用，然后与该银行在当地的信用卡办事处取得联系，补办信用卡
机票遗失	如果往返机票遗失，可与航空公司客服联系，根据规定补发机票，一般需要补交费用，但你可以选择电子机票避免此类事情

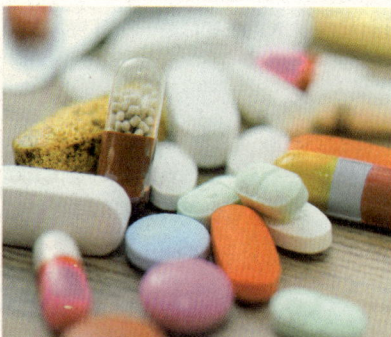

身体不适

在旅行途中，可能会遇到水土不服或意外着凉等各种情况，导致身体不适。在欧洲，如果只是轻微感冒等症状，可以选择到药店购买相关药品。如果病情较重则需要到医院接受检查和治疗。在美国，有不少华人开的诊所，是中国游客就医的好选择，但是要注意选择正规且有医师执照的医院、诊所看病。在日本有不少超市等地会出售一些药品，十分方便。

在境外旅游期间的医疗费用较高，可以在出发前携带一些药物以减少生病的几率，如黄连素、感冒药、创可贴、风油精等，可根据自身情况准备药品数量。

实用就医用语				
中文	英语	德语	法语	意大利语
药店	Pharmacies	Apotheken	Pharmacies	Farmacie
医院	Hospital	Krankenhaus	hôpital	Ospedale
急诊	Emergency	Notfall	d'urgence	Emergenza
医生	Doctors	Ärzte	médecins	Medici
我有些不舒服	I am a little uncomfortable	Ich bin ein wen ig unangenehm	Je suis un peu mal à l'aise	Non mi sento bene
我需要会说英语的医生	I need to speak English doctor	Ich muss Englisch sprechen Arzt	J'ai besoin de parler anglais m é decin	Ho bisogno di un dottore che parli inglese
请送我到医院	Please take me to the hospital	Bitte nehmen Sie mich in die Klinik	S'il vous plaît pre-nez-moi à l'hôpital	Mi porti all'ospedale
我发烧了	I have a fever	Ich habe Fieber	J'ai de la fi è vre	Ho la febbre
我有点头痛	I'm a little headache	Ich bin ein wenig Kopfschmerzen	Je suis un peu mal à la tê te	Ho male alla testa

境外旅游常备药物

境外旅行，由于饮食、住宿习惯等与国内有较大区别，游客最好根据自身情况准备一些药物，以备不时之需。

肠胃药

每个国家的饮食习惯都不一样，如欧美人喜欢奶油和面包。改变饮食种类和烹调方法，再加上游玩时，可能不会按时用餐，这些很可能导致我们的肠胃出现不适应的症状，这时候还是备上些肠胃药为妙，以备不时之需。

退烧药

夏季因空调吹的过多可能会感冒或发烧，潜水或滑雪后也有可能会着凉而感冒发烧，如果有退烧药或是感冒药就能缓解感冒的症状了。

外伤药

在外旅行，很容易发生擦伤等小伤口。这时候如果有云南白药或者创可贴、酒精棉等，就可以快速对伤口做出处理。

常用药名主要外语对照表				
药名	英语	德语	法语	意大利语
阿司匹林	Aspirin	Aspirin	Aspirine	Aspirina
安眠药	Sleeping pills	Schlafmittel	Somnif è res	Sonniferi
避孕药	Contraceptives	Kontrazeptiva	Contraceptifs	Contraccettivi
感冒药	Cold medicine	Kalte Medizin	M é dicame nts contre le rhume	Medicina freddo
盘尼西林	Penicillin	Penicillin	P é nicilline	Penicillina
消炎药	Antibiotic medicine	Antibiotika-Medizin	Antibiotique m é decine	Farmaco antibiotico
止痛药（布洛芬片）	Advil	Advil	Advil	Antidolori fico
止咳药	Cough medicine	Husten-Medizin	M é dicamen ts contre la toux	Tosse me dicina
止泻药	Antidiarrheal	Antidurchfall	Antidiarr h é ique	Antidiarroici
退烧药	Antipyretic	Fiebermittel	Antipyr é tique	Antipiretico

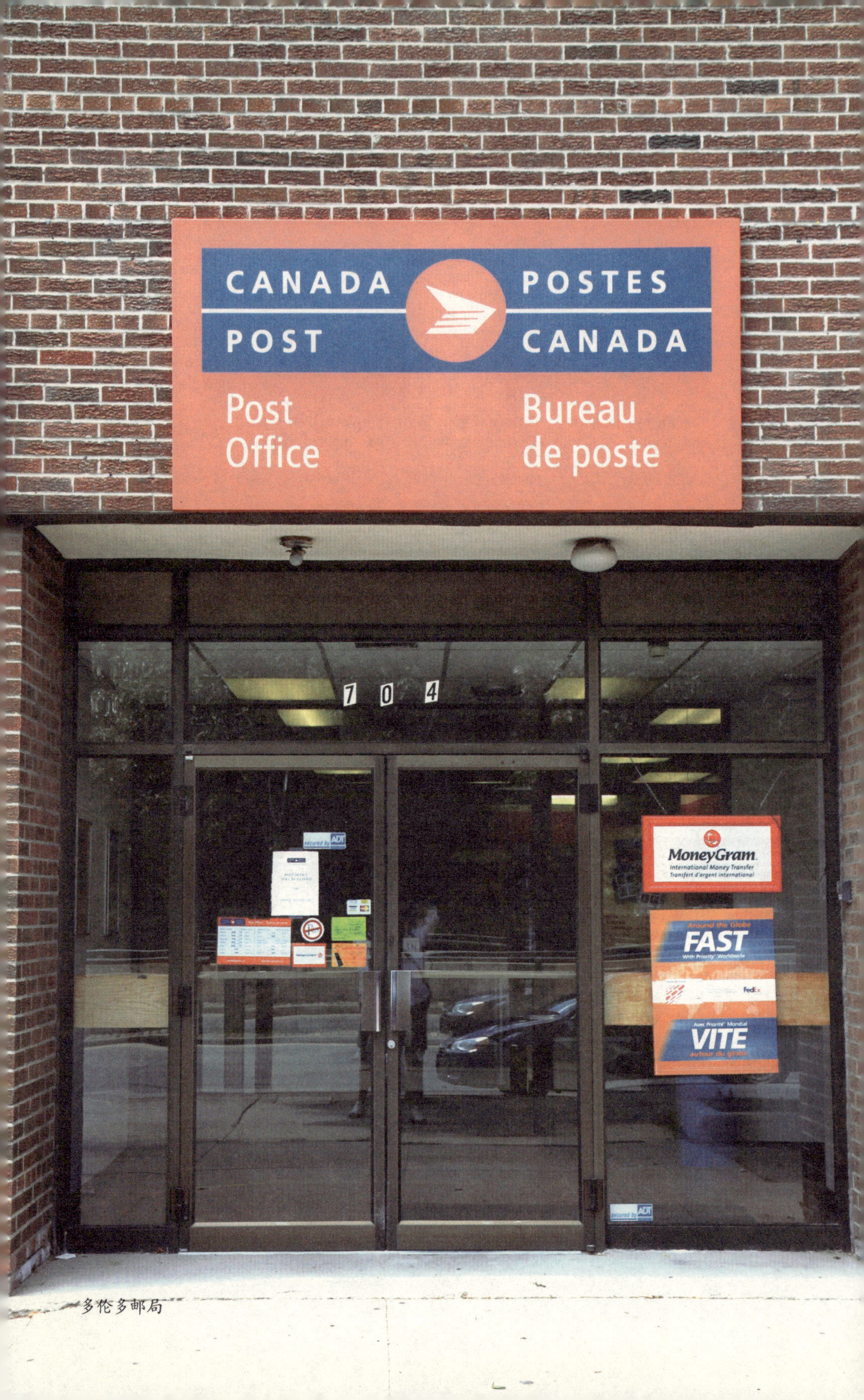

CANADA POST · POSTES CANADA

Post Office

Bureau de poste

704

多伦多邮局

返回

行李邮寄

在境外想要邮寄明信片或将包裹寄回国内是一件很容易的事情，信件或明信片可以直接投入设在街道、车站或者机场里的邮筒里，邮寄包裹就需要前往当地的邮局办理。一般情况下，在稍大的城市能很容易找到带有明显标记的邮局。除了邮局及机场外，多数酒店也会为游客提供基本的邮政服务，如果你下榻的酒店有寄信服务，也可以把信件放到咨询台由他们代为寄送。

热门旅游国家邮政信息				
国家	邮局或邮筒标志	邮资	营业时间	网址
美国	蓝白相间的标志带有"United States Postal Service"字样	美国国内明信片邮资为0.34美元，明信片和平信寄往国内一律1.15美元，10天至半个月可以收到	自助邮局24小时	www.usps.com
日本	邮筒多为红色	明信片寄往日本国内每张52日元，寄往海外其他国家一律每张70日元	周一至周五9:00~17:00	www.japanpost.jp
韩国	邮筒为红色，多数在路边，有两个箱子	明信片空运350韩元/张，海运250韩元/张	周一至周五9:00~18:00	http://www.koreapost.go.kr/kpost/main/index.jsp
英国	Post Office或Royalmai	根据重量与要求配送时间，英国国内0.62英镑起，寄往中国1.28英镑起	周一至周五9:00~17:30	www.royalmail.com www.postoffice.com
法国	黄色的圆上一只蓝色的信笺	20克以内平信0.98欧元，向欧洲其他国家寄明信片0.83欧元，一辑10张纪念邮票价格在8.6欧元左右	周一至周五9:30~12:30、13:30~17:00，周六9:30~12:00	www.laposte.fr
德国	黄底Deutsche Post字样	德国境内为0.55欧元，寄往海外其他国家为0.75欧元	周一至周五8:00~18:00，车站邮局24小时营业	www.deutschepost.de
意大利	黄底，有蓝色Posteitaliane字样	明信片寄到国内为2欧元，寄到欧盟国家是1欧元	周一至周五8:00~19:00，周六只营业到中午	www.posteitaliane.post
瑞士	黄底黑字Die Post、La Post、La Poste字样	明信片快递（3~5天）至中国为0.6欧元，慢信（7~15天）0.9欧元	周一至周五9:00~17:30，12:00~13:30休息	www.swisspost.ch
加拿大	红色底，上面有一封信折成的三角形飞燕形状	Domestic用于邮寄加拿大国内，一般平信如明信片邮资为0.85加拿大元；International寄往其他国家，包括寄往中国，一张邮票面值2.5加拿大元	周一至周五8:00~17:30，部分邮局位于商场内，营业时间随商场营业时间变化	www.canadapost.ca
芬兰	白底橙字或橙底白字，"Posti"	1.9欧元邮资的邮票可邮寄发往全球的明信片	周一至周五7:00~21:00，周六至周日10:00~18:00	www.posti.fi

续表

国家	邮局或邮筒标志	邮资	营业时间	网址
泰国	蓝色或橙黄色的Post或邮局的泰文文字	从泰国寄回国内的明信片约需邮资15泰铢，一张明信片5～10泰铢	周一至周六8:30～16:30，周日9:00～12:00	www.thailand post.com
柬埔寨	蓝底，画有黄色闪电图案	明信片价格0.75～2美元，寄回国邮资约1美元	周一至周五7:30～17:00，周六7:30～11:00	www.mptc. gov.kh

前往机场

返回前准备

返回前一定要检查好自己的行李，不要遗忘在酒店，把护照、签证等证件随身携带好，千万不要漏带。最好把需要退税的物品单独放在一个行李箱内，因为在办理退税手续的时候可能会要求你出示所购物品。

有些航空公司会要求乘客在离境前的72小时内，再次确认预订的机票。即使离境前72小时内已经确认了航班信息和机票信息，建议在去机场之前再确认一下，或是向航空公司服务处打电话，询问你到达机场办理登机手续的最佳时间，以便留出充足的时间到达机场。

如何获得路线

如果你不知道怎么去机场，可以向航空公司服务处询问怎么乘机场巴士或公共汽车到机场，也可以向酒店前台咨询乘车路线。如果行李较多，可以让酒店前台帮忙预约一辆出租车。部分城市预约出租车需要另外加收费用。乘坐出租车时要注意避开拥堵高峰期，以免耽误行程。如果提前了3个多小时到达机场，那么在机场的免税店逛一逛是个不错的选择。

离境手续

和入境手续相比，离境手续要简单得多。不过，建议你提前2~3个小时前往机场，这样时间上比较充裕，不会手忙脚乱。到达机场后，先找到你所搭乘航班的服务台，在那里换登机牌。领到登机牌和座位号后，工作人员会告知你从几号登机口登机。通常，登机在飞机起飞前45分钟开始，起飞前15分钟关闭机舱门。

离境流程

到达机场

在飞机起飞前2~3小时到达机场。

换登机牌

到指定柜台（一般候机厅进门就可见有航班信息的大屏幕，上面有对应航班的柜台编号）把护照交给工作人员，换取登机牌，此时可以提出调换座位的要求。

办理退税

持退税单在海关盖章后，可办理退税手续。有时海关会要求出示所购物品，所以最好在行李托运前办理退税。

托运行李、安全检查

大件行李要托运，通常免费的托运行李有重量要求；如果超重、超大需要额外付费；

需要提供护照、登机牌等证件，手机、电脑等电子产品需要取出单独过安检，随身的手提包里不能有水、肉类制品等。

登机

在指定的登机口登机，乘机时间较长，可以将自己平时休闲用的物品放在手提包里。

Tips

1.在海关盖章后办理退税，办理退税有两种选择：（1）直接邮寄退税单，购物时使用的是信用卡，可当即办退税，节省登机前时间，拿到费用需要1~2月时间；（2）在退税窗口排队，拿到所退税款现金，但会被扣除一定比例的服务费。另外在贴有退税服务（Tax Refund）的商店购买商品，可直接要求商家开具退税单，这样就可以直接在海关签字领取现金。

2.长时间旅行常会使全身酸痛、下肢浮肿，可每隔1小时起身做做简单的伸展操，并替小腿、颈部及腰背轻压按摩，减少久坐后酸痛与下肢浮肿等现象。特别提醒患有缺血性心脏病、高血压患者，长时间坐在椅子上易造成腿上血管栓塞，进而演变为肺栓塞，因此务必每隔一段时间起身走走。

3.由于飞机起降时气压变化较大，常会有耳鸣、耳痛、耳塞或晕眩感，可随身带一包口香糖，用嘴部咀嚼以减缓不适感。

4.乘坐其他国家航空公司航班时，由于语言不通，遇见特殊情况时需要耐心向空乘人员询问，切勿大声喧哗，影响他人休息。

PART 1 美国一周游

Part 1

美国一周游

美国印象

★★★ 辽阔疆域闪耀自由之光

美国国土面积辽阔，其国家所崇尚的自由精神也成为其标志性的符号，从高大雄伟的自由女神像到百老汇的各类演出，都在向世人展示着美国的包容与接纳。在这里不仅能够找到关于美国发展历程的各类博物馆、艺术中心，还有众多来自世界各地的艺术瑰宝在等着你去一一发现。

★★★ 缤纷购物

不论是在纽约还是在拉斯维加斯，你会发现美国很多地方都堪称购物天堂。在拉斯维加斯大道上，每个酒店里都设有大型购物中心，更不用说周边的购物村和百货商店了。纽约的第五大道更是世界著名的购物地点，这里云集了几乎所有的世界知名品牌的旗舰店，堪称购物天堂。

推荐行程1

A 旧金山　约620千米　**B** 洛杉矶　约450千米　**C** 拉斯维加斯

- 旧金山 San Francisco

Stanislaus National Forest

约塞米蒂 Yosemite National Park

莫德斯托 Modesto

拉斯维加斯 Las Vegas

弗雷斯诺 Fresno

维塞利亚 Visalia

Death Valley National Park

蒙特雷 Monterey

AB约620千米

Sequoia National Forest

贝克斯菲尔德 Bakersfield

BC约450千米

圣玛丽亚 Santa Maria

兰开斯特 Lancaster

Mojave National Preserve

洛杉矶 Los Angeles

里弗塞德 Riverside

约书亚树国家公园 Joshua Tree National Park

交通方式对比					
路线	交通方式	优点	缺点	运行时间	单程费用
旧金山—洛杉矶	飞机	较为便捷	价格较高	1小时左右	80～150美元
	火车	能欣赏风景	乘车时间长	约12小时	约65美元
	长途汽车	价格便宜	舒适度较低	约为5小时	约45美元
	租车自驾	时间由自己掌控	耗费精力	5小时左右	约100美元
洛杉矶—拉斯维加斯	飞机	节省时间	有航班延误可能	约1小时	40～60美元
	长途汽车	价格便宜	车程较长	约6小时	约33美元
	租车自驾	时间由自己掌控	耗费精力	约4个小时	约80美元

最佳季节

美国纬度与中国相当，大部分地区气候与中国差不多。前往美国旅行，春秋季节气候温和，十分舒适，冬季的圣诞节给人热闹的感觉，夏季则可以在沿海地带尽情戏水，不同的季节会有不一样的感受。总体而言，春秋两季是最受游客欢迎的季节。

最佳季节的衣物

前往美国旅行，可携带与在中国穿着差不多的衣物。如果打算前往海边，墨镜、泳衣等需要提前准备；如果打算前往山区，则需要相应准备一些较厚的衣物；如果打算前往拉斯维加斯等城市，则需要准备轻薄凉快的衣物。

推荐路线：旧金山—洛杉矶—拉斯维加斯5天5夜游

5天5夜的推荐路线			
城市	日期		每日安排
旧金山	Day 1	上午	金门大桥→渔人码头
		下午	九曲花街→唐人街
	Day 2	上午	联合广场→旧金山市政厅
		下午	圣玛利亚大教堂→金门花园
洛杉矶	Day 3	上午	好莱坞环球影城
		下午	好莱坞星光大道→日落大道
	Day 4	全天	迪士尼乐园
拉斯维加斯	Day 5	上午	拉斯维加斯大道→威尼斯人酒店
		下午	巴黎酒店→百乐宫酒店

到达旧金山

旧金山（San Francisco）英文名称翻译为圣弗朗西斯科，又称三藩市，由于很早就有大批华人来此"淘金"，所以对其有了"旧金山"的称呼，并沿用至今。旧金山坐落在介于太平洋与圣弗朗西斯科湾之间的一个半岛上，北临金门海峡，是美国西部最大的金融中心。这里华人和华侨较多，市区东北角的"中国城"为美国华人最大集中地。

通航城市

旧金山是从中国前往美国最主要的城市之一。目前，飞往旧金山的航班大多都是从北京、上海、广州等城市出发。航班主要由中国国际航空、中国东方航空、中国南方航空、美联航等航空公司经营。

从中国飞往旧金山的航班

从中国飞往旧金山，北京、上海、广州等城市有直达航班，下面表格列出几大航空公司提供的航班，以供参考。

中国飞往旧金山的航班				
航空公司	航空公司电话	城市	单程所需时间	出航信息
中国国际航空（www.airchina.com.cn）	95583	北京	直飞11小时20分钟	中国国航每天16:00有1班从北京直飞旧金山航班；11:00有1班从重庆直飞旧金山的航班；上海、广州等地需要从北京中转
		上海	中转16～20小时	
		广州	中转14～18小时部分需隔天	
中国东方航空（www.ceair.com）	95530	北京	中转15～30小时	每天13:00东方航空都有一趟从上海飞往旧金山的直飞航班，北京、广州等地要在上海中转
		上海	直飞11小时30分钟	
		广州	中转15～20小时部分需隔天	
中国南方航空（www.csair.com）	95539	北京	7～20小时部分需隔天	每天22:00南方航空都有一趟从广州白云机场飞往旧金山的直飞航班，北京、上海等地要在广州中转
		上海	18～20小时部分需隔天	
		广州	直飞12小时10分钟	

如何到市区

旧金山周围有数个机场，从中国飞往旧金山的航班多数降落在旧金山国际机场，从机场前往旧金山市区的交通十分方便，一般30分钟左右就可到达旧金山市区。

从旧金山国际机场如何前往市区

旧金山国际机场（San Francisco International Airport）共有5个航站楼，分别为1、2、3号航站楼与A、G国际航站楼，从中国飞往旧金山的航班，多数降落在国际航站楼。每一个航站楼都有问询处和提款机，国际航站楼还有24小时医疗站。从国际航站楼可以乘坐机场快线往返于各个航站楼，乘坐湾区捷运（BART）、加州火车（Caltrain）及圣马刁公车（SamTrans）等交通工具可前往旧金山市区。

湾区捷运（BART）是前往旧金山市区最为便捷的交通工具，票价最低1.4美元，可在自动售票机买票（自动售票机可以使用的货币是面值10美元、15美元、20美元的纸币和5美分、10美分、25美分的硬币）。运行时间：周一至周五4:00～24:00，周六6:00～24:00，周日8:00～24:00。

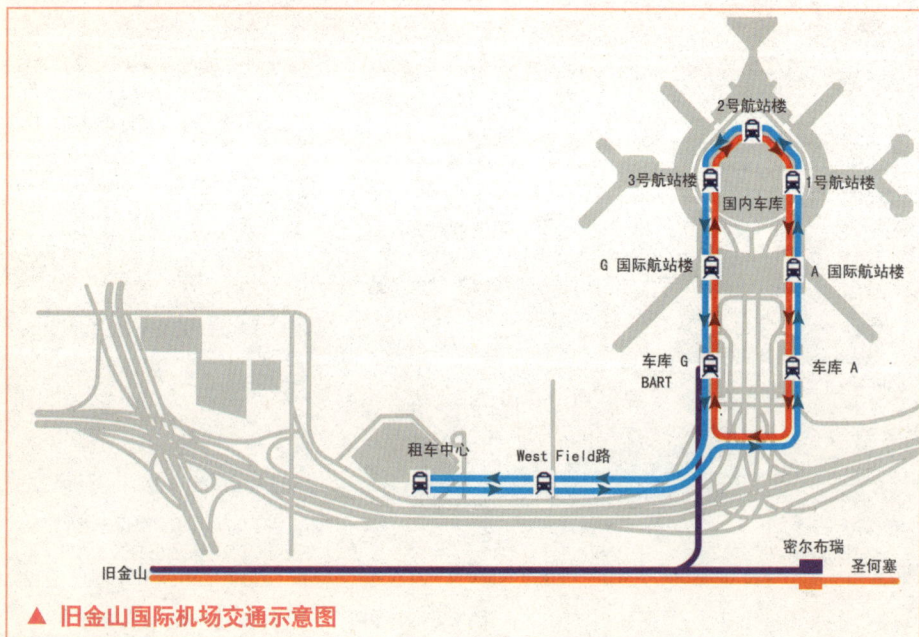

▲ 旧金山国际机场交通示意图

旧金山2日行程

Day 1 金门大桥→渔人码头→九曲花街→唐人街

到旧金山的第1天，可以先参观旧金山最具有代表性的景点，首先是壮观的金门大桥，然后是热闹的渔人码头和独特的九曲花街，最后前往历史悠久的唐人街，看华人在美国生活的真实场景。

旧金山第1天行程		
时间	目的地	行程安排
9:30～11:30	金门大桥	作为旧金山的地标性建筑，金门大桥的景象十分震撼
11:30～13:30	渔人码头	渔人码头不仅是著名的景点，还是众多"吃货"们的聚集地，这里有不少美食都值得一尝
13:30～15:30	九曲花街	在九曲花街最高处回首眺望刚刚走过的路，真是蜿蜒曲折，旧金山市的山海风光也能在此领略，真是令人赞叹
15:00～18:30	唐人街	唐人街的花园角广场（Portsmouth Square）十分有生活气息，早晨去的话还能看见很多打太极拳的老人，其余时候最常见的景象便是下象棋的老人

金门大桥
Golden Gate
Bridge

渔人码头
Fisherman's Wharf

AB约14千米，
乘车约35分钟

A

Crissy Field Marsh

Aquatic Park

B

BC约1000米，
步行约18分钟

九曲花街
Lombard Street

C

唐人街
Chinatown

金山要塞公园
PRESIDIO

Scott St.

Divisadero St.

Fillmore St.

CD约1600米，
步行约22分钟

D

▲ 旧金山第1天行程路线示意图

金门大桥

金门大桥（Golden Gate Bridge）是一座橘红色大桥，也是世界著名大桥之一。这座桥是独特的单孔长跨造桥设计，结构新颖，外观脱俗，使它成为世界上最上镜的桥梁，也成为桥梁建造中美的典范。人们可以步行、骑自行车或乘车穿过大桥，从对面的山上可观赏到以旧金山的摩天大楼为背景的金门大桥，十分漂亮。

旅游资讯

地址： Golden Gate Bridge, San Francisco
交通： 金门巴士（GGT）提供旧金山、Marin City、Sonoma County开往大桥的固定公交车线路；从市中心可乘坐公交车10、70、80、101路抵达金门大桥南端下车可到
网址： www.goldengatebridge.org

渔人码头

渔人码头（Fisherman's Wharf）是旧金山的象征之一，许多商场、购物中心、饭店都坐落在这里。渔人码头原来是一个渔港，海鲜种类非常多，如螃蟹、虾、鲍鱼、枪乌贼、海胆、鲑鱼、鲭鱼、鳕鱼等都有，而且都非常新鲜，是"吃货"们的集中地。旧金山海洋国家历史公园、哥拉德利广场和机械博物馆（Musée Mécanique）等景点也都在渔人码头附近。

旅游资讯

地址： 300 Jefferson Street, Between Hyde and Powell Streets, San Francisco
交通： 乘坐公交车2、4、44、58、72、74、76路至Beach St&Taylor St站下车，向北步行2分钟可到
网址： www.fishermanswharf.org

中午在哪儿 吃

在渔人码头附近有众多的海鲜餐厅，可以在这里寻找一家，享用一顿海鲜大餐。

Wipeout Bar&Grill

这家位于海边的餐厅，给人一种舒适而随意的感觉。至于餐厅的主菜，想必不用多说，大家也知道，主要是以海鲜为主。

地址： PIER 39#A02 San Francisco
交通： 乘坐地铁（Muni Metro）E线和F线在The Embarcadero & Stockton St站下车可到
网址： www.wipeoutbarandgrill.com

九曲花街

九曲花街（伦巴底街，Lombard Street）是全美国最弯曲的一条街道，短短的一段路上有着8个发卡弯，有"世界上最弯曲的街道"之称。在这里开车十分考验驾驶者的驾驶技术，还常常能看到汽车首尾相连的景象。道路两边鲜花盛开，景色十分美丽。站在花街高处还可远眺金门大桥和恶魔岛的美丽景色。

旅游资讯

地址：Lombard Street, San Francisco
交通：乘坐有轨缆车Powell-Hyde至Hyde St站下车可到

唐人街

旧金山的唐人街（Chinatown）大致包括蒙哥马利街（Montgomery Street）、哥伦布大道（Columbus Avenue）、联合街（Union Street）、北滩、布什街（Bush Street）和联合广场（Union Square）围城的区域，规模庞大。其中，在都板街口有"中华门"牌坊，圣玛利亚广场有孙中山雕像、退伍军人战争纪念馆等。

旅游资讯

地址：Grant Avenue, San Francisco
交通：由联合广场乘鲍威尔·海德街线缆车，约10分钟可到达，乘坐Muni38BX、1AX、81X、3、30、45、91等路公交车均可到达唐人街

晚上在哪儿玩

旧金山的晚上有很多娱乐项目，如果你不想看戏剧，也不想听演唱会，可以找一个酒吧玩一会，也是一个非常不错的选择。

AT&T Park

地址：24 Willie Mays Plaza, San Francisco
交通：乘坐地铁（Muni Metro）N线在King St & 2nd St站下车可到
网址：sanfrancisco.giants.mlb.com/sf/ballpark

来到美国，你可以看一场气氛热烈的棒球赛。AT&T Park就是著名的职业棒球队旧金山巨人队（San Francisco Giants）的主场。旧金山巨人队曾多次夺得世界大赛冠军，要看他们的比赛需提前购买门票，尤其热门的比赛，当天才买票的话票价会很高。

Day 2 联合广场→旧金山市政厅→圣玛利亚大教堂→金门花园

今天的行程以联合广场为起点，先后参观旧金山市政厅与圣玛利亚大教堂，然后前往著名的金门花园参观游览，面积超大的金门花园内有很多景点值得一玩，时间充足的情况下，可在金门花园内慢慢欣赏美景。

时间	目的地	行程安排
旧金山第2天行程		
9:00～10:30	联合广场	不管是来这里观光还是购物，都是极为便利的。逛累了还有地方休息，只是联合广场上每天人都很多
10:30～13:30	旧金山市政厅	作为旧金山最重要的建筑之一，旧金山市政厅华丽的建筑也十分值得一观
13:30～15:00	圣玛利业大教堂	圣玛利亚大教堂是美籍华人设计师贝聿铭的作品，其独特的设计理念十分新颖，大教堂也是中国游客的必游之地
15:00～18:30	金门花园	金门花园很漂亮，里面有一个植物园，园内有经过园艺师精心打理的各色珍奇植物，包括热带植物，应有尽有

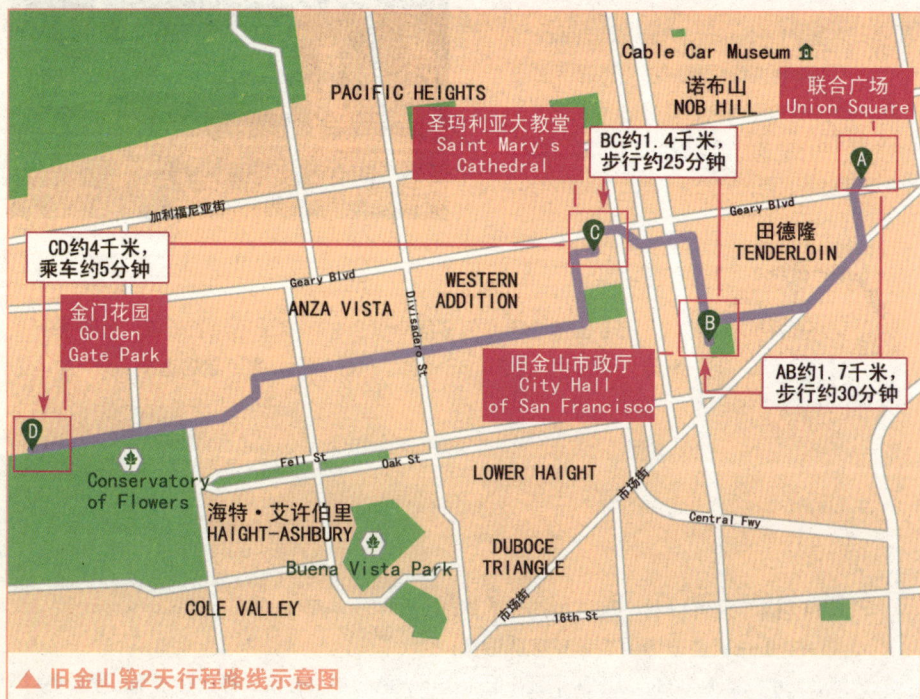

▲ 旧金山第2天行程路线示意图

联合广场

联合广场（Union Square）是旧金山市中心的一个广场，既是旧金山的交通中心，也是旧金山的一个著名购物区。这里常常会举行画展、跳蚤市场等各项活动。旧金山的各大奢华酒店以及梅西百货等高档购物场所也都在附近。广场上经常有一些街头艺人在表演，洋溢着浪漫而令人愉悦的气氛。

旅游资讯

地址：Union Square San Francisco
交通：乘坐公交车38、38L路至Geary Blvd&Stockton St.或Powell St&Geary Blvd站下车；乘坐当当车Powell-Hyde、Powell-Mason至Powell St&Geary Blvd或Powell St.&Post St.站下车可到

旧金山市政厅

旧金山市政厅（City Hall of San Francisco）仿造梵蒂冈的圣彼得大教堂而建，金顶设计又是借鉴巴黎荣军院而造，十分华丽，堪称是"美国西海岸的白宫"。市政厅门口有两排梧桐树，整齐地排列着，如同训练有素的士兵，在为市政厅站岗放哨。旧金山市政厅入口的雕塑是法国艺术家的作品。

旅游资讯

地址：1 Dr Carlton B Goodlett Place San Francisco
交通：乘坐公交车10、70、92、93、101、101X路到McAllister St & Polk St站下车
网址：www.sfgsa.org
开放时间：导览团游览时间为周一至周五10:00、12:00、14:00，时长45分钟

中午在哪儿 吃

旧金山市政厅附近有各式各样的日本餐厅，还有一些日本商店，非常有特色。中午可以选择在这里的餐厅用餐。

Kiss Seafood

这是一家日式料理店，店面装修融合了日式和欧式风格，很精致。餐厅主要讲究食材的原味，菜品非常多，而且制作也特别讲究，仅从精致的摆盘就可以看出厨师的用心。

地址：1700 Laguna Street San Francisco
网址：www.kissseafood.com

圣玛利亚大教堂

圣玛利亚大教堂（Saint Mary's Cathedral）是美国加州三大教堂之一。其在设计理念上一改传统教堂设计的风格，用了很多现代元素去构建。教堂设计者为美籍华人设计师贝聿铭。从高处看圣玛利亚大教堂，呈现的是一个巨大的十字架形状。

旅游资讯

地址：1111 Gough Street San Francisco
交通：乘坐地铁Dublin/Pleasanton – Daly City、Fremont – Daly City、Pittsburg/Bay Point – SFIA/Millbrae、Richmond – Daly City/Mill等线路在Civic Center/UN Plaza Station站下车
网址：www.stmarycathedvalsf.org

金门花园

旅游资讯

地址：501 Stanyan Street, San Francisco

交通：乘轻轨N线在Carl St.&Stanyan St.站下车可到

网址：www.sfrecpark.org

金门花园（Golden Gate Park）林深树茂、花团锦簇，是旧金山的"城市绿肺"。它从惊涛拍岸的太平洋海滨，一路迤逦到旧金山市中心，其独特的风格和磅礴的气势让人们眼前一亮。金门公园内建有博物馆、美术馆等，其中最受欢迎的博物馆是加利福尼亚科学院、亚洲艺术馆和迪扬美术馆。

晚上在哪儿玩

在旧金山的晚上，可以沿着海岸漫步，欣赏辉煌灯光下的金门大桥；也可以在唐人街的小巷里穿梭，看中国人在美国生活的真实场景；还可以前往剧场，看一场精彩的魔术表演；或者到热闹的酒吧，与当地人一起狂欢。

Marrakech Magic Theater

这是旧金山一家非常有名气的魔术剧场，魔术师不仅有高超的技艺，而且特别风趣幽默。整场表演下来，剧场的笑声和惊呼声不断。

地址：419 O'Farrell Street San Francisco

交通：乘坐27路公交车在Ellis St & Taylor St站下车

网址：www.sanfranciscomagictheater.com

表演时间：18:00 ~ 21:00

如果多待一天

多待一天的游玩

在旧金山附近还有众多的景点没有被安排在行程内，如果有时间在旧金山多待一天，可以前往迪士尼家族博物馆参观，或是到旧金山北滩等地区游玩。当然，前往著名的硅谷和斯坦福大学参观，是更多游客的选择。

1 硅谷

硅谷（Silicon Valley）是一个多元文化聚集的地区，全球IT界的精英汇聚于此。世人熟知的苹果、惠普、英特尔、谷歌、雅虎，Facebook等一连串如雷贯耳的公司总部都设在这里。作为高科技研发的孵化器，硅谷影响着全球人的生活，更是创业梦想家和风险投资银行家逐梦的天堂。

地址：Silicon Valley，California
交通：在San Francisco Station乘坐加州火车到Mountain View Station站下车，步行约20分钟可到

2 斯坦福大学

斯坦福大学（Stanford University）是世界上最杰出的大学之一。斯坦福大学拥有的资产非常充足，因此这里的教学设备也极为先进和充足。胡佛纪念塔是斯坦福大学的地标性建筑，是为庆祝斯坦福建校50周年而建，同时为了纪念时任美国总统胡佛对学校建设做出的巨大贡献。

地址：450 Serra Mall Stanford
交通：在San Francisco Station乘坐加州火车到Palo Alto Station站下车，步行约12分钟可到
网址：www.stanford.edu

多待一天的美食

旧金山是一个融合各方美食的城市，各种烹饪风格相互借鉴，使菜肴别具风味。在这里，你可以吃到姜丝南瓜馄饨、恺撒沙拉拌加勒比烤鸡、烟熏鲑鱼蘸咖喱沙司等众多美食。

旧金山特色美食

1 煎牡蛎蛋饼

煎牡蛎蛋饼是一道传统美食，可追溯到淘金热时期。你可以在市中心的小吃店里当午餐享用，实惠又美味。据说，这是当年侦探小说家达席尔·哈默特最喜欢吃的美味。

2 邓杰内斯蟹

邓杰内斯蟹是旧金山所产的巨蟹，被公认为全球各类蟹中味道最鲜、最嫩的，和酸面包及白葡萄酒搭配最合适。每年11月中旬到次年6月，是食用邓杰内斯蟹的最好季节。

旧金山住行攻略

在旧金山住宿

旧金山的住宿种类很多，包括豪华饭店、青年旅舍、艺术旅馆、田园客栈以及社区饭店等，能够满足不同品位、不同消费能力的游客。但是需要提醒的是，旧金山是一个热门的旅游城市，住酒店一定要提前预订，不然很可能会订不到合适的酒店。

在旧金山出行

旧金山市区的主要交通工具有缆车、地铁、电车、公交车等，当然，在旧金山出行，自驾或者骑自行车都是不错的方式。

地铁

旧金山的地铁有BART、Muni两种，Muni的线路只在旧金山市内运行，而BART能连接旧金山机场到旧金山市区和湾区的东湾等地。有一些Muni地铁站和BART的地铁站是共用的，但是不能在站内换乘，需要出闸重新购票换乘。

有轨缆车

有轨缆车是观光客在旧金山必须要体验的一种交通工具，搭乘时有如坐云霄飞车一般，单程票价5美元。现在旧金山的缆车有波为—梅森街线（Powell-Mason Line）、波为—海德街线（Powell-Hyde Line）和加州街线（California St.Line）3条路线。

公交车

公交车的车票可在车上购买，但是需要提前准备好零钱，票价为1.5美元，有些线路24小时运行。公交车并不是每一站都会停靠，要乘客自己多留意路边的站牌以防坐过站。如果想要下车，拉一下车窗边的绳子示意司机停车即可。

从旧金山至洛杉矶

乘飞机

从旧金山机场乘飞机前往洛杉矶，需要1小时左右的时间，机票价格80～150美元。

乘火车

从旧金山乘坐火车前往洛杉矶，需要先乘坐汽车到奥克兰，然后乘坐Amtrack公司的火车前往洛杉矶，乘坐火车路线沿途的风景十分秀美，还设有特殊的观景车厢，十分贴心。火车车程约12小时，费用为65美元。在网站www.amtrak.com上可查询火车信息与预订车票，另外可同时预订从旧金山市区到达奥克兰火车站的汽车。

租车自驾

喜欢自驾的朋友，可以选择从旧金山自驾前往洛杉矶，沿著名的1号公路行驶即可，还能随时随地欣赏太平洋的美景。旧金山距洛杉矶约190千米，行车时间约为3小时。

乘长途汽车

乘坐长途汽车前往洛杉矶十分方便，每天都有灰狗巴士往返于两地之间，车程约3小时，车票为45美元左右。

到达洛杉矶

洛杉矶（Los Angeles）是加州最大的城市，也是全美第二大都会区。在洛杉矶，可以有机会同那些曾经把名字留在"星光大道"上的好莱坞明星会面，欣赏坐落在格利菲斯公园中的"好莱坞标志"，或者参观电影王国"好莱坞环球影城"，还可以在欢乐海洋迪士尼乐园感受激情。

如何到市区

无论选择何种交通工具到达洛杉矶，总有十分便捷的交通工具前往洛杉矶市区。从洛杉矶国际机场可以乘坐机场大巴等交通工具前往市区。从火车站步行即可到达洛杉矶市区，也可在火车站换乘地铁前往其他地区。灰狗巴士站位于市中心东部，到市中心可搭乘53、60路MTA巴士，交通十分方便。

从洛杉矶国际机场如何前往市区

洛杉矶国际机场（Los Angles International Airport）有8个航站楼，每个航站楼都有免费的公交车接送，并可以把乘客送至转运中心。航站楼的1楼是入境大厅，2楼是出境大厅。

乘迪士尼专线

在各个航站楼环线内侧有"Buses&Long Diatance Vans"的标志处乘车，可直接前往迪士尼乐园及阿纳海姆周边的酒店。运营时间6:00～24:00，发车间隔30分钟至1小时，票价19美元。

乘机场小巴

在各个航站楼环线内侧有"Share Ride Vans"的标志处乘车，可前往市内及周边各地，24小时有车，票价约15美元。

乘专线巴士

在各个航站楼环线内侧有"LAX Shuttle Airlines Connection"的标志处乘坐G路，可到达LAX Transit Centre，再换乘42、439路巴士，即可到达市区。运营时间6:00～24:00，票价约1.25美元。

乘地铁

在各个航站楼环线内侧有"LAX Shuttle Airlines Connection"的标志处乘坐G路，至终点站再乘坐前往东面的车，在Imperial/wilmington车站换乘地铁蓝线前往市中心。运营时间6:00～23:00，票价约3美元。

洛杉矶2日行程

Day 3 好莱坞环球影城→好莱坞星光大道→日落大道

洛杉矶最有代表性的景点当属好莱坞了，今天的行程就以好莱坞环球影城为起点，在环球影城开心游玩之后，前往星光熠熠的好莱坞星光大道游玩，再在夜幕降临的时候，前往景色优美的日落大道。

洛杉矶第1天行程		
时间	目的地	行程安排
8:30 ~ 15:00	好莱坞环球影城	来到洛杉矶最不能错过的就是好莱坞环球影城了，在这里可以了解到很多与电影相关知识，有很多是平时接触不到的
15:00 ~ 17:30	好莱坞星光大道	这里有众多国际大牌明星留下的手印，也有不少明星会在这里游玩，运气好的话，或许能在街角的某个咖啡馆里偶遇某位明星
17:30 ~ 19:30	日落大道	日落大道的美景众所周知，也多次在电影中出现，在这如画的风景中欣赏日落，实在是一件令人惬意的事情

好莱坞环球影城
Universal Studios

Bronson
Canyon-Griffith Park

AB约6千米，
乘车约10分钟

Runyon Canyon Park

柯达剧院
Dolby Theatre

好莱坞星光大道
Hollywood Walk of Fame

Franklin Ave

BC约2千米，
步行约25分钟

AVALO

好莱坞大道
El Capitan Theatre

好莱坞大道

日落大道
Sunset Blvd

日落大道

▲ 洛杉矶第1天行程路线示意图

好莱坞环球影城

好莱坞环球影城（Universal Studios）被誉为"洛杉矶的娱乐之都"，是唯一一个集娱乐、电影、电视拍摄片场为一体的主题公园，为观众展现了一个真实的电影制片厂。你在这里除了可以体验惊心动魄的娱乐设施、精彩秀场以及真实的电影拍摄现场外，还可以参加电影之旅，全程40分钟，有专门的讲解员，能回顾许多经典的影片及其拍摄场景。

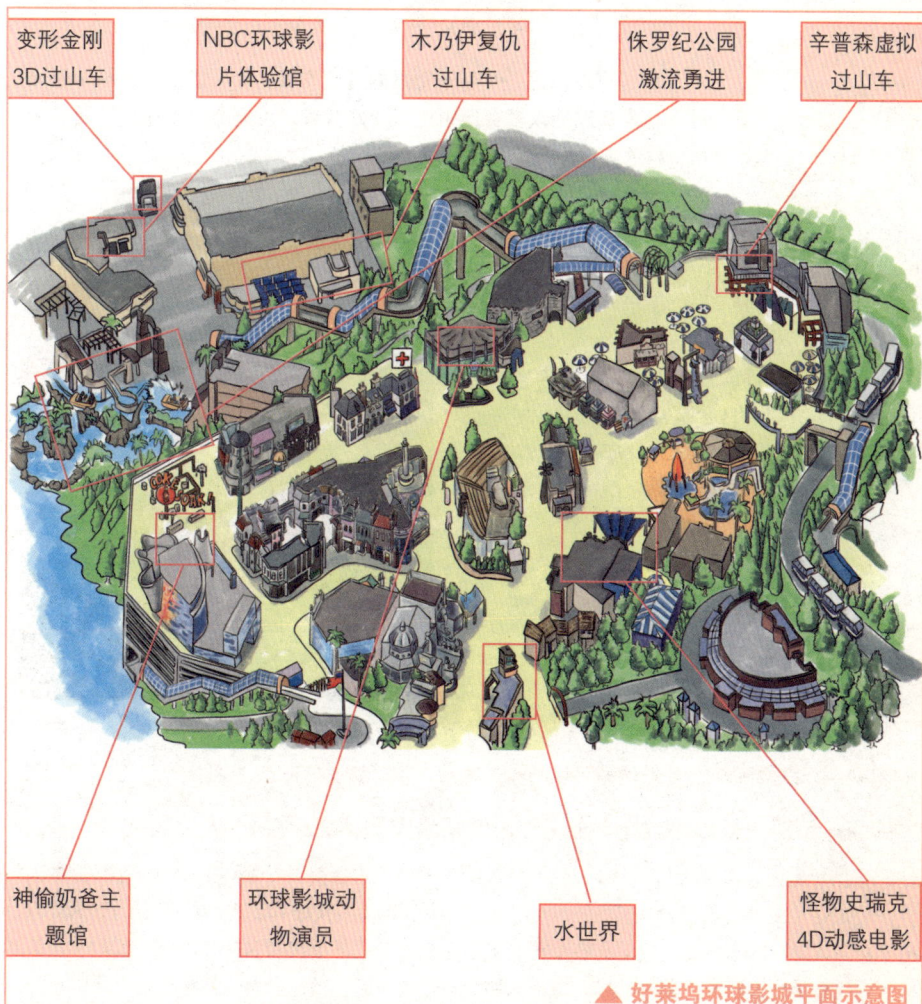

变形金刚
3D过山车

NBC环球影
片体验馆

木乃伊复仇
过山车

侏罗纪公园
激流勇进

辛普森虚拟
过山车

神偷奶爸主
题馆

环球影城动
物演员

水世界

怪物史瑞克
4D动感电影

▲ 好莱坞环球影城平面示意图

旅游资讯

地址： 100 Universal City Plaza Universal City

交通： 乘坐环球影城免费班车前往好莱坞环球影城与环球城市大道的主入口

网址： www.universalstudioshollywood.com

票价： 84美元

开放时间： 周一至周五10:00~18:00，周六、周日8:00~18:00，每月开放时间会有微调，具体时间可以到官网查询

Tips

好莱坞环球影城的免费往返巴士每日运行，发车时间间隔10～15分钟。首班车发车时间为7:00，末班车发车时间为闭园后约2小时。乘坐地铁红线至Universal/Studio City站下车，出站即是免费往返班车乘车点；也可乘坐公交车155、244路至Lankershim/Universal Hollywood站下车，即是免费往返车乘车点；或乘坐公交车156路至Ventura/Lankershim站下车，然后过了Hollywood Fwy，前往路对面乘坐免费往返班车前往环球影城。

中午在哪儿 吃

中午可以在好莱坞环球影城的餐厅吃饭，也可以前往好莱坞星光大道后，在那里的众多餐厅中选择一家就餐，可选择的餐厅包括西餐厅、日式料理等。

Kino Sushi

这是一家日本寿司店，店内装潢非常有格调，会有穿着日式服装的人在吧台现场制作寿司。寿司种类繁多，排盘也非常精致，你还可以点一些清酒品尝，在这里就餐绝对是一种享受。

地址：6721 Hollywood Boulevard Los Angeles
交通：乘坐地铁Red Line（802）线在Hollywood / Highland站下车
网址：www.kinosushihollywood.com

好莱坞星光大道

好莱坞星光大道（Hollywood Walk of Fame）是一条沿着美国好莱坞大道与藤街伸展的人行道，是来洛杉矶的游客必到景点之一。星光大道上有2500多枚镶有名人明星手印的星形奖章，每个奖章皆由一颗水磨石制成，粉色星形内刻的是在青铜上的授奖者名字，在此下面则为一环状标志，代表受奖人领取星星的领域。每年人们会在这条街道上举行盛大的好莱坞圣诞大游行。

旅游资讯

地址：Hollywood Boulevard（between Gower Street and La Brea Avenue）Los Angeles
交通：乘坐地铁红线至Hollywood/Highland Station站下车即可到达；乘坐公交车212、312、217、222路至Hollywood/Orange站下车即可；或者乘坐公交车708路至Hollywood/Highland站下车可到
网址：www.hollywoodchamber.net

晚上在哪儿 **玩**

在洛杉矶的傍晚，开着敞篷跑车到日落大道兜风，能感受到电影中才会有的浪漫。也可以乘坐公交车来到日落大道，随意在一个站点下车，都会看到迎风摇曳的棕榈树，任由海风吹着脸颊。随意踏进路边任何一家音像店，看看陈列在柜台上的老唱片，重温多年前让你心动的旋律。

日落大道

日落大道（Sunset Blvd）两旁是绵延的棕榈树和林立的电影广告牌，是洛杉矶的标志性大街。大道向北可以看到好莱坞山上著名的"HOLLYWOOD"标志。夜晚时分，大道两旁的酒吧灯光璀璨，人头攒动，十分热闹。

旅游资讯
地址：Sunset Blvd, Los Angeles
交通：乘坐公交车2、302路在日落大道任何一站下车即可

Day 4 迪士尼乐园

洛杉矶另外一个著名的景点就是迪士尼乐园了，作为世界知名的主题乐园，洛杉矶迪士尼乐园是一座充满欢乐的王宫，在这里，无论是大人还是孩子，都能够找到属于自己的欢快。

迪士尼乐园有超过60个游乐项目，8个奢华主题公园，3家迪士尼豪华度假酒店，上百种世界美食，每天下午有花车巡游，每天晚上会燃放烟花……天堂码头以各类刺激的游乐设施为主；好莱坞外景片厂可带你亲自体验拍摄电影、电视的乐趣；黄金之州会带你认识从西班牙殖民时期到华人垦荒时期的加利福尼亚。

洛杉矶第2天行程		
时间	目的地	行程安排
9:30～18:00	迪士尼乐园	洛杉矶迪士尼乐园面积很大，行前可以根据自己的喜好安排不同的游览路线，这天的行程是从公园入口处的美国主街开始，向右依次游玩明日世界、梦幻奇境、米奇卡通城等区域

迪士尼乐园

　　迪士尼乐园（Disneyland Park）被誉为"世界上最快乐的地方"，专注于带给人们快乐。洛杉矶的这家乐园是世界上首家迪士尼主题乐园，至今已有半个多世纪的历史。

旅游资讯

地址： 1313 Disneyland Drive Anaheim

交通： 从洛杉矶国际机场直接搭乘前往迪士尼乐园的巴士，需时约40分钟；由洛杉矶市中心Figueroa St.搭MTA460号公交车至此约需2小时；开车从市中心往5号公路Santa Ana Fwy.南下在Harbor Blvd下交流道即达，所需时间为50分钟

票价： 一日票99美元，3~9岁儿童93美元；二日票92.5美元/天，3~9岁儿童86美元/天

开放时间： 8:00~24:00

网址： www.go.com

美国主街

　　美国主街（Main Street USA）的面貌永远停留在1900年初期，街上商店林立，热闹非凡。20世纪初期风貌的街道上，载客马车悠哉溜达，旧日的蒸汽火车缓缓滑出车站，带游客去了解乐园的全貌。主街最吸引人的是惟妙惟肖的林肯机器人，这位美国第16任总统模样的机器人，能站会坐，还能发表有声有色的演讲。

明日世界

　　这是一个以宇宙与未来城市作为主题的地区，汇集现代科技的精华，勾勒出一个美丽的未来世界。空中穿梭的火箭、金属材质的建筑物等，能让你亲身感受一下时空之旅，太空轨道车也给人十足的震撼力。在这里的半球形影院里，你能看到360°环幕电影，欣赏美国风光或中华奇观；在"太空山"走一遭，可漫游银河系；坐在潜艇里好似真的到了海底；星际飞车的驾驶新手，其车技绝对让你心惊胆战。

梦幻奇境

　　尖塔高耸的睡美人城堡，是这个主题公园最具代表性的建筑，在这里可以感受充满奇幻与梦想的神秘殿堂。白雪公主在堡内迎宾，睡美人唤回童年美梦，甚至巫婆也摆出笑脸；乘坐游艇进入小小世界，里面别有洞天，穿着各国传统服装的小人，歌舞跳跃，动作优美，他们还同声齐唱和谐美妙的歌曲；与匹诺曹旅游，骑亚瑟王的爱驹，随小飞侠飞翔……这绝对是一场不同凡响的旅行。

米奇卡通城

　　这里有兔子罗杰的车、米奇、米妮和其他卡通人物的家。在这个卡通城，你可以重温米老鼠和唐老鸭的经典故事；也能与米奇合影、去米妮家做客，和"釉鼠"之间进行惊险追逐；可爱的高菲也会带你经历不同的奇遇。

中午在哪儿
吃

迪士尼乐园内部就有很受欢迎的快餐店，不如同大多数游客一起到这里买些炸鸡、拿着甜筒游玩吧。

Redd Rocket's Pizza Port

这是迪士尼乐园里的一家比萨餐厅，非常受游客喜欢。餐厅提供各种口味的比萨、饮料、甜点以及一些快餐食品。

地址：1313 South Harbor BoulevardAnaheim, CA 92802, United States
交通：从迪士尼乐园步行前往，或乘坐公交车460路在Manchester / Harbor站下车可到

西部边疆

这是一个充满活力的地区，以西部拓荒时代为背景。这里的大霹雳火车娱乐设施等与晚上的烟火表演深受游人喜爱。坐上"雷电山"火车，呼啸飞过坍崩中的矿坑，一面闪躲落石，一面欣赏西部蛮荒的景象，惊险刺激。"美利坚河"上马克·吐温号明轮汽船及首艘环游世界的美国哥伦比亚号三桅帆船依旧在行驶，你可搭上游船开始一段未知的旅行。

冒险乐园

冒险乐园（Adventureland）里的主要娱乐项目是印第安琼斯探险、丛林巡航。跳上游船，游人便进入了未知的世界：鳄鱼的大嘴就挂在船边、原住民的矛头正朝着游客、大象再多踏一脚就要踩到船上、一声枪响吓走蠢蠢欲动的河马……这一切都是布景的模型，但生动逼真，叫人吓出一身汗。

新奥尔良广场

新奥尔良广场（New Orleans Square）最主要的项目是加勒比海盗和幽灵鬼屋。加勒比海盗重现19世纪欧洲纽奥良的街头风致，带人们感受过去美国的南部气息以及加勒比海盗中其他的大型场景，生动逼真。例如：乘船顺流而下，一路惊涛骇浪，忽然遇见海盗船向岸上袭击，房屋起火，四处响起救命之声，海盗抢劫杀人、酗酒狂欢，让人真有怒海余生、劫后归来之感；海盗的喧闹似乎惊扰了隔邻华宅墓园的鬼魂，每个房间都会意想不到地冒出一些鬼怪，如正从棺里爬出来的"死人"、藏在柜里的僵尸、水晶球里喃喃自语的人……这些足以把胆小的人吓得魂不附体。参观这个节目的以青年人居多，而且男青年最喜欢邀女朋友来玩，因为姑娘受了惊吓，最自然的反应就是抱住她身旁的人。

动物王国

动物王国的飞溅山峦是以"南部之声"为主题的项目；Davy Crockett's Explorer Canoes由参加者自己操桨划行小船探险；Country Bear Playhouse与可爱的"大熊"同游乡村风光。

Tips

迪士尼乐园区域内有迪士尼加州大酒店、迪士尼乐园酒店、迪士尼天堂码头酒店这3家酒店，而从迪士尼加州大酒店的私家入口入园，可以比普通游客提早1小时进场，在旺季时可以减少排队时间，提前游玩。

洛杉矶住行攻略

在洛杉矶住宿

洛杉矶的住宿类型十分齐全，酒店设施和安全系数都比较高，但价格也比较贵。在比弗利山庄有很多豪华酒店，在圣莫尼卡、棕榈泉等地有很多度假酒店，如果一些酒店的报价低于35美元，你就应该考虑酒店的设施和安全问题。便宜旅馆一般都在洛杉矶市中心，Crayhound站周围有每晚13～20美元的廉价住宿。此外，洛杉矶通常要对所有入住酒店或旅舍的人加收一些税，房费不包括这些税，在入住前最好问清楚。

在洛杉矶出行

洛杉矶市内主要有MTA巴士、市中心循环巴士、圣莫尼卡市立巴士、地铁与出租车等交通工具。游客乘坐最多的交通工具为地铁，可到达大部分著名景点。

地铁

洛杉矶的地铁路线按颜色分为蓝线、红线、绿线、金线及橙线，能抵达唐人街、好莱坞、小东京等重要观光景点，票价为1.25美元。

洛杉矶地铁线路	
地铁线路	**主要站点**
蓝线	共22站，从7th St.与Flower St.的交叉处至长滩之间运行
红线	共15站，在市区、好莱坞之间运行
绿线	从洛杉矶机场南面的雷顿的海滩至诺沃克运行，其中从Aviation/I-105站到洛杉矶机场有"LAX Shutter G"免费运行
金线	共13站，从联合车站向东北至帕萨迪纳的Sierra Madre Villa站。可在联合车站换乘红线
橙线	从红线的North Hollywood站至圣佛南度谷的Warner Center站之间运行，该线路的地铁看上去更像是巴士

MTA巴士

MTA巴士为连接洛杉矶市内和郊外主要地点的巴士。它是白底并有橘色线条的车辆，大约有200条线路，就在市区内乘坐的票价为1.35美元。车内不允许吸烟和饮食，下车时记得拉车内的铁线，或是按一下橡皮带，前方"Stop Required"的红灯如果亮了，表示有人要下车，乘客从前后门都可以下车。

出租车

站在洛杉矶路边基本不可能等到出租车，要用车时，需要打出租车叫车电话或到巴士站附近的出租车停靠区（Taxi Zone）等待。携带大件行李乘车时，可能加收额外费用。出租车基本费用2.65美元，之后每英里2.45美元。另外，还要外加15%～20%的小费。

从洛杉矶至拉斯维加斯

乘飞机

从洛杉矶到拉斯维加斯的机票价格40～60美元，洛杉矶每天有几十趟航班飞往拉斯维加斯，非常便捷，主要航空公司有维珍航空、美国航空、联合航空等公司。

乘长途汽车

贯穿全美路线的灰狗巴士会停在洛杉矶市中心东边的车站，从拉斯维加斯出发到洛杉矶需要约6小时，费用约33美元，周一到周四车票较便宜，节假日的车票会涨价。

租车自驾

洛杉矶距离拉斯维加斯约300千米，开车自驾前往，一般情况下4小时就可到达。自驾时一定要按照交通规则驾驶。

到达拉斯维加斯

拉斯维加斯（City of Las Vegas）与棕榈泉一样，都是沙漠中的绿洲，不同的是，拉斯维加斯更为时尚、繁华，甚至有一点奢华。任何你能想到的娱乐方式，几乎都可以在拉斯维加斯找到。在拉斯维加斯，你可以流连在购物中心或时尚精品店尽情血拼；也可以在人造沙滩上享受阳光；或是找一家高档餐厅享用丰盛的美餐。

如何到市区

乘飞机前往拉斯维加斯，航班降落的机场为拉斯维加斯麦卡伦国际机场，从该机场前往市区的交通十分方便。乘坐灰狗巴士前往拉斯维加斯，终点站在拉斯维加斯主街北200号，位于拉斯维加斯市区内部。

从拉斯维加斯麦卡伦国际机场前往市区

拉斯维加斯麦卡伦国际机场（Las Vegas McCarran International Airport，LAS）距离拉斯维加斯大道2千米远，从机场前往拉斯维加斯市区可乘坐穿梭巴士、灰线巴士，以及出租车等交通工具。

Bell Trans穿梭巴士

在机场行李领取处出口的路边，可乘坐Bdl Trans穿梭巴士，可到达长街或市中心，运营时间全天，票价约7美元（至长街）。

灰线/Coach USA汽车

在机场行李领取处出口的路边，可乘坐灰线Coach USA汽车，可至长街或市中心，运营时间7:00至次日1:00，票价约5.5美元（至长街），7美元（至市中心）。

CAT巴士

乘坐CAT巴士108、109路可到市中心，运营时间5:15至次日2:00，发车间隔20～30分钟，票价约1.25美元。

出租车

在机场到达大厅的1～5号出口、有"Taxi"标志的候车点乘车，可乘坐出租车至市内及周边各地，乘出租车到长街价格为15～20美元。

拉斯维加斯1日行程

Day 5　拉斯维加斯大道→威尼斯人酒店→巴黎酒店→百乐宫酒店

拉斯维加斯作为娱乐之都，这里有众多的娱乐设施，但其最吸引人的还是坐落在长街上的各大豪华酒店，每座酒店都如同一座博物馆般令人惊奇，今天的行程就以拉斯维加斯最著名的大道为起点，纵览拉斯维加斯全城风光。

拉斯维加斯1日行程		
时间	目的地	行程安排
8:30～11:30	拉斯维加斯大道	拉斯维加斯大道是拉斯维加斯最繁荣的街道，来到这里，你可以流连于街道两边分布着的世界级的豪华酒店、餐馆、购物点、夜生活及娱乐场
11:30～14:00	威尼斯人酒店	威尼斯人酒店将威尼斯著名的运河和贡多拉，连同圣马可广场、钟楼以及叹息桥都"搬"了过来。在这里你可以充分感受威尼斯风情

时间	目的地	行程安排
14:00～16:30	巴黎酒店	巴黎酒店把著名的埃菲尔铁塔和凯旋门"搬"到了这里，极具法国味道
16:30～18:30	百乐宫酒店	百乐宫酒店将意大利北部科莫湖美丽的自然景色，融于酒店的音乐喷泉及所在的湖面，非常有特色

威尼斯人酒店
The Venetian

The Shops at Caesars

Harrah's The Quad

Jay Samo Way

Winnick Ave

AB约1.4千米，步行约17分钟

Albert Ave

Flamingo/Caesare Palace

百乐宫酒店
Bellagio

巴黎酒店
Paris Las Vegas

Koval Ln

Bally's & Paris Las Vegas Station

Frank Sinatra Dr

BC约200米，步行约5分钟

Paris Dr

▲ 拉斯维加斯1日行程路线示意图

拉斯维加斯大道

　　拉斯维加斯大道（Las Vegas Boulevard）又称长街，是拉斯维加斯最繁华的街道，也是拉斯维加斯的主要旅游点。街道两边分布着大批世界级的豪华酒店、餐馆、商场及酒吧等场所。长街上最突出的是，几乎每家大型酒店都有自己的主题，如恺撒宫大酒店的罗马文明、百乐宫酒店的音乐喷泉、米高梅大酒店的狮子、神剑大酒店的英国圆桌武士传说、海市蜃楼酒店的火山爆发等都十分吸引人。

旅游资讯

地址：Las Vegas Strip, Las Vegas

交通：乘坐轻轨Las Vegas Monorail在Flamingo & Caesars Palace Station站下车

中午在哪儿吃

　　今天中午，可以在拉斯维加斯大道选择一家酒店，享用一顿丰盛的午餐，无论是威尼斯人酒店，还是巴黎酒店都能给人宾至如归的感觉。并且多数酒店内都设有风格不同的美食餐厅，可以根据自己的喜好进行选择。

威尼斯人酒店

　　威尼斯人酒店（The Venetian）将威尼斯著名的运河和贡多拉（尖船），连同圣马可广场、钟楼、叹息桥都"搬"了过来，充分展现了水城威尼斯的风光。酒店二楼的人造大运河、充满威尼斯情调的拱桥、石板路及每20分钟变化一次的人造天空，让人叹为观止。你甚至可以包上一艘贡多拉，漫游大运河之中，在欣赏景色的同时，别忘记品尝一下广场小推车上美味的意大利冰激凌。

旅游资讯

地址：3355 South Las Vegas Boulevard Las Vegas

交通：乘坐轻轨Las Vegas Monorail在Harrah's And The Linq Station站下车

网址：www.venetian.com

票价：18美元

开放时间：室外11:00~22:00，室内周日至周四10:00~23:00，周五、周六10:00~0:00

巴黎酒店

　　巴黎酒店（Paris Las Vegas）有著名的"埃菲尔铁塔"和"凯旋门"，登塔可俯视整个拉斯维加斯大道。巴黎大酒店十分典雅气派，酒店大楼平面呈十字形，建筑设计采用法国文艺复兴风格。晚上这里灯火辉煌，非常浪漫。

旅游资讯

地址：3655 South Las Vegas Boulevard Las Vegas

交通：乘坐轻轨Las Vegas Monorail在Bally's & Paris Station站下车

网址：www.parislasvegas.com

票价：9美元

开放时间：9:30至次日0:30

百乐宫酒店

百乐宫酒店（Bellagio）的音乐喷泉建于百乐宫酒店正前方，是酒店的一大特色，也是拉斯维加斯的一大标志性景观。百乐宫酒店内部的装潢具有很浓厚的欧式风格，酒店大厅的天花板上，有由2000朵人工吹制的玻璃花所组成的玻璃雕塑，让人一踏入酒店就马上感受到奢华的氛围。

旅游资讯

地址： 3600 South Las Vegas Boulevard Las Vegas

交通： 乘坐轻轨Las Vegas Monorail在Bally's & Paris Station站下车

网址： www.bellagio.com

开放时间： 喷泉表演周一至周五15:00～24:00，周六、周日及节假日12:00～24:00

如果多待一天

多待一天的游玩

位于拉斯维加斯不远处的大峡谷国家公园，是众多游客争相前往的地点，如果有时间在拉斯维加斯多待一天，可以前往大峡谷国家公园游玩。

大峡谷国家公园

大峡谷国家公园（Grand Canyon National Park）又称"科罗拉多大峡谷"，是世界七大奇景之一。大峡谷的壮观，不仅在于其千姿百态的奇峰异石和峭壁石柱，还在于其色彩的变幻。由于峡谷两侧岩石所含的矿物质不同，在阳光照射下，呈现不同的色彩，使峡谷石壁成为一块巨大的五彩斑斓的调色板，美不胜收。更为神奇的是，谷壁的色彩还会随天气阴晴的变化而变化。在阴霾的日子，大峡谷中像是弥漫着紫色的烟雾；旭日初升或夕阳斜照时，峡谷又尽染成红色和橘色。

大峡谷国家公园分南峡、北峡，南峡是游客访问最多的路线。南线的自驾公路修得相当完美，汽车可以从东大门一直开到南大门。南峡的免费公交系统也相当发达，4条公交线路让没有车的游客也能在南峡范围内"为所欲为"。不过，由于大峡谷游客太多，南峡的一些旅游路线只允许公交车通行。只许公交车通行的路线有通往Hermits Rest的"红线巴士"，以及通往Kaibab Trail和Yaki Point的"黄线巴士"。

地址： Red Rock Canyon National Conservation Area, Las Vegas
网址： www.nps.gov
开放时间： 南峡全年全天开放，北峡5月中旬至10月中旬，西峡玻璃桥冬季8:00～16:30，夏季7:00～20:00
票价： 南峡北峡25美元每车，7天有效，门票通用，西峡玻璃桥75美元，直升机约500美元左右，价钱随季节变动

拉斯维加斯住行攻略

在拉斯维加斯住宿

从经济型酒店到超五星的豪华宾馆，拉斯维加斯可谓囊括各个档次的酒店。建议预订长街上的酒店，相比老城区，这里方便和安全许多。美国法定节假日和中国春节，这里的酒店价格都会上浮。

在拉斯维加斯出行

在拉斯维加斯出行有多种交通方式，公共交通是游客最为喜欢的出行方式，也有不少人选择在这里租车自驾出行。

轻轨

轻轨（MONORAIL）是由米高梅酒店到撒哈拉酒店的高架电车轨道，全程约14分钟。每班间隔为4~12分钟，单程5美元，一日通票为15美元。营运时间周一至周四，7:00至次日2:00；周五至周日，7:00至次日3:00。路线经过大多数酒店以及商展会议中心。

双层巴士

全天24小时服务的拉斯维加斯双层巴士（Las Vegas Deuce），可以说是穿行于拉斯维加斯大道上最便宜且最方便交通工具了，大道上所有的酒店都会被当作站点停靠，基本上每400米就会有一站。如果用一天时间参观完拉斯维加斯大道上的酒店，24小时运行的双层巴士是最好的选择。

租车自驾

在拉斯维加斯旅行的最佳方式就是租车，既可以自由地穿梭在市内的各大酒店及娱乐场所，还能随心所欲地前往周边的死亡谷国家公园、大峡谷国家公园等地游玩，非常方便。

出租车

拉斯维加斯出租车起步价3.2美元，1/8英里之后计价器即开始起跳，每1/8英里0.25美元，等候费用22美元/小时。在酒店门口排队候车，或是请酒店服务员帮忙叫车均可。

从拉斯维加斯至纽约

乘飞机

从拉斯维加斯麦卡伦国际机场乘坐飞机前往纽约，需要5小时左右的时间，机票价格一般为150～200美元，航空公司打折期间也会有100美元左右的低价机票。

推荐行程2

A 纽约 ——约300千米—— **B** 华盛顿 ——约610千米—— **C** 布法罗

布法罗 Buffalo — C

乌蒂卡 Utica

Green Mountain National Forest

埃尔迈拉 Elmira

哈特雷 Hartford

波基普西 Poughkeepsie

斯克兰顿 Scranton

BC约610千米

Allegheny National Forest

纽约 New York — A

匹兹堡 Pittsburgh

哈里斯堡 Harrisburg

AB约300千米

布里克镇 Brick

摩根敦 Morgantown

华盛顿 Washington — B

交通方式对比

路线	交通方式	优点	缺点	运行时间	单程费用
纽约—华盛顿	飞机	较为便捷	价格较高	1小时左右	100美元左右
	火车	能欣赏风景	乘车时间较长，价格较高	3小时左右	120美元左右
	长途汽车	价格便宜	车程较长	约4.5小时	36美元左右
华盛顿—布法罗	飞机	较为便捷	价格较高	约5小时	150美元左右
	长途汽车	价格便宜	车程较长	约11小时	50美元左右

推荐路线：纽约—华盛顿—布法罗6天6夜游

6天6夜的推荐路线			
城市	日期		每日安排
纽约	Day 1	上午	自由女神像→唐人街
		下午	第五大道
	Day 2	上午	联合国总部→帝国大厦
		下午	时报广场→百老汇
	Day 3	上午	中央公园
		下午	大都会艺术博物馆
华盛顿	Day 4	上午	白宫→华盛顿纪念碑
		下午	国会大厦
	Day 5	上午	林肯纪念堂
		下午	五角大楼
布法罗	Day 6	全天	尼亚加拉瀑布

到达纽约

纽约（New York）是美国第一大都市，同时是美国的金融中心，它作为一座世界级城市，还直接影响着全球的媒体、政治、教育、娱乐与时尚界。联合国总部也位于该市，因此纽约也被公认为世界之都。

如何到市区

纽约的机场有3个，分别是肯尼迪国际机场、拉瓜迪亚机场和纽瓦克国际机场，其中肯尼迪机场是最为繁忙的机场，每天都有大量航班在此起降。

从肯尼迪国际机场如何前往市区

约翰·K·肯尼迪国际机场是纽约市的主要国际机场，也是全世界最大机场之一。该机场位于皇后区，距离市中心曼哈顿大约24千米。从机场前往纽约市区可乘坐机场捷运、机场大巴、出租车、巴士等交通工具。

乘机场捷运

肯尼迪国际机场捷运（AirTrain JFK）通过接驳地铁或铁路的方式到纽约市大部分地区，全程耗时1个多小时。机场捷运与纽约地铁的A、E、J、Z线接驳，其中与地铁A线的接驳站为Howard Beach，和地铁E、J、Z线的接驳站为Sutphin Boulevard，每5～10分钟一班，机场捷运单程票价5美元，地铁单程票价2.25美元。

↑ ✈ **Arrivals**
🛄 **Domestic Baggage Cla**
← ✈ **Departures**
🧍 **Ticketing, Check-in**

乘机场大巴

多家公交公司都在肯尼迪机场提供机场巴士（NYC Airporter）服务，以官方推荐的NYC Airporter为例，每30分钟一班。可到达纽约市的宾州车站（Penn Station）、港务局巴士总站（Port AuthorityBus Terminal）和中央车站（Grand Central Station）等车站，该机场大巴单程13美元起。

乘出租车

纽约的正规出租车为黄色，上面有NYC Taxi字样。机场出租车服务比较规范，有机场服务人员领你到出租车前，给一张收费单，详细列出机场到各区域的规定收费。如从肯尼迪国际机场前往曼哈顿的路程统一收费45美元（不包括小费及过路费）。小费一般占总费用的10%左右。乘出租车前往曼哈顿的路程最快只需25分钟。

纽约3日行程

Day 1 **自由女神像→唐人街→第五大道**

　　在纽约游玩的第一天，自然要先去看看纽约最具有标志性的景点——自由女神像了，由于每天参观自由女神像的人都特别多，所以很有必要提前动身前往，并且在参观过程中注意遵守秩序，在乘船返回纽约市的时候，由于游客众多，一般需要等候较长的时间，应提前做好准备。然后前往唐人街吃午饭，下午到第五大道游玩，可以为自己选购一些纪念品。

纽约第1天行程		
时间	**目的地**	**行程安排**
8:00～10:30	自由女神像	早早地乘船去看自由女神像，电梯到达基座顶端，然后沿着女神像内部的171级盘旋式阶梯登上顶部的冠冕处，眺望远处美丽的风景
10:30～13:30	唐人街	这里不光是吃午饭的绝佳选择，游客还能在这里的信息旅游中心了解纽约旅行的相关信息
13:30～18:00	第五大道	走在第五大道上，时尚、奢华又伴着高贵的气息扑面而来，而那些西装革履的男士和身穿时装的女士，也成为一道别样的风景线

▲ 纽约第1天行程路线示意图

自由女神像

自由女神像（Statue of Liberty）矗立在自由岛上，由埃菲尔铁塔的设计师古斯塔夫·埃菲尔设计，是美国的国家象征。她右手高举着火炬，左手紧抱一部书，脚下残留着许多打碎的脚镣，象征着民主和自由。

旅游资讯

地址：Liberty Island New York

交通：从炮台公园坐渡轮前往自由岛。乘坐地铁4号、5号线至Bowling Green站下车可达炮台公园；乘坐地铁1号线至South Ferry站下车可达炮台公园

网址：www.nps.gov

票价：普通票18美元；套票21美元

开放时间：9:30～15:30，除圣诞节关闭，全年开放

中午在哪儿 吃

在纽约的第一个中午，可以前往唐人街吃午饭，这里有很多符合中国人口味的中餐馆，如果留心观察的话会发现，在美国街头最常见的中餐不叫"Chinese Restaurant"，而是一家名为"Panda Express"的连锁店，这家著名的中餐馆在美国有数千家连锁店，生意十分火爆。

1 Vegetarian Dim Sum House

这是一家中国素食餐厅，只提供素食。所提供菜品的食材搭配很合理，非常注重养生，而且非常有特色，素食主义者来这里绝对是一个不错的选择。

地址：24 Pell Street 1 New York

交通：乘坐公交车M103路在Bowery/Bayard St站下车

网址：www.vegetariandimsumnyc.com

唐人街

唐人街（Chinatown）包括很多大街小巷，在这里散步闲逛是最好不过的了。在这个美国最大的唐人街区里，你可以看到中文招牌，听到标准的普通话，见到熟悉亲切的中国面孔。这里的中餐馆非常多，你可以去品尝一下，看看其菜肴的味道与国内的菜肴有无不同。在坚尼街（Canal Street）上有一处唐人街观光信息咨询中心，你可以去这里了解一些关于唐人街的信息。

旅游资讯
地址：China Town，New York
交通：乘坐地铁N、Q、J线到卡纳尔大街站下，然后步行前往唐人街

第五大道

第五大道（Fifth Avenue）是美国逛街、购物的好去处，也是美国时尚的风向标。这里聚集了很多国际知名品牌，坐落着各类专卖店、旗舰店和百货公司。如果想到第五大道上扫货的话，最好是打折季前去，如美国国庆期间、圣诞节期间等，此时购物会享受较高折扣，十分实惠。

旅游资讯
地址：曼哈顿区的中央大街
交通：乘E、V线地铁在与AV/53 St站下可到

晚上在哪儿玩

在纽约的夜晚，可以在繁华的第五大道上逛一逛，在这灯火璀璨的商店内，说不定会遇见让自己心仪的商品。也可以挑选一家有氛围的咖啡馆，静静品味美式咖啡的醇香。

Day 2　联合国总部→帝国大厦→时报广场→百老汇

今天就以联合国总部为起点，感受一下联合国总部建筑的恢宏大气，然后前往帝国大厦，登上观景台，欣赏繁华纽约的美景。之后前往纽约著名的地标时报广场，亲眼看一看这个在无数电影中出现过的地方。最后，则可以前往百老汇，为晚上欣赏歌剧演出做准备。

纽约第2天行程		
时间	目的地	行程安排
9:30～12:00	联合国总部	联合国总部大楼是拍照留念的好地方
12:00～13:30	帝国大厦	帝国大厦作为著名的摩天大楼，每天都有很多游客排队登顶，所以要做好排长队的心理准备
13:30～15:30	时报广场	这里十分繁华，能感受到十足的纽约特色
15:30～17:30	百老汇	作为世界著名的音乐剧表演场地，在百老汇的剧场欣赏演出是最为正确的选择

D 百老汇
Broadway

CD约1.4千米，
乘车约12分钟

地狱厨房
HELL'S KITCHEN

W. 57th St

W. 58th St

5th Ave

公园大道

E. 57th St

2nd Ave

第二大道

W. 42th St

时报广场
Times Square

C

12th Ave

GARMENT
DISTRICT

Bryant Park

MIDTOWN EAST

10th Ave

W. 34th St

BC约1千米，
步行约10分钟

AB约1.9千米，
乘车约15分钟

A

帝国大厦
Empire State
Building

B

联合国总部
United Nations
Headquarters

MURRAY HILL

▲ 纽约第2天行程路线示意图

联合国总部

旅游资讯

地址：1 United Nations Plaza，New York

交通：乘地铁7号线在Grand Central-42 St
站下车可到

网址：www.un.org

联合国总部包括联合国总部大楼（United Nations Headquarters）、秘书处大楼、穹顶的联合国大会堂、哈马舍尔德图书馆等建筑。其中，联合国总部大楼落成于1952年，是联合国总部的所在地。大厦南边是39层高的秘书处大楼，大楼前飘扬着成员国的国旗。

而联合国大会堂则是一座较低的长排建筑，其高度由低至高形成一道优美的弧线。

帝国大厦

帝国大厦（Empire State Building）矗立在曼哈顿区，是世界著名的摩天大楼。它曾多次出现在著名的电影中，让无数人为之震撼。帝国大厦既是一座多功能的写字楼，也是纽约市著名的旅游景点，每天都有无数的游客在这里排队等候参观。

旅游资讯

地址：350 5th Avenue，New York

交通：乘坐公交车M2、M3、M4、M5路在34th St.下车可到，或乘地铁B、D、F、N、Q、R线可到达

网址：www.esbnyc.com

票价：成人25美元、老人22美元、儿童19美元

开放时间：8:00至次日凌晨2:00

Tips

帝国大厦上有两个观景台，分别是在86层（Main Deck）和102层（Top Deck），但不同的是，86层是户外的漫步场地，而102层是玻璃密封的室内观景台。如果到102层观景台的话，需要另付15美元，门票在二楼的观光台购票处购买。

中午在哪儿吃

帝国大厦附近有不少餐厅，可以在这里选择一家餐厅享用午餐。无论是海鲜或是炒菜都能在这里找到。

1 Szechuan Gourmet

地址：21 West 39th. Street New York
交通：乘坐地铁B、D、F、M线在42 St–Bryant Pk站下车可到
网址：szechuan–gourmet.com

这家餐厅位于从帝国大厦前往时报广场的路上，中文名字叫"朵颐"。主要经营川菜，午餐时人较多，可根据自己的口味选择麻辣度，菜单后面的小辣椒代表菜的辣度，小辣椒越多越辣。

时报广场

旅游资讯

地址：Manhattan, NY 10036United States
交通：乘坐地铁N、Q、R线至49街下车即可；乘坐地铁S线、1、2、3、7号线至时报广场42街站下车，步行可达；乘坐公交车M104路至7Av/w47St站下车即可
网址：www.timessquarenyc.org

时报广场（Times Square）是曼哈顿中城西部的一块街区，因《纽约时报》早期在此设立总部大楼而命名。如今这个有着百多年历史的广场，是游客到纽约的必到景点之一。广场周边高楼密集，附近聚集了近40家商场和剧院，走在时报广场上，抬头随处可见让人眼花缭乱、但有序排列的霓虹灯广告牌。

百老汇

百老汇（Broadway）其实是一条大道，南起炮台公园，由南向北纵贯纽约曼哈顿岛。因这条路两旁分布着为数众多的剧院，是美国戏剧和音乐剧的重要发源地，因而成为美国戏剧及音乐剧的代名词。

旅游资讯

地址：Broadway New York
交通：乘坐地铁N、Q、R线至49St.站下车步行可达；乘坐地铁S线、1、2、3、7号线至42St.站下车即可

晚上在哪儿 **玩**

在夜幕降临之后，可在百老汇大道上选择一家剧场，欣赏一场演出。无论是幽默风趣的歌舞表演还是高端典雅的歌剧演出，你都能在这里找到。如果是带着孩子出行，这里还有不少剧场会上演一些诙谐幽默的儿童剧。

Day 3 中央公园→大都会艺术博物馆

在纽约游玩，如果不前往著名的大都会艺术博物馆参观，可谓是一件十分遗憾的事，今天的行程就以大都会艺术博物馆为主，顺便参观一下著名的中央公园，毕竟中央公园面积太大，想要全部游览，没有两三天的时间，是不太可能实现的。

纽约第3天行程		
时间	目的地	行程安排
9:30～12:00	中央公园	公园很大，徒步的话建议换上舒服的鞋，这样才能更加享受在这片"绿洲"中的惬意
12:00～15:30	大都会艺术博物馆	这里的中国厅展示了北京老城的模型，还有中国的一些艺术品。在博物馆里每到一个标志性城市展厅，就会有专门的"烙印机"，可以在"护照门票"上盖个大章

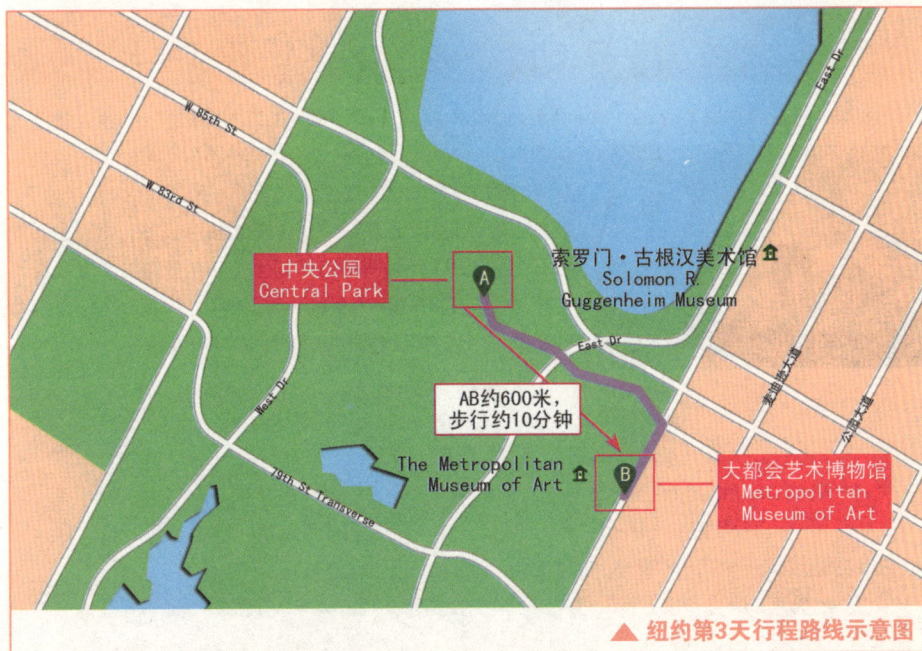

W 85th St

W 83rd St

索罗门·古根汉美术馆
Solomon R.
Guggenheim Museum

中央公园
Central Park

A

East Dr

East Dr

West Dr

AB约600米，
步行约10分钟

79th St Transverse

The Metropolitan
Museum of Art

B

大都会艺术博物馆
Metropolitan
Museum of Art

▲ 纽约第3天行程路线示意图

中央公园

　　中央公园（Central Park）是纽约最大的都市公园，有纽约"后花园"的美誉。园内包含树林、湖泊、牧场、动物园、花园、溜冰场、游泳池、运动场、剧院、广场、草坪以及一个野生动物保护区。这里不只是纽约市民的休闲空间，更是全球人民所喜爱的旅游胜地，每天有数以千计的市民与游客在此从事各项活动。

旅游资讯

地址：Central Park，New York

交通：中央公园有很多进出口，可以乘坐地铁N、Q、R线在5 Av/59 St站下可到

网址：www.centralparknyc.org

票价：免费，内设部分景点收费

中午在哪儿**吃**

　　大都会艺术博物馆附近有不少就餐地，可以到那里选择吃什么午餐，也可以在大都会艺术博物馆的内部食堂品尝美食。

Petrie Court

　　这是大都会艺术博物馆内部的一片美食区，提供美国最为常见的快餐，包括汉堡和热狗等食物，也提供一些甜品和咖啡等饮料。你可以在这里边吃午餐边观看种类丰富的艺术品。

地址：1000 5th Avenue New York

网址：www.metmuseum.org

开放时间：11:30～16:00

大都会艺术博物馆

　　大都会艺术博物馆（Metropolitan Museum of Art）是美国最大的艺术博物馆，也是世界三大博物馆之一。博物馆的室内设计模仿不同历史时期的风格，从1世纪的罗马风格延续至现代美国。博物馆共4层，地下1层，地面3层，而地下1层为博物馆的服务设施，藏品主要集中在地面3层。整个博物馆被划分为19个分馆，藏有几百万件艺术品。馆内的陈列室就有近250个，常年展出的有几万件展品，但这也仅是博物馆库存的冰山一角。

旅游资讯

地址：1000 5th Avenue New York

网址：www.metmuseum.org

开放时间：周日至周四10:00～17:30，周五至周六10:00～21:00，感恩节、12月25日、1月1日以及5月的第一个周一不开放；展览室会在闭馆前15分钟进行清场

票价：25美元，65岁及以上老人17美元，学生12美元，12岁以下儿童由成人陪同免费

晚上在哪儿玩

纽约的最后一个夜晚，可以选择在百老汇街头漫步，感受扑面而来的文艺气息；也可以前往第五大道，为自己选购纪念品；或者前往帝国大厦，看一看纽约壮观的夜景；还可以早早收拾行囊，为下一段旅程做好准备。

纽约住行攻略

在纽约住宿

纽约拥有各种类型的酒店，如豪华的四五星级酒店、观光酒店，价格适中的三星级酒店，价格比较便宜的一二星级酒店，还有青年旅舍、B&B旅馆、家庭旅馆，以及著名的汽车旅馆等。纽约较好的旅馆集中在市中心一带的3号大道至40街和7号大道至60号街之间。纽约人流量比较大，建议提前在网上预订酒店，同时纽约消费水平比较高，提前在网上预订可能会享有优惠。

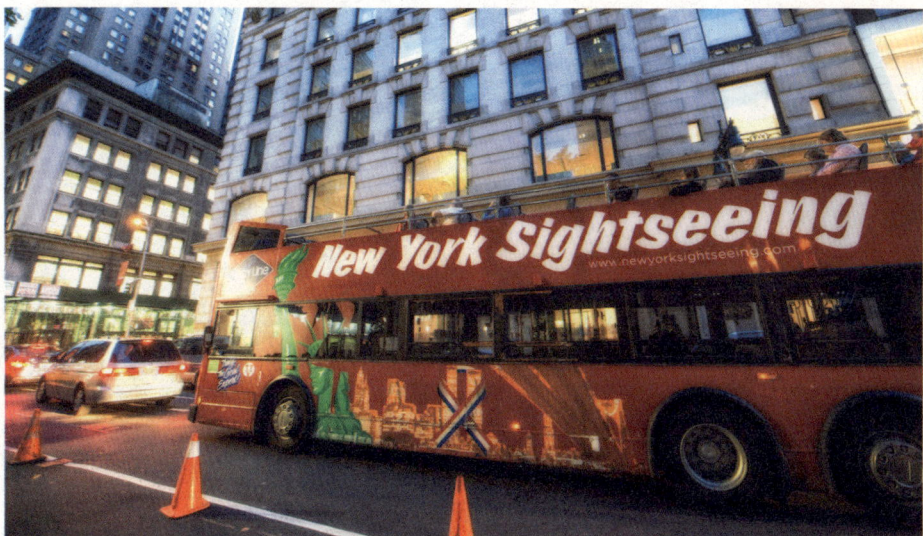

在纽约出行

纽约是一座真正的不夜城，在这里，你完全可以玩至午夜，之后乘坐地铁或其他交通工具回到你所住的酒店。因为，纽约有24小时不停歇的公共交通运行，所以你不必担心时间，尽情地玩吧。

交通卡

交通卡（Metro Card）适用于地铁和公交车，你可以在站点售票机或者人工服务台购买。交通卡有几种类型，一是普通的单程票2.25美元，二是充值卡，三是比较划算的无限次搭乘票。无限次搭乘票分为7天无限次以及30天无限次，7天的售价是29美元，30天的售价是104美元。

公交车

纽约几乎每个地铁站前都会有接驳的公交站点，公交车的线路名称会根据区域划分，如果是在曼哈顿区域运营的公交车，开头字母是M，布朗克斯区的为字母BX，布鲁克林的为字母B，代表皇后区的为字母Q，代表史坦顿岛的为字母S。

地铁

纽约地铁是纽约公共交通运输的骨干，几乎覆盖整个城市（除史丹顿岛外的四大区）。纽约地铁有24条路线，各条线路的首末班时间是不同的，有些繁忙路线一天24小时运行。不过，纽约地铁经常会在非高峰期和周末时进行修复活动，时而会有列车延误情况，所以出行前最好到官方网站查看最新的路线变更情况。

出租车

纽约出租车大多为黄色，车费2.5美元起，之后每千米收费0.4美元（20:00后3美元起，假日高峰时间16:00～20:00则3.5美元起），若遇上塞车或通过收费的桥梁及隧道时，乘客还得付额外费用。另外，乘坐出租车还要给至少总金额的10%的小费。

从纽约至华盛顿

乘飞机

从纽约飞往华盛顿的班次非常频繁，机票价格一般在100美元以内，折扣期间更低。

乘火车

在宾夕法尼亚车站（Penn Station）可乘坐从纽约发往华盛顿的火车，单程票价120美元左右。乘坐地铁1、2、3、A、C、E线到34 St.–Penn Station站下车，即可到达宾夕法尼亚车站。

乘长途汽车

纽约到华盛顿每天约有40班灰狗巴士、彼得潘公司的长途巴士，在华盛顿桥巴士站（George Washington Bridge Bus Station）可乘汽车前往华盛顿，单程票价36美元左右，车程4.5小时左右。

到达华盛顿

华盛顿（Washington）是美国的政治中心，美国白宫、国会、最高法院以及绝大多数政府机构均设在这里。这是一座辉煌的城市，有着庄严神圣的国会山；又是一座伤痕累累的城市，战争纪念馆向人们讲述着战争的残酷。走近华盛顿，便是走近星条旗的"心脏地带"。

如何到市区

华盛顿有三座机场，分别是罗纳德·里根华盛顿国家机场、杜勒斯国际机场和巴尔的摩华盛顿国际机场。各机场均有交通工具前往华盛顿市区，无论是乘坐地铁或是机场巴士都十分方便。

华盛顿最大的火车站是联合车站（Union Station），它位于国会大厦东北方，是一座宛如罗马圣殿似的建筑。联合车站里有投诉中心、零钱兑换处、汽车租赁公司、豪华酒店等。华盛顿的灰狗巴士站（Greyhound Station）位于联合车站的东北边，从这里步行就可到达市区主要景点。

华盛顿2日行程

Day 4 白宫→华盛顿纪念碑→国会大厦

到华盛顿旅游的人，一定不会错过的景点就是白宫和国会大厦了，今天的行程就以这两个景点为主，中间还要去参观华盛顿纪念碑，由于几个景点距离不是太近，最好穿着舒适的鞋子出行。

华盛顿第1天行程		
时间	目的地	行程安排
9:30～11:00	白宫	作为美国历任总统的官邸，无论你是否能入内参观，白宫都值得来一趟
11:00～15:30	华盛顿纪念碑	这座为了纪念华盛顿而建的纪念碑，是这周围最高的建筑
15:30～18:30	国会大厦	国会大厦的圆形屋顶经常出现在电影中，是美国的标志性建筑

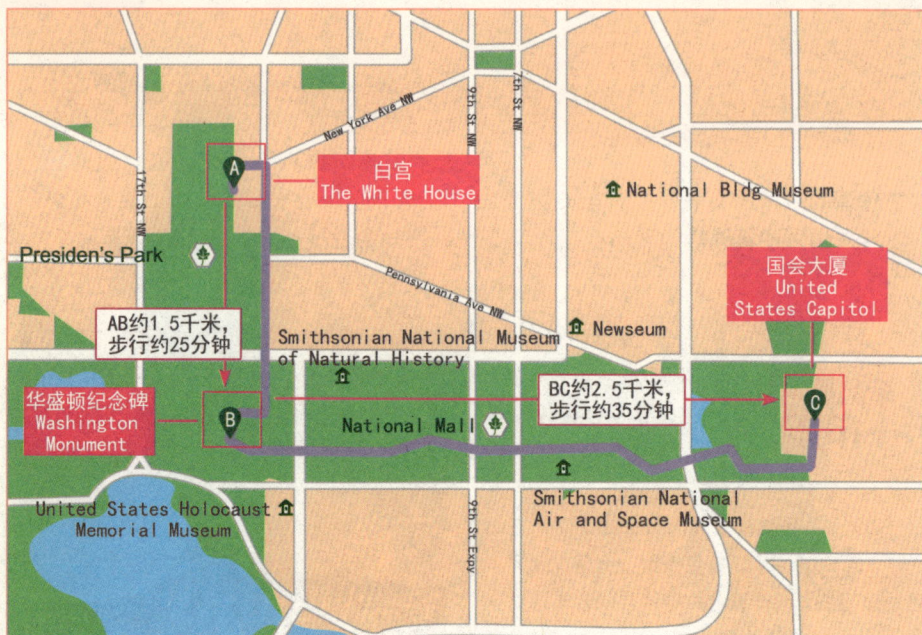

New York Ave NW
9th St NW
7th St NW

A

白宫
The White House

🏛National Bldg Museum

Presiden's Park
17th St NW

Pennsylvania Ave NW

AB约1.5千米,
步行约25分钟

Smithsonian National Museum
of Natural History

🏛Newseum

国会大厦
United
States Capitol

华盛顿纪念碑
Washington
Monument

B

National Mall

BC约2.5千米,
步行约35分钟

C

United States Holocaust 🏛
Memorial Museum

9th St Expy

Smithsonian National
Air and Space Museum

▲ 华盛顿第1天行程路线示意图

白宫

　　白宫（The White House）
这座历任美国总统的官邸，
是一栋漂亮的白色建筑，它
分为主楼和东西配楼，主楼底
层有外交接待大厅，厅外是
南草坪，来访国宾的欢迎仪式
一般在这里举行。白宫的东侧
有"肯尼迪夫人花园"，西侧
有"玫瑰园"。东楼供游客参
观，西楼是办公区域，包括总
统的椭圆形办公室。

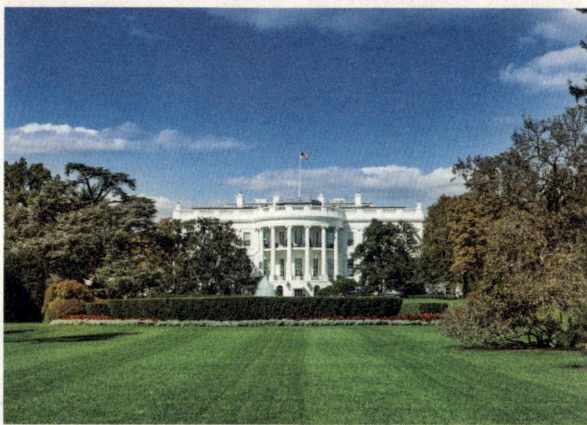

旅游资讯

地址：1600 Pennsylvania Avenue Northwest Washington

交通：乘坐地铁橙线或蓝线到Federal Triangle站下车，步行即可到达

网址：www.whitehouse.gov

开放时间：周二至周四7:30～11:30，周五、周六7:30～13:30，国家假日或有特别声明时不对
外参观，如果需要，参观时间可以根据白宫的日程安排而延长。到白宫参观需要向中国驻美国大
使馆预约，预约申请可提前6个月提交，至少提前21天

华盛顿纪念碑

华盛顿纪念碑（Washington Monument）是华盛顿的地标性建筑物，位于国家广场的正中央，是为了纪念第一任美国总统华盛顿而兴建。纪念碑东面是国会大厦，西部是林肯纪念堂，北面是白宫，南面是杰斐逊纪念馆。

旅游资讯

地址：2 15th St.NW，Washington

交通：乘地铁蓝线或橙线在Smithsonian Metro Station站下

开放时间：9:00～16:45

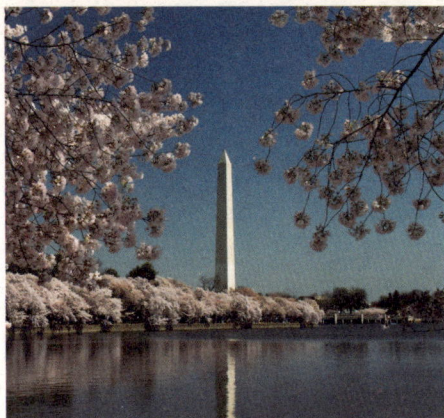

中午在哪儿 **吃**

华盛顿有丰富的海产资源，很多餐厅都选取新鲜的海产品烹制美食。国会山附近有不少美食餐厅，可以在参观完国会大厦后到附近找一家餐馆饱餐一顿。

Rose's Luxury

Rose's Luxury是位于国会山附近的一家美式餐厅，提供美式创意菜。推荐这里的爆米花汤和鸡尾酒，十分新鲜具有独特的创意。这里的人气很旺，建议早点来，因为经常需要排队等位。接受信用卡支付，不接受电话订位。

地址：717 8th Street Southeast Washington
网址：www.rosesluxury.com

国会大厦

国会大厦（United States Capitol）是美国国会的所在地，与白宫一样拥有其他建筑不能比拟的地位。很多人都认为国会大厦便是白宫，其实不然，虽然外观都为白色，但国会大厦巍峨挺拔，而白宫则平和许多。国会大厦正面的三层大圆顶，经常被当作背景出现在美国的政治新闻中。

旅游资讯

地址： East Capitol Street Northeast&First St. SE Washington

交通： 乘坐地铁红线到Union Station站下步行可达；或乘坐橙线、蓝线在Capitol South下车步行可达

网址： www.visitthecapitol.gov

票价： 免费，需要提前预约

开放时间： 周一至周六9:00～16:30；元旦、感恩节、圣诞节休息

晚上在哪儿 玩

夜幕降临，可以到华盛顿肯尼迪艺术中心听一场音乐会，或是到艺术中心的露台观看河岸的夜景，还可以在欣赏完音乐会后到河岸边走走，美丽的夜景会令你陶醉其中。

肯尼迪艺术中心

肯尼迪艺术中心（The John F.Kennedy Center for the Performing Arts）是美国国家交响乐团、国家歌剧团和芭蕾舞团的主要表演场所。漫步于中心的屋顶露台，游客还可以观赏波托马克河及华盛顿的风光。对于醉心于艺术的人们来说，在肯尼迪艺术中心听一场美妙的音乐会，将是一次极大的享受。

地址： 2700 F Street Northwest Washington

交通： 搭乘地铁蓝线或者橘线，在Foggy Bottom站下，再步行10分钟即可到达

网址： www.kennedy-center.org

开放时间： 10:00～21:00

Day 5 林肯纪念堂→五角大楼

国家广场附近的著名景点众多，行程的第2天，我们将参观两个重量级的景点，分别是林肯纪念堂和五角大楼。相信会令你非常难忘。

华盛顿第2天行程		
时间	目的地	行程安排
9:30~11:00	林肯纪念堂	纪念堂前的林肯雕塑是来华盛顿不可不看的景点，这座雕像经常出现在各种电影、电视剧中
11:00~15:30	五角大楼	五角大楼作为华盛顿乃至整个美国的重要建筑，这座政治地位极高的建筑曾饱受磨难，如果时间充足可以在这里的广场上为在这里遇难的人们默哀

US Marine Corps War Memorial

林肯纪念堂
Lincoln Memorial

Ⓐ

华盛顿纪念碑
Washington Monument

United States Holocaust Memorial Museum

West Potomac Park

AB约2.3千米，步行约35分钟

Thomas Jefferson Memorial

阿灵顿公墓
Arlington National Cemetery

五角大楼
The Pentagon

Ⓑ

▲ 华盛顿第2天行程路线示意图

林肯纪念堂

　　林肯纪念堂（Lincoln Memorial）位于国家广场（National Mall）西侧，是一座古希腊巴特农神庙式的古典建筑。进入纪念堂，迎面就能看见一座大理石的林肯坐像，这座巨大的林肯雕像经常出现在各类电影、电视剧中。纪念堂周围还有"越战"纪念碑、"韩战"纪念碑和"二战"纪念碑。

旅游资讯

地址：2 Lincoln Memorial Cir NW, Washington

交通：搭乘地铁蓝线或橙线在Foggy Bottom站下可到

网址：www.nps.gov

中午在哪儿
吃

　　吃午饭的时间到了，下一个景点五角大楼周边的餐厅可谓不少，除了海鲜特色餐厅，还有各国风味的餐厅，如墨西哥等地风味餐厅，如果没吃过就快去尝尝吧。

1 Taco Bell

这是一家在五角大楼内部的墨西哥风味餐厅，这家餐厅提供方便快捷的自助餐，其中有美味的比萨以及墨西哥卷饼等各色美食，还提供各色美味的甜品以及饮料，不过价格稍贵。

地址：Jefferson Davis Highway Washington, DC 20310, United States
网址：www.tacobell.com
营业时间：9:00～17:00

五角大楼

五角大楼（The Pentagon）是美国国防部办公地，从空中俯瞰，该建筑呈正五边形，故名"五角大楼"。因为不能阻碍从阿灵顿公墓眺望华盛顿的视野，所以五角大楼并没有建那么高，只能从平面无限扩大，加上钢材的限量，使得五角大楼的电梯安的比较少。这里也是当年"9·11"恐怖袭击的主要地点之一。在当年被飞机撞的那一面，如今建了一个小规模的纪念广场。

旅游资讯

地址：Washington, DC 20301United States
交通：搭乘蓝线、黄线地铁在Pentagon站下车，步行5分钟左右即可到达
网址：www.osd.mil
票价：免费；导览团的名额是先到先得的，每天有几个团次，需要先在大厅左侧的接待处预约
开放时间：周一至周五9:00～15:00。

晚上在哪儿玩

晚上不如到乔治城游玩一番，这里是华盛顿的购物天堂，而且还有很多有情调的老建筑，非常漂亮。你来到乔治城，可以先沿着河岸漫步，欣赏沿途风景，随后找一家小咖啡店坐坐，或者逛逛这里的商铺，买些东西。

华盛顿住行攻略

在华盛顿住宿

华盛顿可供住宿的地方很多，各种条件的住宿地一应俱全。一般来说，高档酒店如四五星级的酒店，每晚费用在180美元以上；中档酒店大多为二三星级酒店，每晚费用在100～180美元；经济型旅馆多是青年旅舍、家庭旅馆等，每晚费用在100美元以下。在华盛顿住店，每晚都需要交1.5美元的住宿税。

在华盛顿出行

华盛顿的市内交通系统虽然没有纽约那么发达，但这里的交通还是很方便的，交通拥堵的现象较少。

地铁

华盛顿的地铁共分为红线（Red）、蓝线（Blue）、橘黄线（Orange）、黄线（Yellow）和绿线（Green）5条线路，贯穿整个市区及其周边的马里兰和弗吉尼亚。在地面上只要看见有"M"的标志，就是地铁站了。地铁的最低票价为1.35美元，具体费用根据里程和乘车时间而定。运营时间周一至周四5:00～24:00，周五5:00至次日凌晨3:00（凌晨），周六7:00至次日凌晨3:00，周日7:00～24:00。

公交车

华盛顿市区的公交车覆盖范围很广，如果游客乘过地铁之后想转乘公交车的话，可在地铁站的电梯旁领取转车证，这样在指定的地铁/汽车转运站就可以免费乘公交车了。华盛顿公交车分区、分时段计费，1.70美元起价，车上不找零钱。如果在华盛顿，游玩时间比较长，而每天乘车次数多，可以买Smar Trip充值卡，每次乘车可省0.20～0.25美元，充值卡本身收费5美元。

鸭艇

鸭艇为水陆二用车，每天早上9点钟从联合车站出发，环绕国家大草坪周边的博物馆、历史纪念碑等地，然后驶入波多巴克河，每年3～10月营业。

出租车

华盛顿出租车收费为计程收费。起步价3美元，里程价每千米1.5美元，还有另受人数、行李重量、堵车等因素影响的附加费，但市区资费19美元封顶。

从华盛顿至布法罗

乘飞机

从华盛顿飞往布法罗的航班多数需要从纽约中转，飞行时间加上中转时间约为5小时左右，并且费用不低，除了时间较为紧迫的游客，不建议乘坐飞机前往布法罗。从华盛顿到布法罗的航班，机票价格约为150美元。

乘长途汽车

从华盛顿乘坐长途汽车前往布法罗约需11小时，费用约为50美元。可在灰狗巴士的官网www.greyhound.com上查询具体列车时刻表及预订车票。

到达布法罗

布法罗（Buffalo）又被称为"水牛城"，乍一听那里应该是水牛的天堂，可实际上这座"水牛城"和水牛一点关系都没有。它是位于尼亚加拉瀑布上游的一座城市，很多人到这里就是为了一睹尼亚加拉瀑布的风采。

如何到市区

布法罗机场位于布法罗市区东北约13千米处，从机场可乘坐机场大巴及公交车等交通工具前往布法罗市区，也可以从布法罗机场乘坐观光巴士直接到达尼亚加拉瀑布景区。布法罗机场航站楼面积不大，在航站楼出口的马路边就有机场大巴、出租车的乘车地点。布法罗市区景点较少，如果时间较为紧张，可直接前往尼亚加拉瀑布，游览完瀑布后，如果还有多余的时间，可以在布法罗市内游览一番。

布法罗1日行程

Day 6　布法罗→尼亚加拉瀑布

作为布法罗乃至美国著名的景点，尼亚加拉瀑布每年都吸引着大量的游人前来，这里的配套设施十分完善，无论是乘坐邮轮、热气球观赏瀑布美景，还是在附近就餐或是购买纪念品，都会令你觉得不虚此行。

布法罗1日行程		
时间	目的地	行程安排
9:30 ~ 18:00	尼亚加拉瀑布	作为美加边境重要的自然景观之一，尼亚加拉瀑布名不虚传，特别是在有灯光秀的夜晚，五彩缤纷的灯光使瀑布更加迷人

尼亚加拉瀑布

尼亚加拉瀑布（Niagara Falls）位于北美洲五大湖区尼亚加拉河上，以其宏伟磅礴的气势、丰沛浩瀚的水量而著称，是北美最壮丽的自然景观之一。从美国一侧可乘坐"雾中少女"号邮轮近距离观赏瀑布美景，也可以站在彩虹桥上看水势澎湃、声震如雷的瀑布景象。在夜幕降临之后，瀑布周围到处是五颜六色的灯光，比白天更加多姿多彩。

旅游资讯

地址：美国纽约州尼亚加拉县尼亚加拉瀑布城

交通：可自驾车前往，或从布法罗乘车前往

驰骋美利坚，孤独而自由的66号公路

　　曾经"消失"过的66号公路，是很多人到美国自驾首选的路线，其横跨美国大陆的壮阔，废弃小镇的荒芜，令人折服。它就是电影《阿甘正传》里阿甘孤身穿越美国的那条路，也是杰克·凯鲁亚克的小说《在路上》中大部分故事的发生地。它带着嬉皮士的颓废与《汽车总动员》的欢乐，总是令无数人为之沉醉。

　　现在的66号公路很多路段已经十分破旧了，除了路上的一些主要景点外，大部分自驾游的人都会选择与之接近且路况较好的40号公路，在著名景点附近再进入66号公路。著名城市拉斯维加斯虽然并不真正位于66号公路上，但由于其极高的人气和较近的距离，也成为人们在66号公路自驾游中必不可少的一站。

　　中国人在美国自驾并不是很难的事情，但由于66号公路途经得克萨斯州，并且该州并没有法律条文承认中国驾照的合法性，所以，如果没有国际驾照或当地驾照，建议可绕行一段路程，避开得克萨斯州。但是如果对得克萨斯州的凯迪拉克公园十分向往，可以找一位有驾驶资格的当地人帮忙驾驶。

推荐路线： 芝加哥—圣路易斯—奥克拉荷马市—圣达菲—

俄勒冈州

爱达荷州

怀俄明州

84

内达华州

犹他州

80

80

丹佛
Denver

拉斯维加斯
Las Vegas

圣达菲
Santa Fe

70

FG约400千米

加利福尼亚州

EF约320千米

GH约410千米

G

D

66

E

66

洛杉矶
Los Angeles

F

66

H

I

弗拉格斯塔夫
Flagstaff

阿尔伯克基
Albuquerque

圣莫尼卡
Santa Monica

华瑞兹城
Juarez

索诺拉

奇瓦瓦

阿尔伯克基—弗拉格斯塔夫—拉斯维加斯—洛杉矶—圣莫尼卡9天9夜游

明尼阿波利斯
Minneapolis

威斯康星州

南达科他州

芝加哥
Chicago

90

35

内布拉斯加州

爱荷华州

29

AB约480千米

80

80

A

66

堪萨斯城
Kansas City

70

B

印第安纳波利斯
Indianapolis

CD约900千米

奥克拉荷马市
Oklahoma City

70

49

圣路易斯
St. Louis

66

C

BC约810千米

40

田纳西州

40

阿肯色州

35

30

密西西比州

达拉斯
Dallas

20

20

阿拉巴马

得克萨斯州

路易斯安那州

休斯敦
Houston

圣安东尼奥
San Antonio

9天9夜的66号公路自驾路线		
目的地	日期	行程安排
芝加哥	Day 1	芝加哥→圣路易斯 480千米，走40号公路约5小时车程，可在芝加哥市区稍作游玩
圣路易斯	Day 2	圣路易斯→奥克拉荷马市 810千米，约9小时车程，到达荷马市已经天黑
奥克拉荷马市	Day 3	奥克拉荷马市内参观 主要景点为66号公路博物馆
	Day 4	奥克拉荷马市→圣达菲 没有国际驾照者需要绕过得克萨斯州，路程较远，需要早起赶路，约900千米，车程10小时。如打算前往得克萨斯州参观凯迪拉克农场，可在得克萨斯州的阿马里洛住一晚
圣达菲	Day 5	圣达菲→阿尔伯克基 约200千米距离，可多游玩一会
阿尔伯克基	Day 6	阿尔伯克基→弗拉格斯塔夫 约320千米，3.5小时车程
弗拉格斯塔夫	Day 7	弗拉格斯塔夫→拉斯维加斯 距离约400千米，4小时车程，途中穿越沙漠，准备好水和食物。如果时间充裕，可增加一天行程，在前往科罗拉多大峡谷游玩后，再动身到拉斯维加斯
拉斯维加斯	Day 8	拉斯维加斯游玩
	Day 9	拉斯维加斯→洛杉矶 距离约410千米，车程5小时左右
洛杉矶	Day 9	洛杉矶→圣莫尼卡 从洛杉矶市中心到圣莫尼卡海滩约20千米，在圣莫尼卡海滩有66号公路的终点标志，可在到达洛杉矶后第一时刻前往圣莫尼卡，拍照留念后，再游览洛杉矶的景点

景点速览

66号公路除了拥有美丽的自然景观外，还有众多的人文景观，打动着每一个路过的人。充满西部风格的石头咖啡馆，能让你体验一把牛仔们相聚的场景；凯迪拉克农场则会让你感慨于岁月的流逝。无论是洛杉矶的繁华，还是在沙漠里穿行时的孤独，哪怕途经被废弃的小镇时所感到的那一丝荒凉，都是属于66号公路上的独特景致。

1 林肯公园

林肯公园（Linkin Park）是芝加哥最大的花园，里面有动物园、植物园、高尔夫球场、海滩、散步专用道、自行车专用道、游艇湾港及一些体育运动设施等。如果时间充裕，可沿着公园北面的区域向西走，那里是芝加哥最具活力的时尚街区，游客可以看到一个真正的芝加哥。

地址：Lincoln Park, Chicago
交通：乘151路巴士至Armitage Ave站下车可到

2 66号公路博物馆

66号公路博物馆（National Route 66 Museum）位于奥克拉荷马市附近的埃尔克城内，这里珍藏着很多与66号公路相关的纪念品。博物馆内陈列的汽车、交通标志、消防设备以及众多曾经在66号公路上出现过的商店招牌，都能够引发人们对66号公路的"缅怀之情"，另外博物馆还利用先进的现代设备，使游客能够身临其境地感受到66号公路的历史发展过程。

地址：2717 West 3rd Street, Elk City
交通：乘车从奥克拉荷马市沿40号公路向西行驶2小时可到

3 凯迪拉克农场

凯迪拉克农场（Cadillac Ranch）坐落在得克萨斯州阿马里洛66号公路西侧，是一个雕塑农场，里面有一排半埋在土里、被涂鸦画满的凯迪拉克汽车。这里允许所有过客自由地在汽车上吟诗作画，合法地留下"到此一游"等字。它已经被看作是自由精神的代表，曾无数次出现在各种媒体的镜头前。

地址：Cadillac Ranch, Amarillo
交通：沿66号公路至得克萨斯州阿马里洛可到

4 科罗拉多大峡谷

科罗拉多大峡谷（Grand Canyon Colorado）是经过科罗拉多河数百万年的冲蚀而形成，形状极不规则，大致呈东西走向，蜿蜒曲折，峭壁险峻，像一条桀骜不驯的巨蟒，匍匐于凯巴布高原之上，是一处十分壮观的自然奇观。

地址：亚利桑那州科罗拉多河

PART 2 加拿大一周游

Part 2

加拿大一周游

加拿大印象

★★★ 尼亚加拉瀑布的驻地

在多伦多，可以近距离欣赏世界著名的瀑布——尼亚加拉瀑布。你可以亲身感受令世人震撼至极的尼亚加拉瀑布，倾听瀑布的呼吸。水柱倾泻而下的瞬间，多伦多似乎更像是一个被磅礴水汽氤氲的少年，享受着与瀑布厮守的年华，纯净而美好。这恋恋不舍的情愫，在柔情的多伦多，只有尼亚加拉瀑布才能给予。

★★★ 随处可见的艺术

加拿大的城市都有着浓郁的艺术气息，可以让你于不经意间迷醉在艺术的殿堂里。这里不仅文艺场馆众多、类别齐全，而且每个馆所都有鲜明的特色、令人印象极其深刻。久负盛名的安大略省皇家博物馆，墨宝颇多的安大略省美术馆，加拿大人引以为傲的冰球殿堂等，都能让人在欣赏艺术的同时，为加拿大将文化和艺术能如此完美结合而感叹。

推荐行程

A 多伦多 —— 约460千米 —— **B** 渥太华

多伦多
Toronto

奥沙瓦
Oshawa

卡沃萨湖市
KawarthaLakes

彼得伯勒
Peterborough

科堡
Coboung

AB约460千米

贝尔维尔
Belleville

爱德华王子县
Prince Edward

伦弗鲁
Renfrew

金斯敦
Kingston

渥太华
Ottawa

沃特敦
Watertown

布罗克维尔
Brockville

A

B

交通方式对比

路线	交通方式	优点	缺点	运行时间	单程费用
多伦多—渥太华	飞机	较为便捷	价格较高	约1小时	100～200加元
	火车	价格合适较为便捷	价格波动较大，不好买票	3.5～5小时	约90加元
	长途汽车	价格便宜	车程时间较长	约4小时	约40加元

最佳季节

加拿大不同的季节有着不同的景致，相对来说，每年的5～10月是加拿大的旅游旺季，届时温度适宜，但是游人较多，住宿等旅游费用也会比较高。而加拿大的冬天也有着其独特的魅力，冰雪覆盖的世界蔚为壮观，北极光更是在秋冬季节时常出现。

最佳季节的衣物

在5～10月，穿着轻便的衣物即可，但加拿大整体气温比同时期的我国气温低一些，从中国前往，应当在当下穿着的衣物外，携带几件较厚的衣物。尤其在秋冬季节来加拿大，则需要准备羽绒服、防风裤及保暖内衣等衣物。

加拿大最佳旅行季节衣物						
衣物种类	5月	6月	7月	8月	9月	10月
长袖衣物	√	√	—	—	√	√
半袖衣物	—	—	√	√	—	—
薄外套	√	√	—	—	√	√
厚外套	√	√	—	—	√	√
薄羽绒服	√	—	—	—	—	√
墨镜	√	√	√	√	√	√
平底鞋	√	√	√	√	√	√

推荐路线： 多伦多—渥太华6天6夜游

6天6夜的推荐路线			
旅游城市	日期		每日安排
多伦多	Day 1	上午	多伦多电视塔→冰球名人堂
		下午	圣劳伦斯市场→多伦多市政厅
	Day 2	上午	安大略省立法会大楼→安大略省皇家博物馆
		下午	约克维尔→卡萨罗马古堡
尼亚加拉瀑布城	Day 3	上午	多伦多→尼亚加拉瀑布城
		下午	夜游尼亚加拉瀑布或者入住观景酒店
	Day 4	上午	欣赏尼亚加拉瀑布日出
		下午	返回多伦多，前往渥太华
渥太华	Day 5	上午	加拿大国会大厦
		下午	加拿大国家艺术中心→里多运河
	Day 6	上午	加拿大国家美术博物馆→加拿大皇家造币厂
		下午	加拿大历史博物馆

到达多伦多

多伦多（Toronto）处在美丽的安大略湖西北岸。来到多伦多，你可以站在市中心的多伦多电视塔上，尽情地欣赏安大略湖的全貌，感受水天相接的壮美景观；你可以在温柔的微风伴随下，看安大略湖染着夕阳余晖的风姿。

通航城市

多伦多是中国人前往加拿大最主要的目的地之一，我国很多大型机场几乎每天都有航班飞往多伦多。在众多有飞往加拿大航班的航空公司中，中国国际航空、中国东方航空、中国南方航空、国泰航空等都是常用的航空公司；美加航空公司、加拿大航空公司等是常用的国际航空公司。

从中国飞往多伦多的航班

从中国飞往多伦多的航班通常从北京、上海、广州等城市的机场起飞，下面表格是几大航空公司提供的航班信息，供安排行程参考。

中国飞往多伦多的航班				
航空公司	电话	城市	单程所需时间	出航信息
中国国际航空（www.airchina.com.cn）	95583	北京	直飞约12小时，中转可能隔天	有直飞航班，出航时间为8:05、15:25、18:05等
		上海	直飞约14小时，中转可能隔天	有17:10出航的直飞航班
		广州	18~39小时	航班从北京中转
中国东方航空（www.ceair.com）	95530	北京	14~32小时	都从上海中转，周三、周五、周日各有一趟由浦东出发的航班
		上海	直飞约14小时	
		广州	17~36小时	
中国南方航空（www.csair.com）	95539	北京	24~26.5小时	航班从北京、上海出发，需到广州转机。一般每天14:00出航，在温哥华转机
		上海	36~44小时	
		广州	19~23小时	

如何到市区

从中国飞往多伦多的航班大多在多伦多皮尔森国际机场降落，该机场位于多伦多西部，从机场前往市区有多种交通工具可以选择。

从皮尔森国际机场如何前往市区

多伦多皮尔森国际机场（Toronto Pearson International Airport）主要运转的航站楼为1号航站楼与3号航站楼，其中从中国飞往该机场的航班大多在3号航站楼降落。3号航站楼1层设有货币兑换处、ATM、洗手间等设施，海关检查与行李提取也均在此楼层，2楼则有商店、餐厅、行李寄存处及车站等设施。3号航站楼有前往市区的机场大巴。

TTC 192路公交车

TTC 192路公交车连接皮尔森国际机场的两个航站楼和地铁Bloor-Danforth线的Kipling站，运营时间为5:30至次日2:00，全程20~25分钟，单程票价3加元。

机场大巴

机场大巴从机场直达市中心，在市区各大饭店都会停靠，每30分钟开出一班，11岁以下儿童免费乘坐，车程约35分钟，票价单程约28加元，往返42加元。

多伦多2日行程

Day 1　多伦多电视塔→冰球名人堂→圣劳伦斯市场→多伦多市政厅

作为加拿大的著名城市，多伦多有很多景点可以游玩，今天先乘车前往多伦多电视塔，看一看这座多伦多最高的建筑。然后前往冰球名人堂，了解历代冰球名将们的生活轶事后，在圣劳伦斯市场附近吃午饭。最后前往多伦多市政厅，可以在那里看一看代表多伦多建筑风格的新旧市政厅大楼。

多伦多第1天行程		
时间	目的地	行程安排
9:30~10:00	多伦多电视塔	多伦多电视塔最刺激的当属其透明玻璃材质的地板了，站在上面整个人好像悬空了一样，胆小的人不要轻易尝试
10:00~13:30	冰球名人堂	在这里可以了解到加拿大的冰球历史和冰球名将的生平
13:30~15:30	圣劳伦斯市场	在这个多伦多老牌的市场里，可以品尝一顿美味的午餐，也可游走在精品店中，为自己挑选一件心爱的物品
15:30~17:30	多伦多市政厅	多伦多市政厅是多伦多的地标性建筑，值得一看，市政厅广场不远处的多伦多旧市政厅建筑也十分精美，另外广场上的露天咖啡馆也是休闲的好去处

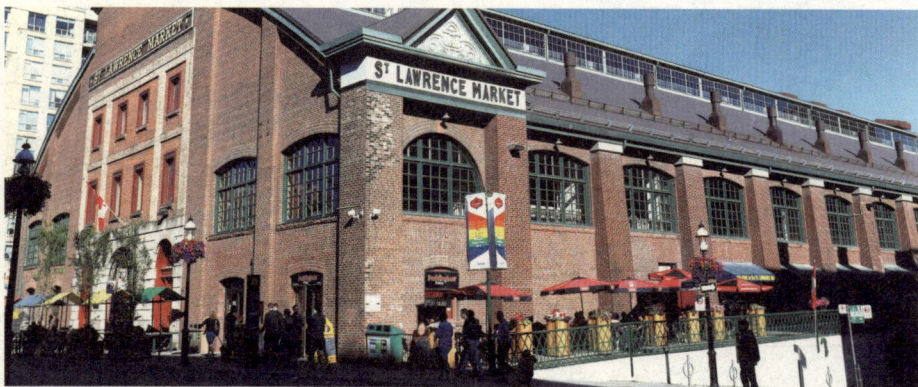

多伦多市政厅
Toronto City Hall

CD约1400米，
步行约18分钟

Cloud Gardens

St James Park

圣劳伦斯市场
Saint Lawrence
Market

冰球名人堂
Hockey Hall
of Fame

BC约600米，
步行约10分钟

冰球名人纪念馆
Hockey Hall of Fame

多伦多电视塔
The CN tower

AB约900米，
步行约12分钟

InterContinental
Toronto Centre

▲ 多伦多第1天行程路线示意图

多伦多电视塔

多伦多电视塔（The CN Tower）简称CN塔，是一座非常高的自立式建筑物，由加拿大国家铁路局建造，建造的目的是展示加拿大当时的工业发展。塔内部有大约1700级金属阶梯，全塔高度相当于100多层楼的高度，站在透明的观景玻璃地板上往下看，腿都会忍不住哆嗦，但这也正是它最吸引人的地方，很多人都排着队去尝试。

旅游资讯

地址：301 Front Street West

交通：乘坐轻轨509路等，在Lake Shore Blvd West at Lower Simcoe St站下车，向西北步行可到

票价：成人票约32加元，儿童票约24加元

开放时间：每天开放9:00～22:00，圣诞节不开放

127

冰球名人堂

冰球名人堂（Hockey Hall of Fame）是为纪念冰上曲棍球的历史而建，内部展出各种有关球员、球队、国家冰上曲棍球联盟（NHL）的记录，以及像NHL奖品（包括史丹利杯）等的陈列品。在名人堂，你可以试穿球衣、了解冰球发展历史、参观奖杯等，还可以感受到加拿大本地人参观这个馆时脸上洋溢的热情与喜悦。

旅游资讯

地址：30 Yonge Street

交通：乘坐6路公交车在Bay St at Front St. West站下车可到；或乘坐轻轨172、509号线在Wellington St. West at Bay St.站下车可到

网址：www. hhof.com

开放时间：夏季周一至周六9:30～17:00，周日10:00～18:00；非夏季周一至周五10:00～17:00，周六9:30～18:00，周日10:30～17:00

中午在哪儿 吃

临近中午，可以到圣劳伦斯市场附近美餐一顿，这里不仅售有新鲜的果蔬，还有众多供应多伦多当地美食的餐厅。

Spring Rolls

地址：85 Front Street East, Toronto
交通：乘坐121路公交车在The Esplanade at Market St West Side站下车
网址：www.springrolls.ca

Spring Rolls有"春卷"的意思，不过这家餐厅不能算正宗的中餐馆，它提供的美食多数为日式风格，如果喜欢吃生鱼片及寿司，可以选择在这里吃饭。

圣劳伦斯市场

圣劳伦斯市场（Saint Lawrence Market）分为南楼和北楼。南楼主要聚集了价廉物美的食品和众多的精美艺术品，并经常有街头艺人在此演奏歌唱，而北楼则是圣劳伦斯市政厅遗址。圣劳伦斯市场非常受多伦多当地人的欢迎，该市场总是热闹非凡。

旅游资讯

地址：Jarvis 和 Front 街交汇处

交通：地铁国王站（king）下车步行7分钟可到

网址：www.stlawrencemarket.com

开放时间：南楼周二至周四8:00～18:00，周五8:00～19:00，周六5:00～19:00，周日至周一休息；北楼周六5:00至天黑，其余时间休息

多伦多市政厅

多伦多市政厅（Toronto City Hall）是多伦多市的地标性建筑，整体由3部分组成，包括东西两座弧形的大楼，中间是议会大楼，整体构型像两瓣贝壳呵护着一颗明珠。它非常现代化，具有时尚气息。在市政厅广场东面坐落着多伦多旧市政厅（Old City Hall），它是一座19世纪末罗马风格的建筑，同样值得一看。

旅游资讯

地址：新市政厅位于100 Queen Street West，旧市政厅位于60 Queen Street West

交通：乘坐轻轨车301、501号线，在Queen St. West at York St.站下车可到

网址：www.toronto.ca

票价：市政厅免费对外开放

晚上在哪儿玩

晚上，可以在安静的市政厅广场选一家有氛围的咖啡馆，悠闲地度过一段美好的时光；也可以前往市区热闹的酒吧，享受一杯美酒带来的微醺感觉。

Day 2 安大略省立法会大楼→安大略省皇家博物馆→约克维尔→卡萨罗马古堡

今天先去参观安大略省皇家博物馆，它是多伦多游客最多的景点之一，博物馆与壮观的安大略省立法会大楼同在一个公园内，可以步行游览这两个景点。中午时分前往约克维尔地区，在热闹的街道上找一家餐馆吃午饭，之后前往位于多伦多市郊的卡萨罗马古堡，感受属于爱德华时代的辉煌。

多伦多第2天行程		
时间	目的地	行程安排
9:30～12:00	安大略省立法会大楼	安大略省立法会大楼位于维多利亚女王公园内，与安大略省皇家博物馆距离很近
12:00～13:30	安大略省皇家博物馆	安大略省皇家博物馆内有众多经典的世界级藏品，还有很多中国文物展出，具有十足的历史感
13:30～14:30	约克维尔	这是多伦多市内极其热闹的一片区域，有众多的商店、餐厅等
14:30～17:30	卡萨罗马古堡	这座古老的城堡已经陪伴了多伦多百多年的时间，来到这里，可寻找到多伦多的历史足迹

卡萨罗马古堡
Casa Loma

CD约1400米，
步行约25分钟

约克维尔
Yorkville

BC约600米，
步行约10分钟

安大略省皇家博物馆
Royal Ontario Museum

安大略省立法会大楼
Ontario Legislative
Building

AB约600米，
步行约10分钟

Robarts Library

University of Toronto
-St George Campus

▲ 多伦多第2天行程路线示意图

安大略省立法会大楼

安大略省立法会大楼（Ontario Legislative Building）位于维多利亚女王公园内，是一座两翼不对称的罗曼式建筑。从外观看去，它雄浑而庄重，东西两翼风格迥异，东翼是欧式建筑风格，西翼是意大利建筑风格；进入内部，随处可见栩栩如生的壁画和雕刻，令人感叹这座立法会大楼的独特魅力。

旅游资讯

地址：111 Wellesley Street West
交通：乘坐公交车94、5路等在Queen's Park站下车可到
网址：www.ontla.on.ca
票价：免费
开放时间：5月下旬至9月上旬8:30~17:00；9月下旬至次年5月上旬，周一至周五8:30~17:00

安大略省皇家博物馆

安大略省皇家博物馆（Royal Ontario Museum）简称 ROM，是加拿大拥有收藏品最多的博物馆。它是加拿大最大的世界文化和自然历史博物馆，也是每个到多伦多的游客必游的景点。博物馆里面的主要展品包括大量来自中国的古董或文物、法国的装饰派艺术品和玻璃工艺品、各国家的武器等。此外，还有鸟类馆和水晶馆。

旅游资讯

地址：100 Queen's Park

交通：乘坐地铁Yonge-University-Spadina线圣乔治（St. George）站下车可到

网址：www.rom.on.ca

票价：成年人约14加元，儿童约11.5加元

开放时间：周一至周四10:00～17:30，周五10:00～20:30，周六至周日10:00～17:30

中午在哪儿吃

时至中午，可以先步行前往约克维尔，在那里有众多的餐厅等着你。在这里充满艺术气息的街道上，有不少个性十足的餐馆，都可以作为吃午饭的选择。

Sassafraz Restaurant

这是一家很有法式情调的餐厅，所提供的食物十分精美，让人在品尝美味的同时，还能体验视觉上的享受。人均约70加元的花费，相对于正宗美味的料理来说，还是十分值得的。

地址：100 Cumberland Street, Toronto

交通：乘坐地铁2号线在Bay站下车

网址：www.sassafraz.ca

约克维尔

约克维尔（Yorkville）是一个洋溢着浓郁艺术气息的高档购物区，也是多伦多蜚声国际的上流社区。在区内数十条纵横交错的街道上，密布着上百家商店、餐厅、水疗美容院，以及很多品位颇高的画廊，不仅偶尔有大明星造访这里，平常也有很多艺术家活跃其间。

旅游资讯

地址：Yorkville Street

交通：乘坐地铁央-布鲁尔线在Bay Station站下车可到

卡萨罗马古堡

卡萨罗马古堡（Casa Loma）由加拿大富翁亨利·佩雷特爵士于20世纪初建造，它是加拿大最早建成的城堡，堪称北美唯一的地标性古堡，这里是多伦多的主要历史景点，通过它，你能感受到爱德华时代的辉煌。

旅游资讯

地址：1 Austin Terrace，Spadina 路和 Davenport 路拐角处

交通：乘坐地铁在Dupont站下车，然后向北步行2个街口可到

网址：www.casaloma.org

票价：成年人约21.5加元，青少年约12.5加元

开放时间：9:30～17:00，最后入场时间是16:00

晚上在哪儿玩

在卡萨罗马古堡感受了美丽的日落景观之后，可以返回多伦多市区。如果不想让自己的夜生活太枯燥，可以前往约克维尔，那里的夜晚因众多的酒吧而热闹无比。

去尼亚加拉瀑布城玩2天

Day 3~4

尼亚加拉瀑布城

多伦多联邦火车站有VIA火车可以到加拿大一侧的尼亚加拉瀑布站，每天3次，单程需要2小时。在尼亚加拉瀑布城，可以到彩虹桥看夕阳，晚上乘坐"雾中少女"号游轮，与瀑布近距离接触。

尼亚加拉瀑布城2日行程		
日期	目的地	行程安排
第1天	尼亚加拉瀑布城	乘火车从多伦多抵达尼亚加拉瀑布城，然后近距离感受瀑布的壮观景象，在晚上可以夜游尼亚加拉瀑布或者入住观景酒店
第2天	尼亚加拉瀑布城	早起欣赏尼亚加拉瀑布日出后，在瀑布周边散步，再返回多伦多市区，前往渥太华，开启下一段旅程

克利夫顿山
Clifton Hill

彩虹桥
Rainbow Bridge

BC约200米，
步行约4分钟

AB约1400米，
步行约18分钟

Magdalen St

Falls Ave

Rainbow Bridge

Niagara Falls
State Park

Prospect St

Queen
Victoria
Park

尼亚加拉河

美国瀑布
American Falls

Hells Half Acre

Fallsview Blvd

Murray St

Niagara Pkwy

尼亚加拉瀑布
Niagara Falls

新娘面纱瀑布
Veil of the
Bride Falls

1st Ave

Goat Island Rd

柯尼卡美能达塔
Konica Minolta Tower

A

Goat Island Rd

New York State
Reservation

▲ 尼亚加拉瀑布城2日行程路线示意图

尼亚加拉瀑布

　　尼亚加拉瀑布（Niagara Falls）是北美东北部尼亚加拉河上的大瀑布，由3部分组成：美国瀑布（American Falls）、新娘面纱瀑布（Veil of the Bride Falls）及马蹄瀑布（Horseshoe Falls）。尼亚加拉瀑布横跨美国和加拿大，与伊瓜苏瀑布、维多利亚瀑布并称为世界三大跨国瀑布。

旅游资讯

地址：位于多伦多西南130千米处

133

柯尼卡美能达塔

旅游资讯

地址：6732 Fallsview Boulevard, Niagara Falls

交通：乘坐公交车6、22路等，在Dunn St. at Stanley Ave. N/W c站下车，向东步行约100米可到

网址：www.niagaratower.com

票价：成年人约6加元

开放时间：9:00～23:00

柯尼卡美能达塔（Konica Minolta Tower）大约高100米，由日本美能达公司出资建设，矗立在尼亚加拉峡谷区的上方，可以俯瞰壮丽的马蹄瀑布（即加拿大一侧的瀑布），塔顶有室内、室外两个开阔的瞭望楼，享有"彩虹之巅"美誉的豪华餐厅也在这座塔里。塔内还有水族馆和爬虫展览馆；塔外的地面上有各种娱乐设施，其中大型的喷水池非常适合晚上游玩。

克利夫顿山

克利夫顿山（Clifton Hill）是尼亚加拉瀑布城最有名的景区，它紧邻瀑布和尼亚加拉河，也是美食、娱乐、住宿的首选地之一。这里的街道上有礼品店、蜡像馆、鬼屋、录像带店、餐厅、酒店以及主题旅游景点等。

旅游资讯

地址：4946 Clifton Hill Niagara Falls

交通：乘坐公交车500路，在Clifton Hill站下车，向西北步行约40米可到

网址：www.cliftonhill.com

彩虹桥

彩虹桥（Rainbow Bridge）跨越加拿大与美国两国，中间是两国的分界线，两国在桥旁各自设立了海关，桥上也根据河内边界而划分，一端属于加拿大，一端属美国。在桥上，你既可以吹着清凉的风发呆，又可以摆出造型拍照留念，还可以向南边远望美国一侧的瀑布，听着若有若无的水声，感受大自然的美好。

旅游资讯

地址：尼亚加拉河上

交通：乘坐公交车300路，在Niagara Parkway + Clifton Hill站下车，向东北方向步行约100米可到

多伦多住行攻略

在多伦多住宿

多伦多的住宿地大多集中在市中心的联合车站、巴斯迪蓬周边、布鲁尔区、约克维尔区、多伦多街、国王街、杰比斯街等地区。消费方面，高档酒店一般每晚400～600加元，中档酒店每晚100～300加元，普通旅馆住宿每天约60加元，如果两人合住一间双人房，人均花费30加元。

在多伦多出行

多伦多市区内的交通工具主要有公交车、地铁和电车，这3种交通工具的车票是通用的，你可以在车上或者地铁入口处购买车票，车票类型除了单程票、一日通行票（供周一至周五9:30至次日5:30任意乘车使用，如果是周六、日，则是始发车到次日5:30任意乘车）、多日票外，还有专用票票、代币票Token、周日的家庭通行票或者集体通行票等。在多伦多购买车票非常方便，你可以去地铁售票口以及印有"TTC"的便利店购买。

公交车

多伦多的公交车不找零，因此要提前备好零钱或者购买车票，公交车单程票价约2.5加元。乘车时，从前门上车，把与车票价格相符的硬币或者车票放入司机身边的盒子里；下车前，拉一下车窗上方的黄色细绳通知司机。

TTC地铁

多伦多目前有4条主要的地铁线，运行时间是周一至周六6:00至次日1:30，周日9:00至次日1:30，地铁票价单程约2.5加元。可以向售票员索要一张TTC出版的Ridethe Rocker地图，上面有地铁路线、车站名称等信息。

出租车

多伦多市内的出租车很多，打车十分方便。出租车起步价约4加元，每增加1千米多收约1.6加元，另外需支付总车费约15%的小费。

观光车

多伦多市内有"灰线旅游"车和"多伦多蔷薇果之旅"车两种观光车，灰线旅游车为双层车，蔷薇果之旅车是黄色车。全程费用大约30加元，车票在2日内有效。

从多伦多至渥太华

乘飞机

乘坐飞机从多伦多前往渥太华，全程耗时约1小时，单程100～200加元（折合人民币约500～1100元），可提前预订机票，这样能买到比较便宜的票。

乘火车

多伦多到渥太华的火车主要是VIA铁路公司运营的"回廊号"（Corridor），这趟火车每天5～7班，6:40开始大约每隔3小时1班，14:25后每隔1小时1班，末班车一般是18:35发出，全程需要3.5～5小时，单人经济座大约90加元（如果能抢上特价票，大约40加元即可乘坐），你可以到其官网上去查询和预订车票，网址：www.viarail.ca/en；也可以在多伦多的联合火车站（Union Station）买票乘车。

乘长途汽车

乘长途汽车前往渥太华，相对于乘飞机和乘火车而言较为便宜。车程约为4小时，费用为40加元左右。可在灰狗巴士公司官网www.Greyhound.ca上查询长途汽车时刻表和预订车票。

到达渥太华

渥太华（Ottawa）是加拿大的首都，它没有都市的繁华浮躁，却多了一分温馨、舒适的感觉。在这座艺术气息浓郁的城市游玩，你整个人都会感觉十分舒适。在这里，你会发现渥太华的居民们把自己的生活和艺术融合在了一起。

如何到市区

从渥太华的机场或者火车站到其市区的交通很便利，一般可以利用机场巴士、出租车、酒店大巴等方式到达。

从麦克唐纳－卡蒂埃国际机场如何到市区

麦克唐纳－卡蒂埃国际机场（Ottawa Macdonald-Cartier International Airport）位于安大略省渥太华南10千米处，是渥太华的国际型机场。机场服务于加拿大南方东部地区，有连通加拿大各地和其他国家的频繁往返的各趟航线。

乘出租车

机场有便利的出租车服务（Taxi Services），乘坐出租车往返机场，方便、快捷，当然价格较高，并需要付小费；车程20分钟左右。

乘公交车

公共汽车服务（Bus Services）在候机楼外的1层路边发车，可以在1.5小时内免费凭票转车，价格大约3加元；97路公交车从到港区外的路边发车；车票在地面运输服务台可买到，位于到港区1层中心的通道。

乘酒店大巴

酒店大巴服务（Hotel Shuttle Services）意指连接城区内主要宾馆的酒店大巴。大巴从到港区候机楼1层外的路边发车，这些大巴运营时间为5:00至最后航班抵达，每隔30分钟运行一次。到市内约需20分钟，单程车票9加元，往返车票14加元。

渥太华2日行程

Day 5

加拿大国会大厦→加拿大国家艺术中心→里多运河

　　渥太华作为加拿大的首都，最有首都特色的景点当属加拿大国会大厦了，今天的行程以加拿大国会大厦为起点，在吃过午饭后前往加拿大国家艺术中心参观，之后再到里多运河欣赏日落美景。

渥太华第1天行程		
时间	目的地	行程安排
9:30～12:00	加拿大国会大厦	这座哥特式的庞大建筑是渥太华作为首都的重要标志，也是来渥太华游玩不可错过的景点之一
12:00～17:30	加拿大国家艺术中心	无论是在这里欣赏演出还是参观其建筑本身，都是十分有意义的事情
17:00～19:30	里多运河	里多运河是渥太华市区最重要的河流之一，每到冬天运河结冰后，这里十分热闹

▲ 渥太华第1天行程路线示意图

137

加拿大国会大厦

加拿大国会大厦（Parliament Buildings）是加拿大首都渥太华的地标性建筑，有"世界上最精致的哥特式建筑"之称。整座大厦分为中央大厅、东厅和西厅，最值得细细游览的是耸立在中央大厅中心部位的和平塔（Peace Tower），在这里你可以观钟、欣赏用钟演奏的音乐。

旅游资讯

地址：Wellington Street

交通：乘坐OC公交车1、7、12路等在Wellington / Metcalfe站下车

网址：www.parl.gc.ca

票价：免费，在和平塔附近的信息咨询中心申请免费取票，规定够10人才能成行，有免费导游

开放时间：每天9:00开放，工作日19:00以后不能参观

中午在哪儿吃

从国会大厦到国家艺术中心的路上有不少餐馆，中午可以在这段路上找喜欢的餐馆就餐。

里程碑饭店

里程碑饭店（Milestones）的午餐很有特色，午餐人均消费大约25加元，你可以点一份西式面条、一份沙拉。

地址：700 Sussex Dr, Ottawa

交通：从加拿大国家艺术中心沿着Elgin Street向北步行约150米，到Rideau Street向东步行约60米，在与Mackenzie Ave交汇处，再向北步行约60米可到

网址：www.milestonesrestaurants.com

加拿大国家艺术中心

加拿大国家艺术中心（National Arts Centre）是世界上最大和最综合的表演中心之一，这里拥有超大的歌剧大厅和剧院，可容纳上千人共同欣赏歌舞剧、交响乐队音乐会（以NAC交响乐团为首）、芭蕾舞剧等多种形式的文艺节目。

旅游资讯

地址：53 Elgin Street

交通：乘坐4、6、14等路公交车，在Pl. Confederatn Sq站下车，向东步行约40米

网址：www.nac-cna.ca

票价：成年人10加元左右，另有优惠的学生票、儿童票、老年人票等

开放时间：周一至周六10:00～21:00，周日一般休息，若是周日有演出，开馆时间会比演出开始时间提前2小时，演出结束延后15分钟闭馆

里多运河

里多运河（Rideau Canal）素有"世界上最长的滑冰场"之称，其不同于政府大厦、博物馆、艺术中心，里多运河有着独特的迷人特点。除了冬季可以滑冰以外，在秋季，红的、黄的落叶飘飘扬扬，洒在清澈的河道里，泛舟其上，看着水面上倒映的白云、河里摇曳的水草，十分惬意。

旅游资讯

地址：环绕渥太华

晚上在哪儿玩

到了夜晚，里多运河周边会有焰火晚会，当地人竞相表演自己的才艺，手琴、风笛齐鸣，真是载歌载舞的盛况。如果觉得独自漫步太过枯燥，不妨加入到当地人的狂欢中去，与他们一起享受充满魅力的夜晚。

Day 6 加拿大国家美术博物馆→加拿大皇家造币厂→加拿大历史博物馆

今天先到加拿大国家美术博物馆欣赏画作，然后在旁边的加拿大皇家造币厂游玩，最后过河前往加拿大历史博物馆参观游览。

渥太华第2天行程		
时间	目的地	行程安排
8:00～10:30	加拿大国家美术博物馆	这里有加拿大和世界各地艺术大师的画作，在这里参观也是一场艺术享受
10:30～14:30	加拿大皇家造币厂	在这里可以购买一些具有自己标志的物品，具有十足的纪念意义
14:30～17:30	加拿大历史博物馆	这里是了解加拿大历史发展的好去处

BC约650米，
步行约11分钟

加拿大皇
家造币厂
Royal
Canadian
Mint

Royal Canadian Mint

加拿大国家
美术博物馆
National
Gallery of
Canada

Notre-Dame
Cathedral
Basilica

加拿大历史博物馆
Canadian Museum
of History

AB约200米，
步行约5分钟

Nepean Point

渥太华河

George IV Bridge

The Royal Mile

Major's Hill Park

▲ 渥太华第2天行程路线示意图

加拿大国家美术博物馆

　　加拿大国家美术博物馆（National Gallery of Canada）内收藏有加拿大及欧洲最宝贵的艺术品。在这里可以欣赏到梵·高、毕加索等大师的艺术真迹。馆内还设有图书室，使人不仅可以欣赏艺术品，还可以阅览相关知识。

旅游资讯

地址：380 Sussex Drive Ottawa

交通：乘坐1、9路OC公交车或27、35路等STO公交车可到

网址：www.national.gallery.ca

票价：常设展区成年人12加元，家庭票24加元（可供2名成年人和3个孩子使用）；周四下午免费；特别展区参考当时价格

开放时间：5～9月每天10:00～18:00，10月至次年4月周一休息，周二至周日10:00～17:00；全年周四开放到20:00；美术馆在圣诞节、新年和一些特殊节日不开放

国家美术博物馆周边有大量美食餐馆，主要集中在Murray Street与Clarence Street周边，经营的主要是加拿大本地美食，也有少量日式料理、东南亚美食等。

Haveli Indian

这是一家印度餐厅，主厨是地道的印度人，在这里吃用咖喱做的菜，是十分不错的选择。

交通: 39 Clarence Street, Ottawa,
交通: 乘坐1、9、602路公交车在
Dalhousie / Clarence站下车可到
网址: www.haveliindiancuisine.com

加拿大皇家造币厂

加拿大皇家造币厂（Royal Canadian Mint）是加拿大专门生产市面流通硬币、手工艺收藏币、纪念币以及各种金币、奖章、奖牌的造币工厂。在这里不仅能看到刻有野生驼鹿、海狸、鸟类等野生动物的硬币，还能看到特别定制的银币，如带有孩子脚印或者结婚对戒图样的银币。

旅游资讯

地址: 320 Sussex Drive
交通: 乘9路公交车至Sussex / Bruyère站下车可到
票价: 约5加元

加拿大历史博物馆

加拿大历史博物馆（Canadian Museum of History）里有全球最大的图腾展、精美绝伦的原住民第一民族大礼堂和立体宽银幕（IMAX）影院，展示着北美人文历史，重现当地传统建筑的迷人魅力。在这个馆里还有两个小馆，即加拿大邮政博物馆和加拿大儿童博物馆。

旅游资讯

地址: 100 Rue Laurier, Gatineau
交通: 乘坐公交车8、15路在Laurier/Élisabeth-Bruyère站下车可到
网址: www.historymuseum.ca

在渥太华的最后一个晚上，可以沿着里多运河散步，静静地感受属于加拿大的夜晚，也可以早早地收拾好行李、准备好回程。

渥太华住行攻略

在渥太华住宿

渥太华有众多住宿类型可以选择，三星级酒店一般每晚200加元，设施齐全，服务周到；如果经费有限，可以住在家庭旅舍、青年旅舍，每晚50加元左右；如果寻求新鲜感，可以携带帐篷，在露营地露营。

在渥太华出行

在渥太华出行的主要交通工具是公交车、轻轨、出租车及自行车等，各景点间都有公共交通通达，十分方便。

路线改变

在加拿大还有很多景点和城市可以游玩，如果有兴趣，可以将本书介绍的路线做一些改变，相信你能有不一样的收获。可以在加拿大著名的枫叶走廊欣赏美景，或是到温哥华寻找影视剧里出现的场景。

温哥华（Vancouver）是加拿大西海岸最大的金融和文化中心，也是世界公认的最适宜居住的城市之一。温哥华的艺术气息是独特的，这源于它非同寻常的移民聚居环境。不同民族、不同风俗的人们聚集在一起，把自己家乡的饮食、文化、艺术都带到温哥华，融入本土居民的历史中。

去温哥华吧

加拿大广场

加拿大广场（Canada Place）是温哥华的地标性建筑之一，曾是温哥华万国博览会的加拿大馆所在地。广场上的中心建筑群看起来像是一艘巨大的邮轮，其顶部有5组用玻璃纤维制成的"白帆"。建筑群包括温哥华议会中心、泛太平洋酒店、温哥华世贸中心、以及全球首座永久性IMAX 3D影院，功能齐全；内部还有供购物娱乐的场所，是很多来到温哥华的游客必游之处。

旅游资讯

地址：999 Canada Place

交通：乘坐135、160等路公交车，在EB w Hastings St NS Hornby St.站下车，再向东北方向步行约200米可到

网址：www.canadaplace.ca

枫叶初落，寻云深处的那一抹艳丽

　　说到欣赏枫叶美景，自然是加拿大的枫叶走廊最为著名。约上三五好友驱车前往，看到美景便停车欣赏，实在是人生一大快事。枫叶走廊起源于尼亚加拉（Niagara）的西端，止于魁北克市（Quebec City）的东端，被杰克·卡尔迪埃首次发现后，大量来自于欧洲的冒险家与移民便沿着这条路开始拓荒开发，因此枫叶走廊被称作"传承之路"。

推荐路线：

尼亚加拉—多伦多—金斯顿—蒙特利尔—魁北克市5天5夜游

ZEC de Kipawa
Reserve Faunique La Verendrye
诺斯贝 North Bay
阿尔冈金省立公园
渥太华 Ottawa
魁北克市 Quebec City　**E**
蒙特利尔 Montreal
DE约250千米
D
CD约270千米
BC约300千米
多伦多 Toronto
C
贝尔维尔 Belleville
金斯顿 Kingston
蒙特佩利尔 Montpelier
B
AB约120千米
A
尼亚加拉 Niagara
锡拉丘兹 Syracuse
萨拉托加斯普林斯 SaratogaSprings
Green Mountain National Forest
基恩 Keene

▲ 5天5夜的赏枫路线示意图

5天5夜的赏枫路线		
目的地	**日期**	**行程安排**
尼亚加拉	Day 1	尼亚加拉→多伦多 　　约120千米距离，2小时车程可到，可在尼亚加拉瀑布城赏瀑布美景后，再驱车前往多伦多，夜宿多伦多
多伦多	Day 2	多伦多→金斯顿 　　约300千米距离，5小时左右可到，上午可在多伦多市内的景点游玩
金斯顿	Day 3	金斯顿→蒙特利尔 　　约270千米的距离，4个小时即可到达，但路上千岛湖上的枫叶美景十分壮观，不可错过
蒙特利尔	Day 4	蒙特利尔→魁北克市 　　约250千米的距离，3～4小时即可到达，越接近魁北克市，枫叶越红
魁北克市	Day 5	魁北克市区游览，芳堤娜城堡→星形城堡→小尚普兰街

景点速览

　　赏红叶最好的时候是9月中旬至10月中旬，有2～3周。在枫叶走廊沿线自驾，除了有美景可以欣赏外，还有美味可以品尝。加拿大枫树（Aceracede）是产枫糖最主要的树种之一，每年春季（3月初开始）都是采收枫树汁的时节，持续约1.5个月，很多游客专程到农庄等地观赏采枫树汁和熬制枫糖的过程，顺便把新鲜的枫糖带回家；采收枫树汁的这段时间，加拿大各地还会举办欢乐的"枫糖节"，供人民尽情品尝枫糖的甘美滋味。

1　科尔伯恩别墅

　　科尔伯恩别墅（Colborne Lodge）位于多伦多海帕克公园的南端，是一座法式风格的别墅，始建于19世纪初期，整个庭院朴实自然，外围没有过多的雕琢。这里是海帕克公园创始人约翰·霍华德（John Howard）及其爱妻的故居。在别墅的楼上能够眺望到"枫叶红于二月花"的美景。

地址：1 Colborne Lodge Drive. (at the Queensway)
交通：搭乘Bloor/Danforth地铁线至HighPark站下车可到

2　千岛湖

　　千岛湖（Thousand Islands）值得乘坐游艇出行，环绕游览湛蓝色湖面上的数千个小岛，欣赏小岛上风格迥异的建筑，非常有趣味。千岛湖归美国和加拿大共有，湖中心有分界线，南岸属于美国，北岸属于加拿大，所以在这个湖上可以同时看到星条旗和枫叶旗。在湖边枫树的映衬下，景色极为壮观。

地址：位于金斯顿城市东面约15千米处
交通：在金斯顿市区乘坐游轮即可沿途观赏

3　小尚普兰街

　　小尚普兰街（Sainte-Anne Rue）是魁北克城最著名的观光街道，它曾经是个河边小村；现在的它是古老的商业街，被冠以"北美最古老的繁华街"的称号。街道两旁几乎都是带有17世纪法国乡村风味的建筑，小巧精致，还有很多鲜艳的花朵带着水珠点缀其间，让整条街道充满浪漫情调。

地址：Sainte-Anne Rue, Québec
交通：乘坐1路公交车，在du Marché–Champlain/Dalhousie站下车，步行即到

里多运河

PART 3 英国一周游

Part 3

英国一周游

英国印象

★★★ 古老的城堡

爱丁堡有一座标志性的建筑，那就是举世闻名的爱丁堡城堡。它是爱丁堡的象征，拥有险要的地势和宏伟、庄严、优雅的城堡建筑，吸引着世界各地的游客前来。漫步在狭长蜿蜒的石板路上，看着那些尖顶教堂、古老的山顶城堡，感觉自己仿佛走进了一部苏格兰老电影中，能感受到爱丁堡那深厚的历史底蕴。

★★★ 英国绅士和贵族气质

一说到英国，一说到伦敦，就会很自然地想起英国的绅士，想起中世纪的贵族。伦敦是一个古老而优雅的城市，这里的每条街道、每座建筑都散发着浓郁的贵族气息，走在那些古老的街巷中，漫步在那些宫殿、公园、城堡中，一种爱恋的情愫就油然而生。英国人很绅士，伦敦也很绅士，它用它的包容，接纳各种文化，以及成千上万来此的游客。在伦敦，处处都可以感受到它的绅士风度，它的贵族气质，这也是伦敦最吸引人的地方。

★★★ 再别康桥

"轻轻的我走了，正如我轻轻的来；我轻轻的招手，作别西天的云彩。"相信很多人都对诗歌中描写的剑桥美景憧憬不已。这首诗中描述了一幅流动的画面，表现出了一种美妙的意境，浪漫、梦幻。美丽浪漫的剑桥正如这首浪漫的诗，让每一个见识过它的人流连忘返。

推荐行程

A 伦敦	约87千米	B 剑桥	约530千米	C 爱丁堡

爱丁堡
Edinburgh

格拉斯哥
Glasgow

BC约530千米

Galloway
Forest Park

诺森伯兰国家公园
Northumberland National Park

卡莱尔
Carlisle

Lake District
National Park

达灵顿
Darlington

米德尔斯伯勒
Middlesbrough

马恩岛

利兹
Leeds

赫尔河畔
金斯顿
Hull

利物浦
Liverpool

谢菲尔德
Sheffield

Snowdonia

舒兹伯利
Shrewsbury

伯明翰
Birmingham

金斯林
King's Lynn

诺里奇
Norwich

剑桥
Cambridge

Brecon Beacons
National Park

伊普斯威奇
Ipswich

AB约87千米

斯旺西
Swansea

加的夫
Cardiff

斯温顿
Swindon

伦敦
London

交通方式对比

路线	交通方式	优点	缺点	运行时间	单程费用
伦敦—剑桥	火车	较为便捷	价格波动较大	45分钟	29英镑起
	长途汽车	价格便宜	车程时间较长	1小时左右	15英镑左右
剑桥—爱丁堡	火车	较为便捷，节省住宿费用	价格波动较大，不好买票	约6个小时	60英镑
	长途汽车	价格便宜	车程时间较长	10小时左右	25英镑左右

最佳季节

前往英国旅游的最佳时间当属5、6月份了，这个季节算得上是英国最美的季节，各类盛大的活动也让英国热闹了起来。5月中旬的切尔西花展，场面艳丽壮观。在郊外，世界著名的基尤植物园中也是百花齐放，五彩斑斓。到郊外的住宅区走一走，还会看到一处处庭院内百花争奇斗艳，英国人热爱园艺，果然名不虚传。6月初的女王"官方生日"那天，会举行军旗分列式，届时会有女王骑马检阅近卫队的盛大典礼。

最佳季节的衣物

英国是温带海洋性气候，在旅游的最佳季节前往，气温并不是很高，穿轻便的春装就十分舒适了。如果想要前往森林或是山区，则需要带一件保暖的外套；如果打算徒步穿梭在英国小镇的街头，一双轻便舒适的鞋子自然是必不可少的装备；如果要参加隆重的晚宴，女士的晚礼服或是男士的正装则是最合适的衣着了。

英国最佳旅行季节衣物						
衣物种类	5月	6月	7月	8月	9月	10月
单层外套	—	√	√	√	√	—
厚外套	√	—	—	—	—	√
短袖上衣	—	√	√	√	√	—
长袖上衣	√	√	√	√	√	√
T恤裙装	√	√	√	√	√	√
墨镜	—	√	√	√	√	—
平底鞋	√	√	√	√	√	√

推荐路线：伦敦—剑桥—爱丁堡7天7夜游

7天7夜的推荐路线			
城市	日期		每日安排
伦敦	Day 1	上午	白金汉宫→威斯敏斯特大教堂
		下午	威斯敏斯特宫→伦敦眼
	Day 2	上午	大英博物馆→唐人街
		下午	牛津街→杜莎夫人蜡像馆
	Day 3	上午	伦敦塔→泰特现代美术馆
		下午	特拉法加广场
	Day 4	上午	伊顿公学
		下午	圣乔治礼拜堂→温莎城堡→温莎公园
剑桥	Day 5	上午	圣约翰学院→三一学院→圣玛利亚大教堂
		下午	国王学院→王后学院→剑桥大学植物园
爱丁堡	Day 6	上午	爱丁堡城堡
		下午	皇家英里大道→荷里路德宫
	Day 7	上午	苏格兰国家博物馆
		下午	圣吉尔斯大教堂

到达伦敦

伦敦是一座既传统又现代的国际大都市，几千年的文化积淀使其当之无愧地进入世界上最古老和传统的城市之列。伦敦同时也是英国的政治、经济和文化的中心，这里日新月异的变化也影响着世界的潮流。

通航城市

伦敦是从中国飞往英国的主要目的地之一，目前国内飞往伦敦的航班多是从北京、上海、广州等城市出发。经营这些航班的主要航空公司有中国国际航空、中国东方航空、中国南方航空、英国航空、维珍航空等。

从中国飞往伦敦的航班

从中国飞往伦敦的航班通常从北京、上海、广州等城市的机场出发，下面表格列出几大航空公司提供的航班，以供参考。

中国飞往伦敦的航班				
航空公司	电话	城市	单程所需时间	出航信息
中国国际航空（www.airchina.com.cn）	95583	北京	10.5~11小时 中转16~20小时	每天都有超过20个航班飞往伦敦，每天1:35、14:10分别有直飞航班
		上海	约13小时 中转16~20小时	每天11:40，国航都有一趟从上海飞往伦敦的直飞航班，其他航班需从北京、法兰克福等城市中转
		广州	中转16~23小时 部分需隔天	每天都有中转航班飞往伦敦，中转城市一般为北京或上海
中国东方航空（www.ceair.com）	95530	北京	13~18小时 部分需隔天	每天都有中转航班飞往伦敦，中转城市一般为广州或阿姆斯特丹
		上海	约13.5小时 中转15~20小时	每天14:00，东方航空都有一趟从上海飞往伦敦的直飞航班，其他航班需从巴黎、法兰克福等城市中转
		广州	中转18.5~23小时 部分需隔天	每天都有中转航班飞往伦敦，中转城市一般为上海
中国南方航空（www.csair.com）	95539	北京	13~20小时 部分需隔天	南航从北京飞往伦敦的航班一般都在阿姆斯特丹中转
		上海	14~20小时 部分需隔天	南航从上海飞往伦敦的航班一般都在阿姆斯特丹中转
		广州	13小时 14~20小时	每天9:30南方航空都有一趟直飞伦敦的航班，其他航班需从上海、巴黎、法兰克福等城市中转
维珍航空（www.virgin-atlantic.com/zh_cn）	021-5353 4600	北京	10.5小时~11小时	每天有两趟航班从北京直飞伦敦
		上海	约13小时	每天11:40，维珍航空都有一趟从浦东机场飞往伦敦的直飞航班

如何到市区

从中国前往伦敦的航班一般到达的是伦敦希思罗机场，在希恩罗机场过海关至少应预留60分钟，带小孩的旅客可以走家庭快速通道（Family Fast Track）。从希思罗机场出入的公共交通也很便捷，从机场到市区可考虑乘坐公交车、出租车、火车等交通工具。

从希思罗机场如何前往市区

伦敦最主要的机场是伦敦希思罗机场（London Heathrow Airport），它通常又被称为希思罗机场，是英国航空和维珍航空的枢纽机场以及英伦航空的主要机场。这个机场位于英国伦敦西部的Hillingdon自治市，离伦敦市中心有24千米，是全英国乃至全世界最繁忙的机场之一。

乘机场特快列车

从希思罗机场搭乘特快列车前往伦敦市区仅需要15分钟，每15分钟有一趟列车。不过车票价格较贵，一张单程普通舱车票售价为20英镑左右（依据购买方式不同而有差价），头等舱票价为26英镑（提前预订21英镑）。列车运行时间为每天5:10～23:25，1、2、3号航站楼在希思罗机场中央车站乘车，5号航站楼在地下层乘车，4号航站楼需要乘坐机场免费摆渡车前往3号航站楼，再乘车前往市区。

乘地铁

从希思罗机场也可以选择搭乘伦敦地铁前往市区，乘地铁机场线（Piccadilly Line）从希思罗机场到市区需要50～60分钟。1、2、3号航站楼在希思罗机场中央车站乘坐地铁，4、5号航站楼在地下层乘坐地铁。乘地铁前往伦敦市中心单程票5.7英镑，一日通票17英镑；也可以选择购买Oyster卡乘坐地铁，费用为5英镑（周一至周五6:30～9:30）或3英镑（其他时间）。

乘公交车

希思罗机场到伦敦市区的公交车有105、111、140等线路，费用为成人票价2.2英镑，11岁以下儿童免费，可以自备零钱上车购买，也可以使用Oyster卡乘车。1、2、3号航站楼乘公交车地点在希思罗机场中央车站，4、5号航站楼可通过机场摆渡车免费前往3号航站楼乘坐。每天晚上伦敦地铁停驶后有N9通宵公交车开始运营（每晚23:57至次日5:27），去牛津可乘长途车The Oxford Express，70分钟可达。

乘出租车

跟着抵达大厅的指示标走，很容易就可以找到出租车的乘坐站点。每个航站楼的出租车乘坐站点都会有很多伦敦标志性的黑色出租车停靠，当然，排队坐车的人也不少。乘坐出租车到达伦敦市中心的时间约为1小时，费用40～70英镑。如果在前往出租车站点的路上有人提供出租车服务，建议拒绝。

乘酒店大巴

希思罗机场每天都有发往周边20多个酒店的大巴车，票价为4英镑，往返7英镑。如果住宿酒店距离较近，可以选择乘坐酒店大巴。

伦敦4日行程

Day 1

白金汉宫→威斯敏斯特大教堂→威斯敏斯特宫→伦敦眼

　　提到伦敦，最先映入人们脑海的就是屹立在泰晤士河畔的大本钟，以及与之遥相呼应的伦敦眼了。在伦敦的第1天，自然要先去看一看这些伦敦标志性的符号了。今天的行程安排是，先从住宿地点乘车前往白金汉宫，然后步行参观威斯敏斯特大教堂，再在威斯敏斯特宫近距离感受大本钟的魅力后，在黄昏时分到达泰晤士河对岸，在巨大的伦敦眼上见证华灯初上的伦敦美景。

伦敦第1天行程		
时间	目的地	行程安排
9:30~10:30	白金汉宫	白金汉宫是英国的王宫，建筑内部自然十分精美，不过门前的广场才是拍摄白金汉宫的最佳地点，如果没有赶上开放时间或是不舍得买昂贵的门票，则可以与白金汉宫合影留念后，就前往下一个景点
10:30~14:00	威斯敏斯特大教堂	从白金汉宫步行到达威斯敏斯特大教堂，比乘坐地铁要快捷一些，这座教堂算得上是英国知名度最高的教堂之一了，英国王室成员热闹而盛大的婚礼总是在这里举办，教堂十分值得参观
14:00~17:30	威斯敏斯特宫	著名的大本钟就在威斯敏斯特宫东北角上，在这里可以近距离观察这座享誉世界的钟楼
17:30~18:30	伦敦眼	坐落在泰晤士河东岸的伦敦眼，是城市兴建摩天轮的鼻祖，虽然目前中国有很多城市也都有摩天轮，但伦敦这座"千禧之轮"下的伦敦夜景还是很特别的

▲ 伦敦第1天行程路线示意图

白金汉宫

　　白金汉宫（Buckingham Palace）是英国的王宫，也是国家庆典和王室欢迎礼的举行场地之一。宫内有典礼厅、音乐厅、宴会厅、画廊等，附属建筑包括女王画廊、皇家马厩和花园等。皇家卫队每天上午都会在白金汉宫前的广场上操练。每年4～9月，白金汉宫的皇家卫队都会于11:30～12:00举行换岗仪式，其他月份每两天11:30举行一次。白金汉宫的广场中央耸立着维多利亚女王镀金雕像纪念碑，顶上站立着展翅欲飞的胜利女神。纪念碑的下方有阶梯，这里是欣赏白金汉宫的好位置。

旅游资讯

地址：伦敦西敏市、圣詹姆士宫与维多利亚火车站之间（Buckingham Palace Road）

交通：在伦敦市内乘坐地铁在维多利亚（Victoria）站、绿色公园（Green Park）站和海德公园角（Hyde Park Corner）站下车可到；乘坐11、211、C1或C10路公交车在白金汉宫路（Buckingham Palace Road）下车可到

网址：ww.royal.gov.uk/www.royalcollection.org.uk

票价：白金汉宫国事厅（包括中文普通话版录音导游）成人19英镑，超过60岁/学生（持有效证件）17.5英镑，未满17岁10.85英镑，不到5岁的儿童免费入场；家庭票50英镑（2位成年人和3位未满17岁人士）

开放时间：白金汉宫每年只有8月份和9月份对外开放，具体开放时间每年不同，可以到网站查询

威斯敏斯特大教堂

　　威斯敏斯特大教堂（Westminster Abbey）又叫西敏寺，是英国国教的礼拜堂，也是历代国王举行加冕典礼、王室成员举行婚礼的大礼堂，威廉王子和凯特王妃的婚礼就是在这里举行的。教堂里有一个诗人角，英国很多文学家、艺术家都在这里长眠或竖立纪念碑。在这里能看见狄更斯、哈代、丁尼生的坟墓，还有莎士比亚、简·奥斯汀等名人的纪念碑。

旅游资讯

地址：020-Dean's Yard，City of London SW1P 3PA

交通：乘坐地铁Jubilee Lines，或者Circle、District等线在Wesrminster站下，也可以乘坐Victoria Lines在Pimlico站下车可到

网址：www.westminster-abbey.org

票价：16英镑，包括中文讲解在内的语音导览设备5英镑

开放时间：周一、周二、周四、周五9:30～16:30，周三9:30~19:00，周六9:30~14:30

中午在哪儿吃

　　在伦敦街头，规模不大的中餐馆随处可见，如对英国著名的"黑暗料理"心有余悸的话，不妨找一家中餐馆享用午饭，不过，伦敦的多数中餐馆都会有大量的中国人等着用餐，因而选择中餐馆用餐，最好错开用餐高峰时间。

St Stephen's Tavern

这家餐厅离威斯敏斯特大教堂和威斯敏斯特宫不远，在餐厅内可以看到大本钟。餐厅已经有10多年的历史，提供各类西式菜肴，人均消费30英镑左右。

地址：10 Bridge Street Westminster，London
交通：从威斯敏斯特大教堂或威斯敏斯特宫沿St. Margaret St./A3212路向北步行500米可到（威斯敏斯特地铁站旁边）
网址：www.ststephenstavern.co.uk
开放时间：10:00～23:00

威斯敏斯特宫

威斯敏斯特宫（Palace of Westminster）是英国国会大厦（Houses of Parliament）所在地。它东北角的钟楼是伊丽莎白塔（著名的大本钟就是这座塔的钟），西南广场有维多利亚塔，位于宫殿南侧河畔的维多利亚塔花园作为公园对公众开放。宫中的威斯敏斯特厅是其保存最为完好的历史遗迹之一。

旅游资讯

地址：伦敦中心威斯敏斯特市，泰晤士河西岸
交通：乘坐地铁Jubilee Lines，或者Circle、District等线在Westminster站或Pimlico站下；乘坐N44路公交车在国会广场（Parliament Square）站下车可到
票价：成人15英镑，儿童6英镑

伦敦眼

伦敦眼（The London Eye）是泰晤士河畔闪耀的星星，它是为迎接千禧之年而建的，又被称为"千禧之轮（Millennium Wheel）"。这座摩天轮曾是世界最大的观景摩天轮，到了晚上，摩天轮上霓虹灯闪烁，巨大的蓝色光环把泰晤士河映衬得更加美丽。

旅游资讯

地址：Riverside Bldg，County Hall，Westminster Bridge Rd.，London
交通：乘坐地铁在Westmiminster或者Waterloo站下步行可到
网址：www.londoneye.com
票价：24.95英镑，网上订票有约20%的优惠，其他订票方法也有折扣
票价：1～3月10:00～20:30；4～6月10:00～21:00；7月1日至26日10:00～21:30；7月27日至8月12日10:00～12:00；8月13日至8月31日10:00～21:30；9～12月10:00～20:30

晚上在哪儿玩

伦敦的夜晚十分热闹，想要体验地道的伦敦特色，可以前往梅菲尔区。或是在安静的咖啡馆品一杯香醇的咖啡，或是在热闹的酒吧享受畅饮的乐趣，或是流连于充满惊喜的杂货商店，总之，在伦敦的夜晚总会让人充满期待。

梅菲尔区

梅菲尔区（Mayfair）在伦敦西区，是一个非常重要的商业画廊集中区域，其中有些特色店铺值得人慢慢品味，如Hamley's里有全世界最大的玩具店，Thomas Goode里摆放着全欧洲最精致的瓷器，Fortnum&Mason's曾经是英王的杂货店，丽兹酒店的下午茶不是有钱就能喝到的。

> 地址：乘坐地铁Jubilee线到达Bond street站下车可到
> 开放时间：10:00～20:00（商店营业时间）

Day 2 大英博物馆→唐人街→牛津街→杜莎夫人蜡像馆

位于伦敦罗素街的大英博物馆，是世界首屈一指的综合类博物馆，今天的行程就以这座博物馆开始，在唐人街附近用过午餐后，穿过热闹的牛津街前往杜莎夫人蜡像馆，与众多的"明星"亲密接触。

伦敦第2天行程		
时间	目的地	行程安排
10:30～12:30	大英博物馆	大英博物馆主要展馆10:00开门，早上悠闲地吃过早餐后，再动身前往大英博物馆，如果对馆内的藏品十分有兴趣，可在大英博物馆待上半天，仔细研究，这是不少人的选择
12:30～14:00	唐人街	大英博物馆不远处就是伦敦唐人街，在这里可以很轻松找到合胃口的中餐，还能在异乡感受到浓浓的中国风情
14:00～16:30	牛津街	随处可见的店铺与时尚前卫的年轻人，让热闹的牛津街总是充满了活力，如果已经略微疲惫，则可以从牛津街地铁站乘坐地铁前往杜莎夫人蜡像馆
16:30～17:30	杜莎夫人蜡像馆	著名的杜莎夫人蜡像馆已经在世界多个城市有了分馆，但伦敦的这家还是蜡像数量最多的。你千万不要忘了，在蜡像馆门口与杜莎夫人的蜡像合影留念

▲ 伦敦第2天行程路线示意图

大英博物馆

大英博物馆（British Museum）是一座规模庞大的古罗马柱式建筑，蔚为壮观，但由于博物馆太大，所以人们很难拍到博物馆的全景。它也是世界上历史最悠久、规模最宏伟的综合性博物馆之一。馆内的埃及文物馆、希腊罗马文物馆和东方艺术文物馆藏品最引人注目，很多古罗马遗迹、古希腊雕像和埃及木乃伊在这里都能看见。

旅游资讯

地址：伦敦大罗素街（Great Russel Street）

交通：乘坐地铁Northern线在Torrenham Court Rd.站下，步行300米可到；乘坐1、7、8、19、25、38路公交车在新牛津街下车可到

网址：www.britishmuseum.org

票价：免费

开放时间：周一至周三、周日10:00～17:30，周四、周五10:00～20:30，元旦（1月1日）及12月24日、25日、26日闭馆

唐人街

唐人街（China Town）上有标准的中式牌楼和汉风唐韵式的商亭，还有很多中国餐馆、中国商品店。唐人街的主街两边各矗立着一个牌楼，上面分别写着"国泰民安"和"伦敦华阜"的字样，中国风十足。每逢新春佳节，伦敦华人都要在唐人街举办隆重的庆祝活动，十分热闹。

旅游资讯

地址：Shaftesbury Ave.

交通：乘坐地铁Northern Line、Piccadilly Line在Leicester Square站下车可到

网址：www.chinatownlondon.org

唐人街众多的中餐馆总有一家能满足你的"中国胃"，尤其是对菜系有特殊喜好的人，一定可以在唐人街找到一家自己喜欢的餐馆用餐。

中午在哪儿吃

中国城大酒楼

中国城大酒楼（Imperial China）提供地道的粤菜，口味清新的粤菜是旅行中不错的选择。这里提供有中英文的菜单，也让食客的点菜变得更加简单。

地址：25A Lisle Street, London WC2H 7BA, United Kingdom

交通：沿莱尔街（Lisle）步行可到

网址：www.imperialchina-london.com

牛津街

　　牛津街（Oxford Street）是伦敦著名的步行街，也是众多国际大牌店铺的聚集地，很多明星都喜欢来这里购物，说不定会在牛津街头偶遇帅气的明星。另外，每年7月和圣诞节前后是英国商店的打折季节，世界各地的名牌服装都会在此阶段打折，那个时候来这里购物十分划算。

旅游资讯

地址：Oxford St.，London

交通：乘坐地铁Bakerloo、Central、Victoria线到Oxford Circus站下，乘坐地铁Jubilee线到Bond Street站下，乘坐地铁Northern线到Tottenham Court Road站下车可到

开放时间：周一至周五10:00～20:00（周末大部分商店会缩短营业时间）

杜莎夫人蜡像馆

　　杜莎夫人蜡像馆（Madame Tussaud's）由3层楼及地下室组成，以制造惟妙惟肖的名人蜡像而闻名全球，并在阿姆斯特丹、纽约、香港、上海等地建有分馆。杜莎夫人蜡像馆可以按照这样的顺序来参观：先到花园派对展览区欣赏那些运动、影视明星的蜡像；然后到蜡像制作工作室观看制作蜡像的过程录像片及相关模型；最后到"伦敦精神"，以乐园电动车的方式了解伦敦数百年来的历史。

旅游资讯

地址：Marylebone Rd.NW1

交通：乘坐地铁Circle线在Baker Street站下车可到

网址：www.madametussauds.com

票价：成人30英镑；儿童25.8英镑

开放时间：周一至周五10:00～17:30；周六、周日9:30～17:30

晚上在哪儿 玩

在参观完蜡像馆后可以返回牛津街，夜幕降临之后的牛津街反而更加热闹，在这里找一家酒吧与当地的年轻人一同狂欢，是一种特别的体验。

Chinawhite

这是牛津街上的一家带有中国风的酒吧，这里总是举办各种类型的活动。人们在此可在享受与其他酒吧相同氛围的同时，还能参与有趣的活动。

地址：4 Winsley Street，London
交通：沿牛津街向北进入Winsley街步行200米可到
网址：www.chinawhite.com
开放时间：22:00至次日3:00

Day 3 伦敦塔→泰特现代美术馆→特拉法加广场

除了前两天参观过的景点外，伦敦还有众多的景点散落在各地，在伦敦的第3天可以在这些景点中挑选出自己喜欢的几个，前往参观游览。

伦敦第3天行程		
时间	目的地	行程安排
9:00~12:00	伦敦塔	伦敦塔的建筑群十分庞大，随便逛一逛就需要几个小时的时间
12:00~14:30	泰特现代美术馆	在这里可以一览毕加索等名家的绘画作品
14:30~17:30	特拉法加广场	这是为纪念在特拉法尔加港海战中牺牲的纳尔逊将军而建，也是游览伦敦各著名景点的咽喉要道

▲ 伦敦第3天行程路线示意图

伦敦塔

伦敦塔（Tower of London）是由城堡、炮台和箭楼等组成的庞大建筑群。曾作为堡垒、军械库、国库、铸币厂、宫殿、天文台、避难所和监狱，现在是英国最受欢迎的历史景点之一。建筑群中心的白塔，通体灰白色，十分漂亮，塔的四角建有塔楼，现在这座塔用来收藏皇家兵器并对外开放。

旅游资讯

地址：位于泰晤士河北岸的塔山（Tower Hill）上

交通：乘坐地铁District线在Tower Hill站下车可到

网址：www.hrp.org.uk

票价：成人20.9英镑，儿童10.45英镑

开放时间：周二至周六9:00～17:30，周日、周一10:00～17:30，最后进入时间为17:00

中午在哪儿 吃

如果参观完伦敦塔后并不是很饿，就可以乘车前往泰特现代美术馆，在美术馆附近的餐厅吃午饭。美术馆所在的建筑内就有几家不错的餐厅值得一试，但是想要在品尝美食的同时有美景相伴，那位于千禧桥西边的Founders Arms餐厅是不错的选择。

Founders Arms

这里不仅是欣赏泰晤士河风景的绝佳地点，还提供面包、牛排等美味，另外，这里品种多样的威士忌和啤酒也是一大特色。可带儿童用餐，但禁止儿童在餐厅内饮酒。

地址：52 Hopton Street Bankside, London

交通：千禧桥西侧约200米，步行可到

网址：www.foundersarms.co.uk

开放时间：9:00～23:00

泰特现代美术馆

泰特现代美术馆（Tate Morden）由一座气势恢宏的发电厂改建而成，高耸入云的大烟囱是其最显眼的标志。馆内藏有毕加索、马蒂斯、安迪瓦豪、蒙德里安、达利等艺术大师的作品，所有艺术品分成历史–记忆–社会、裸体人像–行动–身体、风景–材料–环境、静物–实物–真实的生活4大类，在相应展馆展出。

旅游资讯

地址：Bankside London

交通：乘坐45、63、100路公交车在Blackfriars Bridge Road下车可到；乘坐地铁jubilee线在Southwark站下（600米）可到

网址：www.tate.org.uk

开放时间：周日至下周四10:00～18:00，周五、周六10:00～22:00

特拉法加广场

特拉法加广场（Trafalgar Square）为纪念著名的特拉法尔加港海战而修建，广场中央矗立着英国海军名将纳尔逊的纪念柱和铜像。广场中部有两个花形喷水池，四角上各有一个雕塑基座，北面则是国家美术馆。

旅游资讯
地址：City of Westminster
交通：乘地铁Bakerloo Line、Northern Line 到Charing Cross站下车可到
网址：www.london.gov.uk

晚上在哪儿 玩

特拉法加广场四周有很多可以娱乐的地点，除了国家美术馆外，还有各类商场、酒吧等，都是夜晚消遣的好去处。

The National Café

这是一家环境优雅的饭店，位于国家美术馆东侧，营业到午夜时分，无论是在这里享受一次正宗的英式下午茶，还是品味一杯香醇的咖啡，这里带有皇室风格的装饰和绅士风度的侍者，都能让人感受到最正宗的英式风情。

地址：Trafalgar Square, London WC2N 4DN, United Kingdom
交通：国家美术馆东侧，步行可到
网址：www.thenationalcafe.com

Day 4 伊顿公学→圣乔治礼拜堂→温莎城堡→温莎公园

著名的温莎（Windsor）小镇位于泰晤士河的南部，因这里坐落着温莎城堡而享誉世界。温莎历史比温莎城堡的历史更为悠久，并以伦敦附庸城的身份不断地发展着，有"王城"的称呼。从伦敦市区乘火车30分钟就能到达温莎，温莎随处可见的英式建筑足以让人在这里沉沦。

伦敦第4天行程		
时间	目的地	行程安排
10:30～12:00	伊顿公学	作为享誉世界的贵族学校，伊顿公学十分值得参观
12:00～14:30	圣乔治礼拜堂	圣乔治礼拜堂是温莎重要的建筑之一，礼拜堂精美的雕塑让人忍不住赞叹
14:30～17:30	温莎城堡	温莎城堡的盛誉与其背后的爱情故事有着千丝万缕的关联
17:30～19:30	温莎公园	温莎公园是人们在温莎休息和散步的好地方

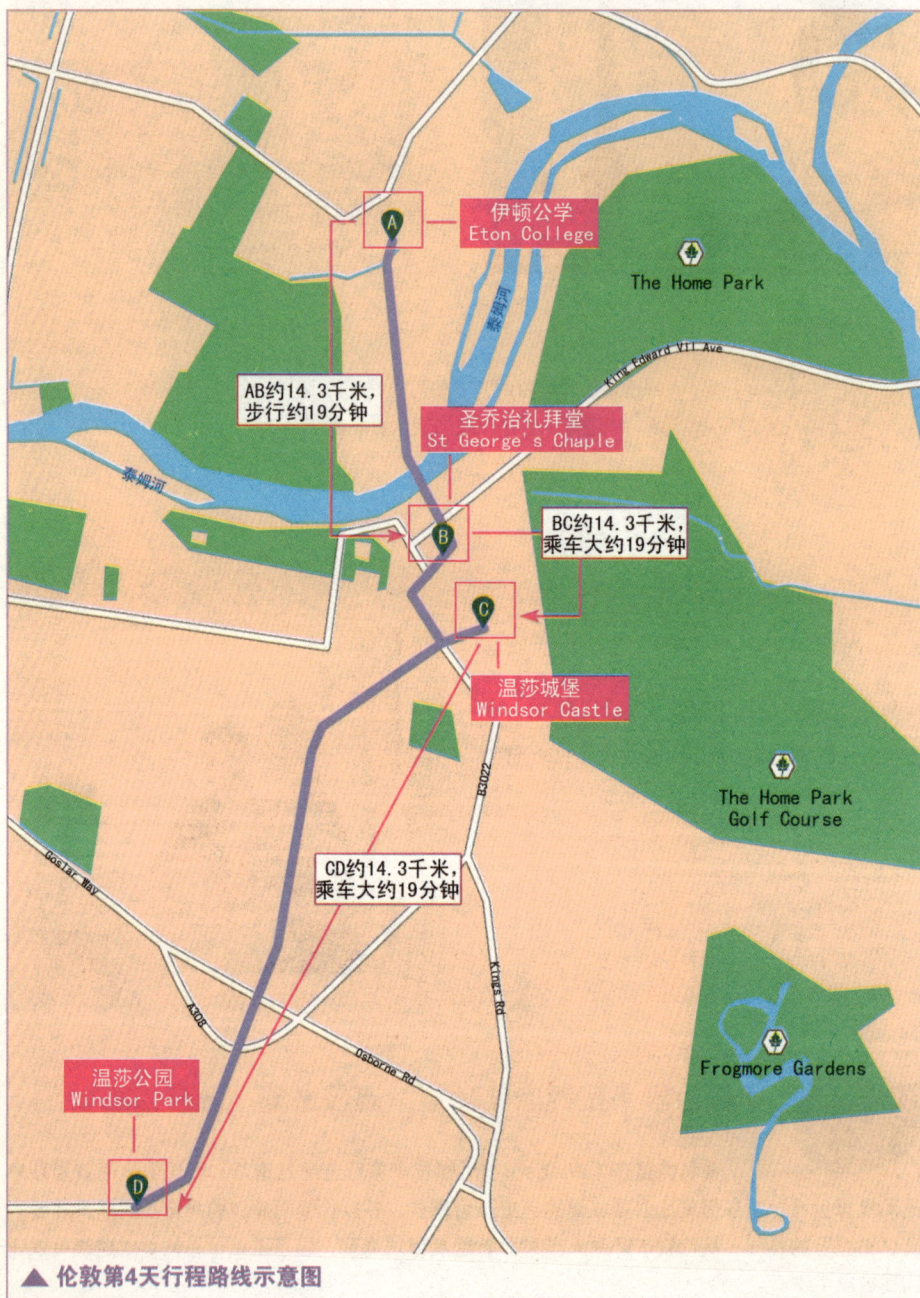

▲ 伦敦第4天行程路线示意图

伊顿公学

伊顿公学（Eton College）是英国著名的贵族学校，被认为是英国最好的中学，诗人雪莱、经济学家凯恩斯等著名人士都曾是这里的学生。伊顿公学没有校门，你可以怀着崇敬的心走进学校，漫步在沙砾铺就的地面上，感受属于伊顿所独有的文化气息。

旅游资讯

地址：Eton College，Windsor SL4 6DW
网址：www.etoncollege.com

圣乔治礼拜堂

圣乔治礼拜堂（St George's Chaple）是一座精美的哥特式建筑，这是皇家墓地，葬有多位国王和王后。其教堂中殿是英国垂直式建筑的典范，精美的扇形拱顶从廊柱间拱出，是人们前往温莎城堡的路上不会被忽略的美景。

旅游资讯

地址：Windsor Castle，Windsor，West Berkshire
网址：www.stgeorges-windsor.org

温莎城堡

温莎城堡（Windsor Castle）是英国最为著名的城堡之一，作为英国王室的行宫之一，这里的豪华自是不必多说，而令世人所称赞的还是关于城堡的爱情故事，爱德华八世与沃利斯·辛普森"爱美人不爱江山"的动人故事也让这座城堡多了一丝浪漫气息。现在，这座宏伟的城堡拥有近千个房间，收藏着英国王室数不清的珍宝，每个房间都堪称一座小型的艺术展室。

旅游资讯

地址：Windsor，Berkshir
交通：乘坐火车至Windsor站下步行可到
网址：www.royalcollection.org.uk
票价：成人18.5英镑，优惠价16.75英镑；国家套房不开放时，成人10英镑，优惠价9英镑；（票价包含中文版语音导览器及指南书；使用伦敦一卡通可以免费参观，并享受免排队特权）
开放时间：3～10月9:45～17:15（16:00停止入场），11月至次年2月9:45～16:15（15:00停止入场）

中午在哪儿 吃

温莎小镇有很多特色小吃店，很多餐厅都会露天摆放桌椅，在这里吃午餐，还能一边晒太阳一边欣赏美景，在填饱肚子的同时得到舒适的享受。Cafe Rouge是一家法国餐厅，提供经典的法式菜肴以及现代风味套餐，其中的牛排、薯条、法式面包等多种食物都非常不错，值得一尝。

温莎公园

温莎公园（Windsor Park）在温莎城堡的南面，曾经是英国王室的狩猎苑，花园里基本上都是自然景观，很少有人工建筑，处处是静寂的绿地和森林，一些小动物穿梭其间，十分惬意。在参观过温莎城堡之后，漫步在温莎公园的林间小道上，回想那些关于城堡的浪漫故事，想必十分惬意。

旅游资讯

地址：St. Leonards Road Windsor

交通：在温莎城堡步行5分钟到o/s York House公交站，乘坐1路公交车在Cumberland Lodge (Westbound)站下车可到

网址：www.littlemonkeysnursery.co.uk

晚上在哪儿 玩

在温莎这座小城里，有不少有特色的酒吧值得一去，在酒吧昏暗的灯光里，随着啤酒气泡的破裂，周围人谈论的旅行经历也被染上一层奇幻的色彩。

The Two Brewers

这是一家离温莎城堡不远的酒吧，曾在卓别林的电影中出现过。酒吧现在供应啤酒、红酒等饮品，热闹但不嘈杂的气氛让人十分舒适。

地址：34 Park St., Windsor

交通：www.twobrewerswindsor.co.uk

开放时间：11:30～23:00

如果多待一天

在伦敦还有很多好玩的地方，如果有时间在伦敦多待一天，可以选择前往那些没有在行程中规划的景点游玩。

格林尼治天文台

格林尼治天文台（Royal Greenwich Observatory）位于占地面积很大的格林尼治公园内，坐享分割东西半球"本初子午线"的荣耀，而来格林尼治的游客，也都会双脚跨在子午馆内的零度经线上拍照留念，记录下自己同时脚踏东西两个半球的时刻。

地址：Blackheath Ave., London
网址：www.rmg.co.uk
票价：免费
开放时间：10:00～17:00，12月24日至12月26日关闭

多待一天的美食

在伦敦这个美食汇聚的城市，不仅能够吃到比较传统的英国美食，还有日本寿司、意大利面、韩式料理、法国大餐、印度菜肴等美味等着你。伦敦可供用餐的地方很多，除传统的餐厅、饭店外，很多英式酒吧、快餐店等也都是不错的选择，当然，也可以在某个环境优美的公园中尽享野餐的乐趣。

伦敦特色美食推荐	
种类	介绍
英式早餐	橙汁加玉米片、咸肉、香肠、煎蛋，再加煎蘑菇或煎西红柿，以及烤面包等，最后再来点咖啡或红茶
英式下午茶	英国下午茶被称为最能反映出英国人休闲的生活方式，英国下午茶一般包括一壶茶及一份点心，点心是三明治、奶油松饼或小蛋糕
炸鱼和薯条	最为传统、最具特色的英式食物，几乎在大街小巷都可以买到。炸鱼配薯条，再加上酱汁食用，人们可以根据喜好选择不同的口味，价格一般为3～5英镑
烤牛排	烤牛排是最具代表性的英国食物，同芥末酱搭配非常不错，也可以将约克布丁作为辅菜一起食用，一般的餐厅中都会有

多待一天的购物

在伦敦买什么？从昂贵的奢侈品到经济实惠的普通商品，从高科技电子产品到手工艺品等应有尽有。大多数商店的营业时间为10:00～18:00，周四为深夜购物时间。现在也有不少商店平时会营业到19:00或20:00。

伦敦住行攻略

在伦敦 住宿

伦敦的住宿地类型很多，从廉价旅馆、B&B旅馆、星级酒店到豪华酒店都有。一般来说，80英镑以下的为经济型旅馆，80～150英镑的为中档型酒店，150英镑以上的为高档型酒店。在一些重要的节日或假期，房间价格会有所上涨。

① 五月集市酒店

五月集市酒店（The May Fair Hotel）地处梅菲尔区中心，四周环绕着公园、剧院和伦敦西区的景点。酒店每间卧室均配有迷你吧以及包括各种音乐和电影的娱乐系统，还提供按照客人需求订制的理疗服务。

地址：Stratton St，London
网址：www.themayfairhotel.co.uk
参考价格：双人间约250英镑，豪华间约270英镑

② 汉普郡丽笙布鲁爱德华酒店

汉普郡丽笙布鲁爱德华酒店（Radisson Blu Edwardian, Hampshire）位于莱斯特广场，酒店内提供豪华的卧室和覆盖整个酒店的免费无线网络连接，还设有酒吧、健身中心和餐厅，供应英式和地中海菜肴，酒店每天供应欧式早餐。

地址：3 St Martin's St Leicester Square，London
网址：www.radissonblu-edwardian.com

在伦敦 出行

伦敦作为英国的首都，交通便捷。伦敦的双层巴士最吸引人，地铁设施虽然悠久但很齐备，轻轨可以方便快捷地带你到伦敦郊区。

地铁

伦敦有世界上最古老的地下铁路系统，该系统目前有数百个车站，而且规模还在不断扩大，而伦敦地铁红蓝相间的标志也十分醒目，因此无论你在伦敦的任何地方，都会在附近找到一处车站。值得一提的是，伦敦有不少地铁与火车是换乘车站，这样的设计也极大地方便了人们的出行。

公交车

在伦敦出行，乘坐公交车十分方便，并且还能在赶路的同时欣赏美景，在伦敦庞大而又完善的公交系统中，9路与15路是众多游客公认的观光线路，这两条线路使用经典的双层巴士运营，途经多处伦敦最著名地标，值得一试。伦敦公交车的运营时间多为6:00～23:00，夜间则有带字母N的夜间巴士运营，十分方便。

火车及有轨电车

伦敦的火车是前往伦敦郊区的主要交通工具，火车路线包括里奇蒙德至斯特拉特福德、克拉帕姆路口至威尔斯登路口、福音橡树至巴肯，以及沃特福德路口至尤斯顿等。

伦敦有轨电车没有直接通往伦敦市中心的路线，但大部分路线在温布尔登设有车站，伦敦有3条有轨电车线路：克罗伊登（伦敦南部）至埃尔默斯恩德（伦敦东南部）；克罗伊登（伦敦南

部）至贝肯汉姆路口（伦敦东南部）；温布尔登（伦敦西南部）至纽阿丁顿（伦敦东南部）。

河运交通

伦敦河务有限公司在泰晤士河上运营着多项旅游及通勤船运服务，通勤服务有3条路线。

泰晤士河航线	
航线1	普特尼—切尔西港口—卡多根—路堤—黑衣修士
航线2	多克兰希尔顿—金丝雀码头班船
航线3	萨沃伊—金丝雀码头—桅室平台—格林尼治—沃尔维奇阿森纳

出租车

出租车是在伦敦短途出行的又一便利选择，伦敦的出租车车身多数为黑色，标志十分明显，在www.tfl.gov.uk网站上可以了解到更多关于伦敦出租车的信息。

自行车

骑自行车出游在伦敦已成为时尚之选，并且不少公交车与火车都允许乘客携带自行车。在伦敦有上百个自行车租赁地点，只要你有一张信用卡，就无须再额外办理自行车租赁卡，当地政府为了鼓励环保出行，规定人们租一辆自行车在0.5小时内免费。

从伦敦至剑桥

乘火车

伦敦国王十字火车站每0.5小时有一趟车前往剑桥，车程45分钟，票价29英镑起。

乘长途汽车

乘长途汽车从伦敦前往剑桥一般需要1小时左右，费用为15英镑左右，可在www.Megabus.uk网站上预订车票和查看汽车时刻表。

到达剑桥

作为剑桥郡的首府，剑桥在现代化建设的同时，依旧保留着众多的历史古迹，这也是剑桥这座城市所独有的魅力。而剑桥最为著名的就是剑桥大学，从13世纪末创办剑桥大学的第一所学院彼得学院起，剑桥作为一座大学城存在至今已有7个多世纪，又因徐志摩的一首《再别康桥》而成为无数中国人向往的旅游胜地。

如何到市区

剑桥市区面积不是很大，无论是乘坐火车或是长途汽车到达剑桥，都可很轻松地步行到剑桥市中心，而剑桥大学就位于剑桥市中心。如果没有携带过多的行李，步行前往剑桥大学是很好的选择，沿途可以更加直观地感受剑桥的魅力。

从火车站前往市区

剑桥与英国许多地方都有频繁的火车来往，如可直达伦敦、伊普斯威奇、伯明翰等地区。从剑桥火车站乘1、3路公交车到伊曼纽尔街（Emmanuel Street）下车，即到市中心，约需15分钟，票价1英镑，从火车站步行也可前往剑桥大学。

剑桥1日行程

Day 4

圣约翰学院→三一学院→圣玛利亚大教堂→国王学院→王后学院→剑桥大学植物园

一天的时间可以好好地游遍剑桥。数百年来，剑桥大学以其高水平的教学和科研而闻名。在剑桥，随处可见有几百年历史的古老建筑，许多校舍的门廊、墙壁上仍然装饰着古朴庄严的塑像和印章，高大的染色玻璃窗像一幅幅瑰丽的画作，修饰着这所古老而又充满生机的学院。

剑桥1日行程		
时间	目的地	行程安排
8:30~9:00	走进剑桥大学	剑桥大学的前身与牛津大学有关，但是这两者又有本质上的区别，想要知道其中的不同，不如自己来探寻吧
9:00~10:00	圣约翰学院	这里有"英格兰最漂亮的都铎式庭院"，还有一座"叹息桥"，更为吸引人的是，它被称为剑桥贵族们的聚集地
10:00~10:30	三一学院	这是剑桥顶尖学院之一，诞生了30多位诺贝尔奖得主，足以引起你对这所学院的向往之情
10:30~12:00	圣玛利亚大教堂	这里曾经作为剑桥市中心的基准点，爬上这里的123个石阶就可以一览整个剑桥的风采
12:00~12:30	国王学院	这所院校被誉为最不传统的学院，这里的学风开放，同时具有创新性
12:30~13:00	午餐与休息	Rainbow Vegetarian Cafe是一家素食主义餐馆，你可以就近在这里用餐
13:00~14:00	王后学院	这个学院比较古老，最引人注目的还是这里的数学桥，关于这座桥的故事有很多
14:00~16:00	剑桥大学植物园	这座植物园林种植了世界上的多种植物，如果你喜欢园林技艺，此处是最好的"学院"

▲ 剑桥1日行程路线示意图

圣约翰学院

圣约翰学院（Saint John's College）拥有5个庭院，其中始建于16世纪的第二庭院被誉为是"英格兰最漂亮的都铎式庭院"。横跨剑河连接着第三庭院与新庭院的叹息桥（Bridge of Sighs，原名新桥），由于其造型与威尼斯的叹息桥相似而得名，是剑桥著名的景观之一。游客经过中庭便能来到剑河河畔，可站在厨房桥（Wren）上观赏"叹息桥"美景。

旅游资讯
地址：St. Johns St., Cambridge CB2
网址：www.joh.cam.ac.uk
开放时间：3~10月10:00~17:30，11月至次年2月的周末开放

三一学院

三一学院（Trinity College）其前身为国王学堂，当时的学院钟楼至今仍为学院报时。三一学院在学术成就上是剑桥所有学院中最顶尖的，众多名人如牛顿、培根、拜伦、怀特海、罗素、维根斯坦等都毕业于此。古老的三一学院保留着许多传统习俗的同时，还会在每年的暑假举行盛大的五月舞会。

旅游资讯
地址：Cambridge CB2 1TQ
United Kingdom
网址：www.trin.cam.ac.uk
票价：2.5英镑

圣玛利亚大教堂

旅游资讯
地址：Senate House Hill, Cambridge
网址：www.gsm.cam.ac.uk
票价：约2.5英镑
开放时间：周一至周六10:00~17:00，周日12:30~17:00

圣玛利亚大教堂（Great St.Mary's the Church）位于剑桥城市的最中心位置，在教堂门口旁的石壁上挂有圆形铜牌，用以作为剑桥城市的基准点，当时剑桥市内和市外的距离都是以这一个基准点测量的。登上教堂的台阶，能够俯瞰整个剑桥的美景，十分壮观。

国王学院

国王学院（King's College）在建立之初追求的是宏伟壮观的建筑，而其建筑群中最著名的是学院的礼拜堂，今天它已经成为整个剑桥的标志。国王学院为亨利六世创立，现在在学院中庭的绿地上，还矗立着亨利六世的青铜雕像。国王学院的尊严和独立自主的精神是其在剑桥众多学院中备受瞩目的主要原因。

旅游资讯
地址：The Crown Estate Office The Great Park, Windsor, Berkshire SL4 2HT
网址：www.king.cam.ac.uk
开放时间：全天

中午在哪儿 吃

剑桥有很多不同风味的餐厅，除了英格兰本地菜、比萨、海鲜，还有其他国家的风味餐厅，如日本料理、希腊菜、印度菜等，这里还有十几家中国餐馆，数量仅次于本地的酒吧和快餐厅，中国菜也是当地最受欢迎的菜肴之一。

Nadia's Patisserie

地址1：16 Silver St，Cambridge
地址2：9 Burleigh St，City Centre，Cambridge
营业时间：8:00～17:00

如果你想去剑桥的草地（The Backs）野餐，不妨在这里买些面包卷（Rolls）、长棍面包（Baguettes）、Bagels和蛋糕，这家面包店在剑桥有两家分店。

王后学院

王后学院（Queens'College）的院长室建于1460年，是剑河两岸最古老的建筑之一。学院的建筑分布在剑河两岸，由数学桥（官方名称是木桥）连接起来。这座桥由威廉·瑟里奇设计，并由詹姆斯·埃塞克斯建造而成，但是也有不少关于这座桥是由牛顿设计建造的传说。

旅游资讯

地址：The Crown Estate Office The Great Park，Windsor，Berkshire SL4 2HT
网址：www.queens.cam.au.ck
开放时间：全天

剑桥大学植物园

剑桥大学植物园（Canmbridge University Botanic Garden）已经有100多年的历史，分为西半园与东半园两个园区，以展示不同的植物之间的相互作用为重点，还展示了各种植物所组成的园林景观。

旅游资讯

地址：1 Brookside Cambridge CB2 1JE，United Kingdom
网址：www.botanic.cam.ac.uk
票价：4.5英镑
开放时间：4～9月10:00～18:00，2、3、10月10:00～17:00，11月至次年1月10:00～16:00

晚上在哪儿 玩

在剑桥的夜晚，撑着小船畅游在剑河（康河）上，会让你想起徐志摩的那首诗，同时也会被这所学院所特有的浪漫氛围所陶醉。

如果多待一天

多待一天的游玩

如果有时间在剑桥多待一天，可以前往周边的小镇游玩，那里有浪漫的英式田园风光与和谐舒适的自然环境，非常适合放松身心。

1 伊利大教堂

伊利大教堂（Ely Cathedral）是英国乡间最宏伟的教堂之一，被誉为"中古世界七大奇迹"之一。这座教堂为典型的罗马式建筑，拥有粗大的圆柱和圆拱，非常雄伟。其突出的景观塔的形状被当地人称为"沼泽里的船舶"，在塔上能俯瞰整个伊利镇的景致。

> 地址：Chapter House, The College, Ely, Cambridgeshire
> 交通：在剑桥的Milton Rd.乘坐9路公交车约1.5小时可到伊利市中心，每小时一班车，单程票价5.70磅
> 网址：www.elycathedral.org
> 票价：6英镑

多待一天的美食

剑桥大学的学生来自世界各地，为适应学生的口味，这里的美食也多种多样。如果你有朋友在剑桥上学，还可以请他们带你去参加学院的"正餐"。剑桥大学的每所学院每周都会举办1~2次"正餐"，届时院长会在用餐前讲话，学生们都会穿上披风仔细聆听。

1 兰香楼

兰香楼（Lan Hong House）位于唐宁学院（Downing College）旁，被称为学生食堂。这个餐厅主营外卖，人们也可以在店里吃，不过店面很小，座位不多。这里有各种盖饭、面食、小吃等，建议尝尝牛腩饭、红烧肉饭和榨菜肉丝饭。

> 地址：10 Lensfield Rd., City Centre, Cambridge
> 交通：乘坐18、26、75路公交车在Near Catholic Church站下车可到

2 港式小厨

从名字上看，就知道它是经营香港美食的餐厅。它离安格利亚鲁斯金大学（Anglia Ruskin University）不远，提供各种煲仔饭、盖饭、汤面和炒菜。此外，这里还提供如红豆冰、冻柠茶等饮品。

> 地址：21 Burleigh St., Cambridge
> 交通：乘坐Red Park & Ride路公交车在Grafton Centre (Bay D)站下车可到
> 网址：www.hkfusion.co.uk

剑桥住行攻略

在剑桥住宿

剑桥是一个典型的英国小镇，来此旅游的人多不胜数，住宿地也很多，有星级酒店、中档宾馆、B&B旅馆和国际青年旅舍等，游客可以根据自己的需要选择住宿地。B&B旅馆多集中在切斯特顿路和泰尼森路（Tenison Rd.）上，国际青年旅舍也主要位于泰尼森路上。

在剑桥出行

在剑桥出行，最主要的交通方式为步行和骑自行车；前往较远地方可以选择乘公交车，前往伦敦、爱丁堡等其他城市则需要乘坐火车。

自行车

在剑桥游览各个校区的时候，自行车轻便快捷的优势就体现出来了。而且在剑桥到处都可以看到骑着自行车穿梭在校区的学子，骑车游览会是一件令人愉快的事。

推荐自行车租赁公司		
时间	目的地	行程安排
City Cycle Hire	61 Newnham Rd.，Cambridge	www.citycyclehire.com
Station Cycles–Grand Arcade	Corn Exchange St，Cambridge	www.stationcycles.co.uk

公交车

剑桥的公交车总站设在市中心的Drummer St.上，有许多专线公交车前往郊区各处。建议到剑桥旅游咨询中心购买一张旅行车票，这样你就可以在7天内随意乘坐市内的公交车；剑桥还有专门的城市观光公交车（City Sightseeing Bus），每50分钟一趟，全程1小时。

小艇

乘小艇游览剑桥美景是当地独有的旅游方式，当地人叫作"撑篙"（Punting），可到米尔码头租赁小艇或参与团队出行。

从剑桥至爱丁堡

乘火车

前往爱丁堡可以在剑桥火车站乘坐火车前往，约6小时就可以到达爱丁堡，费用约为60英镑，提前在www.nationalrail.co.uk网站上预订车票会有更多折扣，也可以购买英国火车通票，这样在乘坐火车次数较多的情况下，能节省不少费用。

乘长途汽车

乘长途汽车前往爱丁堡一般需要10小时，费用为25英镑左右，有Megabus和Eurolines两种长途汽车可以选择，具体发车时间可在该公司网站上查询，可以选择乘坐夜间长途汽车，在保证休息的情况下，还能节省一晚的住宿费用。

到达爱丁堡

爱丁堡位于苏格兰东海岸福斯湾南岸，是英国苏格兰首府。在素有"北方雅典"之称的爱丁堡，你可以在皇家英里大道上看身穿苏格兰裙、手执一支苏格兰风笛的人，吹奏出天籁之音，也可以去酒吧或苏格兰威士忌体验中心，品尝一杯正宗的苏格兰威士忌；可以登上爱丁堡城堡或卡尔顿山，远眺带有苏格兰风情的美景；还可以在艺术节期间到这里狂欢，寻找真正的苏格兰风情。

如何到市区

爱丁堡的火车站与汽车站距离市中心不算很远，乘坐火车或长途汽车到达爱丁堡后，都能很轻松地前往爱丁堡市区。如果乘飞机

抵达爱丁堡，则可以在机场乘坐机场巴士前往爱丁堡市区，机场巴士可在机场出口的公交车站牌处乘坐，单程3.5英镑，往返6英镑，每10分钟一班，行驶时间约30分钟。

从火车站如何搭乘交通工具

爱丁堡火车站（Edinburgh Waverley Railway Station）又被称为爱丁堡威弗利火车站，是爱丁堡的主火车站，也是英国的干线火车站之一。这座火车站位于王子街和皇家英里大道之间，大部分的长途列车均来往此站。一般情况下从剑桥前来的火车都会在此火车站停靠。从火车站出站后步行约300米即可到达爱丁堡著名的皇家英里大道，那里有很多酒店和餐厅。

爱丁堡的第二大火车站是爱丁堡干草市火车站（Haymarket Station），这座火车站位于爱丁堡市区西南侧，距离爱丁堡城堡约1.5千米。在此站停靠的列车多开往北苏格兰、西苏格兰和爱丁堡周边城镇，也有少部分开往英格兰的列车在此停靠。

爱丁堡2日行程

Day 6

爱丁堡城堡→皇家英里大道→荷里路德宫

第一天的行程以爱丁堡城堡这个爱丁堡最重要的景点为起点，在参观完城堡后，沿皇家英里大道前往荷里路德宫，沿途有众多的商店、餐厅可以供人购物或是用餐。

爱丁堡第1天行程		
时间	目的地	行程安排
9:30～12:00	爱丁堡城堡	爱丁堡城堡是爱丁堡不容错过的景点之一。城堡建在一座山上，登上这座历史悠久的城堡需要步行，而且要花费不少力气
12:00～15:30	皇家英里大道	皇家英里大道十分繁华，路旁的商店、餐厅林立，吃午饭之后，可以在这里的店铺选购一些自己喜欢的纪念品
15:30～17:30	荷里路德宫	这座宫殿是历代苏格兰国王的宫殿，十分豪华，内部有不少与苏格兰国王相关的展品

荷里路德宫
Palace of
Holyroodhouse

皇家英里大道
Royal Mile

BC约900米，
步行约20分钟

爱丁堡城堡
Edinburgh
Castle

苏格兰议会大楼
Scottish
Parliament Bldg

AB约800米，
步行约15分钟

Princes Street Gardens

圣吉尔斯大教堂
St Giles' Cathedral

National Museum
of Scotland

▲ 爱丁堡第1天行程路线示意图

爱丁堡城堡

　　爱丁堡城堡（Edinburgh Castle）是英国最古老的城堡之一，也是爱丁堡市区的制高点。城堡曾经是苏格兰王室的军事要塞，从6世纪时期就开始修建，后来历代苏格兰国王都对其进行过增建，现在作为博物馆开放。每天13:00，城堡中都按古老的惯例鸣响空炮。登上爱丁堡城堡，可以俯瞰爱丁堡市区的美景。

旅游资讯

地址：Castlehill, Edinburgh, Midlothian EH1 2NG

交通：乘坐火车在Edinburgh Waverley站或Haymarket站下，或乘坐公交车23、27、41、42、45、67路到Bank Street与Victoria Street路口附近车站下车可到

网址：www.edinburghcastle.gov.uk

票价：成人16英镑，5～15岁儿童9.6英镑，60岁以上老人12.8英镑

开放时间：4月1日至9月30日9:30～18:00，10月1日至次年3月31日9:30～17:00

中午在哪儿 **吃**

爱丁堡城堡不远处就是皇家英里大道，这条大街上的餐厅随处可见，那么多餐厅或许会令你眼花缭乱，不知选哪家好，既然拿不定主意，那就看看下面这家餐厅怎么样。

幽灵餐厅

地址：Castlehill The Royal Mile，Edinburgh
交通：乘坐公交车23、27、41、42、67路在 North Bank Street (Stop MA)站下车可到
网址：www.thewitchery.com

　　幽灵餐厅（The Witchery by the Castle）以幽灵为主题，其装饰非常"恐怖"，枝形吊灯吱吱呀呀地摇曳着，天花板和晃动的油画里喷出阵阵烟雾，营造出一种阴森的气氛。这里白天和晚上有着截然不同的味道，白天透过落地窗透进来的阳光显得室内很昏暗，仿如光线后有神秘怪客；晚上烛光摇曳，令人难辨梦境与现实。

皇家英里大道

　　皇家英里大道（Royal Mile）共由4条大街连结而成，大道两旁遍布古朴雄伟的建筑，极具历史气息。街道上分布有各种各样的繁华小店，爱丁堡市内的诸多景点也都在这条大道上占有一席之地。游客可到这里观光散步，也可休闲娱乐。

旅游资讯

地址：爱丁堡城堡东侧
交通：乘坐35路公交车在Canongate,OPP Museum of Childhood站下车可到

儿童博物馆

　　儿童博物馆（Museum of Childhood）位于皇家英里大道南侧，展出大量的儿童玩具、纪念品及一些专门针对儿童的主题展览。博物馆开放时间是周一至周六10:00～17:00，周日12:00～17:00。

苏格兰威士忌中心

　　苏格兰威士忌中心（The New Scotch Whisky Experience）要在导游的带领下才能参观，在这里可以了解到威士忌的各种知识，

也能免费品尝到上乘的威士忌。门票价格9英镑，开放时间是10:00～17:30。

荷里路德宫

荷里路德宫（Palace of Holyroodhouse）坐落在皇家英里大道的另一端，与爱丁堡城堡一起成为爱丁堡建城的两个中心点。这座皇宫又被称为圣十字皇宫，是英国女王在苏格兰的官邸。宫殿内以苏格兰女王玛丽之家而著称，最值得一看的是画廊中11幅苏格兰历代国王的画像。

旅游资讯
地址：Canongate Edinburgh
交通：乘坐24、25、35路公交车可到
网址：www.royalcollection.org.uk
票价：10.75英镑
开放时间：4～10月9:30～18:00，11月至次年3月9:30～15:45

晚上在哪儿玩

夜晚，漫步街头可以看到远处爱丁堡城堡的美景。你可以登上爱丁堡城堡，俯瞰这座城市的全貌；或者选一个热闹的酒吧，与当地人共舞……这都是融入爱丁堡生活的不错选择。

Sandy Bell's

这家酒吧非常受欢迎，几乎每天都有苏格兰乐曲的演出，可一边喝酒一边欣赏着演出，融入这里的热闹氛围之中。就这样度过一个美妙的晚上，岂不也是很惬意。

地址：B25 Forrest Rd Edinburgh
交通：乘坐2、23、27、35、41、42、45、67路公交车在at Forrest Road站下车可到
开放时间：周一至周六11:30至次日1:00，周日12:30～23:30

Day 7　苏格兰国家博物馆→圣吉尔斯大教堂

爱丁堡市内的景点不少，大部分都有着悠久的历史。第2天我们不妨前往圣吉尔斯大教堂和苏格兰国家博物馆参观游览，两个景点的距离很近，步行就可到达。

爱丁堡第2天行程		
时间	目的地	行程安排
9:30～12:00	苏格兰国家博物馆	苏格兰国家博物馆是了解苏格兰历史和文化发展的最佳去处，这里数量众多的展品以时间顺序摆放，参观起来十分方便
12:00～17:30	圣吉尔斯大教堂	圣吉尔斯大教堂是爱丁堡重要的教堂之一，教堂规模很大，迎着黄昏的阳光，教堂王冠模样的屋顶显得尤为漂亮

B 圣吉尔斯大教堂
St. Giles'
Cathedral

The Tron

The Royal Mile

Bank St.

Lawnmarket

Blair St.

Stevenlane

牛门

AB约400米，
步行约6分钟

National
Library
of Scotland

Victoria St

George IV Bridge

Cowgate

Old Fishmarket Cl.

BrewDog Edinburgh

Central Library

The Three Sisters

Guthrie St.

Budget Backpackers

Under The Stairs

The Elephant House

Augustine
United
Church

Chambers St.

W College St.

Greyfriars Bobby Bar

S College St.

Greyfriars Tolbooth
& Highland Kirk

A

苏格兰国家博物馆
National Museum
of Scotland

▲ 爱丁堡第2天行程路线示意图

苏格兰国家博物馆

苏格兰国家博物馆（National Museum of Scotland）由苏格兰博物馆和苏格兰皇家博物馆组成。博物馆的收藏分布在两座建筑内，一座为现代化建筑，另一座为维多利亚时期的建筑。展出的藏品以历史为主题，基本上所有的展馆都是按照时间顺序自下而上布局的，使人很容易了解苏格兰的历史和文化。

旅游资讯

地址：Chambers St.,Edinburgh

交通：乘坐X55路公交车在Opp Museum of Scotland站下车可到

网址：www.nms.ac.uk

开放时间：周一至周六10:00～17:00，周二延长到20:00，周日12:00～17:00

中午在哪儿
吃

从苏格兰国家博物馆前往圣吉尔斯大教堂的沿途有不少餐厅，可以选择一家作为午餐地。如果观景心切，也可以在路上的超市购买面包等食品，在填饱肚子的同时节省时间。

Under The Stairs

这家餐厅位于苏格兰国家博物馆前往圣吉尔斯大教堂的路上，是一家地下餐厅，其独特的复古风格装饰显得十分新鲜，采用当地食材制作的菜肴也十分美味。午餐时间店内经常推出6.5英镑的特价套餐。

地址：3A Merchant Street，Edinburgh
交通：乘坐2路公交车在Before Merchant Street站下车可到
网址：www.underthestairs.org

圣吉尔斯大教堂

圣吉尔斯大教堂（St. Giles' Cathedral）坐落在皇家英里大道的高街段，是爱丁堡的主教堂。教堂的塔顶仿照苏格兰王冠设计，既壮观庄严，又精致美丽，体现出它在苏格兰首屈一指的地位。该教堂建筑规模庞大，内有很多装饰精美的贵族墓地，以及一处苏格兰骑士团的礼拜堂，礼拜堂内新哥特式的天花板与饰壁上的雕刻极为精美华丽。

旅游资讯

地址：High Street，Royal Mile Edinburgh

交通：乘坐23、27、28、35、41、42路公交车可到

网址：www.stgilescathedral.org.uk

票价：免费，建议捐献3英镑

开放时间：5~9月，周一至周五9:00~19:00，周六9:00~17:00，周日13:00~17:00；10月至次年4月，周一至周六9:00~17:00；周日13:00~17:00

晚上在哪儿 玩

在爱丁堡的夜晚，前往剧场看一场演出也是不错的选择。爱丁堡有不少剧院都有着悠久的历史，在这样的环境中欣赏歌剧，能带给人更加独特的享受。

爱丁堡节日剧院

爱丁堡节日剧院（Festival Theatre Edinburgh）外面的玻璃墙显得非常时尚，让人看不出该剧院已有100多年的历史。剧院内的舞台很大，堪称是爱丁堡剧院中最宽的舞台，这里的演出多为芭蕾舞和苏格兰歌剧。

地址：13-29 Nicolson St.，Edinburgh
交通：乘坐2、8、29、35、37、45、47、N7、N37、X47路公交车在Before Nicolson Street站下车可到
网址：www.edtheatres.com

如果多待一天

多待一天的游玩

爱丁堡还有众多的景点可以游玩，如果只多出来1天时间，不妨前往卡尔顿山游玩。如果只想在爱丁堡市内游览，热闹的王子街是不错的选择。

1 卡尔顿山

卡尔顿山（Calton Hill）是爱丁堡当地人最喜欢的地方之一，山上有两座纪念碑，分别是国家纪念碑和纳尔逊纪念碑。此外，山上还有一座醒目的圆顶建筑，是爱丁堡市立天文台。卡尔顿山上的风景特别好，站在山顶向西眺望，爱丁堡城堡巍然矗立，静静地守护着爱丁堡；站在山顶向东眺望，则可以看到蔚蓝的大西洋和海湾的点点白帆，景色非常美丽。

地址：110 Regent Road, Calton Road, Edinburgh
交通：乘坐20、20A、21、21A、21C、22、25、27、28、28C、38、38A、104、107、113、124、X15、X20、X21、X22、X24、X26、X27、X28、X44路公交车在Opp St Andrew's House站下车可到
网址：www.edinburgh.gov.uk

2 王子街

王子街（Princes Street）有"全球景色最佳的马路"之称，离皇家英里大道不远。王子街将爱丁堡城一分为二，北面分为新城，南面为旧城。街道两旁店铺林立，洋溢着华丽时尚的风格，成为爱丁堡最繁华的街道，也是将人文、自然景观结合得最完美的街道。

地址：Princes Street Edinburgh
交通：从韦弗利站步行前往

多待一天的美食

爱丁堡有众多不同风格的美食可以享用，但除美食之外，各餐厅风格迥异的装饰，也是不可错过的风景。

大象咖啡馆

大象咖啡馆（The Elephant House）是J.K.罗琳写第一部《哈利·波特》小说中的地点。这座咖啡馆温暖安静，在餐厅中点上一杯香醇的咖啡，然后捧一本悦己的书，慢慢地享受安静惬意的咖啡时光，这一定能给你的爱丁堡之行留下深刻的印象。

地址：21 George IV Bridge, Edinburgh
交通：乘坐23、27、29、41、42、67路公交车在Before Chambers Street站下车可到
网址：www.elephanthouse.biz

多待一天的娱乐

爱丁堡的娱乐活动多种多样，除了在酒吧狂欢、在剧院看演出外，还有盛大的爱丁堡国际艺术节在等着你，每年的爱丁堡艺术节都吸引了来自世界各地的艺术爱好者们，它算得上是艺术爱好者的一场狂欢盛宴。

爱丁堡国际艺术节

爱丁堡国际艺术节在每年的8月举行，为期3周。艺术节期间，爱丁堡就是一片热闹的海洋，各色完美的演出可让你更深切地感受爱丁堡的风情。其中，最为盛大的要数艺术节开幕前一天的盛装游行了。游行中还会当众宣布爵士音乐节的开幕，人们穿上爵士乐全盛时期的衣服互相庆祝。

爱丁堡住行攻略

在爱丁堡住宿

爱丁堡是英国重要的旅游城市，这里的住宿地种类多，既有五星级的高档酒店，也有小旅馆、B&B。其中，高档酒店多集中在乔治街（George Street）上，这些酒店设施齐全，服务周到，气氛也很好；B&B主要集中在联邦泳池及明特街上，在由普林西斯街东端向北延伸的利思路上也有一些B&B。此外，在国王剧院前的吉尔摩地路两侧，以及附近的住宅中，也有一些干净的旅店。

推荐自行车租赁公司			
名称	地址	网址	参考价格
欧元旅馆	皇家英里大道	—	18英镑起
Mayfield Lodge Guest House	75 Mayfield Road Edinburgh	www.mayfieldlodgegues-thouse.co.uk	30～45英镑
St Christopher's Hostel	9–13 Market St., Edinburgh	www.st-christophers.co.uk	10英镑起
资本居住酒店	27Pilrig Street Edinburgh, Midlothian EH6 5AN,	www.capitalresidence.co.uk	约40英镑起
爱丁堡假日酒店	132 Corstorphine Road Edinburgh EH12 6UA,	www.hiedinburghhotel.co.uk	约90英镑起
Haggis Hostel Edinburgh	5/3West Register St. Edinburgh EH2 2AA	www.haggishostels.co.uk	约16英镑起

在爱丁堡出行

爱丁堡市内的交通非常方便，有公交车、出租车、自行车等交通工具。爱丁堡市内的景点多集中在王子街和皇家英里大道附近，步行就可以游览。但如果要去海边或郊区，就需要乘坐公交车或出租车。乘坐公交车可以购买1天的通票，1天之内可以无限次乘坐公交车，票价约3.5英镑。

公交车

公交车的线路非常多，覆盖了爱丁堡市内和周边地区。公交车通常以9:30为界划分成两个时间段，9:30以前为Peak Time（高峰时段），9:30以后为Off Time（非高峰时段），Peak Time的票价要比Off Time的票价贵一些，单程票价1.5英镑，儿童0.7英镑。若购买DAY Ticket，成人3.5英镑，儿童2英镑，可以在1天内无限次乘车。车票在车上司机处购买，须自备零钱。

出租车

在街上就可以拦到出租车。出租车大部分是黑色的奥斯汀汽车，起步价为2英镑，500米后0.25英镑/195米。

自行车

骑自行车游览爱丁堡是一个不错的选择。爱丁堡有很多适合骑行的道路，其中爱丁堡东面的East Lothian有很多蜿蜒的乡间小路，非常适合骑行。在11–13 Lochrin Pl的Biketrax可以租赁到自行车。

路线改变

英国这片广袤的土地上除了伦敦、剑桥、爱丁堡等城市外，还有不胜枚举的旅游胜地，古朴的牛津给人不同于剑桥的学院风格，热情的曼彻斯特让人看到工业城市的重生，还有约克、伯明翰、利物浦等城市在等着你去一一了解。

说到英国的世界顶级学府，你的第一反应是不是就是牛津大学呢。这座英国最古老的大学，坐落在牛津这座小城中，由30多个历史悠久的学院组成，它们没有围墙，也没有校门，一座座古老的学院建筑散落在牛津的各个角落，共同组成了英国最古老的学术圣殿和最有学术气息的城市。这座城市虽小，但它是古朴的、精致的，处处透着一种优雅的英国小镇风情。

去牛津吧

牛津大学图书馆

牛津大学图书馆（Bodleian Library）又被称为博德莱安图书馆，是世界上最古老的公共图书馆之一，也是英国第二大图书馆。图书馆是一个知识汇聚之地，它经过漫长的历史，积累下的图书多不胜数。要成为这里的新读者是要宣誓的，保证不能偷拿、损坏书籍等，但临时的参观者则不用。另外，这里还是《哈利·波特》中魔法学院的取景地点。

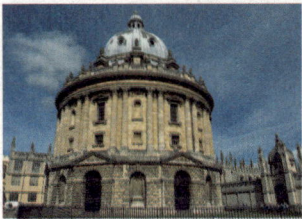

旅游资讯
地址：Broad St., Oxford
交通：乘坐3B、4、4A、4B、4C路公交车在Carfax (Stop I1)站下车可到
网址：www.bodleian.ox.ac.uk

曼彻斯特是棉纺织工业的发祥地，两百多年前，在这里诞生了世界上最早的近代棉纺织工业，揭开了工业革命的序幕。如今，它早已远离了那段"蒸汽和汗水"的岁月。曼彻斯特不是只有疯狂的足球赛和贵族聚会的高档会所，还有很好的博物馆、精美的餐厅和一流的购物环境。你可以到充满波西米亚风情的北区时尚酒吧和时装店当中穿梭一番，再到庄重雅致、风格优雅的凯瑟菲尔德区巡游片刻，在这里待久了，你也禁不住会被这座城市所散发出来的魅力所感染。

去曼彻斯特吧

老特拉福德球场

老特福拉德球场（Old Trafford Stadium）是曼联的主场，享有"梦剧场"的美称。球场在色彩运用上追求庄严而又瑰丽的视觉效果，四面和曼联球衣颜色一样的红色看台是老特拉福的骄傲。参加团队游，可以体验坐在看台上的感觉，能参观运动员休息室、更衣室，还可以沿着地下通道走到场边的休息区。

旅游资讯
地址：Trafford, Sir Matt Busby Way
交通：乘坐轻轨在老特拉福德站下车可到
网址：www.manutd.com
开放时间：9:30～17:00

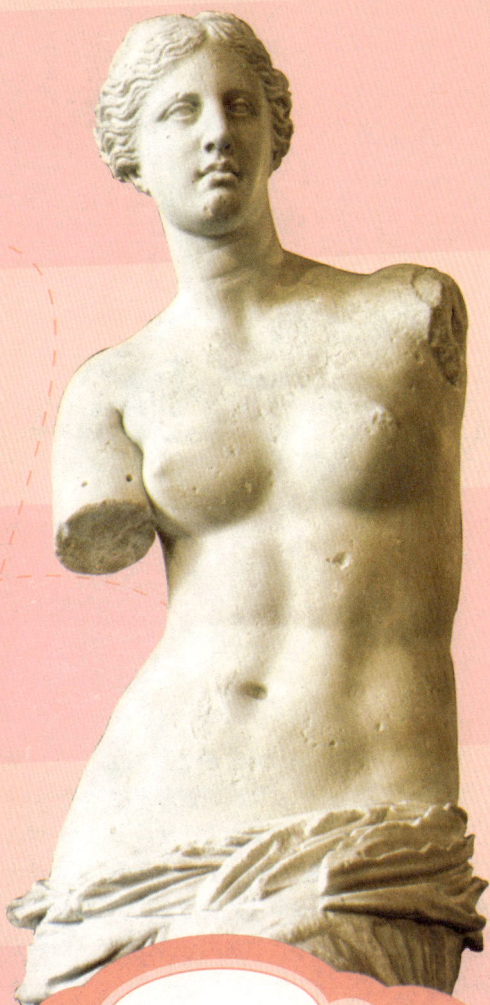

PART 4 法国一周游

Part 4

法国一周游

法国印象

★★★ 多变法国

若把法国比喻成人，肯定是个多情的人，只因他太多变了。从南部蔚蓝海岸的灿烂阳光到北部小镇的瓢泼大雨，从绅士十足的服务员到烈焰红唇的舞者，从烹调考究的法式大餐到简单便携的长棍面包。无论气候还是饮食，多情的法国总是让人难以捉摸。

★★★ 薰衣草之歌

薰衣草仿佛是一篇专为法国普罗旺斯而谱的赞美诗篇，细细诉说着普罗旺斯地区无穷无尽的美丽色彩与芳香。置身于普罗旺斯，被浓浓的薰衣草香气笼罩着，给人留下无限的遐想和憧憬。来到这里，无论你是在田野中还是山丘中，当看到那无边无际的紫色的薰衣草时，心灵仿佛一下子被填满了色彩。

★★ 浪漫之都

几乎每个人对巴黎的印象都少不了"浪漫"这两个字，它们也是用来形容巴黎的最好词汇。巴黎的浪漫体现在各个方面，在这里，哪怕是一个小小的广场或是花园，都少不了美丽的喷泉作为点缀，它们为本来平实安静的地方增添了些许浪漫的氛围。在巴黎还有一座属于情侣们的艺术桥，在那里你会看到很多为爱情宣誓的情侣们，浪漫的情境不言而喻。

推荐行程

A 巴黎 — 约750千米 — **B** 普罗旺斯地区

巴黎
Paris

梅茨
Metz

特鲁瓦
Troyes

奥尔良
Orléans

第戎
Dijon

贝桑松
Besancon

博格斯
Bourges

索恩河畔沙隆
Chalon -sur-Saône

AB约750千米

日内瓦
Genève

克莱蒙费朗
Clermont-Ferrand

里昂
Lyon

阿讷西
Annecy

格勒诺布尔
Grenoble

都灵
Torino

普罗旺斯地区
Provence

阿维尼翁
Avignon

尼斯
Nice

尼姆
Nimes

夏纳
Cannes

蒙彼利埃
Montpellier

卡尔卡松
Carcassonne

B 马赛 Marseillee

交通方式对比					
路线	交通方式	优点	缺点	运行时间	单程费用
巴黎—普罗旺斯	飞机	方便快捷	价格较高	约1小时	80~120欧元
	火车	价格合适、较为便捷	价格波动较大，不好买票	约3小时	约25欧元

最佳季节

法国的气候十分多样，总体来说，6~10月是最佳的游览季节，每年的这个时候，湛蓝的天空与盛开的薰衣草所形成的壮观景象，总是格外迷人。巴黎气候总体温和宜人，降水相对丰沛，全年降雨分布均衡，夏秋季相对多一些。普罗旺斯地区属地中海气候，夏季阳光充足，暖风和煦，冬季温和干燥。另外，1月份前往巴黎或鲁昂等城市，还可尽情享受阿尔卑斯山滑雪的乐趣。

最佳季节的衣物

在6~10月前往法国旅行，携带一般衣物即可。到巴黎外出游玩时还应携带好雨伞，以免因淋湿而感冒。如果打算前往山区则需要带上外套以保暖，在普罗旺斯地区游玩的时候，夏季前往时也不要忘记戴上雨具，还有到海滩游玩时更不要忘记戴上墨镜、遮阳伞或是备好防晒霜等防晒。

法国最佳旅行季节衣物						
衣物种类	5月	6月	7月	8月	9月	10月
长袖外套	—	√	√	√	√	—
厚外套	√	—	—	—	—	√
长袖衣物	√	—	—	—	—	√
短袖衣物	√	√	√	√	√	√
泳装	—	—	√	√	—	—
墨镜	√	√	√	√	√	√
平底鞋	√	√	√	√	√	√

推荐路线： 巴黎—普罗旺斯地区7天7夜游

7天7夜的推荐路线			
城市	日期	每日安排	旅行日程
巴黎	Day 1	上午	巴黎圣母院
		下午	卢浮宫→巴黎歌剧院
	Day 2	上午	协和广场
		下午	香榭丽舍大街→凯旋门→埃菲尔铁塔
	Day 3	全天	凡尔赛宫
普罗旺斯	Day 4	上午	教皇宫
		下午	阿维尼翁大教堂→小宫博物馆→阿维尼翁桥
	Day 5	上午	隆尚宫
		下午	马赛历史博物馆→贾尔德圣母院
	Day 6	上午	城堡博物馆
		下午	影节宫
	Day 7	上午	尼斯火车站→尼斯圣母院
		下午	英国人漫步大道→尼斯歌剧院

到达巴黎

巴黎（Paris）是法国的首都，位于法国北部、美丽的塞纳河西岸，为欧洲最大的都会区之一。巴黎那充满历史文化承载的建筑物，弥漫艺术与时尚气息，让你行走其中时，很容易被浓厚的艺术气氛所感染。巴黎的浪漫体现在各个方面，在这里，哪怕是一个小小的广场或是花园，都少不了美丽的喷泉作为点缀，它们为本来平实安静的地方增添了些许浪漫的氛围。

通航城市

巴黎是中国人前往法国最主要的目的地之一。目前，飞往巴黎的航班大多都是从北京、上海、广州或深圳等城市出发，中国国际航空、中国东方航空、中国南方航空、法国航空都有直飞或中转航班飞往巴黎。

从中国飞往巴黎的航班

从中国飞往法国巴黎的航班通常需要从北京、上海、广州等城市的机场中转，下面表格列出几大航空公司提供的航班，以供参考。

中国飞往巴黎的航班				
航空公司	电话	城市	单程所需时间	出航信息
中国国际航空（www.airchina.com.cn）	95583	北京	直飞约12小时	13:35有直飞航班
		上海	直飞约12.5小时	浦东机场有00:15出航的直飞航班，虹桥机场有8:55出航的直飞航班
		广州	加上中转等待时间约26小时	从北京中转，再转乘北京至巴黎的航班
		深圳	加上中转等待时间约35小时	无直飞，可以从北京转机到巴黎，转机航班很多
中国东方航空（www.ceair.com）	95530	北京	约21小时	从上海中转到巴黎，转机航班很多
		上海	约13.5小时	有直飞航班，从浦东机场出发
		广州	18～24小时	从上海转机到巴黎，从广州到上海的航班时间有13:30、15:30、16:45等转机航班
		深圳	20～25小时	需从上海转机到巴黎，从深圳到上海的航班很多
中国南方航空（www.csair.com）	95539	北京	约28小时	可以从广州中转到巴黎
		上海	约33小时	
		广州	约14小时	有直飞航班，出发时间为23:00
		深圳	约40小时	没有直飞航班，经北京或阿姆斯特丹转机到巴黎

巴黎共有2座机场，分别为戴高乐机场和奥利机场，这两座机场均不在巴黎市区。其中，戴高乐机场是欧洲主要的航空中心，也是法国最主要的国际机场。中国到巴黎的航班主要降落在戴高乐机场：中国国际航空公司的航班一般在戴高乐1号航站楼降落，东方航空公司的航班一般在戴高乐2号航站楼降落。奥利机场位于巴黎大区南部，是巴黎的第二大机场，有西、南两个航站楼，航班大多前往欧洲、北美洲和东南亚地区。

巴黎主要机场资讯

信息	戴高乐机场	奥利机场
英文	Roissy/Charles de Gualle	Orly
电话	01-48622280	01-49751515
网址	www.aeroportsdeparis.fr	www.aeroportsdeparis.fr
备注	主要运营来往巴黎的国际航班，从中国的北京、上海、广州、香港都有到达戴高乐机场的航班	主要运营一些近距离航班和廉价航空公司的航班，到达这里的航班主要是法国国内航班和部分欧洲航班

从巴黎戴高乐机场如何前往市区

戴高乐机场前往巴黎市区的交通十分方便，除可以乘坐出租车、租车自驾（费用约60欧元）外，还有多种公共交通工具（费用约10欧元）可以选择。巴黎市区面积很大，多数著名景点如卢浮宫、埃菲尔铁塔等集中在巴黎第一、八区附近，在巴黎第九区附近有不少价格便宜的住宿地。

乘区域快线

乘坐区域快铁（RER）B线可前往CHÂTELET-LES HALLES商业中心（巴黎第一区）。（RER）B线连接巴黎城区与戴高乐机场及附近郊区。3号航站楼/Roissypôle与2号航站楼均设有巴黎区域快铁的站点，从1号航站楼可乘坐免费摆渡车抵达车站。区域快铁运营时间5:00～23:40，每12分钟一班，行驶时间约30分钟。

乘法航巴士

从机场乘坐法航巴士前往市中心非常方便，这种巴士共有2条路线，其中2号线开往戴高乐星形广场（place Charles de Gaulle-Etoile，近凯旋门），另一条4号线开往蒙帕纳斯（Montparnasse，近卢森堡公园与巴黎第七区）。

法航巴士资讯

项目	详细
乘车地点	1号航站楼，3号出口
	2A、2C航站楼，C2号出口门
	2D航站楼，B1号出口门
	2E、2F航站楼，3号出口，E8或F9的连接长廊
法航巴士2号线	运营时间5:45～23:00，发车间隔约30分钟，车程约1小时
法航巴士4号线	运营时间6:00～23:00，发车间隔约30分钟，车程约50分钟

乘专线巴士

专线巴士（Roissy Bus）可以前往巴黎歌剧院地铁站附近，每小时开出4班，车程约50分钟。乘车地点：1号航站楼8号出口，2A与2C航站A9出口，2D航站楼B11出口，2E与2F航站楼连接通道处5号出口，3号航站楼到达大厅。

乘出租车

乘坐出租车前往市中心的卢浮宫对岸（塞纳河沿岸），费用大约为60欧元。另外，在19:00至次日7:00，出租车走巴黎郊区路线，17:00至次日10:00走巴黎市内路线，周日及节假日，乘坐出租车费用会相应增加，也可以提前预订出租车。

巴黎3日行程

Day 1　巴黎圣母院→卢浮宫→巴黎歌剧院

巴黎最有代表性的景点当属埃菲尔铁塔、巴黎圣母院及卢浮宫了，在巴黎的第一天，可以先去参观其中两个，第二天再前往埃菲尔铁塔游玩。所以今天的行程是参观巴黎圣母院与卢浮宫，然后前往巴黎歌剧院，夜幕降临之后，可以步行前往老佛爷百货选购商品。

巴黎第1天行程		
时间	**目的地**	**行程安排**
8:30～12:00	巴黎圣母院	这座雨果笔下的著名教堂，高耸挺拔、辉煌壮丽，打动过无数人的心
12:00～17:00	卢浮宫	卢浮宫内珍藏的顶级艺术品是其魅力所在，对于时间有限的游客来讲，著名的意大利画廊、法国画廊、希腊罗马雕像及埃及馆都是值得推荐的地点
17:00～18:00	巴黎歌剧院	巴黎歌剧院是最值得游览的巴黎景点之一，里面的楼梯、天花板等都很漂亮，大厅里面的装饰灯高贵而不显奢华

C 巴黎歌剧院
Opera de Paris

BC约1千米，
步行约20分钟

Rue du Mail

Boulevard Poissonniere

Rue Reaumur

Rue du Mail

Rue Etienne Marcel

Nelson Mandela Garden

B

蓬皮杜中心
Le Centre Pompidou

卢浮宫
Musee du Louvre

AB约1.8千米，
乘车约5分钟

艺术桥
Pont des Arts

新桥

巴黎古监狱

Laperouse

A 巴黎圣母院
Notre Dame
de Paris

▲ 巴黎第1天行程路线示意图

巴黎圣母院

　　巴黎圣母院（Notre Dame de Paris）位于巴黎市中心，是古老巴黎的象征。巴黎圣母院平面呈横翼较短的十字形，坐东朝西，正面风格独特，结构严谨，看上去雄伟庄严。这座教堂曾多次在电影、小说和音乐剧里面出现，让人们对它无比好奇和向往。该教堂以其哥特式的建筑风格，包括祭坛、回廊、门窗等处的精美雕刻和绘画艺术，以及所收藏的13～17世纪的大量艺术珍品而闻名于世。

旅游资讯

地址：6 place du Parvis Notre-Dame，Ile de la Cite，75004 Paris

交通：乘坐地铁4号线至Cite站或RERB、C线至Saint-Michel-Notre-Dame站下车可到

票价：教堂免费，塔楼8.5欧元，优惠价5.5欧元，11月1日到3月31日之间每月第一个星期日免费

开放时间：周一至周五8:00～18:45；周六至周日8:00～19:45

中午在哪儿吃

参观完巴黎圣母院后，可乘坐地铁前往卢浮宫，卢浮宫的地铁站附近有很多可以吃午饭的餐厅，无论是进店就餐或是在路边摊位上吃饭，都别有一番风味。

1 Café RUC

这家餐厅位于卢浮宫地铁站路口西北角，提供简单的食物，可以在这里享用午餐。

地址：159 Rue Saint Honoré，75001 Paris
交通：乘坐地铁1、7号线在Palais Royal – Musée du Louvre站下车
网址：www.beaumarly.com

卢浮宫

卢浮宫（Musee du Louvre）坐落于巴黎市中心的塞纳河边，是世界上最古老、最大、最著名的博物馆之一。卢浮宫整体建筑呈"U"形，收藏的艺术作品浩如烟海，门类丰富，有东方艺术馆、古埃及文物馆、古希腊与古罗马艺术馆、绘画馆等多个展馆，向游客展现了世界各国博大精深的艺术文化。卢浮宫的玻璃金字塔同样颇为瞩目，它是由著名的华人建筑师贝聿铭设计，该塔可以反映巴黎不断变化的天空，还为地下设施提供良好的采光，创造性地解决了把古老宫殿改造成现代化美术馆的一系列难题，在全世界都有着极高的声誉。

旅游资讯

地址：Musee du Louvre, 75058 Paris
交通：乘地铁1、7号线在Palais Royal-Musee du Louvre站下车可到
网址：www.louvre.fr
票价：白天8.5欧元，夜间6欧元
开放时间：9:00～18:00（周二及特定节假日除外），周三、周五晚上开放至22:00

巴黎歌剧院

巴黎歌剧院（Opera de Paris）被称为世界上最大的抒情剧场，是新巴洛克式建筑的典范。歌剧院规模宏大、精美细致，堪比古代繁华的宫殿。剧院前厅的廊柱间，陈列着很多著名作曲家的半身铜像，如莫扎特和贝多芬。电影《歌剧魅影》里面的故事，就发生在这个歌剧院内。

旅游资讯
地址：8 Rue Scribe, 75009 Paris
交通：乘地铁M3线、M7线、M8线至Opera站下车可到
网址：www.operadeparis.fr
票价：9欧元，25岁以下学生6欧元
开放时间：10:00～17:00

Day 2

协和广场→香榭丽舍大街→凯旋门→埃菲尔铁塔

今天的行程需要穿越香榭丽舍大街，最好穿着舒适的平底鞋出行，如果觉得太累也可以乘坐地铁或公交车前往目的地。

巴黎第2天行程		
时间	目的地	行程安排
9:30～12:00	协和广场	站在广场上环顾四周，可以清楚地看到广场周边的景色。在广场上的喷泉旁边，喂鸽子是一件很享受的事情
12:00～14:30	香榭丽舍大街	这条笔直的街道上有着非常美丽的景色，两边种植着整齐的梧桐树，周边是鳞次栉比的高楼建筑，使得这个地方焕发出迷人的风采
14:30～15:30	凯旋门	凯旋门是巴黎的地标建筑，也是不容错过的一个景点。来到凯旋门首先会被它上面的浮雕吸引，它们形色各异，内容丰富。在这里，一定要拿出相机与这座宏伟大气的建筑合影留念
15:30～19:30	埃菲尔铁塔	从凯旋门前往埃菲尔铁塔的路程较远，最好乘坐地铁。埃菲尔铁塔是巴黎的象征之一。比起白天，晚上的埃菲尔铁塔更是流光溢彩，非常漂亮，你可以在此尽情地感受巴黎的浪漫。每年7月14日（法国国庆节），这里都有音乐会和国庆烟火表演

▲ 巴黎第2天行程路线示意图

地图标注：
- 凯旋门 Arc de Triomphe（C）
- AC约2千米，步行约35分钟
- 爱丽舍宫 Le Palais de L' Elysée
- 福熙大街
- 康迪大街
- Copernic Street
- Rue Pierre Charron
- 香榭丽舍大街 Avenue des Champs-elysees（B）
- CD约2.7千米，乘车约15分钟
- Palais de la Découverte
- Grand Palais
- Gabriel Avenue
- 协和广场 Place de la Concorde（A）
- Trocadéro Gardens
- Georges Pompidou Service Road
- 奥赛码头
- University Street
- Esplanade des Invalides
- Rue Saint-Dominique
- Bosquet Avenue
- 埃菲尔铁塔 The Eiffel Tower（D）
- 耶拿大桥

协和广场

　　协和广场（Place de la Concorde）是世界上最美丽的广场之一，从这里可以看到香榭丽舍大街、凯旋门、卢浮宫等著名的景点。广场中心摆放着巨大的埃及方尖碑，在方尖碑的两侧各有一个喷泉，广场的西面是香榭丽舍大街的东部起点，沿此路可直通巴黎凯旋门所在的戴高乐广场。

旅游资讯
地址：巴黎市区西北部
交通：乘坐地铁1、8、12号线在Concorde站下车可到；乘坐公交车24、72路在Concorde-Quai des Tuileries站下车可到

香榭丽舍大街

　　香榭丽舍大街（Avenue des Champs-elysees）位于巴黎中轴线上，西端是凯旋门，东端则是协和广场，卡鲁塞尔凯旋门及卢浮宫都位于香榭丽舍大街的延长线上。法国国庆阅兵式、环法自行车赛的最后一程都在香榭丽舍大街上进行。在这个国际知名品牌的汇集之地，沿街两旁分布有众多的奢侈品商店、高级时装店及高级轿车展示中心。

旅游资讯
地址：Avenue des Champs Elysees
交通：乘地铁M1、M2、M6号线在Charles-de-Gaulle-Etoile站下车可到

香榭丽舍大街是巴黎时尚品的聚集地，不论是酒店、餐厅、咖啡馆还是别的购物商店，里面的东西都可以说是走在世界时尚潮流的最前沿，在这里吃一顿完整的法式大餐，再逛逛时尚商店是一件非常令人向往的事。

凯旋门

凯旋门（Arc de Triomphe）位于法国巴黎的戴高乐广场中央，是一座纪念战争胜利的建筑。凯旋门的外观气势宏伟，显得庄重威严，门上有四组巨大的雕刻，它们出自当时3位法国古典浪漫主义雕刻大师之手，各具特色，其中最吸引人的是刻在右侧石柱上的"1792年志愿军出发远征"，即著名的《马赛曲》的浮雕，在世界美术史上占有重要的一席之地，是不朽艺术杰作。游客可以乘坐电梯登上凯旋门，欣赏远处的景色。

旅游资讯

地址：Place Charles de Gaulle 75008 Paris

交通：乘坐地铁在Charles de Gaulle-Etoile站下车可到，也可以乘坐公交车M1、2、6在Charles de Gaulle Etoile站下车可到

票价：8欧元，18~25岁5欧元（10月至次年3月的第一个周日免费）

开放时间：4月1日至9月30日，10:00~23:00；10月1日至3月31日，10:00~22:30

埃菲尔铁塔

埃菲尔铁塔（The Eiffel Tower）位于战神广场上，是巴黎现代建筑的象征。塔身高大而具有气势，散发着独特的魅力。埃菲尔铁塔共分为3楼，其中一、二楼设有餐厅，三楼建有观景台，从塔座到塔顶共有近2000级阶梯。最高层瞭望台离地面近300米，登上去，可以将整个巴黎的美景尽收眼底。

旅游资讯

地址：Avenue Anatole France, 75007 Paris

交通：乘公交车42、69、72、82、87路即可；乘坐地铁6号线至Bir Hakeim站或RERC线至ChampdeMars站下车可到

网址：www.eiffel-Tower.com/cn

票价：电梯至2楼8.5欧元（12~24周岁7欧元），电梯至顶楼14欧元（12~24周岁12.5欧元），楼座至2楼5欧元（12~24周岁3.50欧元）

开放时间：1月1日至6月15日、9月3日至12月31日9:30~23:00，6月16日至9月2日09:00~24:00

晚上在哪儿
玩

巴黎的夜晚，最美的景色当属塞纳河畔了，如果有兴趣可以在码头乘坐游船夜游塞纳河，亲身感受这座城市的魅力。也可以在路边选一家安静的咖啡馆，喝一杯暖心的咖啡，融入巴黎的夜生活。

Day 3

凡尔赛宫

在巴黎市郊的凡尔赛坐落着举世闻名的凡尔赛宫，这座巨大的宫殿及其花园的建筑都十分精美，在花园内还有各种罕见的植物。在这个地方参观，时光会不知不觉溜走。

巴黎第3天行程		
时间	目的地	行程安排
9:30~18:00	凡尔赛宫	从巴黎市区乘坐SNCF火车即可到达凡尔赛宫，走进凡尔赛宫，可以从整整齐齐的花草、漂亮的喷泉以及精致的雕刻中，看到属于这座宫殿的美丽与高贵

▲ 巴黎第3天行程路线示意图

凡尔赛宫

凡尔赛宫（Château de Versailles）位于法国巴黎西南郊外的凡尔赛镇，为古典主义风格建筑，以其奢华富丽和充满想象力的建筑设计闻名于世。巨大的落地窗和镜子组成的镜厅、战争画廊等都是凡尔赛宫的亮点，还有战争厅、和平厅以及丰收厅等都是不可错过的地方。时间允许的话，不妨将每个厅都好好参观一下，相信一定会受益匪浅。此外，夏季在花园里的音乐喷泉和周末节日期间燃放的烟火也十分绚丽。

旅游资讯

地址：Chateau de Versailles，Place dArmes，78000 Versailles，Paris

交通：乘坐地铁L9号线到Pont de Sevres出站，转171路公交车到Chateau de Versailles站下车可到；或乘坐SNCF火车到Versailles-Chantiers站下车可到

网址：www.chateauversailles.fr

票价：城堡15欧元，通票（城堡+花园）18欧元，有音乐喷泉时25欧元，门票包含免费录音解说

开放时间：4～10月9:00～18:30；11月至次年3月9:00～15:30；元旦、劳动节、圣诞节不开放，如果遇到官方仪式，也会关闭

中午在哪儿 吃

前往凡尔赛宫游玩期间，可以提前准备面包、水果等食物，在中午时分拿出来，坐在花园的草地上享用。如果不喜欢午餐就这么将就吃的话，在凡尔赛宫门口也有不少可以选择的餐厅。

晚上在哪儿 玩

游览完凡尔赛宫后，可以乘车返回巴黎市区，在巴黎还有热闹的夜间娱乐等着你。到巴黎著名的红磨坊酒吧，看一场激动人心的演出，或是饮一杯味道醇厚的啤酒，都能给自己3天的巴黎之行画上圆满的句号。或者在下午直接乘车前往普罗旺斯，那里的住宿费用相对较低。

红磨坊

地址：82 Boulevard de Clichy，75018 Paris
交通：乘坐地铁M2号线至Blanche站下车可到
网址：www.moulinrouge.fr

红磨坊（Moulin Rouge）位于巴黎蒙马特高地脚下，是巴黎历史最久远、最有名的秀场，听到这些，你是不是就已经按捺不住内心的激动了呢？没错，这里既有精彩的歌舞表演供人们娱乐，还有很多奇特的口技、模仿等节目，总能给人们的视觉带来不一样的享受。

如果多待一天

多待一天
的游玩

玩了3天后，如果还不想离开巴黎这座城市，这里还有众多的景点等着你去探秘。其中，迪士尼乐园就是大人小孩都喜欢的主题公园；位于巴黎市区东部的马恩河谷，乘坐火车或者RER专线列车都可以到达，十分方便。

巴黎迪士尼乐园

巴黎迪士尼乐园（Parc Disneyland）包括迪士尼主题公园和迪士尼公园度假村，是欧洲著名的文化娱乐度假中心之一。主题公园由5部分组成，包括美国小镇大街（Main Street.USA）、冒险世界（Adventureland）、边域世界（Frontierland）、幻想世界（Fantasyland）和探索世界（Discoveryland）。此外，还有迪士尼酒店度假村和高尔夫球场等。

地址： Parc Disneyland, 77777 Marne la Vallée Paris
交通： 乘RERA4线到终点站Marne la Vallée下车可到（单程7.5欧元），从戴高乐和奥利机场乘大巴直接可到，乘坐火车到Marne la Vallée车站下车可到
票价： 1天通票40欧元（主题公园），2天通票89欧元（主题公园+影视城），3天通票110欧元（主题公园+影视城），4天通票128欧元（主题公园+影视城），5天通票137欧元（主题公园+影视城）
开放时间： 10:00~20:00（公园有游行活动时延长到22:00），影视城（Studio）在19:00关闭

多待一天
的美食

巴黎是众所周知的美食之都，有闻名世界的法国料理，也有阿根廷、古巴、墨西哥等美洲美食。巴黎的美食以精致的外观与独特的口味赢得了世人的称赞，这里拥有众多的星级餐厅，也有很多经济却不失典雅的小餐馆，在那里品尝巴黎的特色小吃也是别有滋味。

多待一天的娱乐

在巴黎你可以到音乐厅、艺术厅接受艺术的熏陶；可以在塞纳河上乘船赏景；也可以找一家独具情调的酒吧，在美酒的醇香中感受巴黎的点滴；还可以到蒙马特高地附近的咖啡馆中一边看街上来来往往的行人，一边惬意地品尝咖啡，度过属于你的闲暇时光。

塞纳河游船

参加塞纳河的游船活动十分有意义，你可以到塞纳河游船公司咨询和参加该活动。塞纳河游船公司拥有15条观光游船，其中包括9条观光游船和6条餐厅游船，所有游船均配备完善的设备，包括两个甲板，其中一个为全玻璃封闭式甲板，配有暖气和空调。游船共50人一船，客满即发。塞纳河游船每周日和节日还会提供周到的午餐服务。

网址：www.bateaux-mouches.fr

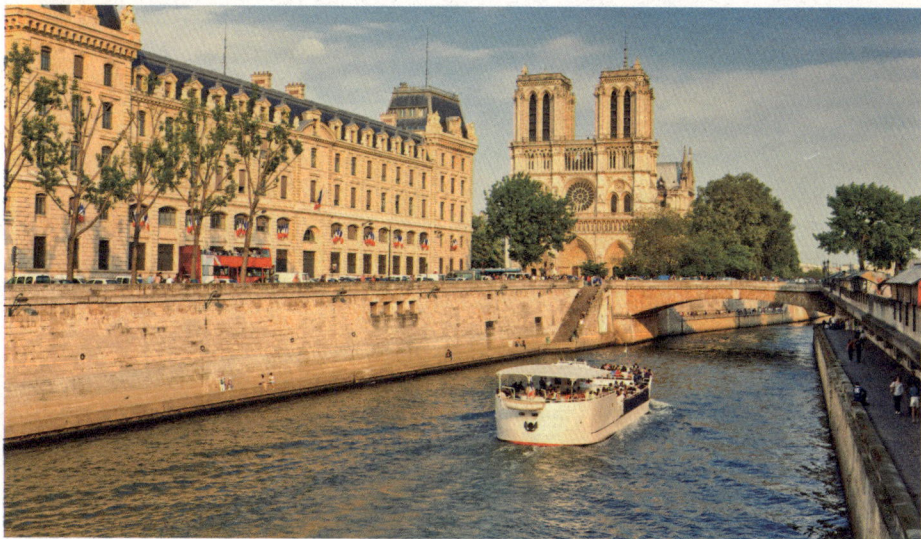

巴黎住行攻略

在巴黎住宿

巴黎的住宿地非常多，星级酒店和廉价旅舍比比皆是。巴黎的高档酒店比较奢华，价格一般都比较昂贵，住宿一晚的费用200欧元以上；中档酒店少了高档酒店的奢华，价格也比高档酒店稍微便宜，住宿一晚费用100～200欧元；经济旅馆是这些住宿地中最便宜的，费用在100欧元以下，有些便宜的旅舍住宿一晚只需花20欧元左右。

巴黎住宿地推荐				
名称	地址	邻近车站	网址	参考价格
巴黎贝尔维尔东站席泊特酒店（Hipotel Paris Belleville Gare de l'Est）	37 Rue Servan	Colonel Fabien地铁站	hipotel.info	39～54欧元
理查德酒店（Hôtel Richard）	35 Rue Richard Lenoir, 75011 Paris	伏尔泰地铁站（Voltaire）	—	45～55欧元
加利康福特酒店（Hôtel Jarry Confort）	4 Rue Jarry	Chateau d'Eau地铁站	hotel-jarry-confort-paris.com	63～85欧元
宜必思巴黎林荫大道歌剧院9e酒店（ibis Paris Grands Boulevards Opéra 9e）	38 Rue du Faubourg Montmartre	林荫大道地铁站（Grands Boulevards）	www.accorhotels.com	106～120欧元
巴黎奥林斯品质酒店（Quality Hotel Paris Orléans）	185–187 Boulevard Brune	Porte d'Orléans地铁站	www.choicehotels.fr	98～118欧元
阿格拉酒店（Hotel Agora）	7 Rue de la Cossonnerie	Châtelet地铁站	www.hotel-paris-agora.com	110～120欧元
里贝特瑞典北车站酒店（Libertel Gare Du Nord Suede）	106 Boulevard de Magenta	Poissonnière地铁站	www.hotel-gare-du-nord-suede.com	110～129欧元
假日度假巴黎车站帕纳斯峰酒店（Holiday Inn Paris Gare Montparnasse）	81 Avenue du Maine	盖特地铁站（Gaîté）	www.ihg.com	174～215欧元
假日度假酒店（Holiday Inn Paris Elysées）	24 Rue de Miromesnil	Miromesnil地铁站	www.ihg.com	221～280欧元

在巴黎出行

巴黎市区的交通工具主要有公交车、地铁、区域快线、出租车等。由于巴黎的大多数景点都在二环以内，所以乘坐地铁游览景点时，只要不超出二环，地铁（Metro）票和区域快线（RER）票就可以通用，较为方便。

地铁

地铁是巴黎主要的出行工具。在众多线路中，除了1号和14号线路之外，其余的大部分线路都需要乘客自己手动开门。巴黎地铁车票在地铁站的售票窗口或自动售票机上可以买到，如果不会使用自动售票机，可向工作人员寻求帮助。在站内，可按照地铁站内的"Direction"标志牌前往要乘坐的地铁或RER线的月台，注意查看目的地所在方向及路线图，在到站后按照出口指示出站。换乘标志为"Correspondance"。地铁的运行时间是5:30至午夜，平均每2分钟一班。

公交车

巴黎的公交车连接了市中心和近郊区，能到达地铁抵达不到的地方。公交车票和地铁票通用，因此不仅可以在众多地铁站路边的自动售票机和报摊等地买到公交车票，也可以等上了公交车之后再向司机买票。车票的价格一般根据目的地距离市中心的远近来计算，距离越远，车票价格越高。巴黎公交车的运行时间一般是6:30～20:30，部分线路运行至次日00:30或更晚。到了晚上，还有夜班车穿行于巴黎市中心和郊区之间。

区域快线

区域快线（RER）是连接巴黎市区与近郊的交通工具，它一共有A～E这5条线，不过，即使是同一条线，但到中途还是会分开，并向四周延伸，运行时间一般为4:30至次日00:30，票价不等。可以在任何一个地铁站和RER车站索取免费发放的交通网络图，路线图上会清楚标出每天快线列车的路线。

出租车

巴黎市中心的出租车等候分布点很多，如果你所处位置附近恰好没有等候点的话，可以招手叫车。叫车的话，在最后支付车费时需要额外支付接载费。如果你想要付给司机小费，根据自己的意愿支付就可以。需要注意的是，如果有比较紧急的事情，还是提前预约出租车为好。

从巴黎至普罗旺斯地区

乘飞机

从巴黎的奥利机场乘坐飞机前往普罗旺斯地区的阿维尼翁小镇，约需要1小时的时间，机票价格80～120欧元，在淡季时，偶尔会出现30欧元的超低价格，如果赶时间或是遇到超低价的机票，乘飞机前往普罗旺斯地区也是不错的选择。

乘火车

从巴黎乘坐火车前往普罗旺斯地区的阿维尼翁小镇是最受欢迎的选择，从6:00起，每小时都有数趟火车从巴黎的里昂火车站（Paris Gare de Lyon）前往阿维尼翁TGV高速列车站或阿维尼翁市中心火车站，车程约3小时，费用为25欧元左右。

到达普罗旺斯地区

普罗旺斯（Provence）是法国东南部的一个地区，全称为普罗旺斯—阿尔卑斯—蓝色海岸大区，古代时是古罗马的一个行省，毗邻地中海，和意大利接壤。此地区物产丰饶、阳光明媚、风景优美，从古希腊、古罗马时代起就很著名，至今依然是旅游胜地。普罗旺斯的薰衣草花田是难得的美景。普罗旺斯境内有艾克斯（Aix-en-Provence）、阿尔勒（Arles et Van Gogh）、阿维尼翁（Avignon）、马赛（Marseille）、尼姆（Nîmes）、戛纳（Cannes）、尼斯（Nîce）、圣雷米（Saint-Rémy de Provence）等城市，每一个城市都有悠久的历史和丰富的旅游资源。

如何到市区

普罗旺斯地区的交通很便利，很多小镇的火车站都距离市中心不远，且镇上的景点都比较集中，步行就可以到达。阿维尼翁就是这样的小镇，除了景色优美，还有便利的交通。阿维尼翁的TGV火车站在市郊，需要乘坐区间巴士前往城市中心，车程15分钟，费用1.1欧元。而阿维尼翁市中心火车站就位于小镇的中心位置，十分便利。

▲ 普罗旺斯地区主要城镇分布示意图

普罗旺斯地区4日行程

Day 4 教皇宫→阿维尼翁大教堂→小宫博物馆→阿维尼翁桥

　　来到普罗旺斯地区，我们不得不先去阿维尼翁看一看，因为这里曾是电视剧《又见一帘幽梦》的取景地，古朴的阿维尼翁桥掩映在迷人的景致中，让人流连忘返。

普罗旺斯地区第1天行程		
时间	目的地	行程安排
9:30 ~ 12:00	教皇宫	光从外观上来看就知道这个建筑的历史比较久远，这个宫殿在建筑和装饰方面都集中了当时顶尖大师们的智慧，外观和内部装饰都非常有看头，是一个值得我们花一些时间参观的地方
12:00 ~ 13:30	阿维尼翁大教堂	作为阿维尼翁最古老的教堂，它会让人对阿维尼翁有一个更新的认识
13:30 ~ 14:30	小宫博物馆	在这里能看到很多意大利文艺复兴时期的艺术作品
14:30 ~ 17:30	阿维尼翁桥	站在阿维尼翁桥上举目四望，古老的城市和断桥周边的风景全都映入眼帘，看着这些千古不变的景物，心中不免会产生一种物是人非、历史沧桑的感觉

阿维尼翁桥
Pont Saint
-Bénezet

CD约400米,
步行约8分钟

Boulevard de la Ligne

Ferruce Street

Le musée du
Petit Palais

Rocher des Doms

小宫博物馆
Musée du
Petit Palais

BC约350米,
步行约6分钟

阿维尼翁大教堂
Avignon Cathedral

†Avignon Cathedral

Linne Street

Grande Fusterie Street

Bonnes Street

Palais Square

Balance Street

教皇宫
Palais
des Papes

AB约200米,
步行约4分钟

▲ 普罗旺斯地区第1天行程路线示意图

教皇宫

　　教皇宫（Palais des Papes）坐落于阿维尼翁市中心，分旧殿和新殿两部分，旧殿朴实无华，属罗马风格建筑；新殿富丽堂皇，是典型的哥特式建筑。经历了战火后，1906年该宫殿被改造成一座国家博物馆。如今的教皇宫对外开放，里面有超过20个房间可供人参观，教皇宫顶上还有一个全景小咖啡厅，在参观的时候，还可以顺便过来品尝这里香醇的咖啡。

旅游资讯

地址：Rue Pente Rapide Ch Ansideï，84000，Avignon
交通：搭乘1、3、4路公交车及环保小车Baladine至Place du palais站下车可到
网址：www.palais-des-papes.com
票价：10.5欧元（含中文解说器费用）；优惠价8.5欧元（8～17岁、60岁以上老人及学生）；教皇宫、断桥联票13欧元，优惠价10欧元
开放时间：3月15至11月1日9:00～19:00，其中7月的关闭时间为21:00，8、9月的关闭时间为20:00；11月2日至次年3月14日9:30～17:45

阿维尼翁大教堂

　　阿维尼翁大教堂（Avignon Cathedral）位于教皇宫旁边，是阿维尼翁最古老的宗教性建筑。教堂建有钟楼，里面一共有35个钟，据说是全法国声音第二洪亮的钟楼，每个钟都有其自己的名字，因为大小不一样，所以发出的声音也是不同的。圣母大教堂旁边有一座岩石公园，是阿维尼翁历史的诞生地，如今作为公众公园，是人们休憩散步的好地方。

旅游资讯

地址：Place du Palais，Avignon
交通：乘1、3、4路公交车在Place du palais站下车可到
网址：www.cathedrale-avignon.fr
开放时间：7:30～18:00

中午在哪儿吃

　　圣母大教堂位于阿维尼翁市中心一带，在这里很容易找到像咖啡厅、快餐店等地方。

Le Moutardier du Pape

　　这家餐厅提供法国当地菜品以及令人垂涎欲滴的地中海菜品。走进其中，找一处安静的位置上坐下来，可以品尝这里的鹅肝、海鲜、酒水等美食。这里还有口味多样的甜点，值得品尝。

地址：15 Place du Palais，84000 Avignon
交通：乘坐Ouibus公交车在Arrêt OUIBUS Pont d'Avignon站下车可到

小宫博物馆

　　小宫博物馆（Musée du Petit Palais）位于教皇宫对面，是一座14世纪修建的建筑。博物馆内收藏了许多阿维尼翁学派以及意大利文艺复兴时期的绘画作品，其中最有名的是300幅意大利文艺复兴时的绘画，展示了从中世纪到文艺复兴时期的艺术历程。

旅游资讯

地址：3 Place Palais，84000，Avignon
交通：乘坐1、3、4等路公交车或环保小车至Place du palais站下车可到
网址：www.petit-palais.org
票价：成人6欧元，优惠票3欧元（12～18岁儿童、学生、持阿维尼翁通票Avignon Pass从第二次使用起）
开放时间：10:00～13:00，14:00～18:00；1月1日、5月1日、12月25日及每周二闭馆

阿维尼翁桥

　　阿维尼翁桥（Pont Saint-Bénezet）因歌曲《阿维尼翁桥》而闻名于世，它是当时朝圣者和商人从里昂到达海边的必经之地。阿维尼翁桥在17世纪时遭洪水冲击，原来的22个桥拱被毁坏，现在保留下来的为只有4个拱孔的断桥。在罗讷河的映衬下，断桥与古城尽显沧桑。

旅游资讯

地址：Rue Ferruce，Avignon
交通：搭乘Navette Remparts至Pont St bénézet站下车可到
网址：www.avignon.fr
票价：4欧元
开放时间：4～10月9:00～19:00，11月至次年3月9:30～17:30

晚上在哪儿 玩

阿维尼翁虽然是个小镇，但这里的晚上一点也不会寂寞，断桥附近有不少酒吧，让人在畅饮狂欢的同时，还能拥抱美丽的风景。此外，也可以选择穿越城墙跨过河流，前往河对岸的阿维尼翁新城，那里有更加丰富多彩的夜间活动等着你。

L'Esclave Bar

地址：	12 Rue Limas，84000 Avignon
交通：	乘坐Ouibus公交车在Arrêt OUIBUS Pont d'Avignon站下车可到

该酒吧位于阿维尼翁桥的西南方向，从断桥步行过去的话，大概需要10分钟时间。这里有种类多样的酒水供人们享用，在这里度过夜晚时光，优哉而快活。

Day 5　隆尚宫→马赛历史博物馆→贾尔德圣母院

今天的行程是前往普罗旺斯地区重要的港口城市——马赛游览参观。马赛有古救济院、遗迹庭院、隆尚宫等景点可以参观，还可以去贾尔德圣母院眺望迷人的地中海风景。马赛城内有便捷的公共交通，乘坐地铁来往于各个景点之间，十分方便。

普罗旺斯地区第2天行程

时间	目的地	行程安排
9:30～12:00	隆尚宫	隆尚宫整体是一个弧形，两边都是对称的结构，建筑与雕塑都非常具有美感与欣赏价值
12:00～16:30	马赛历史博物馆	博物馆的藏品很多，其中3世纪早期的商船遗骸和罗马建筑的残垣断壁让人十分震撼
16:30～19:30	贾尔德圣母院	到这座马赛的地标性建筑，看看马赛绚丽的日落景象

隆尚宫
Le Palais
Longchamp

Université
Aix-Marseille

AB约3.2千米，
乘车约3分钟

La Vieille Charité

BC约3.2千米，
乘车约3分钟

马赛历史博物馆
Musee d'Histoire
de Marseille

Centre Bourse

Bd de la Libération

Place Jean Jaures

Boulevard Chave

Port Street

Rive Neuve Street

Cantini Museum

Paroisse
Notre-Dame
du Mont

Lieutaud Path

Boulevard Baille

Breteuil Street

Tunnel Prado-Carénage

贾尔德圣母院
Basilique Notre
Dame De La Garde

▲ 普罗旺斯地区第2天行程路线示意图

隆尚宫

隆尚宫（Le Palais Longchamp）是一座弧形的建筑，中间高，两边低，看起来特别像一只展开了双翅的鸟儿。宫殿建筑集巴洛克、罗马及东方风格为一体，建筑中间有以"水之赞歌"为主题的群雕和喷泉。

旅游资讯

地址： 4ème Arrondissement Marseille,
13004 Marseille

交通： 乘地铁1号线、81路公交车或2路电车至5 Avenues Longchamp站下车可到

票价： 免费

开放时间： 10:00～17:00

中午在哪儿 吃

在隆尚宫参观过后，可以乘地铁前往马赛市区，那里有不少美食等着你去品尝。作为港口城市的马赛，各类新鲜的海产品是制作马赛美食的主要原材料，而在众多美食中，以马赛鱼汤最为著名，值得一尝。

1 Mix'n Wok

这家餐厅提供改良过的中式风味美食，并且多数菜肴采用中餐"干锅"的制作方法。餐厅菜品的单价多在2~5欧元，套餐价格7~10欧元。

地址：1 Rue Fontaine d'Arménie 13001 Marseille
交通：乘地铁1号线在Colbert站下车可到
网址：www.mix-n-wok.com

马赛历史博物馆

马赛历史博物馆（Musée d'Histoire de Marseille）藏品丰富，是法国的第一个城市历史博物馆。馆内展示有与马赛历史、文化发展的相关展品，此外，博物馆内还陈列着一艘造型奇特的商船遗骸，很引人注目，据称，其是3世纪早期在周围水域从事贸易的商船。

旅游资讯

地址：1 Boulevard Philippon, Marseille
交通：乘坐地铁2号线在Noailles站下车可到
网址：www.marseille.fr
开放时间：周一至周六12:00~19:00

贾尔德圣母院

贾尔德圣母院（Basilique Notre Dame De La Garde）是马赛的地标性建筑。教堂是典型的罗马拜占庭式风格建筑，十分壮观。在教堂顶部有一座高达10米的圣母玛利亚雕像，教堂内部有为了祈祷航海平安而建造的模型船。傍晚时分，站在贾尔德圣母院的阳台上，可看到夕阳映衬下的马赛，景色足以让人沉醉。

旅游资讯

地址：Colline de la Garde
交通：在码头乘坐60路公交车上山到达；乘地铁到Vieux-Port站下车可到
票价：免费
开放时间：10月至次年4月，7:00~19:30；5~9月，7:00~21:00

晚上在哪儿
玩

马赛港口附近有众多风格独特的酒吧。夜幕降临之后，坐在酒吧的室外吧椅上，吹着海风轻抿一口啤酒，或许会回想起爱德蒙·邓蒂斯（《基督山伯爵》主人公）初回马赛港时意气风发的情景吧！乘地铁1号线至Vieux-Port Hôtel de Ville站下车后，你就会看到数十家酒吧，可随意选择其中一家酒吧小酌。

Day 6

城堡博物馆→影节宫

在普罗旺区地区怎能错过热闹而又星光熠熠的戛纳呢？第3天的行程就是前往戛纳见证这座电影之城的魅力。从马赛乘火车或是长途汽车可以很方便地到达戛纳，车程约2小时，费用约20欧元。

普罗旺斯地区第3天行程		
时间	目的地	行程安排
10:30 ~ 12:00	城堡博物馆	登上博物馆古城堡的台阶，可以俯瞰到远处的建筑和风景，那感觉非常舒畅
12:00 ~ 18:30	影节宫	影节宫门前有一段铺了红地毯的台阶，走上去你会感觉自己有一种在电影节上走红毯的感觉

Astoux et Brun　McDonald's
Auberge Provençale
Liberté Charles de Gaulle Alley
Caffe Roma
MAIRIE DE CANNES
Eglise Notre-Dame se l'Espérance
Prom. de la Pantiero
影节宫
Palais des Festival
B
La Pizza
A
BC约1.4千米，开车约4分钟
城堡博物馆
Musee de la Castre

▲ 普罗旺斯地区第3天行程路线示意图

城堡博物馆

城堡博物馆（Musee de la Castre）中的展品很多，有鼓、琴、笛等来自世界各地的乐器，还有东方绘画、地中海海洋风景画和乡间风景画等。博物馆有众多展览厅，分为中东艺术展厅、大洋洲艺术展厅、美洲艺术展厅、非洲艺术展厅和亚洲艺术展厅等。

旅游资讯

地址：Le Suquet，Rue de la Castre，06400 Cannes

交通：乘坐7、8、22路公交车在Quai Saint Pierre站下车可到

网址：www.cannes.fr

票价：6欧元

开放时间：10月至次年3月10:00～12:00，14:00～17:00；4～6月10:00～18:00，7～8月10:00～19:00，9月10:00～18:00（周二至周日）

中午在哪儿吃

城堡博物馆和影节宫都坐落在港口附近，午餐可以在这里吃，这里有众多的露天餐厅。此外，附近的商场内还有麦当劳、赛百味等快餐厅。

1 Astoux et Brun

这是一家位于港口北部的餐厅，提供各类海鲜、时令蔬菜及甜点等菜肴。

地址：27 Rue Félix Faure 06400 Cannes

交通：乘坐公交车2、4、6a、6b、7、7A、8、10、12、18、21、22、35、EXP、N1、N2、N10、N20、N21、R4路在Hôtel de Ville站下车

网址：www.astouxbrun.com

影节宫

影节宫（Palais des Festival）位于海滩与老港之间，是举办戛纳电影节的重要地点，受人瞩目的金棕榈奖就在此颁发。影节宫设计符合现代人的审美要求，内部音响设备非常好，能带给人一种非常独特的感受。在宫殿里有几个舞池，舞池周围还有金色的铁栏杆和天鹅绒地毯陈设，看起来很华丽。

旅游资讯

地址：1，boulevard La Croisette，Can-nes

交通：从火车站步行10分钟到达

Day 7 尼斯火车站→尼斯圣母院→英国人漫步大道→尼斯歌剧院

在普罗旺斯地区的最后一天，可以前往时尚的尼斯，享受蔚蓝的海水。这里湛蓝的海水和自由的气氛使每个来到这里的人都能尽情地欢乐。今天的行程以尼斯火车站为起点，在参观尼斯圣母院后，沿着英国人漫步大道散步，晚上去尼斯歌剧院欣赏表演。

普罗旺斯地区第4天行程		
时间	目的地	行程安排
9:30～12:00	尼斯圣母院	这是尼斯最重要的宗教建筑，其建筑本身十分精美，值得一看
12:00～16:30	英国人漫步大道	这条海滨大道风光无限，两旁种植了漂亮的花朵，还有一排排齐齐整整的棕榈树，偶尔有一些人骑着自行车来来往往，给街道增添了些许的活力
16:30～18:30	尼斯歌剧院	尼斯歌剧院是一个欣赏演出的好地方，你可以在夜幕降临以后，在尼斯找一家沙滩酒吧，品一杯啤酒

▲ 普罗旺斯地区第4天行程路线示意图

尼斯圣母院

尼斯圣母院（La Basilique Notre-Dame）位于让·梅德塞大道上，是尼斯最大的现代宗教教堂。这座白色哥特双塔式建筑的外观很美，墙角处以金色镶嵌，如同皇家宫殿般富丽堂皇。教堂内部的装饰也十分精致华丽，阳光透过彩色玻璃照进来的时候，给教堂蒙上了一层神秘的面纱。

旅游资讯

地址： 37 Avenue Jean Medecin，06000 Nice

交通： 乘坐有轨电车T1线在Jean Medecin站下车可到

中午在哪儿 吃

尼斯海边的沙滩上有很多餐厅，在那里吃饭，可以边享受美味边欣赏绝佳的风景。

Blue Beach

这家餐厅位于英国人漫步大道上，装饰以蓝色为主，提供婚礼、商务会议等服务。游客可以在室外沙滩的座位上用餐，能在享受美食的同时，近距离地接触湛蓝的大海。

地址： Promenade des Anglais 06000 Nice

交通： 乘坐08、11、52、62、94、98、T60、T61路公交车在Congrès / Promenade站下车

网址： www.bluebeach.fr

英国人漫步大道

英国人漫步大道（Promenade Des Anglais）也叫盎格鲁大街，是一条沿地中海蔚蓝海岸延伸的著名海滨步行道。这是一条非常有意思的街道，一边是海洋，一边是建筑。道路的两旁种满了各式各样的花卉，集中着很多的高档酒店、餐厅和咖啡厅，十分热闹。

旅游资讯

地址： 法国尼斯

尼斯歌剧院

尼斯歌剧院（Opéra de Nice）位于尼斯旧城区，是法国尼斯主要的歌剧表演场地。该剧院有南北两个门，南门位于滨海路，北门位于圣方济各保拉街（rue Saint François de Paule），威尔第的《阿依达》曾是这里的首演剧目。尼斯歌剧院现已经被法国文化部列为国家历史古迹。

旅游资讯

地址： 9 Rue Raoul Bosio，06300 Nice

交通： 从尼斯火车站向南步行约1.5千米可到

网址： www.opera-nice.org

晚上在哪儿 玩

尼斯的夜晚是伴着海浪声到来的，在享受了一天的日光浴后，不妨到沙滩上吹一会清凉的海风，来一杯啤酒享受一下微醺的感觉，或者在尼斯歌剧院欣赏一场歌剧演出。尼斯的夜晚总是有一种让人打开心扉、享受快乐的冲动。

1 Hi Beach

这家酒吧就位于英国人漫步大道旁，经常举行露天音乐会，在此你可伴随着DJ动感的音乐和游人们一起摇摆身体，让自己的法国之行变得更加绚烂多姿。

地址：47 Promenade des Anglais 06000 Nice
交通：沿英国人漫步大道步行可到
网址：www.hi-beach.net

如果多待一天

多待一天 的游玩

如果有更多的时间待在普罗旺斯地区，可以前往《基督山伯爵》里提到的伊夫岛，探寻主人公的足迹，也可以前往普罗旺斯地区的其他的小镇游玩。

1 伊夫岛

伊夫岛（Chateau d' If）曾出现在法国著名作家大仲马的代表作《基督山伯爵》内，在小说里，基督山伯爵被关押的地方就是伊夫岛上的伊夫城堡。除了这部小说的影响外，岛上的伊夫城堡，以及在岛上可眺望美丽的地中海，也是吸引游客的主要原因。

地址：Embarcadère Frioul If,Marseille
交通：从马赛港口乘小游船约20分钟可到
票价：成人4.6欧元；18～25岁，3.1欧元；17岁以下学生免费

2 阿尔勒

阿尔勒是著名的印象派画家梵·高曾经的居住地，这座小城坐落在美丽的罗讷河上。阿尔勒拥有丰富又独特的世界艺术遗产，古典而又清新，十分迷人。还有众多如斗牛、弗拉门戈舞、帕利亚第复活节等颇具特色的地方节日与活动。

地址：Arles，France
交通：从巴黎里昂站乘坐TGV列车可到，从马赛坐快车到阿尔勒约需50分钟，从艾克斯到达阿尔勒约需40分钟

多待一天的购物

普罗旺斯地区有众多充满魅力的小城，这里的各类商品以品质上乘的香水最为出色。普罗旺斯也是一个薰衣草的国度，在这里，随处都可以看到与薰衣草有关的产品，薰衣草香包、精油等都是不可错过的好东西。当然，还有葡萄酒、茴香酒等也值得购买。

普罗旺斯地区住行攻略

在普罗旺斯地区住宿

普罗旺斯地区有众多的住宿地可以选择，不仅有各类星级酒店，还拥有多种经济实惠的住宿地。

普罗旺斯地区推荐住宿地		
名称	地址	网址
Vertigo Vieux-Port	38 Rue Fort Notre Dame，13007 Marseille	www.hotelvertigo.fr
Hôtel Sylvabelle	63 Rue Sylvabelle，13006 Marseille	www.hotel-sylvabelle-marseille.com
Premiere Classe Marseille La Valentine	Centre Commercial Grand V，117 Traverse de la Montre，13011 Marseille	www.premiereclasse.com
Appart'City Nîmes	364，allée de l'Amérique Latine，30900 Nîmes	www.appartcity.com

在普罗旺斯地区出行

总体来说，普罗旺斯的交通很便利，有地铁、公交车、出租车、有轨电车等，但每个地方的交通又各具特点，如在尼斯，乘坐有轨电车最为方便；在阿维尼翁流行骑自行车；在戛纳，人们喜欢乘坐旅游巴士欣赏美景。相对来说，马赛的公共交通最为完善，地铁、公交车都有。

马赛交通资讯	
名称	概况
地铁	马赛有2条主要地铁线路，可在位于地铁站内的自动售票机或售票窗口购买车票，或直接在公交车和在带有RTM（地铁、公交车）标志的商店购买
有轨电车	有轨电车主要负责连接地铁和公交车线路之间的空白区域，其黄色线路会经过很多旅游景点以及市区东部的商业购物区
出租车	马赛的出租车24小时运营，不过出租车费在周日和公共假日时会略高

尼斯交通资讯	
名称	交通概况
轻轨	尼斯的轻轨（Tramway de Nice）全长8.7千米，是尼斯非常大众化的交通工具，游客可从www.tramway.nice.fr上获得轻轨的相关信息
公交车	尼斯的公交车有很多，但是时间各不相同，有白天运营的，还有特地在晚上运营的，机场快线98、99线的运营时间基本都不超过20:00，而城市5条夜间巴士线路的运营时间为21:10至次日1:10，需注意的是，这里的预订时刻表标明的只是始发站的发车时间，而非当前所在车站的开车时间
自行车	在尼斯市内可以骑自行车游览，可通过公共自行车租赁系统(Velo Bleu)租赁自行车，租车的费用每天1~25欧元，不过，在这里租自行车前30分钟可以免费使用，可通过www.velobleu.org查询相关的信息

阿维尼翁交通资讯	
名称	交通概况
公交车	阿维尼翁的公交车线路有40多条，运营时间7:00~19:00，LAPOSTE站到高速火车（TGV）站的预订一般营运到23:00；预订票分日票（3.6欧元）、十次票（10欧元）、单程票等，可以在报亭里购买，也可上车后购买
Baladine小型环保公交车	Baladine小型环保公交车只走一条小环路，它经过市中心的主要景点，票价为每次0.5欧元；运行时间为7~8月的10:00~20:00，其余时间为周一至周六的10:00~18:00
自行车	阿维尼翁的自行车租赁服务主要由TCRA提供，它在阿维尼翁有17个自行车服务站，有多种款型可供选择，每个取车服务站都靠近公交车站台
出租车	阿维尼翁的出租车可以预订，预订电话是04-90822020或04-90518274

戛纳交通资讯	
名称	交通概况
公交巴士	戛纳的公共巴士服务公司有CTM Cannes La Bocca、Beltrame、Bus Azur 和 STU de Cannes Bus Azur等。公交巴士的车站很多，一般在港口、火车站以及市政厅等地方都有站
出租车	在戛纳叫出租车是一件很容易的事，你可以通过电话来预订出租车，不过通过这样的方式来预订出租车还需另外支付一些费用

路线改变

除了以上地方，法国还有很多地方都值得一游。名声在外的波尔多就是首选之地，还有卢瓦尔河谷附近的小城都是观景的绝佳之地，法国北部的一些小镇更会让你看到不一样的法式风情。

一杯红酒，一家酒吧，配上一段轻松愉快的音乐，这是在波尔多不能错过的体验。波尔多是法国最负盛名的葡萄酒产区，这里的葡萄酒庄园特别多，声名远扬的拉菲酒庄，历史悠久的拉图酒庄，富丽堂皇的玛歌酒庄……它们是波尔多最耀眼的一部分。在这里，你少不了见到大片大片的葡萄庄园，少不了见到众多的葡萄美酒。你要是亲自走进这里的葡萄庄园，肯定会大发感叹，这一眼望不到头的葡萄架，完全有几分薰衣草庄园的风采。

去波尔多吧

拉菲酒庄

拉菲酒庄（Château Lafite Roth-schild）位于一座满是碎石的小山丘上。这里的地理条件得天独厚，特别适合葡萄等植物的生长以及葡萄酒的酿制。在这里，你不仅可以了解到葡萄酒的酿制过程，还能品尝到各种年头的葡萄酒。需要注意的是，想参观学术论坛需提前两周预约。

旅游资讯

地址：Pouyalet, 33250 Pauillac
网址：www.lafite.com

圣米歇尔教堂

圣米歇尔教堂（Basilique St. Michel）位于波尔多旧市区南端加伦河畔。教堂的圣米歇尔塔是法国最高的哥特式尖塔之一，登上塔顶可将城市中的美景尽收眼底。教堂内保存了各类不同时期的油画、壁画和雕塑等作品。

旅游资讯

地址：Place Meynard 33800 Bordeaux
开放时间：10:00~17:00

PART 5 德国一周游

Part 5

德国一周游

德国印象

★★★ 莱茵河畔的风景线

德国这个国家，是莱茵河畔一道亮丽的风景线。在这里，你可以欣赏美丽的自然美景，也可以看到高雅古典的建筑，它们有规律地排列在莱茵河畔周围，给人带来一种完美的视觉享受。

★★★ 古老的城市

说起柏林，你总能想到勃兰登堡门、柏林大教堂等具有特色的历史性建筑，其实在柏林，具有悠久历史的建筑远远不止这些。只要你来过这里就会发现，这是一个充满了浓厚历史气息的城市。走在柏林的街道上，玩在柏林的著名景区里，你几乎都能看见一些具有历史意义的建筑，它们充当着柏林这个城市的重要角色，是柏林建筑以及文化不可缺少的一部分。

★★★ 品酒识德国

喝着美味的咖啡，品着香醇的啤酒，尝着可口的美食，听着安静的音乐，你若行走在慕尼黑的街头，这肯定是最常见的景象。慕尼黑的生活节奏慢，人们也乐于享受娴静的生活。因此在这里，街头、餐馆、咖啡厅里少了很多来来往往忙碌的人，多了很多散着步、聊着天、享受着安静生活的人群，在这里，你会少了很多压力，多了很多的快乐。

推荐行程

A 慕尼黑 约600千米 B 柏林

柏林
Berlin

B

汉诺威
Hannover

马格德堡
Magdeburg

比勒费尔德
Bielefeld

哥廷根
Gottingen

莱比锡
Leipzig

德累斯顿
Dresden

埃尔福特
Erfurt

AB约600千米

美因河畔
法兰克福
Frankfurt
am Main

布拉格
Praha

皮尔森
Plzen

纽伦堡
Nürnberg

斯图加特
Stuttgart

林茨
Linz

乌尔姆
Ulm

A

慕尼黑
Munich

交通方式对比

路线	交通方式	优点	缺点	运行时间	单程费用
慕尼黑—柏林	飞机	较为便捷	价格较高	1小时	约130欧元
	火车	价格合适、较为便捷	价格波动较大，不好买票	6小时	35欧元起

最佳季节

德国的冬季会比较冷，白天只有6~8小时的日照，因此前往德国旅游的最佳季节当属春夏秋三季，其中以每年的5~10月为最佳。春秋相对来说气候比较适宜，尤其是秋天，不仅景色优美，而且正值盛大的慕尼黑啤酒节，整个城市都沉浸在节日的欢乐氛围之中。

最佳季节的衣物

在最佳旅游季节前往德国，天气晴好，气温比较适宜，准备一些轻便的衣物即可，另外要注意带上雨具，还要准备一双舒适的平底鞋。夏季也会有较大的昼夜温差，因此除了注意防晒、防中暑之外，也需要备一件轻薄的外套。德国南部地区冬季比较寒冷，如果选择冬季去的话要注意保暖，需要准备轻便的羽绒服和棉靴。

德国最佳旅行季节衣物						
衣物种类	5月	6月	7月	8月	9月	10月
长袖衣物	√	√	—	—	√	√
半袖衣物	—	—	√	√	—	—
薄外套	—	—	√	√	—	—
厚外套	√	√	—	—	√	√
薄羽绒服	—	—	—	—	—	—
墨镜	√	√	√	√	√	√
平底鞋	√	√	√	√	√	√

推荐路线： 慕尼黑—柏林7天7夜游

7天7夜游的推荐路线			
城市	日期		每日安排
慕尼黑	Day 1	上午	慕尼黑王宫→圣母教堂
		下午	新市政厅→谷物市场
	Day 2	上午	宝马世界
		下午	慕尼黑奥林匹克公园
	Day 3	上午	宁芬堡宫
		下午	皇家啤酒屋
	Day 4	全天	新天鹅堡
柏林	Day 5	上午	国会大厦
		下午	菩提树下大街→勃兰登堡门→欧洲被害犹太人纪念碑
	Day 6	上午	柏林大教堂
		下午	博物馆岛
	Day 7	上午	查理检查站
		下午	波茨坦广场→柏林墙遗址纪念公园

到达慕尼黑

慕尼黑（Munich）是巴伐利亚州的首府，位于德国南部阿尔卑斯山北麓的伊萨尔河。从城中许多哥特式、古罗马式、巴洛克式古建筑可以看出，这是一座历史悠久的城市。慕尼黑同时也是一个知名的啤酒之乡，这里几乎是一个与啤酒息息相关的城市，令人印象深刻的皇家啤酒屋，散发着浓郁啤酒味的啤酒节狂欢，都是它吸引众多游客前来的原因。

通航城市

作为德国南部最为重要的城市之一，慕尼黑与中国有着方便的航空交通。中国国际航空、汉莎航空等航空公司每天都有航班往返于中国与慕尼黑之间。

从中国飞往慕尼黑的航班

从中国飞往慕尼黑的航班主要从北京、上海等城市出发，想要从广州、深圳等其他城市前往慕尼黑，需要在北京、上海等地转机。

中国飞往慕尼黑的航班				
航空公司	航空公司电话	城市	单程所需时间	出航信息
中国国际航空（www.airchina.com.cn）	95583	北京	直飞用时约11小时	首都国际机场每天1:10有飞往慕尼黑的航班
		广州	中转加等待时间约19小时	国航从广州出发到慕尼黑的航班要先从北京中转
		深圳	中转加等待时间约19小时	国航从深圳出发到慕尼黑的航班要先从北京中转
汉莎航空（www.lufthansa.com）	中国客服电话010-64688838 德国客服电话021-53524999	北京	直飞用时约11小时	首都国际机场每天12:35有飞往慕尼黑的航班
		上海	直飞用时约12小时	浦东国际机场每天23:35有飞往慕尼黑的航班

如何到市区

慕尼黑的弗兰茨·约瑟夫·施特劳斯国际机场是从中国来的航班在慕尼黑降落的主要机场，大部分从中国飞往慕尼黑的航班都在该机场T2航站楼降落。此外，如果从欧洲其他国家出发，可以选择乘坐火车到达慕尼黑中央火车站，在慕尼黑中央火车站可直接换乘地铁前往市内的住宿地点。

从施特劳斯国际机场如何前往市区

慕尼黑弗兰茨·约瑟夫·施特劳斯国际机场（Der Flughafen München，Franz Josef Strauß，MUC）位于慕尼黑东北部，距市中心约40千米。北京有汉莎航空、国际航空航班直飞慕尼黑，上海和香港有汉莎航空航班直飞慕尼黑，从机场前往市区十分方便。

乘机场巴士

在机场可乘坐机场巴士前往慕尼黑市中心地区，运营时间为5:10~20:28，约20分钟一班车。乘坐该机场巴士到慕尼黑中央火车站附近的Arnulf Strasse街约需40分钟，单程票价10.5欧元，往返票价17欧元，儿童（6~14岁）单程5.5欧元。机场巴士经停施瓦宾站、慕尼黑机场二号航站楼、一号航站楼A门、机场中心、一号航站楼D门、市中心等站。

S1、S8号线市郊列车

市郊列车（S-Bahn）的S1和S8号线连接机场与慕尼黑市中心，运营时间4:10至次日1:00，发车间隔约20分钟，40分钟左右可到慕尼黑中央火车站。车票价格为9.2欧元。

出租车

在机场出租车乘坐点可以搭乘出租车至慕尼黑老城区，车程约40分钟，费用约60欧元。

自驾

机场位于A92号公路边，从机场可以自驾前往慕尼黑市中心地区，约40千米路程，正常情况下需要40分钟左右可到。

慕尼黑4日行程

Day 1　慕尼黑王宫→圣母教堂→新市政厅→谷物市场

来到慕尼黑的第1天，先从城市的市中心逛起。参观满是珍宝的王宫是今天的第一站，然后前往圣母教堂感受当地人虔诚的信仰，再去玛利亚广场看一看柏林的新市政厅，等到夜幕降临后，可以去谷物市场逛一逛。

慕尼黑第1天行程		
时间	目的地	行程安排
9:30~11:30	慕尼黑王宫	慕尼黑王宫曾是巴伐利亚君主辉煌的宫殿，是众多皇宫建筑的典范
11:30~14:00	圣母教堂	圣母教堂的内部非常朴素，相比之下，登上其塔顶所看到的壮观景色更能让人心动
14:00~18:30	新市政厅	华丽的市政厅值得一看，尤其是木偶钟报时时，会上演有关威廉五世婚礼的历史剧，非常吸引人
18:30~20:30	谷物市场	这里种类繁多的商品可以满足你的购买需求

AB约700米，
步行约12分钟

慕尼黑王宫
Residenz
München

Literaturhaus Müchen

Maximilians Square

Pranner Street

Bayerischer Hof
Hotel Munich

中庭
FÜNF HÖFE

拜仁国家歌剧院
Bayerische
Staatsoper

Alfons-Goppel-Street

Marstall-Street

Murzer-Street

圣母教堂
Frauenkirche

新市政厅
Neus Rathaus

BC约120米，
步行约2分钟

Hofbräuhaus München

CD约300米，
步行约5分钟

Färber-Graben

Hotter-Street

慕尼黑旧市政厅
Altes Rathaus

谷物市场
Viktualienmarkt

Herrn-Street

▲ 慕尼黑第1天行程路线示意图

慕尼黑王宫

　　慕尼黑王宫（Residenz München）位于市中心的马克斯—约瑟夫广场（Max-Joseph-Platz）上，是慕尼黑市中心一座非常显眼的建筑。王宫很大，有国王殿（Königsbau）、老宫殿（Alte Residenz）、宴会厅（Festsaalbau）、老王宫剧院（Altes Residenztheater）和珍宝馆（Schatzkammer）等。

旅游资讯

地址：Residenzstraße 1，80333 München

交通：乘坐地铁U3、U6号线在Odeonsplatz站下车可到

网址：www.residenz-muenchen.de

票价：7欧元

开放时间：4月1日至10月15日9:00～18:00，10月16日至次年3月30日10:00～17:00

中午在哪儿 吃

王宫附近的餐厅较少，可以前往圣母教堂附近的广场吃午饭，那里有很多餐厅可以选择。

Kilians Irish Pub

这是一家提供巴伐利亚风味美食的餐厅，位于圣母教堂西侧。在周末还有民谣音乐演出，餐厅全天提供地道的德国黑啤，提供的午餐套餐价格为10~17欧元。

地址：Frauenplatz 11，80331 München
交通：乘地铁U3、U6号线在Marienplatz站下车可到
网址：www.kiliansirishpub.com

圣母教堂

圣母教堂（Frauenkirche）位于玛利亚广场东南角，两座有绿色圆顶的高塔是其最为独特的标志。它是慕尼黑最大的教堂，也是慕尼黑最醒目的地标和精神象征。夏季时有电梯可直上塔顶，晴天时可以在这里眺望南面的阿尔卑斯山脉和慕尼黑市区风光。

旅游资讯

地址：Ludwigsvorstadt Frauenplatz，München
交通：乘地铁U3、U6线在Marienplatz站下车可到
网址：www.muenchner-dom.de
开放时间：周六至周三7:00~19:00，周四7:00~20:30，周五7:00~18:00

新市政厅

新市政厅（Neus Rathaus）是一座棕黑色的哥特式建筑，装饰华丽。正面雕刻着巴伐利亚国王、传说中的英雄、圣人、寓言故事等雕像，十分精致。市政厅有一个木偶报时钟，会在每天的11:00、12:00、17:00、21:00定时响起，届时会有真人大小的32个木偶演出历史剧，其场景非常壮观。

旅游资讯

地址：Marienplatz 8，80331 München
交通：乘地铁U3、U6线在Marienplatz站下车可到
网址：www.muenchen.de

晚上，可以前往著名的谷物市场，在那里可以购买一些余下行程中所需要的"干粮"，也可以在市场中感受一下地道的慕尼黑生活气息。

谷物市场

谷物市场（Viktualienmarkt）是慕尼黑最大的食品市场，已经有200多年的历史。在这里你会看到，站着的女售货员出售成束的鲜花、堆积如山的瓜果蔬菜、香草、奶酪、香肠和鲜鱼。

地址：Viktualienmarkt 3, 80331 München
交通：乘地铁U3、U6线在Marienplatz站下车，向南步行约300米可到
网址：Viktualienmarkt.de

Day 2 宝马世界→慕尼黑奥林匹克公园

在慕尼黑的第2天，可以将行程安排在距离市中心较远的郊外，这里有巨大而美丽的奥林匹克公园以及令人兴奋的宝马世界，相信这一天的行程会带给你不一样的旅行体验。

慕尼黑第2天行程		
时间	目的地	行程安排
9:30~12:00	宝马世界	在宝马博物馆环绕式的展厅中，可以看到历年来德国所产的各类宝马汽车、宝马摩托车、轻骑和一些特殊用途的车辆样品，酷炫无比的汽车一定会带给你不一样的感受
12:00~17:30	慕尼黑奥林匹克公园	"渔网帐篷"般的奥林匹克中心体育场，有着漂亮的半透明屋顶，值得一看

宝马世界
BMW Welt

A

慕尼黑奥林
匹克公园
Olympiapark

AB约900米，
步行约15分钟

Georg-Brauchle-Ring

Spiridon-Louis-Ring

Spiridon-Louis-Ring

B

Olympiapark

Minigolf
Olympiapark
Munchen

Rockmuseum Munich

C

Olympiapark

Olympia Schwimmhalle

SEA LIFE
Munchen

▲ 慕尼黑第2天行程路线示意图

宝马世界

　　宝马世界（BMW Welt）是一融销售和体验为一体的汽车展示中心，这座建筑双圆锥形设计风格使它成为慕尼黑一个时尚新地标。这里有新车交付中心、技术与设计工作室、画廊、青少年课堂、休闲酒吧等设施，还有远近闻名的宝马博物馆（BMW Museum），馆内陈列了宝马经典款式的摩托车和汽车达300多辆。

旅游资讯

地址：Dostlerstraße，München

交通：乘地铁U2、U3线在Petuelring站下车可到，或乘公交车36路在Petuelring站下车可到

网址：www.bmw-welt.com

票价：8欧元，宝马博物馆3.5欧元

开放时间：周一至周六9:00～17:00，周日和节假日9:00～16:00

中午在哪儿
吃

　　在宝马中心的咖啡馆吃一顿简单的午餐，或者前往周边的餐厅寻找美食，都是解决午饭的好办法。

必胜客

必胜客（Pizza Hut）的这家分店位于宝马博物馆门口不远处，这里的比萨和各种美味小吃，想必能在填饱肚子的同时取悦你的味蕾。

地址：Lerchenauer Straße 42，80809 München

交通：宝马博物馆向南步行100米可到

网址：www.pizzahut.de

慕尼黑奥林匹克公园

慕尼黑奥林匹克公园（Olympiapark）是第20届夏季奥运会的举办场地，也是慕尼黑最佳的运动场所。公园内有规模非常庞大的建筑群，包括奥林匹克中心体育场、综合体育馆、自行车场、游泳池和冰球场等。另外，你也可以乘电梯登上公园内的奥林匹克电视塔，俯瞰慕尼黑全城的风光。

旅游资讯

地址：Spiridon-Louis-Ring 21，München

网址：www.olympiapark.de

交通：乘地铁3号线在Olympiazentrum站下；或乘公交车36、41、81、84、136、184路在Olympiapark站下

票价：奥林匹克运动场1.5欧元；奥林匹克塔3欧元

开放时间：奥林匹克塔9:00～24:00（最后一班电梯23:30）

晚上在哪儿 玩

在慕尼黑的夜晚注定是要狂欢的。夜幕降临之时，返回慕尼黑市区，找一家热闹的酒吧，饮一杯味道醇厚的黑啤，尽情享受慕尼黑酣畅淋漓的欢乐。

Jazzclub Unterfahrt

这是一家很有名气的俱乐部，在这里可以一边欣赏音乐，一边畅饮慕尼黑啤酒。最为吸引人的要数里面的爵士乐了，全天都有令人流连忘返的现场音乐演出，使得这里异常热闹。

地址：Einsteinstraße 42，München

交通：乘坐148、190、191路公交车在Max-Weber-Platz站下车可到

网址：www.unterfahrt.de

Day 3　宁芬堡宫→皇家啤酒屋

　　今天先前往离市区较远的宁芬堡宫游玩，之后返回慕尼黑市区，到大名鼎鼎的皇家啤酒屋，品尝口味地道的慕尼黑啤酒。

慕尼黑第3天行程		
时间	目的地	行程安排
9:30~12:00	宁芬堡宫	整个宫殿不仅内部奢侈华丽，外部的景色也十分秀美，碧波绿树，令人心旷神怡
12:00~18:30	皇家啤酒屋	在这里除了可以喝到非常纯正的慕尼黑啤酒外，还能吃到有名的猪脚

▲ 慕尼黑第3天行程路线示意图

宁芬堡宫

　　宁芬堡宫（Schloss Nymphenburg）是一座巴洛克风格建筑，还有巨大的花园及喷泉等景观。这里曾是巴伐利亚王室的夏宫，整座宫殿坐西朝东，内部装饰豪华无比，其中收藏的艺术品也是美妙绝伦，算得上欧洲宫殿的杰作。

旅游资讯
地址：Nördliches Schloßrondell 8，80638 München
网址：www.nymphenburg.com
交通：乘轻轨到Laim站下，换乘41路公交车，到Schlosss Nymphenburg站下车可到
票价：通票10欧元/人，包括宫殿正殿及几个偏殿，以及博物馆
开放时间：4月1日至10月15日9:00~18:00；10月16日至3月31日10:00~16:00

中午在哪儿 吃

宁芬堡宫附近有几家餐厅，如果很饿的话可以选择在这里就餐，如果不是特别饿，可以返回慕尼黑市区，找一家餐厅享用美食。

Ratskeller

Ratskeller是一家典型的巴伐利亚传统风味餐厅，餐厅主要以供应肉食为主。在这里，你能品尝到慕尼黑著名的烤猪肘子、白香肠、鸭腿以及面饼汤等。这个餐厅比较有特色的地方是，在菜单上很贴心地放了一些动物的照片或图片，你可以一眼就知道美食的主要成分。

地址：Marienplatz 8，80331 München
交通：乘地铁U3、U6线在Marienplatz站下车，向北步行100米可到
网址：www.ratskeller.com

皇家啤酒屋

皇家啤酒屋（Hofbrauhaus）曾经是王室御用的啤酒酿造地，这里每天都有将近万升的啤酒运往大大小小的酒铺、酒馆、宴会厅以及啤酒园。现在这里拥有世界上最大的啤酒店，各种品牌的啤酒引来了无数的游客前来观光。

旅游资讯

地址：Platzl 9，Bayern，München
交通：乘坐轻轨19、N19路在Kammer-spiele站下车可到
网址：www.hofbraeuhaus.de

Day 4 新天鹅堡

人们到慕尼黑旅行，会有各种各样的缘由，有的为了美食，有的为了啤酒……但更多的人是为了新天鹅堡。在慕尼黑的最后1天，我们就去游览举世闻名的新天鹅堡。

慕尼黑第4天行程		
时间	目的地	行程安排
10:30～16:00	新天鹅堡	新天鹅堡的后山涧上有一座铁桥，在那里你可以观赏到新天鹅堡的全景——无边的森林、漫山的绿野、平静的湖水……就像行走在童话中一样

菲斯滕费尔
德布鲁克
Fürstenfeldbruck

A ←— 慕尼黑市区

莱希河畔
兰茨贝格
Landsberg
am Lech

乌延
Utting am
Ammersee

施塔恩贝格
Starnberg

陶夫基兴
Taufkirchen

魏尔海姆
Weilheim
in Oberbayern

AB约7千米，
乘车约30分钟

霍尔茨基兴
Holzkirchen

雄高
Schongau

彭茨贝格
Penzberg

巴特特尔茨
Bad Tolz

穆尔瑙
Murnau

滨湖科黑尔
Kochel

伦格里斯
Lenggries

B

新天鹅堡
Neuschwanstein
Castle

▲ 慕尼黑第4天行程路线示意图

新天鹅堡

　　新天鹅堡（Neuschwanstein Castle）是迪士尼城堡的原型，因此也有人叫它白雪公主城堡。城堡规模庞人，内有300多个房间，包括了国王座厅、国王卧室、起居室、更衣室、大演唱厅等，装饰都十分华丽，并且充满艺术气息。新天鹅堡位于山上，游客可以选择步行上山，用时约30分钟。

旅游资讯

地址：Neuschwansteinstr.20，Schwangau

交通：乘火车在福森站下车，然后转乘73、78路公交车在Hohenschwangau或Alpseestraße站下车可到

网址：www.neuschwanstein.de

票价：12欧元，与高天鹅堡的总票价为23欧元

开放时间：4月1日至9月30日9:00～17:00；10月1日至3月31日10:00～15:00；1月1日、12月24日、12月25日、12月31日、忏悔节全天不开放

从慕尼黑市区前往新天鹅堡的交通

在慕尼黑中央车站有快车（RE）发往福森，每2小时一班，往返票价约13欧元。如果没有直通列车，可乘坐到Kempten的区间快车，在Buchloe下车，然后换乘从奥格斯堡到福森的区间列车。在福森火车站的站外广场转乘去Hohenschwangau的公共汽车，0.5小时车程即可到达天鹅堡景区，往返车票约4.2欧元。

新天鹅堡的上山交通

乘公交车上山，单程票价为1.8欧元，下山为1欧元，往返2.6欧元；乘马车，上山为6欧元，下山为3欧元。

中午在哪儿吃

新天鹅堡地方偏僻，周围餐厅很少，可选择的余地较小，如果不想在这里吃饭，可以提前准备一些食物，在途中找个地方吃。当然，新天鹅堡附近还是有几家餐厅，你也可以选择在那里就餐。

Schlossrestaurant Neuschwanstein

Schlossrestaurant Neuschwanstein是新天鹅堡附近的一家餐厅，这家餐厅内部有200多个座位，夏季还会开放户外露台，人们可以在美丽的风景中就餐。餐厅不仅提供当地特色食品，还提供一些到处可见的美食。

地址：Neuschwansteinstraße 17，87645 Schwangau，Deutschland
交通：乘73、78路公交车在Hohenschwangau或Alpseestraße站下车可到
网址：www.schlossrestaurant-neuschwanstein.de
开放时间：夏天9:00～18:00，冬天10:00～15:00

晚上在哪儿玩

在参观完新天鹅堡之后，可乘车返回慕尼黑市区，如果打算第二天动身前往柏林，则可以在慕尼黑的商场选购一些纪念品，如果打算直接前往柏林，则需要到慕尼黑中央火车站乘坐火车。

如果多待一天

多待一天 的游玩

对于慕尼黑这个热门旅游城市来说，即使4天的时间也不能玩透这里所有的景点，如果有机会多待一天，那就继续逛一逛那些没来得及去的景点吧。

英式花园

英式花园（Englischer Garten）位于伊萨尔河畔，是慕尼黑最大的公园。在花园中，雕像、流水和当地自然景观是最主要的风景。此外，这个花园也有很多的浪漫景观，如小桥、希腊式亭阁、中式凉亭、水塘、石柱、岩石山洞等。漫步在园内的小路上，感觉环境非常安静，可以让人彻底地放松。

地址：Liebergesellstr.8, München
交通：乘地铁U3、U6线可到
票价：免费

多待一天 的美食

慕尼黑是一个以啤酒而闻名的城市，同时也是一个以美食而闻名的城市。在慕尼黑，你几乎在城市的各个角落都能找到不同风味的餐厅。无论是机场、广场还是一些农贸市场都集中了很多的餐厅，走在宽广的街道上，似乎都能闻到淳厚的啤酒香和各色美食散发出来的香气。当地的特色美食有酥脆松软的猪肘子配酸菜（Schweinshaxe mit Sauerkraut）、白香肠、烤肉饼（Gebackene Fleischpastete）等。

慕尼黑住行攻略

在慕尼黑住宿

慕尼黑的住宿地很多集中在慕尼黑旧市区以及中央火车站附近，在这些地方，你能看到一些现代时尚的奢华酒店、高级典雅的旅店以及很多经济廉价的青年旅馆等。高档酒店一晚的费用在200欧元左右，中档酒店住宿一晚的价格在100欧元左右，经济型旅馆住宿一晚为50欧元左右。慕尼黑啤酒节期间，多数的房价可能会上涨，而且空房也非常难找，所以如果你这时候来到这里，一定要记得提前预订。

在慕尼黑出行

慕尼黑的市内交通很发达，地铁、轻轨、公交车、有轨电车几乎覆盖了整个市区。对于大多数人来说，地铁、公交车可能是最方便的交通方式。当然，你也可以乘坐出租车。总之，慕尼黑的公交车系统几乎可以带你去这个城市的每个角落。

地铁

慕尼黑地铁站（U–Bahn）的标志为一个大写的"U"，地铁的运行时间为4:00至次日1:00，在繁忙的上下班时段发车间隔仅有5分钟。

公交车

慕尼黑的公交车覆盖面广，快捷迅速，但不按照固定的站点停车，下车前你要按下"Stop"按钮。运营时间为5:00至次日1:00。

从慕尼黑至柏林

乘飞机

从慕尼黑乘飞机到柏林只需不到1小时的时间，在淡季时会有航空公司推出价格优惠的机票，最低还有30欧元左右的机票价格，如果能订到价格合适的机票，乘飞机前往柏林无疑是最便捷的方式。

乘火车

从慕尼黑中央火车站乘坐ICE火车（德国国铁）即可到达柏林，车程约5小时，费用35欧元起。

到达柏林

柏林（Berlin）是一个充满魅力的城市，同时也是一个多样化的城市。在这个城市里，你可以看到诸如古典式、哥特式、文艺复兴式和巴洛克式的建筑，能看到跨越了多个世纪的博物馆、教堂和宫殿等。柏林还是一座古老而又美丽的城市，城市中乳白色花岗岩筑成的勃兰登堡门、近千年历史的教堂、古老的博物馆建筑群，都向人们述说着这座城市的过往。

如何到市区

选择乘坐飞机前往柏林，一般降落在柏林西北方的泰格尔机场，从机场到市区的交通很方便。如果选择乘坐火车，终点为柏林中央火车站，它位于市中心的政府区，交通十分方便。

从泰格尔机场如何前往市区

从机场到市区的交通方式有很多，地铁、公交车、出租车等都是不错的选择。

乘特快巴士

特快巴士（JetEx-pressBus TXL）往返于泰格尔机场和市中心，途中经过许多著名的景点，如菩提树下大街等。从机场到达市中心约30分钟，票价约为2.4欧元。

乘地铁

从泰格尔机场前往柏林市区，你还可以乘坐地铁。距离机场最近的地铁站是Jakob-Kaise-Platz站。你可以从机场乘坐109路公交车到达地铁站，然后在那里坐地铁U7线到达市中心。

乘出租车

乘坐出租车前往柏林市区是最便捷的方式，当然价格也要贵很多。乘出租车从泰格尔机场到亚历山大广场约22欧元，到动物园约18欧元。

从柏林中央火车站如何前往市区

柏林中央火车站（Berlin Hauptbahnhof）是一座欧洲最大和最现代化的铁路枢纽之一，分上下五层，地上最顶层（三层）为东西向火车和轻轨的站台，地下最底层（地下二层）为南北向火车的站台。在一层的入口大厅的两侧有信息台可以查询火车的基本信息。在火车站可轻松换乘地铁（U-Bahn）或轻轨（S-Bahn）。

柏林3日行程

Day 5 国会大厦→菩提树下大街→勃兰登堡门→欧洲被害犹太人纪念碑

柏林的景点相对比较集中，最受欢迎的就是市中心一带，因此第1天的行程就安排在市中心，且安排的各个景点相距不远，可以步行前往。

柏林第1天行程		
时间	目的地	行程安排
8:30 ~ 10:30	国会大厦	国会大厦的圆顶是一个非常不错的地方，在那里你可以观看柏林市全景，看到这壮观景色的同时，你还能够欣赏这里的镜面漏斗取光装置
10:30 ~ 14:00	菩提树下大街	菩提树下大街非常安静，不管你是在树下的长椅上聊天或是在阳光明媚的上午来这里散步，看阳光从树叶间穿过，在地上投射出美丽的影子，都是非常舒适的事
14:00 ~ 16:30	勃兰登堡门	这是一座很棒的建筑，它所在的广场很大，上面有很多世界各地的人在那拍照留念，勃兰登堡门的北侧有一个小型展览，它向人们讲述着勃兰登堡门的历史，对于喜欢历史的人来说，这里不容错过
16:30 ~ 18:30	欧洲被害犹太人纪念碑	这是一片由水泥棺椁组成的波浪，十分让人震撼

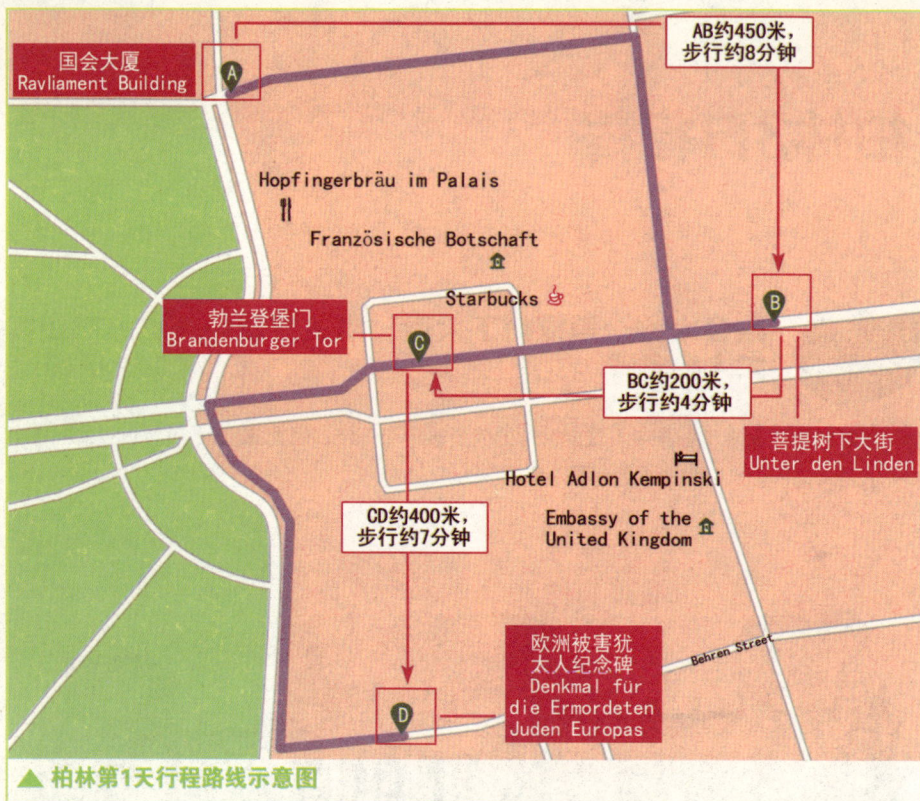

AB约450米，
步行约8分钟

国会大厦
Ravliament Building

Ⓐ

Hopfingerbräu im Palais
🍴

Französische Botschaft
🏛

Starbucks ☕

勃兰登堡门
Brandenburger Tor

Ⓒ

BC约200米，
步行约4分钟

菩提树下大街
Unter den Linden

Ⓑ

Hotel Adlon Kempinski 🛏

CD约400米，
步行约7分钟

Embassy of the
United Kingdom 🏛

Behren Street

欧洲被害犹
太人纪念碑
Denkmal für
die Ermordeten
Juden Europas

Ⓓ

▲ 柏林第1天行程路线示意图

国会大厦

　　国会大厦（Ravliament Building）位于柏林市中心，是柏林的标志性建筑。国会大厦的玻璃圆顶十分著名，整个穹顶是使用透明的玻璃钢建造的，游客可以从顶上看到议员们的辩论场景。在这里还可以看到默克尔的办公室、涂鸦的墙壁、国徽的故事等，它们能让你熟悉这里的历史。

旅游资讯

地址：Platz der Republik 1，11011，Berlin TIERGARTEN

交通：乘地铁U55号线到Bundestag站下，或乘M85、100路公交车，或轻轨（S-Bahn）S1、S2、S25线到Bundestag站下车可到

网址：www.bundestag.de

开放时间：8:00～20:30

菩提树下大街

菩提树下大街（Unter den Linden）西起勃兰登堡门，东至博物馆岛，是柏林最为迷人的道路之一。街道上林立着很多不同时期、不同风格的建筑，这里的每一座建筑物、每一块铺路石，甚至每一个雕塑都有着自己古老的故事，也为这条街道增添了些许庄重华贵的气息。

旅游资讯

地址：Unter den linden Avenue，Berlin

交通：乘轻轨/地铁S1、S2、S25等在Brandenburger Tor站下车可到，或乘公交车100、200路在Brandenburger Tor、Unter den Linden、Staatsoper等站下车可到

中午在哪儿 吃

在菩提树下大街游玩的同时，可以找一家看起来不错的餐厅，品尝一下当地的美食。

勃兰登堡门

勃兰登堡门（Brandenburger Tor）是柏林的标志性建筑，也是有着新古典主义风格的砂岩建筑，庄严肃穆。门顶上有胜利女神驾驶四轮马车的铜像，象征着战争的胜利。门的东西两侧有两条很有名的大街，许多的街头艺人在这里表演，特别适合散步。

旅游资讯

地址：Pariser Platz，10117 Berlin

交通：乘轻轨（S-Bahn）S1、S2、S25号线在菩提树下大街站（Unter den Linden）下车可到；或乘公交车100、200、248路等在Brandenburger Tor站下车可到；或乘地铁U55线在Brandenburger Tor站下车可到

开放时间：9:30～18:00

欧洲被害犹太人纪念碑

欧洲被害犹太人纪念碑（Denkmal für die Ermordeten Juden Europas）位于勃兰登堡门附近，是一片庞大的水泥碑林，灰白的颜色使得这里尤为庄严肃穆。这里由犹太建筑家Peter Eisenman设计，旨在纪念那些在第二次世界大战中丧生的犹太人。

旅游资讯

地址：Cora-Berliner-Straße 1，10117 Berlin TIERGARTEN

交通：乘坐轻轨/地铁S2、S1、S25号线等在Brandenburger Tor站下车可到

网址：www.stiftung-denkmal.de

晚上在哪儿
玩

在柏林的夜晚，可以前往歌剧院欣赏演出，也可以漫步街头观赏精致的建筑，或者到安静的咖啡馆捧一本书，抑或到热闹的酒吧饮一杯啤酒。

Day 6　柏林大教堂→博物馆岛

今天的行程首先是参观柏林大教堂，然后在博物馆岛的博物馆内度过充实的一天。

柏林第2天行程		
时间	目的地	行程安排
9:30～12:00	柏林大教堂	哪怕只是路过，也会被这个教堂美丽的玻璃吸引，教堂的周边还有很多的餐厅和咖啡馆，在那里可以尝到柏林的特色美食
12:00～16:30	博物馆岛	博物馆岛有5座各不相同的博物馆，它们用不同的艺术品为我们呈现了一个多姿多彩的艺术世界。可以买一张博物馆岛的通票，这样就免去了在每个博物馆买票的麻烦，而且通票的价格也不贵

Pergamon Museum

博物馆岛
Museumsinsel

Old National Gallery

Spree

Museum für Islamische Kunst

B

Am Kupfergraben

Neues Museum

Pati's Imbiss

Am Lustgarten

AB约1千米，步行约15分钟

Bode Straße

Maxim Gorki Theater

A

柏林大教堂
Berliner Dom

德国历史博物馆

▲ 柏林第2天行程路线示意图

柏林大教堂

柏林大教堂（Berliner Dom）以文艺复兴时期的建筑风格为主，整座建筑宏伟大气，蓝绿色的圆顶很漂亮，在光线的照耀下投射出夺目的光彩。教堂内部修饰得富丽豪华，柱子和墙壁上描绘着精美的壁画，柱子的顶上还镀了金。站在教堂的最高层，可以看到柏林的全景。

旅游资讯

地址：Am Lustgarten 1，10178 Berlin
交通：乘轻轨（S-Bahn）S3、S5、S7、S9、S75号线在S-Bhf Hackescher Markt站下；或乘地铁U2、U5、U8号线在U-Bhf Alexanderplatz站下车可到
网址：www.berlinerdom.de
票价：5欧元，优惠票3欧元；导游器8欧元（包含德语、德语、西班牙语、意大利语）
开放时间：周一至周六09:00~20:00，周日及其他公共假期12:00~20:00

中午在哪儿吃

博物馆岛附近的餐厅不少，可以选择在这里吃午饭，或者步行一段时间，前往德国历史博物馆附近吃午饭。

博物馆岛

博物馆岛（Museumsinsel）位于柏林市中心，它是一个由柏林老博物馆、新博物馆、老国家艺术画廊、博德博物馆及佩加蒙博物馆组成的博物馆群，这5座博物馆集中了德国文化的精华，向人们展示了德国最优秀的文化。

老博物馆

老博物馆（Altes Museum）位于柏林博物馆岛的南侧，是柏林博物馆岛建筑群的重要部分。它是一座新古典主义的建筑，也是岛上最老的一家博物馆，主要展示了古希腊、古罗马的艺术品。

新博物馆

新博物馆（Neues Museum）建于19世纪，主要展示带有传奇色彩的古埃及文物。博物馆里有著名的古埃及法老阿蒙霍特普四世的妻子奈费尔提蒂的半身像，它被视为该博物馆的镇馆之宝。

老国家艺术画廊

老国家艺术画廊（AlteNationalgalerie）从正面看，像是一座雄踞高台之上的希腊神庙，非常肃穆庄严，博物馆展示有19世纪到第一次世界大战之间的艺术品。

博德博物馆

博德博物馆（Bode-Museum）的风格有些不同，它不是纯粹的古典建筑，像是一座巴洛克风格的小王宫。它的展品可以说是美术馆及货币博物馆的结合，里面展出了著名的雕塑、拜占庭艺术品以及历代钱币。

佩加蒙博物馆

佩加蒙博物馆（Pergamon Museum）由3部分组成，分别是古代收藏馆、西亚细亚馆和伊斯兰艺术馆。其中，古代收藏馆展示了佩加蒙神坛、米勒特、市场门等收藏，西亚细亚馆收藏着古巴比伦、苏梅尔等古时地方的各类珍宝，而伊斯兰艺术馆则向人们展示了姆沙塔浮雕立面、阿勒坡房间等艺术品。

旅游资讯
地址：Am Lustgarten 1，10117 Berlin MITTE
交通：乘轻轨S3、S5、S7号线等在Hackescher Markt站下车可到；或乘公交车100、147、157等路可到
票价：所有国立博物馆联票6欧元，3日票10欧元
开放时间：周一、三、五10:00～18:00，周二、四10:00～22:00

晚上在哪儿玩

在柏林的晚上可以选择一家热闹的酒吧，喝一杯德国啤酒，与当地人一起畅享欢乐。

客厅酒吧

客厅酒吧（Wohnzimmer）是一家环境非常舒适的酒吧，它的装修别具一格，给人一种温馨的感觉。白天的时候这里是一间安静高雅的咖啡厅，到了晚上，这里摇身一变，成为活力四射的酒吧。

地址：Lettestraße 6，10437 Berlin
交通：乘坐12路公交在Raumerstr站下车步行即到
网址：www.wohnzimmer-bar.de

Day 7　查理检查站→波茨坦广场→柏林墙遗址纪念公园

第7天行程中的景点与柏林墙都有着或多或少的联系，有东西柏林时期、柏林墙附近的检查站——查理检查站，以及柏林墙遗址纪念公园，在途中还会经过波茨坦广场，你可在广场上著名的索尼中心建筑前拍照留念。

柏林第3天行程		
时间	目的地	行程安排
9:30～12:00	查理检查站	检查站坐落在曾经的东西柏林分界线上，附近常有穿着当年军装的人与游客合影，一次收费约为2欧元
12:00～13:30	波茨坦广场	这里是柏林最大的商业中心，高档建筑物很多，著名的柏林爱乐交响乐的音乐厅也位于这里。广场上的索尼中心在夜晚的时候特别漂亮，帐篷般的屋顶在灯光的照射下炫彩夺目
13:30～14:30	柏林墙遗址纪念公园	如果对德国20世纪中后斯的那段历史感兴趣，柏林墙遗址纪念公园自然是不可错过的景点

地图标注：

Chausee Street

柏林墙遗址
纪念公园
Gedenkstatte
Berliner Mauer

C

Museum für Naturkunde 🏛

Hamburger Bahnhof 🏛

Tor Street

BC约4千米，
乘车约15分钟

Hackescher Hof 🍴

Alt-Moabit

Pergamon Museum 🏛

German Chancellery

Reichstag Bldg 🏛

施普雷河

波茨坦广场
Potsdamer Platz

B

AB约1.2千米，
步行约18分钟

查理检查站
Checkpoint Charlie

A

▲ 柏林第3天行程路线示意图

查理检查站

　　查理检查站（Checkpoint Charlie）虽然只是一个小小的检查站，但它的历史意义极为重要。现在的检查站为重建后的建筑，在重建时还复制了当时的警告牌，告诉着人们那段历史。检查站旁边的查理检查站博物馆（Haus am Checkpoint Charlie）中，展示了有关查理检查站和许多当时的人们越过柏林墙的故事。

旅游资讯

地址：Friedrichstraße 43-45，10969 Berlin KREUZBERG

交通：乘坐地铁U2、U6号线在Stadtmitte站下车可到；乘坐M48路公交车在Stadtmitte或Jerusalemer Straße站下车可到，或乘坐M29路公交车在Charlottenstraße站或Kochstraße站下车可到

网址：www.mauermuseum.de

票价：博物馆12.5欧元，优惠票9.5欧元

开放时间：周一至周六9:00~22:00

波茨坦广场

　　波茨坦广场（Potsdamer Platz）很早之前就是柏林的商业中心，如今这里更是高楼林立、车水马龙的景象。在这里，你可以看到有着巨大圆顶的索尼中心，引人注目的餐馆、购物中心、剧院和电影院等，这里不仅是一个观光的好地方，同时也是休闲娱乐的好去处，著名的阿卡丹购物中心就是在这里。

索尼中心

　　索尼中心（Sony Center）位于波茨坦广场上的火车站附近，是德国波茨坦广场上非常显眼的建筑。它由赫尔穆特·雅恩（Helmut Jahn）设计，包含商店、餐厅、会议中心、酒店客房、豪华套房和公寓、办公室、艺术和电影博物馆、电影院以及IMAX剧场等设施。

旅游资讯
地址：Potsdamer Platz, 10785 Berlin TIERGARTEN
交通：乘轻轨S1、S2、S25；或乘地铁U2线；乘公交车M41、M48、M85、N2、200、129、148、248、348路都可到
网址：www.potsdamerplatz.de

中午在哪儿 吃

　　波茨坦广场是柏林一个非常现代化的地方，这里聚集了很多商业街，在这里，可以享受到非常舒适快乐的购物、休闲活动，而这里风格多样的餐厅则成了品尝当地美食最好的地方。

柏林墙遗址纪念公园

　　在柏林墙遗址纪念公园（Gedenkstatte Berliner Mauer）的场地上有一段220米长的柏林墙，正面是照片、绘画等艺术品，背面几乎全是青少年画的涂鸦。这里经常举行照片、影像和录音等方式的展览。此外，这里还有一个塔楼，登上观景台，游客可以清楚地看到之前的东西柏林分界工事。

旅游资讯
地址：Bernauer Straße 111, 13355 Berlin
交通：乘轻轨S3、S5、S6、S7、S9、S75；地铁U1、U12、U15；公交车140、142、340、147路可到
网址：www.berliner-mauer-gedenkstaette.de

晚上在哪儿 玩

　　在柏林的最后一个夜晚可以前往商场为亲朋好友们购买一些礼物，如果乘坐晚班飞机回国，则需要提前收拾好行李，前往机场候机。

如果多待一天

　　在柏林周边还有无数的旅游胜地可以游玩，如果能多出来一天，可以前往离柏林不远的波茨坦游玩。

波茨坦

　　波茨坦（Potsdam）是一处迷人的旅游胜地，有干干净净的街道，祥和富足的气氛，无怪乎它成为德国历代君主的避暑胜地。另外，在这里还有豪华精致的无忧宫（Sanssouci），到处都是雕刻精美的雕塑，非常值得参观。

> 地址：Potsdam, Deutschland
> 交通：从柏林中央火车站乘火车30分钟可到

柏林住行攻略

　　柏林的住宿地大多集中在威默尔斯多夫区、蒂尔加藤以及库达姆大街等地，高档的住宿地费用在100欧元以上，经济型旅馆的费用多在70～90欧元，位于市中心较远的地方也会有低于50欧元的住宿地。

　　柏林的HI青年旅馆是国际青年旅舍中领先旅馆组织的一部分，它在德国拥有400多家旅馆，在全球的旅馆超过4000家，每年的住宿人次达3300万，是全世界最受欢迎的旅馆，这里提供清洁、舒适、价格低廉的住宿，而且工作人员态度友好。

247

在柏林 出行

柏林市内的交通非常发达，有轻轨（S-Bahn）、地铁（U-Bahn）、有轨电车（Tram）、公交车（Bus）以及环游巴士。柏林的公共交通分为ABC这3个区。AB两区为柏林城区，C区则包括了柏林在内方圆约15千米的面积。如果只在城区内活动，只需购买AB两区的票就可以了。AB两区的票分为3种，即单票、日票和周票。其中，单票为单方向，在2小时内有效，票价2欧元；日票5.6欧元；周票24.3欧元。

地铁

柏林的地铁运营时间为4:00～24:00，周五和周六的晚上除U1、U4和U12线外，所有地铁和轻轨都会通宵运行。日票可在1天内无限次搭乘，十分划算，而且使用日票也无须通过特殊的人工关卡。大多数地铁都会用扬声器提醒下一站站名，新式列车还会在车厢末尾显示站名。

轻轨

轻轨适宜去距柏林市区比较近的地方，它们一般在4:00～24:00运行，周五、周六和周日通宵营运。相对来说，轻轨的停靠点比较少，因此比较适合人们做稍长距离的旅行，尤其是去近郊。

公交车

柏林的公交车为"H"（Haltestelle）标识，约每30分钟一班，实行常规票价。驾驶员售票并且找零，下一站站名通常通过扬声器报出，或显示在一个数字屏幕上。如果你想下车的话，按扶手上的按钮就可以。

出租车

柏林的出租车起步价为2.5欧元，7千米内每千米1.5欧元，之后为1欧元。如果有体积大的行李每件加收1欧元，如果只需要短途接送，2千米内统一收取3欧元。

路线改变

如果仅仅是慕尼黑和柏林这两个城市不足以满足你对德国的好奇，那么柏林的科隆、法兰克福、海德堡、汉堡等城市，也可以一探究竟。

科隆是一座拥有2000多年历史的古城，如今，那些曾经的辉煌与波折虽然已经化作浮华远去，但这里保留的很多历史建筑却提醒着人们那些历史真实存在。科隆拥有最古老的香水制作工艺，这些制作好的香水被送到世界各大高档品牌商店，以精美的包装和上乘的质量获得了世界各地人士的喜爱。

去**科隆**吧

科隆大教堂

科隆大教堂（Cologne Cathedral）是科隆的地标性建筑，其外观规模宏大，两座高高的尖塔似乎直插云霄，给人一种可望而不可及的强烈距离感。在教堂的内部，设计精美的雕花窗魅力无穷，给教堂增添了许多艺术的气息。

旅游资讯

地址：Dompropstei, Margare thenkloster 5, 50667 Köln

交通：乘坐轻轨3、5、16、18号线在 Cologne Central Station下车可到

网址：www.koelner-dom.de

PART 6 意大利及瑞士一周游

Part 6 意大利及瑞士一周游

意大利及瑞士印象

★★★ 美丽与优雅的经典

提起意大利，肯定会有人想到那部传世经典——《罗马假日》，意大利正如永远的公主奥黛丽·赫本，散发着美丽而优雅的魅力。无论是西班牙广场，还是圣母百花大教堂，又或者里亚尔托桥，经过岁月的洗礼，它们愈发迷人。

★★★ 一览众城魅力

罗马城内云集了大量的文物古迹，宫殿、教堂星罗棋布；佛罗伦萨与威尼斯，都给人以浪漫的感觉。佛罗伦萨有个美丽的别名"翡冷翠"，也是著名的"百花之城"，而小城威尼斯更是以其浪漫多情的"水之都"而闻名世界，在此或是漫步桥上，或是端坐船头，都有一种别样的浪漫风情。

推荐行程

A 罗马 — 约280千米 — **B** 佛罗伦萨 — 约260千米 — **C** 威尼斯 — 约550千米 — **D** 卢塞恩

因斯布鲁克
Innsbruck

Nationalpark
Hohe Tauern

克拉根福
Klagenfurt am
Wörthersee

卢塞恩
Luzern **D**

CD约550千米

米兰
Milano

都灵
Torino

C 威尼斯
Venezia

BC约260千米

普拉
Pula

热那亚
Genova

帕尔马
Parma

B 佛罗伦萨
Firenze

里窝那
Licorno

AB约280千米

佩斯卡拉
Pescara

科西嘉岛
Corsica

A 罗马
Roma

交通方式对比

路线	交通方式	优点	缺点	运行时间	单程费用
罗马—佛罗伦萨	飞机	较为便捷	价格较高，需要提前预订	1小时左右	约50欧元
	火车	价格合适，较为便捷	不好买票	约2小时	约20欧元
	租车自驾	时间由自己掌控	耗费精力影响游玩心情	约3小时	油费约30欧元
佛罗伦萨—威尼斯	火车	较为便捷	需要预订车票	约3小时	约20欧元
威尼斯—卢塞恩	火车	价格合适	需要转车，较为麻烦	约6小时	约50欧元

最佳季节

来意大利旅游的人，一年四季都不少，其中最佳的旅游季节是春季和秋季，这样安排主要考虑到水上城市——威尼斯，夏天的威尼斯因为天气炎热，运河会有蒸腾的水汽，到了冬天，气温一般不会到零下，但潮湿寒冷，可能令很多人不适应。春秋两季是旅游旺季，但吃住行购等花销可能会更高一些。

最佳季节的衣物

意大利与中国纬度相当，因此准备衣物时可以参照国内衣着进行准备。如果是春秋两季，正值换季，天气多变，昼夜温差较大，需要准备外套及轻便的雨具。夏季穿着以舒适透气为宜，适当注意防晒。冬季要注意保暖，尤其在威尼斯，天气寒冷潮湿，需准备雨具及帽子、手套等。

意大利、瑞士最佳旅行季节衣物						
衣物种类	5月	6月	7月	8月	9月	10月
长袖衣物	√	√	—	—	√	√
半袖衣物	—	—	√	√	—	—
薄外套	√	√	—	√	√	√
厚外套	√	—	—	—	√	√
薄羽绒服	√	—	—	—	—	√
墨镜	√	√	√	√	√	√
平底鞋	√	√	√	√	√	√

推荐路线：

罗马—佛罗伦萨—威尼斯—卢塞恩9天9夜游

9天9夜的推荐路线			
城市	日期		旅行日程
罗马	Day 1	上午	古罗马斗兽场→君士坦丁凯旋门
		下午	真理之口
	Day 2	上午	万神殿→特莱维喷泉
		下午	西班牙广场
梵蒂冈	Day 3	上午	圣彼得大教堂
		下午	圣彼得广场→圣天使城堡
佛罗伦萨	Day 4	上午	圣母百花大教堂
		下午	乔托钟楼→新圣母玛利亚教堂
	Day 5	上午	乌菲兹美术馆
		下午	佛罗伦萨市政厅广场→老桥
威尼斯	Day 6	上午	里亚托桥
		下午	黄金宫→穆拉诺岛
	Day 7	上午	叹息桥
		下午	圣马可广场→安康圣母教堂
卢塞恩	Day 8	上午	基督教堂
		下午	卡贝尔桥→穆塞格城墙
	Day 9	上午	垂死狮像
		下午	皮拉图斯山

到达罗马

提到意大利，人们最先想到的可能是高大的神殿、古老的教堂，而意大利境内古迹最为集中的城市就是罗马，这里有精美的万神殿、古老的斗兽场、浪漫的西班牙广场、流传着美丽传说的喷泉等众多景点，等着你一探究竟。

通航城市

罗马是从中国前往意大利最主要的通航城市之一。目前，飞往罗马、威尼斯等城市的航班大多都是从北京、上海、广州和深圳等城市出发的，主要由中国国际航空、中国东方航空、中国南方航等公司经营。

从中国飞往罗马的航班

从中国飞往罗马的航班通常需要从北京、上海这两个城市的机场中转，下面表格列出几大航空公司提供的航班，以供参考。

中国飞往罗马的航班				
航空公司	电话	城市	单程所需时间	出航信息
中国国际航空（www.airchina.com.cn）	95583	北京	直飞约11小时	目前首都国际机场13:40有直飞航班CA939
		广州	中转加等待时间约17小时	国航从广州出发的航班要先从北京中转
		深圳	中转加等待时间约35小时	国航没有从深圳到罗马的直飞航班，一般从北京中转
中国东方航空（www.ceair.com）	95530	上海	直飞约13小时	上海浦东机场12:30有直飞罗马的航班MU787，需注意虹桥机场没有直飞航班
		广州	中转加等待时间约18小时	东方航空从广州到罗马没有直飞的航班，基本需从上海浦东机场中转
		深圳	中转加等待时间约18小时	东方航空没有从深圳到罗马直飞的航班，基本需从浦东机场中转

如何到市区

罗马的航空业也十分发达，菲乌米奇诺机场（Aeroporto Fiumicino，又称达·芬奇机场）是其主要的国际机场，中国飞往罗马的航班大多在此机场降落，除了一般机场都有的与市区相通的高速公路，该机场还有火车与罗马中心火车站连接。

从菲乌米奇诺机场如何前往市区

菲乌米奇诺机场是意大利最大的机场，也是意大利航空的枢纽。一楼为入境大厅，二楼为出境大厅。机场全天问询电话06-65951，机场网址为www.adr.it。

乘坐机场快线

菲乌米奇诺机场的机场快线（Leonardo Express）是进入市区比较便捷的交通方式，每0.5小时一班，30分钟左右可到罗马市区的Termini中央火车站，单程票价15欧元，车票可以在机场的自助服务机上购买。

乘机场巴士

机场巴士（Terravision Airport Bus）往返机场与市中心之间，全程约需55分钟，从3号航站楼Coatch Station发车，到市中心Termini火车站。票价单程5欧元，网上预订4欧元。巴士运行时间为5:30~22:55。

乘出租车

罗马的出租车提供24小时服务，你可以在出租车候客站上车或是打电话叫车，一般会有白色的出租车在机场候机楼外等候。从机场前往罗马市区的费用一般为40欧元左右，如果有大件行李，或者在夜晚、节假日乘坐，价格还要高一些。

罗马3日行程

Day 1　古罗马斗兽场→君士坦丁凯旋门→真理之口

古罗马斗兽场是罗马最具有标志性的建筑了，在来到罗马之后，首先要参观的自然是这座宏伟的建筑。之后，在欣赏过君士坦丁凯旋门的精美雕刻后，前往《罗马假日》中出现过的真理之口，看一看那个让美丽公主花容失色的雕像吧。

罗马第1天行程		
时间	**目的地**	**行程安排**
8:30~11:30	古罗马斗兽场	那些围墙和柱子，会让人回想起那些带着铁链和鲜血的历史，斗兽场前面会有一些穿着古代战袍的斗士，如果有兴趣，付钱后你可以与他们合影
11:30~14:30	君士坦丁凯旋门	这座君士坦丁凯旋门是为了纪念米尔桥战争胜利而建，绝对会给人留下深刻的印象
14:30~18:30	真理之口	曾在《罗马假日》中出境，它是一块雕刻着海神头像的圆盘，也是很多人都会游览的景点，现在的"真理之口"已经被摸得发亮了

257

AB约200米，步行约2分钟

君士坦丁凯旋门
Arco di Constantino

真理之口
Bocca della Verita

BC约1200米，步行约20分钟

古罗马斗兽场
Colosseum

House of Augustus

Parco del Celio

Basilica Santi Giovanni e Paolo

马西莫跑马场

Giardino degli Aranci

Roseto di Roma Capitale

▲ 罗马第1天行程路线示意图

古罗马斗兽场

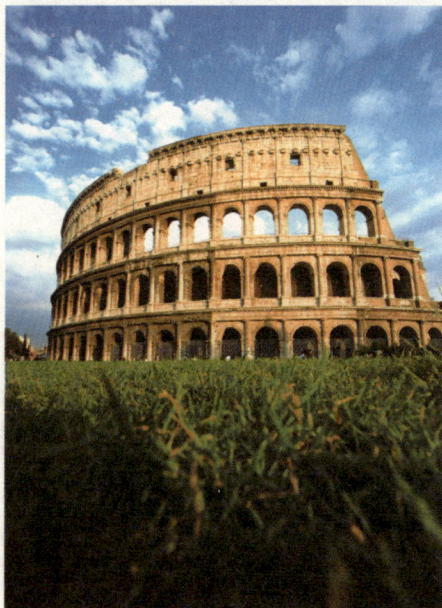

　　古罗马斗兽场（Colosseum）是罗马旅游不容错过的地方，最初是奴隶主和贵族们看残酷的角斗的地方，这里曾经有过人与人、人与兽之间的残酷厮杀。斗兽场规模庞大、雄伟、壮观，虽然在岁月俊噬下了只剩下大半个骨架，但它雄伟磅礴的气势仍然存在。

旅游资讯

地址：Piazza del Colosseo，Roma

交通：乘坐有轨电车3路，乘坐公交车60、75、85、87、117、175、271、810、870路，或者乘坐地铁B线在Colosseum下车可到

票价：12欧元

开放时间：9:00至日落前1小时，关闭前1小时停止售票

君士坦丁凯旋门

君士坦丁凯旋门（Arco di Constantino）位于斗兽场西侧，它是古罗马凯旋门中最著名、保存最完好的一座。法国巴黎的凯旋门就是以它为蓝本设计的，凯旋门有3个拱门，中间的最为高大，整体上大气磅礴，雄伟壮观，细节处却是精巧细致，柱子上的雕刻可谓巧夺天工。

旅游资讯

地址：Piazza del Colosseo，Roma
交通：乘坐有轨电车3路，乘坐公交车60、75、85、87、117、175、271、810、870路，或者乘坐地铁B线在Colosseum下车可到
开放时间：9:00至日落前一小时

中午在哪儿吃

在君士坦丁凯旋门附近有一家口碑不错的中餐馆，可以来尝尝，正好可以解决午饭问题。

好口福

好口福（Court Delicati）主营中国菜，这里有美味可口的蒸饺和海鲜汤，另外也会有泰国菜和印尼菜，可以顺便尝尝鲜。中午可能人比较多，最好能提前预订或者早点来。

地址：Viale Avent ì no，41 00153 Roma
交通：乘坐地铁B线，乘坐60、75、673路公交车，或乘坐3路有轨电车至Circo Massimo站下车可到

真理之口

在《罗马假日》中，真理之口（Bocca della Verita）让可爱的公主变得惊慌失措，也是这一经典场景让真理之口为世界所知。其实它是一块雕刻着海神头像的圆盘，有鼻有眼，张着一张大嘴，古时用于安装在墙壁上的水道。传说，说谎者将手伸进去就会被它咬住，而讲真话的人就平安无事。

旅游资讯

地址：Via della Greca，4，00186 Roma
交通：乘地铁B线到Circo Massimo站下，步行可到
开放时间：9:00~19:00

晚上在哪儿 玩

一天的行程就快要结束了，还有些意犹未尽怎么办呢？别急，可以先找个地方歇歇脚，等天色晚一些，再感受一下罗马的夜晚吧。

鲜花广场

鲜花广场（Piazza dei Fiori）在古时是一个放牧的草场，并因此而得名。广场中心有一座哲学家布鲁诺的塑像，这里每天都有热闹的蔬菜和鱼类市场，鲜花、杂货等小贩聚集于此。到了晚上，这里便成为年轻人喜爱的啤酒花园。

地址：Piazza Compo de'Fiori
交通：乘116路公交车在Monserrato–Piazza Farnese下车，向东步行可到

Day 2　万神殿→特莱维喷泉→西班牙广场

罗马另一个具有代表性的景点当属万神殿了，在罗马第二天的行程就以万神殿为首站，在参观完特莱维喷泉后，前往著名的西班牙广场游玩。晚上的时候，如果你有精力，可以在热闹的孔多蒂街选购纪念品。

罗马第2天行程		
时间	目的地	行程安排
8:30 ~ 10:30	万神殿	万神殿的前庭有一个高大的方尖碑喷水池，方尖碑基座雕有古罗马神话场景，非常值得一看
10:30 ~ 12:00	特莱维喷泉	这是一座罗马知名度最高的喷泉，据说在喷泉的水前许愿是很灵验的，你就在这里许下美好的愿望吧
12:00 ~ 16:30	西班牙广场	在这里度过如《罗马假日》里公主般悠闲且快乐的午后，也可以到附近的咖啡馆坐一坐，拜伦、雪莱等文学巨匠都曾在此寻找灵感

西班牙广场
Piazza di Spagna

BC约600米，
步行约10分钟

San Cario al Corso
Via Tomacelli

卢奇娜的圣老楞佐圣殿
Parrocchia S.
Lorenzo in Lucina

Via del Prefetti

Montecitori Palace

Giolitti

Galleria Alberto Sordi

特莱维喷泉
Fontana
di Trevi

Palazzo Cipolla

Via del Seminario

AB约650米，
步行约12分钟

万神殿
Pantheon

▲ 罗马第2天行程路线示意图

万神殿

　　万神殿（Pantheon）是奥古斯都时期的经典建筑，最初是为了供奉奥林匹亚山上的诸神而建。宫殿本身有一个半圆形的穹顶，是由火山灰制成的混凝土浇筑，十分坚固，而顶部的圆洞是万神殿内部唯一的采光处。整栋建筑庄严而有神韵，设计得十分巧妙。现在，万神殿中还有著名的艺术家拉斐尔、温贝特一世等人的陵墓。

旅游资讯

地址：Piazza della Rotonda

交通：乘坐46、62、64、170、492路公交车到Largo Argentina站下或Via del Corso站下车可到

开放时间：周一至周六8:30～19:30，周日9:00～19:00

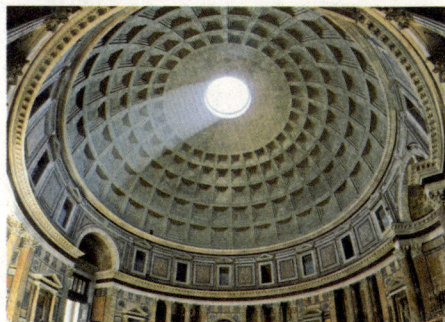

特莱维喷泉

特莱维喷泉（Fontana di Trevi）是左右完全对称的建筑，中央有一尊海神雕像，由两匹骏马拉着奔驰，一只狂野，一只温驯，象征大海的无常。喷泉又叫"幸福喷泉"，人们相信它有让人"重回罗马"的神奇力量，能够给人们带来幸福。因此很多人都会背对着喷泉，从肩上抛3枚硬币到喷泉的水里，许下3个愿望，并且最后一个一定是重回罗马。

旅游资讯
地址：Piazza di Trevi,00187 Roma
交通：乘53、62、63、83、85、160、160F、492、C3、N4、N5、N12、N25路公交车在Corso-Minghetti站下车后，步行约300米可到

中午在哪儿吃

西班牙广场附近的巷子里有很多餐厅，那里是吃午饭的不二选择。无论是高档餐厅或是简单的甜点店，再或是出售简餐的中国餐厅，都是不错的选择。

McCafè

这是麦当劳旗下的一家咖啡馆，提供各种风格的咖啡和甜点，是人们休息和用餐的好地方。旁边就是麦当劳快餐店，你也可以在那里购买一些食物。

地址：Piazza di Spagna, 46, 00187 Roma
交通：西班牙广场西南方向约200米，步行可到
网址：www.mccafe.it

西班牙广场

西班牙广场（Piazza di Spagna）曾是《罗马假日》的外景地，奥黛丽·赫本在此悠闲吃着冰激凌的一幕令很多人都难以忘怀。广场台阶前有贝尔尼尼父子的作品——小船喷泉。很多人会坐在台阶上吃冰激凌，体验当年赫本所要表达的那种悠闲自得的快乐。

旅游资讯
地址：Piazza di Spagna, 1, Roma
交通：搭乘地铁A线至Spagna站下车可到

吃过晚饭之后，可以去这里最有名的精品购物街——孔多蒂街逛一逛，这里各种国际时尚品牌的服装随处可见。

孔多蒂街

孔多蒂街（Via dei Condotti）是罗马最为著名的精品购物街，这里有许多罗马传统服

> 地址：位于西班牙广场和波波洛广场之间

装设计师的名店，为中国人所熟知的普拉达（Prada）、阿玛尼（Giorgio Armani）、华伦天奴（Valentino Garavani）等都在这里。孔多蒂街距离西班牙广场很近，从这里就能看到西班牙台阶。

Day 3 圣彼得大教堂→圣彼得广场→圣天使城堡

今天的行程以梵蒂冈的圣彼得大教堂为起点，由于每天参观圣彼得大教堂的人数众多，很可能需要排队，所以要提前出发，之后穿越圣彼得广场前往圣天使城堡参观。

罗马第3天行程		
时间	目的地	行程安排
8:30～12:30	圣彼得大教堂	作为梵蒂冈最主要的建筑，奢华的圣彼得大教堂值得花上几个小时参观
12:30～14:30	圣彼得广场	圣彼得广场上总是游人如织，可以在这附近吃午饭
14:30～18:30	圣天使城堡	城堡前有一座圣天使桥，桥上有12个天使，都拿着耶稣受刑的刑具，是人们拍照的必选之处

Vatican Library

圣天使城堡
Castel
Sant'Angelo

圣彼得广场
Piazza
San Pietro

圣彼得大教堂
Basilica di
San Pietro

† Sistine Chapel

Via Alberico II

Borgo Vittorio

Via dei Corridori

AB约700米，
步行约12分钟

BC约500米，
步行约10分钟

协和大道　　协和大道

Borgo Santo Spirito

Via Paolo VI

Via di Penitenzieri

✚ Ospedale
Santo Spirito

Via di Porta Cavalleggeri

Via delle Fornaci

A

B

C

▲ 罗马第3天行程路线示意图

圣彼得大教堂

　　圣彼得大教堂（Basilica di San Pietro）位于梵蒂冈的中心，是世界上第一大圆顶教堂。它的圆顶是由米开朗基罗设计，你可以通过楼梯或乘电梯登上圆顶眺望罗马全城的景色。教堂内还有米开朗基罗的《哀悼基督》雕像等艺术作品。入场后注意保持安静，不要大声喧哗。

旅游资讯

地址：Piazza di San Pietro in Vincoli, 4/a, 00184 Roma

交通：从罗马Termini车站乘公交车40、46号，或地铁A线到达Ottaviano站，然后沿Via Ottaviano步行约10分钟即到梵蒂冈

票价：使用电梯7欧元，使用楼梯4欧元

开放时间：4~9月7:00~19:00；10月至次年3月7:00~18:00

圣彼得广场

圣彼得广场（Piazza San Pietro）是一个巨大的椭圆形广场，经常举行大型宗教活动。广场上几百根圆柱排列出令人震撼的视觉效果。这个广场还是神圣的象征，正面是圣彼得大教堂，象征着基督的身体，两侧圆形的长廊代表基督的手臂，整个广场象征着基督张开双臂拥抱各地来的信徒。

旅游资讯

地址：Piazza San Pietro

交通：从罗马Termini车站乘坐公交车40、46路，或乘坐地铁A线到达Ottaviano站，然后沿Via Ottaviano走约10分钟即到梵蒂冈

开放时间：4～9月8:00～17:45；10月至次年3月8:00～16:45

中午在哪儿吃

圣彼得广场和圣天使城堡附近有很多餐厅，可以选择一家，品尝一下这里地道的比萨或者意大利面。

阿尔餐厅

阿尔餐厅（Ristorante Aldo ai Musei Vaticani）距离梵蒂冈博物馆非常近，店内环境幽雅，菜肴主要是地中海美食，有各种鱼类等海鲜，阿尔餐厅既提供快餐，也可以让你坐在店内享用午餐。

地址：Via Sebastiano Veniero，62 Angolo Via Tunisi，Roma

交通：乘坐49路公交车在Viale Vaticano– Musei Vaticani站下车可到

网址：www.aldoaimuseivaticani.com

圣天使城堡

圣天使城堡（Castel Sant'Angelo）位于台伯河畔，是2世纪罗马皇帝哈德良为自己和其后代皇帝所建的陵墓。城堡顶部竖立着持剑的天使雕像，用以对抗当时的黑死病。圣天使城堡前的圣天使桥上有12尊天使雕像，雕刻精美，可说是巴洛克式装饰艺术杰作。现在圣天使城堡是一座博物馆。

旅游资讯

地址：Lungotevere di Castello 50，00193 Roma

交通：乘坐地铁A线在Lepanto站下车，沿向南的大道直行，到卡维尔广场右转，步行约15分钟可到；或乘坐19路有轨电车到Risorgimento–San Pietro站下车可到

网址：www.castelsantangelo.com

开放时间：周二至周日9:00～19:00，周一关闭，售票处开放至18:30

晚上在哪儿玩

罗马并非只有遍地的古迹和美味的食物，你也可以去歌剧院欣赏一场优雅的歌剧，或者去酒吧让自己放松放松，无论怎样，在这里你都可以找到适合自己的娱乐方式。

罗马歌剧院

罗马歌剧院（Teatro dell'Opera di Roma）与米兰的斯卡拉歌剧院、那不勒斯的圣卡尔洛歌剧院并称为意大利三大歌剧院，在歌剧界有着重要的地位。罗马歌剧院内部装饰奢华、场面开阔，给人一种富丽堂皇的感觉。在这里上演过玛斯卡尼的《乡村骑士》、罗西尼的《塞维利亚的理发师》、普契尼的《托斯卡》等诸多名剧。

地址：Piazza Beniarnino Gigli 1，Rome
交通：乘坐地铁A线至Repubblica站，往Via Florence方向步行即可

如果多待一天

多待一天的游玩

罗马古城到处都是景点，3日行程太过匆匆，不能把所有著名的景点都细细游览一遍。如果多出一天的时间，一定要去好好欣赏一下那些没来得及看的景点。

威尼斯宫

威尼斯宫（Palace Venezia）坐落在威尼斯广场西面，建于15世纪，是罗马最著名的哥特式宫殿建筑。这里曾是威尼斯和罗马的外交场所，内部藏品以意大利文艺复兴时期的陶器、织物、雕塑等为主。

地址：Via del Plediscito 118
交通：乘坐40、46、60、70、81、492、628路公交车或乘坐有轨电车8路可到
票价：4欧元
开放时间：周二至周六8:30～19:30，售票处18:30关闭。周一及意大利节假日不开放

罗马住行攻略

在罗马住宿

罗马的住宿地众多，便宜点的旅馆主要集中在火车站周围的几条街上。家庭旅馆则是了解意大利风情的最好住处，这种住处房间不多，价格可以让广大游客接受，一晚40欧元左右。青年旅舍的住宿费一般不贵，一晚25欧元左右，只是有些青年旅舍距离市区较远，而且会有门禁时间。

在罗马出行

在罗马出行可以选择地铁、公交车、出租车等交通工具。推荐大家购买Roma Pass，除了可以免费乘坐市内除机场线以外的所有公交车、地铁、轻轨。Roma Pass有2日卡和3日卡两种。2日卡的票价为28欧元，3日卡票价为36欧元。Roma Pass在所有带标识为"i"的服务中心都可以买到。

地铁

罗马的地铁标志是红底白色M符号，有A、B两条线路，其中A线为橙色，B线为蓝色，罗马城内的大部分景点都可以乘坐地铁到达。地铁A线为西北—东南走向，B线则为西南—东北走向，两线在中央车站交汇。

从罗马至佛罗伦萨

乘飞机

如果你的时间比较紧，可以选择乘坐飞机从罗马到达佛罗伦萨。从罗马到达佛罗伦萨乘坐飞机只需要1小时左右，机票40欧元左右，每天有3次意大利航空公司的航班从罗马的费尤米西诺机场起飞到达佛罗伦萨。

乘火车

佛罗伦萨的住宿费用比罗马的要便宜许多，你可以在下午就乘火车前往佛罗伦萨，当晚住宿在佛罗伦萨。如果乘坐Pendolino列车，到达佛罗伦萨的中心车站Stazione Santa Maria Novella需要提前订票，这种火车每天4次。乘坐稍快一些的EC/IC列车，约2小时即可到达，火车票价20欧元左右。也可以乘坐欧洲之星（Eurostar）列车，票价为40欧元左右。

到达佛罗伦萨

佛罗伦萨是徐志摩笔下的那个"翡冷翠",许多中国人就因为这个美丽的名字开始关注它。它是托斯卡纳区最著名的城市,被称为"百花之城"。作为欧洲文艺复兴的发源地,欧洲文艺复兴时期许多"大家"都与这座小城有着千丝万缕的联系。

如何到市区

佛罗伦萨机场的交通很便捷,无论是乘坐飞机或是火车到达佛罗伦萨,都能轻松、便捷地前往市区,找到自己的住宿地点。

从佛罗伦萨的机场如何前往市区

佛罗伦萨有两个机场,其中佩雷托拉机场(Amerigo Vespucci)距离市中心5千米左右,这个机场很小,主要经营意大利国内的航线。每天会有机场大巴从佩雷托拉机场到达市区的圣母百花大教堂,运营时间为5:30~20:00,每0.5小时一班,20:00~23:00每小时一班,票价4欧元左右。

如果你到达的是比萨的伽利略机场,可从机场乘坐列车前往。伽利略机场每天都有2~3班列车从这里出发到达佛罗伦萨,用时约1.5小时,票价约6欧元。

从佛罗伦萨火车站如何前往市区

Firenze Santa Maria Novella车站是佛罗伦萨的中央车站,这个车站就位于佛罗伦萨市区,从Firenze Santa Maria Novella车站到市中心的圣母百花大教堂步行几分钟就到。

中央车站附近还有一个叫作Rifredi的火车站,到中央车站的慢车都会经过这里,如果你在Rifredi车站下车,可以再乘坐Firenze-Pisa的06658火车到Firenze Smn站下车,即可到达市区,用时约15分钟。

佛罗伦萨2日行程

Day 4 　圣母百花大教堂→乔托钟楼→新圣母玛利亚教堂

佛罗伦萨最著名的景点就是圣母百花大教堂了,在佛罗伦萨的第1天,就去参观一下这座举世闻名的教堂。位于教堂不远处的乔托钟楼,也会是不可错过的著名景点,之后可前往新圣母玛利亚教堂游玩。

佛罗伦萨第1天行程		
时间	目的地	行程安排
9:30～12:00	圣母百花大教堂	圣母百花大教堂就像是一朵娇艳的花朵盛开在佛罗伦萨这座美丽的小城中
12:00～14:30	乔托钟楼	可以购买通票参观大教堂广场周围的所有景点，如大教堂圆顶、乔托钟楼、圣乔瓦尼洗礼堂等
14:30～18:30	新圣母玛利亚教堂	教堂外观整体呈土黄色，看起来比较朴素简洁，较低部分有绿色和白色的大理石

Largo Fratelli Alinari

Hotel San Giorgio Florence

Via dell' Ariento

Via L Gori

美第奇·里卡迪宫
Paiazzo Medici Riccardi

Via L Gori

新圣母玛利亚教堂
Piazza di Santa Maria Novella

Via Faenza

圣罗伦佐教堂
Basilica di San Lorenzo

圣母百花大教堂
Cattedrale di Santa Maria del Fiore

Via del Giglio

Via dei Panzain

Borgo S. Lorenzo

Grand Hotel Minerva

Via dei Banchi

Via dei Panzain

Via dei Gerretani

AB约200米，步行约3分钟

A

Ristorante Quinoa

The Baptistery of St John

碧加洛凉廊

B

BC约750米，步行约12分钟

Via dei Pecon

乔托钟楼
Campanile di Giotto

Via dei Tosinghi

Via dei Tosinghi

▲ 佛罗伦萨第1天行程路线示意图

圣母百花大教堂

圣母百花大教堂（Cattedrale di Santa Maria del Fiore）是文艺复兴的第一个标志性建筑，被誉为文艺复兴的"报春花"。它将文艺复兴时的古典、优雅、自由诠释得淋漓尽致。主教堂的穹顶，只用砖块完成，堪称建筑史上的一个奇迹。

旅游资讯

地址：Piazza del Duomo

交通：乘巴士C1路到Qriuolo站或C2路到Roma—Cleria Bologna站下车即到

开放时间：教堂周一、周二、周三、周五10:00～17:00，周四10:00～15:30，周六10:00～16:45，每月第一个周六10:00～15:30，周日及节假日13:00～16:45；圆顶周一至周五8:30～19:00，周六8:30～17:40

乔托钟楼

乔托钟楼（Campanile di Giotto）在圣母百花大教堂旁边，因其设计者是"欧洲绘画之父"乔托而得名。钟楼呈正方形，细致典雅，乔托设计的部分主要是第一层，为无窗闭合式结构，四面均有美丽的浮雕，5层是挂大钟之处。钟楼镶嵌红、白、绿3色大理石，与圣母百花大教堂相呼应。

旅游资讯

地址：Giotto's Bell Tower, Piazza Duomo, 50122 Firenze
交通：从圣母百花大教堂步行前往
网址：www.ilgrandemuseodelduomo.it
票价：6欧元，通票10欧元
开放时间：8:30～19:30

中午在哪儿 吃

在这个充满阳光的异国他乡，逛了一上午之后，如果能吃一顿可口的家乡菜，安静地休息片刻，你肯定会觉得那是多么美好的事情。

1 汉宫饭店

汉宫饭店（Il Mandarino Ristorante Cinese）是一家中国餐厅，菜品以中餐为主，有家常的木须肉、凉拌芹菜、饺子等食物。为避免用餐时排队，最好提前预约。

地址：Via della Condotta, 17 50122 Firenze
交通：乘坐C2路车在Condotta站下车步行可到
网址：www.ristoranteilmandarino.it

新圣母玛利亚教堂

新圣母玛利亚教堂（Piazza di Santa Maria Novella）是一座哥特式建筑，位于佛罗伦萨中央车站的对面。教堂正面用绿白两色大理石装饰，两排石柱将教堂分成3个长廊，并带有绿色回廊，给人以整洁、宁静的感觉。教堂内部有许多哥特式的湿壁画，其中最精彩的是位于朝北走廊半道上方的《三位一体》。

旅游资讯

地址：Piazza Santa Maria Novella6
交通：乘6、11、12、C1、C2路公交车在Unita'Italiana–Farmacia Della Stazion站下车可到
网址：www.chiesasantamarianovella.it
票价：3.5欧元
开放时间：周一至周四9:00～17:30，周五11:00～17:30，周六9:00～17:00，周日和部分节假日13:00～17:00

晚上在哪儿 玩

黄昏时分可以前往佛罗伦萨南部的米开朗基罗广场上逛逛，由于米开朗基罗广场地处高地上，从这里可以眺望整个佛罗伦萨的市景。

米开朗基罗广场

米开朗基罗广场（Piazzale Miche-langelo）位于佛罗伦萨市区阿诺河的南岸，因广场上有米开朗基罗的代表作——

地址：	佛罗伦萨市区南端
交通：	乘坐12路、13路公交车在Piazzale Michel-angelo站下车可到

大卫雕像（复制品）而闻名。站在广场的高处，你会发现市政广场、阿诺河、圣母百花大教堂的圆屋顶等都别样的美丽。

Day 5 乌菲兹美术馆→佛罗伦萨市政厅广场→老桥

在佛罗伦萨的第2天，先去蜚声国际的乌菲兹美术馆，与那些传说中的、文艺复兴时期的绘画名作对话，然后前往热闹的佛罗伦萨市政厅广场看一看那里的海神喷泉，之后前往老桥感受一下这座城市的浪漫气息。

佛罗伦萨第2天行程		
时间	目的地	行程安排
9:30~12:00	乌菲兹美术馆	在乌菲兹美术馆内，可以看到很多在教科书上出现过的名画
12:00~14:30	佛罗伦萨市政厅广场	在这里看喷泉、看雕塑，感受它厚重的历史背景，或在广场一角的咖啡馆里，闲适地品着咖啡，看着广场上来来往往的游人，悠然享受午后的阳光
14:30~17:30	老桥	那些错落有致的小屋和象征着爱情的同心锁，为这个城市增加了一抹浪漫的色彩。桥上那些精致的珠宝店，历经几代人的经营，让人忍不住想要进去看一看

271

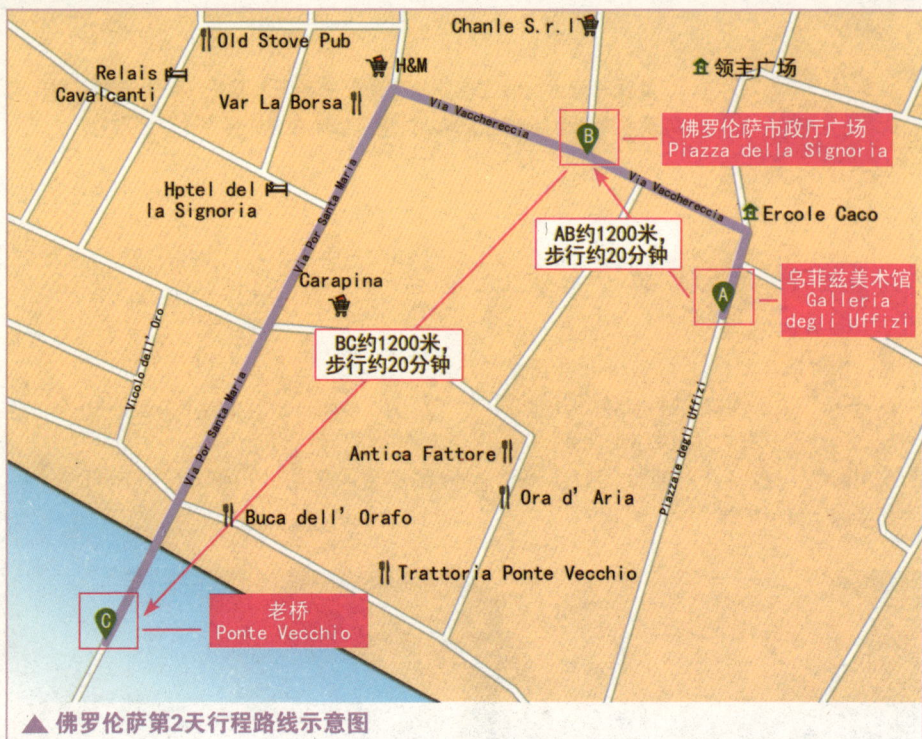

▲ 佛罗伦萨第2天行程路线示意图

地图标注：

Old Stove Pub
Chanle S.r.l
领主广场
Relais Cavalcanti
H&M
Var La Borsa
Via Vacchereccia
佛罗伦萨市政厅广场
Piazza della Signoria
Hptel del la Signoria
Via Vacchereccia
Ercole Caco
AB约1200米，步行约20分钟
乌菲兹美术馆
Galleria degli Uffizi
Carapina
BC约1200米，步行约20分钟
Antica Fattore
Ora d' Aria
Buca dell' Orafo
Trattoria Ponte Vecchio
老桥
Ponte Vecchio

乌菲兹美术馆

乌菲兹美术馆（Galleria degli Uffizi）位于美第奇家族旧时的官邸乌菲齐宫内，以收藏大量的文艺复兴时期的绘画名作而蜚声国际，有"文艺复兴艺术宝库"之称。美第奇家族曾资助了包括达·芬奇、米开朗基罗在内的许多文艺复兴时期的艺术家，所以这里藏了很多他们的作品。

旅游资讯

地址：Piazzale degli Uffizi 6

交通：乘坐C1路公交车在Galleria Degli Uffizi站下，或乘坐C3路公交车在Ponte Vecchio站下车可到

票价：8欧元，最好提前预约

开放时间：周二至周六8:15～19:00；周一、1月1日、5月1日、12月25日关闭

中午在哪儿 吃

市政厅广场上有很多餐厅，如果有些饿了，可以在这里选择一家餐厅吃午饭。

Osteria dei Baroncelli

这家餐厅位于距离广场不远处的商业区内，提供简单的意式风味美食。周围还有不少其他风格的餐厅。

地址：Chiasso dei Baroncelli，1，50122 Firenze
交通：乘坐C1路公交车在Galleria Degli Uffizi站下，或乘坐C3路公交车在Ponte Vecchio站下车可到
网址：www.osteriadeibaroncelli.it

佛罗伦萨市政厅广场

佛罗伦萨市政厅广场（Piazza della Signoria）是佛罗伦萨传统的行政中心，因广场上的海神喷泉而吸引了众多的游人。海神喷泉是被当地人称为"大白雕"（biancone）的巨大白色海神像，喷泉水池四周有许多形态各异的青铜雕像，如海神波塞冬、帕修斯和半人马等，可谓雕塑珍品的大云集。米开朗基罗的《大卫》雕像曾立在这里，后为保护真迹已被移走，现在广场所立的为原比例复制品。

旅游资讯

地址：Piazza della Signoria Firenze
交通：乘坐公交车C2路到Condotta站，向南步行5分钟可到
票价：韦奇奥宫5.7欧元
开放时间：韦奇奥宫9:00～14:00，周日及节假日为8:00～13:00

老桥

老桥（Ponte Vecchio）建于古罗马时期，是佛罗伦萨最有名的一座古桥。它最初是木桥，后来被洪水冲走，现在这座造型典雅的三拱廊桥是在原有桥墩上重建而成。它像一条"空中走廊"，把乌菲兹美术馆和皮蒂宫连成一体。

旅游资讯

地址：Ponte Vecchio
交通：乘坐C3或D路公交车到Ponte Vecchio下车可到
票价：免费
开放时间：全天开放

佛罗伦萨住行攻略

在佛罗伦萨住宿

作为深受人们欢迎和喜爱的旅游城市，佛罗伦萨有很多住宿地可供选择。佛罗伦萨的中央车站东口、Via Nazionale大街及与之交叉的街道Via Fiume、Via Faenza一带，住宿地比较集中。中央车站广场附近也有一些价格便宜的旅馆，在老城区以外也可以找到一些不错的廉价旅馆，可以考虑去住宿。

在佛罗伦萨出行

佛罗伦萨市区不大，去较远的景点可以坐公交车，距离较近的，租个自行车即可过去。如果时间充裕，步行也是一种不错的方式，漫步在古老城市的街头，细细品味这里的历史与艺术，也不失浪漫。

自行车

在佛罗伦萨，由于城市不大，而且景点分布比较集中，你可以选择骑自行车游览城市风光。佛罗伦萨城中设立了很多公共车库，这里的自行车从8:00～19:00是免费的，使用完后在城市任何一个公共车库都可以还车。可在网站www.firenzeparcheggi.it上查询自行车租赁地点与其他信息。

公交车

如果不想骑车，可以选择乘坐公交车。佛

罗伦萨市内的公交车很多，而且比较便捷，从城市一头走到另一头只要不到1小时时间。单次公交票1.2欧元，可以在90分钟内任意上下。车票记得要提前买好，因为如果上车买票需要2欧元，如果被人发现逃票将处以30欧元的罚款。车票可以在香烟摊、报摊等处买到。

从佛罗伦萨至威尼斯

乘火车

从佛罗伦萨乘火车到威尼斯，有很多火车车次可以选择。其中，ES火车需要2.5小时左右，票价为30欧元左右；IC火车稍慢一点，时间约3小时，票价约20欧元；欧洲之星列车每小时都有一班火车发往威尼斯，时间只需2小时左右，但票价也更高。车票最好提前在意大利火车官网www.trenitalia.com预订，有时候可以买到价格优惠的票。

到达威尼斯

威尼斯（Venezia）是意大利东北部著名的旅游城市。它是一座历史文化名城，全城有教堂、钟楼、宫殿、博物馆等艺术及历史名胜400多处。文艺复兴时期，它是继佛罗伦萨和罗马之后的第三个中心。威尼斯还是"最美丽的人造城市"，被称为"水之都""桥之城"。城内有一条长长的主运河，与上百条支流、2000多条水巷相通。威尼斯的房屋地基都淹没在水中，人们出行靠的是汽艇、汽船和具有当地特色的贡多拉。

如何到市区

威尼斯有两个火车站，分别是Mestre与Santa Lucia车站，距离市区较近的火车站是Santa Lucia车站。Santa Lucia车站位于威尼斯主岛的西北部，距离黄金宫大约15分钟的步行路程。Mestre车站位于内陆，这是外界乘火车到达威尼斯的必经之路，从Mestre车站到达威尼斯主岛，坐车需要10分钟左右，你可以选择乘火车或者汽车，票价约为1.3欧元。

威尼斯2日行程

Day 6

里亚托桥→黄金宫→穆拉诺岛

由于威尼斯住宿价格比佛罗伦萨贵很多，前一晚可以选择在佛罗伦萨住宿，早上乘火车到达威尼斯。从威尼斯火车站步行就可前往里亚托桥、黄金宫等景点，去穆拉诺岛则需要乘坐公交船。

威尼斯第1天行程		
时间	目的地	行程安排
11:30~12:30	里亚托桥	桥上中部建有厅阁，两侧店铺林立，在这里既可从桥上眺望运河，又可在两侧的商店购物
12:30~15:30	黄金宫	黄金宫对岸的里亚尔托鱼市场是观赏整座建筑的最佳位置，在午后，当金黄色的阳光照耀着这座静谧的古老建筑时，给人一种温暖的感觉
15:30~18:30	穆拉诺岛	如果想给家人或是朋友带一些纪念品的话，那么小岛上玻璃镶嵌的垂饰、玻璃饰品都是不错的选择

穆拉诺岛
Murano

C

Greek Orthodox
cemetery

BC约2千米，
乘船约20分钟

黄金宫
Galleria
Giorgio
Franchetti
alla Ca'
d'Oro

B

Ospedale SS.
Giovanni e Paolo

AB约600米，
步行约12分钟

A

里亚托桥
Ponte di Rialto

▲ 威尼斯第1天行程路线示意图

里亚托桥

　　里亚托桥（Ponte di Rialto）因在莎士比亚的名剧《威尼斯商人》中出现，而成为威尼斯最著名的桥。桥中央是拍摄威尼斯大运河的最佳地点，而桥梁本身也是很好的摄影素材。桥两侧有很多商店，主要出售面具、琉璃制品、首饰和手表等，走在熙熙攘攘的人群中，你会感觉该桥既浪漫又有生活气息。

旅游资讯

地址：Sestiere San Polo Sestiere San Polo

交通：乘坐1、82路水上公交到Rialto下车可到

开放时间：全天

黄金宫

黄金宫（Galleria Giorgio Franchetti alla Ca'd'Oro）建于15世纪，因其表面涂得金碧辉煌而得名。这里收藏了威尼斯画派的雕刻、青铜制品、画作等作品，其中以提香的作品最为引人注目。在宫里的栏杆边，透过漏窗可欣赏外面运河的迷人景致，是一种享受。

旅游资讯

地址：Cannaregio, 3932, 30121 Venezia

交通：乘水上公交1路在Ca'd'Oro站下车可到

网址：www.cadoro.org

票价：5欧元

开放时间：周一8:15～14:00，周二至周日8:15～19:15，关闭前0.5小时停止进入，12月25日、1月1日、5月1日关闭

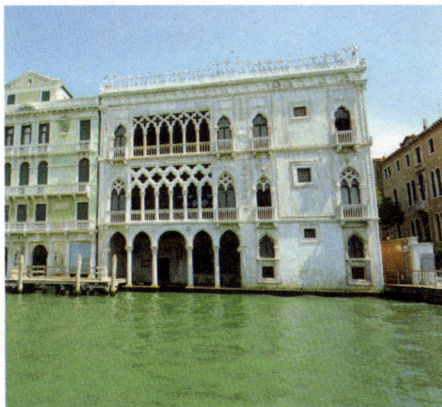

中午在哪儿 吃

在黄金宫东北方向，有不少的餐厅可以作为吃午饭的选择，这里有一些别有风味的意大利餐厅，还有麦当劳这样的快餐店。

Al Fontego dei Pescatori

这家餐厅位于黄金宫附近，提供正宗的威尼斯风味美食，主要有各类鱼虾海鲜和意面等供应。餐厅内有空调，还设有可以欣赏大运河美景的室外用餐区域。

地址：Cannaregio, 3726, 30121 Venezia

交通：乘坐水上公交1路和N路在Ca' D'Oro站下车可到

网址：www.alfontegodeipescatori.it

穆拉诺岛

穆拉诺岛（Murano）又称"玻璃岛"，以制造色彩斑斓的穆拉诺玻璃器皿而闻名于世，来到这里，你会发现这几乎就是一个玻璃的世界。在这里你可以欣赏到师傅们吹制玻璃的表演。岛上的玻璃艺术博物馆收藏各式各样的玻璃制品，晶莹剔透。岛上街边、河边随处都是卖玻璃制品的商店，店里琳琅满目的玻璃制品肯定让你目不暇接。

旅游资讯

地址：Murano, Venezia

交通：乘坐水上公交3、4号线，在Faro站下船（注意在站台看好回程时间）

晚上在哪儿**玩**

在威尼斯的夜晚，可以在小巷中漫步，穿过一座座小桥，看一看坐在贡多拉上的情侣们，或许会生出一种"你站在桥上看风景，看风景的人在楼上看你。明月装饰了你的窗子，你装饰了别人的梦"般的情愫吧。

Day 7　叹息桥 → 圣马可广场 → 安康圣母教堂

今天的行程是参观威尼斯最具有代表性的景点——叹息桥与圣马可广场，之后前往安康圣母教堂参观。

威尼斯第2天行程		
时间	目的地	行程安排
9:30 ~ 12:00	叹息桥	叹息桥是恋人们见证爱情的地方，据说，情侣在这里相拥便可相守一生
12:00 ~ 14:30	圣马可广场	在蔚蓝的天空下，宽阔的广场、宏伟的建筑、美丽的白鸽，一切都像是在美丽的童话世界里，你的心也会变得沉静下来
14:30 ~ 18:30	安康圣母教堂	位于大运河入海口的安康圣母教堂，景色十分优美。教堂内部还有很多优秀的艺术作品，值得一去

▲ 威尼斯第2天行程路线示意图

叹息桥

叹息桥（Bridge of Sighs）是古代由法院向监狱押送死囚的必经之路，相传被判处死刑的囚犯从法庭走向监狱时，只能透过小窗看见外面，从此失去了自由，不由自主地发出叹息之声，桥由此而得名。叹息桥是早期巴洛克式风格建筑，桥呈房屋状，封闭得很严实，只有面向运河的一侧有两扇小窗。

旅游资讯

地址：Piazza San Marco，Venezia
交通：圣马可广场旁边，步行可到
网址：www.palazzoducale.visitmuve.it

圣马可广场

圣马可广场（Piazza San Marco）又叫威尼斯中心广场，一直以来都是威尼斯政治、宗教和传统节日的公共活动中心。在广场周围有公爵府、圣马可大教堂、圣马可钟楼、新旧行政官邸大楼、拿破仑翼大楼和圣马可图书馆等建筑。另外，广场周围还有美丽别致的精品店、风格幽雅的咖啡馆，曾被拿破仑誉为"全欧洲最高雅的客厅"。

旅游资讯

地址：Piazza San Marco，Venezia
交通：乘坐1号水上公交在Vallaresso站（广场西）、S.Zaccaria站（广场东）下船可到
网址：www.associazionepiazzasanmarco.it
票价：圣马可大教堂免费，内部金色围屏1.5欧元、珍宝展2欧元、登顶3欧元，钟楼6欧元
开放时间：周一至周六09:45～16:00，周日13:00～16:00

中午在哪儿吃

圣马可广场及附近有很多餐厅，在这里一边品味正宗的意大利美食，一边欣赏威尼斯大运河的美景，算得上是一种惬意的享受了。

1 Il Ridotto

地址：Castello 4509, 30122 Venice
交通：乘坐水上公交1、14、20、N路在S. Zaccaria (Danieli) "F"站下可到
网址：www.ilridotto.com

Il Ridotto餐厅距离叹息桥步行大约5分钟路程，还是比较方便的。菜品是传统的意大利菜肴，主要是鱼或肉，食材新鲜，菜单会根据季节变化而变化，选择套餐的话是30欧元左右。餐厅气氛不错，服务比较专业。

安康圣母教堂

安康圣母教堂（Chiesa di Santa Maria della Salute）是一座巴洛克式建筑，教堂外形独特，主体为顶着巨大圆顶的八角教堂，周围环绕着6座礼拜堂。这座巴洛克式的教堂，虽然外观建筑色彩没有其他教堂那样强烈，但是它造型别致，地理位置又处于大运河入口，远远望去，就像是一座美丽的海上宫殿，散发着迷人的光芒，非常有特色。

旅游资讯
地址：威尼斯Dorsoduro市区
交通：乘1号水上公交在Salute站下船
票价：免费，参观圣器室1.5欧元
开放时间：9:00~12:00, 15:00~18:00

晚上在哪儿 玩

威尼斯是极少数能把面具融入日常生活的城市，因此还有"面具之都"的称号。傍晚时分，如果不是太累，也可以去一些卖面具的店铺感受一下这种异域风情，或者买回去带给亲朋好友，也是别致的礼物。

Atelier Marega

Atelier Marega是一家专门出售威尼斯面具的专卖店。这里的面具制作精致，每个面具上都有制作者的签名和日期，种类包括传统的威尼斯面具、戏剧型面具以及幻想型面具等，可以出租也可以购买。

地址：San Polo, 30125 Venezia, Venice
交通：乘坐水上公交1、2、N路在S. Toma' DX站下车可到
网址：www.marega.it

威尼斯住行攻略

在威尼斯 住宿

威尼斯的住宿费用相对较高，在威尼斯火车站、里斯塔迪斯帕尼亚大街（ListadiSpagna）附近有四星级饭店可以挑选；在圣马可广场东边的卡斯特罗地区会有简易旅馆、食宿公寓等住宿地；在圣马可广场北边（通往里亚托桥道路的两旁）、西边（通过研究院大桥的道路两旁）有二三星级的旅馆。

在夏季旅游高峰期（7、8月）和威尼斯狂欢节前后（2、3月），旅馆房价一般都会提高一半，除春秋两个最佳旅行季节外，复活节、圣诞节及新年前后来意大利游玩的人也很多。旅馆比较欢迎连续住宿的客人，所以周末有时即使有空房，他们也可能会拒绝前来住宿的客人。在旅游旺季，如果想寻找更合适的旅馆，还可以选择住在帕多瓦或梅斯特雷，威尼斯每隔10分钟就有一辆火车开往梅斯特雷。

在威尼斯出行

威尼斯是一个水上都市，因此市内交通以船为主，主要有水上公交、水上出租车、贡多拉这几种交通工具。

水上公交

在威尼斯游玩，乘坐水上公交是比较经济的一种交通方式，水上公交可以到达包括威尼斯本岛在内的众多岛屿，其中1号线、快速82号线等都是颇受旅游者青睐的交通线路。乘坐水上公交需要先购票，再到码头上的黄色汽艇处乘坐。参考票价为单程7欧元/人，团体票（3人及以上）根据人数的不同，会有特别的优惠。此外，还有12、24小时内可多次乘坐水上公交的票种，参考票价分别为18欧元、20欧元。

水上出租车

水上出租车费用较高，适合带有大件行李或者人数较多时使用。这种水上出租车可以按表计价，也可以按固定路线提前定好价格，起步价一般为9欧元左右，如果夜间和节假日乘坐要加收费用。水上出租车最多可坐15人，在威尼斯火车站和Rio Novo等地都有水上出租车的专用码头，或者可以拨打41-2406711进行预订，注意，预订也是要收费的。

贡多拉

贡多拉是威尼斯独具特色的水上交通工具，这种船一次可乘坐5人。乘坐贡多拉你可以不受干扰地饱览威尼斯的风光，但是价格也相对较高，起步价41欧元，游览时间延长加收费用，20:00点以后价格还会更高，注意在乘坐前先谈好价钱。

从威尼斯至卢塞恩

乘火车

从威尼斯到卢塞恩的火车需要在米兰火车站中转，如果时间充足也可在米兰游玩一天。乘火车从威尼斯到米兰站车程3小时，米兰到卢塞恩约3.5小时，加上转车所需时间，从威尼斯到卢塞恩的车程约需要7个小时。

租车自驾

威尼斯距卢塞恩约550千米，租车自驾需要6小时左右可到，油费约50欧元。沿途会经过意大利著名城市米兰，你可选择在米兰市内吃午饭，如果时间充足，可以去米兰大教堂看看。

到达卢塞恩

卢塞恩（Luzern）又称琉森，位于瑞士的中部高原地带，是瑞士中部卢塞恩州的首府。卢塞恩历史悠久，建城时间为8世纪，历史上曾为瑞士的首都。市内分为新城区和老城区，以罗伊斯河和卢塞恩湖为界，河的北部为卢塞恩的老城区，而河的南部则为新城区。卢塞恩一年四季的气候都温和湿润，相对适宜旅行，著名的观光景点包括垂死狮像、卢塞恩湖、卡贝尔桥、冰河公园、基督教堂、皮拉图斯山。

如何到市区

乘坐火车前往卢塞恩，所到达的火车站为卢塞恩火车站，该车站位于卢塞恩市中心，步行就可前往各景点，火车站附近有卢塞恩最大的公交枢纽站，可以乘坐公交车前往周边地区。

卢塞恩火车站

卢塞恩火车站位于卢塞恩湖畔，是瑞士最重要的火车站之一，也是瑞士的重要铁路网络枢纽，瑞士国内和国际列车均经停卢塞恩火车站。卢塞恩火车站由瑞士国营铁路公司（SBB-CFF-FFS）运营。车站内提供问讯处、失物招领处、卫生间、行李寄存处、货币兑换处、电话亭、残障旅客协助和无线网络等设施和服务。

卢塞恩2日行程

Day 8 — 基督教堂→卡贝尔桥→穆塞格城墙

今天的行程是参观卢塞恩著名的基督教堂和卡贝尔桥，桥上的八角形水塔是瑞士的标志性景点之一，其造型十分奇特，值得一看。这些景点都位于卢塞恩火车站的不远处，步行就可以到达。

卢塞恩第1天行程		
时间	目的地	行程安排
9:30～12:00	基督教堂	这座教堂是卢塞恩的标志性建筑之一，在这里能看到罗伊斯河的美景
12:00～14:30	卡贝尔桥	卡贝尔桥是卢塞恩的地标，也是瑞士的一大旅游景点
14:30～18:30	穆塞格城墙	登上古老的城墙可以俯瞰整个卢塞恩的景象，十分壮观

C 穆塞格城墙
Museggmauer

🛒 Kosmetik SILHOUETTE

Grendel Street

Graben Street

Leder Alley

🛒 Manor Luzern

Gerber Alley

Lowengraben

Kapell Alley

BC约450米，步行约8分钟

Kapell Alley

Kornmarkt

Rathaus Brauerei 🍴

Rathausquai

AB约200米，步行约4分钟

B 卡贝尔桥
Chapel Bridge

🛏 Hptel des Balances

基督教堂
Jesuit Churche

A

▲ 卢塞恩第1天行程路线示意图

基督教堂

　　基督教堂（Jesuit Chur-che）位于路易斯河畔，是瑞士巴洛克式宗教建筑的杰作。教堂奢华的拱顶装饰使其具有极高的辨识度，教堂内部的圣坛由红色的大理石装饰，十分精美。另外，教堂还有圣具室、天井壁画等，都非常值得参观。

旅游资讯

地址：Bahnhofstrasse 11a60
03 Luzern，Switzerland
开放时间：7:00~18:00

中午在哪儿 吃

参观完基督教堂后，在前往卡贝尔桥的路上会遇见一家名为Brauerei的餐厅，这家餐厅供应沙拉、卢塞恩特色炖菜、咖喱菜肴等食物，人均消费约20欧元，可以选择在这里吃午饭。

卡贝尔桥

卡贝尔桥（Chapel Bridge）是一座廊木结构的廊桥，位于卢塞恩湖的出口处。因距离教堂较近，也有"教堂桥"的称呼。如今看到的卡贝尔桥是重新修建而成的，廊檐下的梁上共有100多幅三角形彩绘，桥中间有一座著名的八角形水塔（Wasserturm）。

八角形水塔

八角形水塔（Wasserturm）是瑞士的标志性建筑，曾经是卢塞恩市内水上防御工事的重要组成部分。水塔是监视外敌入侵的哨所，里面有用来做战利品的保管室和审讯室。水塔在白天和夜晚会有不同的景致，十分迷人。

旅游资讯
地址：Old Town Downriver，Between Kasernenplatz&Mühlenplatz

穆塞格城墙

穆塞格城墙（Museggmauer）是瑞士保存最好、长度最长的防御性城墙之一，该城墙是为了抵御敌人、保卫卢塞恩而建立的。城墙上建有9座样式各异的瞭望塔，每座塔都有其鲜明的建筑风格。从穆塞格城墙上可以俯瞰整个卢塞恩市，远眺湖景和远处的山峰。

旅游资讯
地址：Schirmertorweg, 6004 Luzern
交通：乘坐公交车9、18路在Bramberg站下车可到

晚上在哪儿 玩

卢塞恩的夜晚注定不会让人寂寞，可以前往卢塞恩湖周边欣赏美丽的景色，或是找一家咖啡馆静静地看日落，还可以在酒吧与众人狂欢，这都是让人触摸卢塞恩心跳的好选择。

Day 9 垂死狮像 → 皮拉图斯山

垂死狮像是卢塞恩的必游景点之一，可以在早上前往这里，之后乘车前往位于卢塞恩市郊的皮拉图斯山游玩。

卢塞恩第2天行程		
时间	目的地	行程安排
9:30～12:00	垂死狮像	这座雕像被美国作家马克·吐温称为"世界上最哀伤，最感人的石雕"，具有强烈的艺术感染力
12:00～18:30	皮拉图斯山	海拔2000多米，乘坐缆车无疑是上下山的最好选择，在乘坐缆车的同时还能欣赏到难得一见的美景

▲ 卢塞恩第2天行程路线示意图

垂死狮像

垂死狮像（Lion Monument）是一座建立在整块崖壁上的石像，为纪念在法国大革命中牺牲的瑞士雇佣兵而建立的。狮像的设计者是丹麦著名雕刻家特尔巴尔森。雕像中的这头雄狮带着哀伤和痛苦，无力地匍匐在地，一支锐利的长箭深深地刺入背脊，旁边是一些折断的枪和带有瑞士十字的盾牌，十分感人。

旅游资讯

地址：Northeast of Lowenplatz, Lucerne

交通：乘坐23路有轨电车在Zuerichstr站下，步行5分钟可到达

中午在哪儿吃

参观完垂死狮像后，可以在周边的餐厅吃些饭，再动身前往皮拉图斯山。或者在到达皮拉图斯山山顶后，在山顶的餐厅用餐。

皮拉图斯山

在皮拉图斯山（Mount Pilatus）可以欣赏到阿尔卑斯山和无数的湖泊，山顶还有餐厅、酒店、纪念品商店和观景台。另外，皮拉图斯山还有牧场、小溪、峭壁、野山羊、岩羚羊、高山玫瑰和龙胆根等极致的自然景观，这也是它吸引众多攀岩爱好者、登山爱好者和户外爱好者前来游玩的主要原因。

旅游资讯
地址：Schlossweg.1,6010 Kriens/Luzern 交通：去皮拉图斯山可在卢塞恩的游船码头坐上前往Alpnachstad的船，然后乘坐齿轮火车缓缓爬升上去。火车票价约为46瑞士法郎，包括上山火车和下山缆车。缆车下山后可乘坐1路公交车回到码头，行程大约需要15分钟。因冬季山顶积雪，12月中旬至5月中旬齿轮火车停驶。

卢塞恩住行攻略

在卢塞恩住宿

在住宿方面，卢塞恩虽然没有像伯尔尼或是苏黎世等大都市那样有非常多的住宿地，但是依然可以满足你对于住宿的各种选择。酒店住宿费用相对有一些高，但是如果个人对住宿条件没有特别高的要求的话，不妨到众多经济实惠的青年旅舍寻找合适的住处，总会找到让你心仪的下榻之地。另外，由于在每年的八九月份，前来卢塞恩旅游的人相对多一些，如果这段时间来应提前将酒店预订好。

在卢塞恩出行

在卢塞恩出行，市区内很多地方步行就可到达，如果前往市郊，可以乘坐城市列车前往。卢塞恩城市列车（City Train Luzern）可以让人方便地往来于卢塞恩城市中的诸多地方。列车始发一般都在瑞士酒店（Hotel Switzerlanderhof），乘客可以从列车员处购买车票。另外，乘坐卢塞恩市内的环城小火车游览整个城市也有很大的乐趣，这是一种白蓝两色的小火车，大约40分钟的行程，可以让你对这座秀美的城市有一个大致了解。

路线改变

如果想要体验更不一样的风景，不妨将本条路线做一些改变，意大利与瑞士还有很多有美景的城市在等着你揭开面纱。无论是意大利比萨、米兰，或是瑞士伯尔尼、日内瓦、苏黎世，相信都会带给你全新的体验。

比萨（Pisa）兴建于公元前1世纪，是意大利中部名城，也是著名的文教中心，有1813年由拿破仑创建的比萨高等师范大学，也有欧洲最古老大学之一的比萨大学。比萨距离佛罗伦萨很近，交通十分方便，可去参观一下举世闻名的比萨斜塔，与这个斜而不倒的建筑奇迹合影留念，然后在周围的建筑群中细细品味这座古城的历史。

去比萨吧

比萨斜塔

比萨斜塔（Torre Pendente）是意大利的标志之一，也是世界著名的建筑奇观。它最初是一座钟塔，但在施工过程中，由于塔基沉陷不均匀，在倾斜状态下完工。几个世纪以来，正是它的倾斜始终吸引着好奇的游客、艺术家和学者前来，使得比萨斜塔举世闻名。"两个铁球同时落地"的实验就在这里发生，这也使得很多中国人在很小的时候就知道了这座建筑。

旅游资讯

地址：Piazza del Duomo, 56126 Pisa

交通：可以从机场乘坐火车（0.5小时一班）或公交车到达，用时不到二十分钟。

网址：www.opapisa.it

票价：攀登斜塔15欧元，大教堂、洗礼堂、墓园和博物馆分别有2～10欧元共5种不同的套餐可供选择，11月1日至次年2月底进入教堂是免费的

网址：11月至次年2月9:00～16:30，4～9月8:00～19:30，3月和10月9:00～17:00，1月1日和12月25日关闭

PART 7

北欧一周游

Part 7

北欧一周游

北欧印象

★ 争奇斗艳的游艇

在丹麦与瑞典长长的海岸线旁有数不清的五颜六色、形态各异的游艇，与岸上绿树掩映下的各式别墅交映生辉。在北欧人的生活中，游艇仿佛已经不是一种单纯的交通工具了，它已经成为人们家庭和生活的一部分，也向人们展示着北欧人对生活的乐观态度，对生命的热爱。

★ 充满童话与幸福的国度

这里有世界幸福指数最高的城市——哥本哈根，前往这个童话之城，你会发现除了唯美的童话之外，这里的人脸上总是洋溢着平平淡淡的幸福。或许你在被街头巷尾的童话雕塑带来惊喜的时候，真正走进内心的却是那一抹带着海洋气息的幸福味道。

★ 拉普兰极光

拉普兰被公认为是欣赏极光的最佳地点之一，在这片广袤的土地上，不仅有远离城市的黑暗、一望无际的森林以及纯净的空气，更有一个个关于极光的美丽传说。另外，近些年来，在拉普兰越来越多的地方修建了适合观赏极光的酒店，使游客不必忍受严寒就能看到绚丽多彩的极光。

推荐行程

Ⓐ 哥本哈根　约800千米　**Ⓑ** 斯德哥尔摩　约1300千米　**Ⓒ** 伊瓦洛

博德
Bodø

伊瓦洛
Ivalo　Ⓒ

凯米
Kemi

卡亚尼
Kajaani

于默奥
Umea

BC约1300千米

特隆赫姆
Trondheim

于韦斯屈莱
Jyvaskyla

卑尔根
Bergen

穆拉
Mora

奥斯陆
Oslo

赫尔辛基 Helsingfors
Helsinki Helsingfors

AB约800千米　Ⓑ　斯德哥尔摩
Stockholm

哥德堡
Goteborg

塔林
Tallinn

哥本哈根
Copenhagen　Ⓐ

里加
Riga

交通方式对比

路线	交通方式	优点	缺点	运行时间	单程费用
哥本哈根—斯德哥尔摩	飞机	较为便捷	价格较高	约1小时	约120欧元
	火车	价格合适，较为便捷	乘车时间较长	约6小时	约80欧元
斯德哥尔摩—伊瓦洛	飞机	节省时间	价格较高，有航班延误的可能	约2小时	约120欧元

最佳季节

在北欧旅行，不同的季节有不一样的风景在等着你。夏季这里总是艳阳高照，而到了冬天，见到太阳的时间却少之又少，不过白雪皑皑的景色也十分壮观。对于一般游客，每年的6～8月是旅行的最佳季节，如果想要欣赏美丽的雪景，则可以在冬季前来，如果想要观赏极光，则一定要在每年的冬季（11月至次年4月）前来。最好的滑雪季节从2月开始，持续到5月，你可进行滑降滑雪或者越野滑雪，且在整个冬季都可玩狗拉雪橇、雪地摩托车、野外远行、溜冰或者冰上钓鱼等。

最佳季节的衣物

在北欧旅行，夏季需要携带的衣物较为简单，不过由于沿海城市较多，雨具是必不可少的。一般情况下，北欧南部城市夏季的气温为20℃～30℃，偶尔会有超过30℃的极端天气出现，但气候总体来说感觉还算舒适，穿着一般的半袖或者长袖T恤即可，如果打算在夜晚出行或者前往森林地区，最好穿长袖衣物并携带外套。冬季前往北欧的话，则需要准备保暖效果好的衣物，最好有充绒量大的羽绒服和保暖裤，这里的空气非常清新干燥，只要穿戴妥帖，就能轻轻松松地享受冬季。

北欧冬春季旅行携带衣物						
衣物种类	11月	12月	1月	2月	3月	4月
冲锋衣套装	√	√	—	—	√	√
羽绒服	√	√	√	√	√	√
连体保暖羽绒裤	√	√	√	√	√	√
保暖内衣	√	√	√	√	√	√
内穿羽绒夹克	√	√	√	√	√	√
羽绒睡袋	√	√	√	√	√	√
毛绒袜	√	√	√	√	√	√
保暖手套	√	√	√	√	√	√
帽子	√	√	√	√	√	√
耳暖	√	√	√	√	√	√
保暖雪地靴	√	√	√	√	√	√
围巾	√	√	√	√	√	√

北欧夏秋季旅行携带衣物						
衣物种类	5月	6月	7月	8月	9月	10月
冲锋衣裤	√	√	√	√	√	√
半袖衣服	—	√	√	√	—	—
长袖外套	√	√	√	√	√	√
冲锋衣抓绒内胆	√	—	—	—	—	√
单层套装	—	√	√	√	—	—
厚外套	√	—	—	—	√	√
牛仔衫裤	√	√	√	√	√	√
墨镜	√	√	√	√	√	√
薄款羽绒服	√	√	—	—	√	√
厚羽绒服	√	—	—	—	√	√
平底鞋	√	√	√	√	√	√
雪地靴	√	—	—	—	√	√

推荐路线： 哥本哈根—斯德哥尔摩—伊瓦洛6天6夜游

7天7夜的推荐路线			
城市	日期		每日安排
哥本哈根	Day 1	上午	五角公园
		下午	小美人鱼雕塑→阿美琳堡王宫
	Day 2	上午	趣伏里公园
		下午	国家博物馆→克里斯蒂安堡宫
斯德哥尔摩	Day 3	上午	斯德哥尔摩皇宫
		下午	斯德哥尔摩大教堂→诺贝尔博物馆
	Day 4	上午	瓦萨沉船博物馆
		下午	斯堪森露天博物馆
伊瓦洛	Day 5～7		伊瓦洛小镇→萨利色尔卡→乘坐雪地摩托

到达哥本哈根

哥本哈根（Copenhagen）是丹麦王国的首都、最大的城市和港口，同时也是北欧最大的城市。这个现代化的都市有着古色古香的风情，是世界上著名的历史文化名城。丹麦标志——美人鱼雕像在海边静静地沉思，充满童话气质的古堡与皇宫坐落在这个城市中，艺术与神奇、古老与现代，任谁都无法抗拒它独特的魅力。

通航城市

哥本哈根作为全球气候会议的举办地而被广大中国游客所熟知，同时作为北欧重要的交通枢纽，哥本哈根也是从中国前往丹麦最主要的通航城市之一。目前，从中国飞往哥本哈根的航班大多都是从北京、上海等城市出发。主要有中国国际航空、中国东方航空、北欧航空等公司经营的航班。

从中国飞往哥本哈根的航班

从中国飞往哥本哈根的航班通常需要从北京、上海或法兰克福、阿姆斯特丹等城市的机场中转，淡季票价可低至2000多元，旺季或舱位等级较高也有高达2万元的价格。通常往返机票价格在3000~8000元。下面表格列出几大航空公司提供的航班，以供安排行程参考。

中国飞往哥本哈根的航班				
航空公司	电话	城市	单程所需时间	出航信息
中国国际航空（www.airchina.com.cn）	95583	北京	约10小时	1天仅有一班
		上海	中转需16小时以上	航班需从法兰克福等城市中转后抵达哥本哈根
		广州	中转需14小时以上	需先转机至北京或上海后飞往哥本哈根
中国东方航空（www.ceair.com）	95530	北京	中转需22小时以上	所有航班均需先从上海中转后至法兰克福或巴黎等城市前往哥本哈根
		上海		
		广州		
中国南方航空（www.csair.com）	95539	北京	中转需13小时以上	大部分航班从荷兰阿姆斯特丹中转后可抵达哥本哈根，每天有超过10趟航线运行
		上海		
		广州		
北欧航空（www.flysas.com/zh-CN/cn/）	北京办事处010-85276100 上海办事处021-52285001	北京	约10小时	有从北京直飞哥本哈根的航班
		上海	约11.5小时	有从上海直飞哥本哈根的航班

如何到市区

哥本哈根的凯斯楚普国际机场（Copenhagen Kastrup International Airport，网址：www.cph.dk）是丹麦首都哥本哈根的国际机场，位于距哥本哈根市区约8千米处的阿马厄岛（Amager）上，是北欧四大机场之一。1号航站楼为丹麦国内航班起降使用，中国飞往哥本哈根的航班多在3号航站楼降落。在机场的行李传送带中间设立着很多有关于童话人物的雕塑，让人在刚刚到达哥本哈根的时候就充分地感受到童话世界的氛围。另外，哥本哈根不少指示牌上有中文标识，让人倍感亲切。

从凯斯楚普国际机场如何前往市区

凯斯楚普国际机场距离哥本哈根市区并不是很远，机场前往市区的交通工具有公交车、地铁、火车及出租车等，其中最为方便快捷的是乘坐火车，从机场前往市区乘坐火车仅需要12分钟左右的时间。在机场航站楼就可以购买火车票，可直接到达位于市中心的中央火车站。另外，在机场各个航站楼之间还有免费摆渡车可以乘坐。

乘火车

火车车票在机场3号航站楼的火车站售票处购买，从其他航站楼可乘坐免费摆渡车前往3号航站楼，车程约为5分钟。往来于哥本哈根机场和哥本哈根中心站的列车10分钟一班，单程票价格为36丹麦克朗，购买旅游卡后为18丹麦克朗，车程12分钟。

乘公交车

在机场3号航站楼外的公交车站可以乘坐公交车前往哥本哈根市区，不过公交车车次较少，等待时间可能会较长。前往哥本哈根市区的公交车路线为5A，价格为36丹麦克朗，购买旅游卡后则为18丹麦克朗。可以在司机处直接用现金购买车票，也可以在3号航站楼的丹麦国家铁路（DSB）售票台购买车票和旅游卡。

乘地铁

地铁站位于3号航站楼出站口处，地铁车票可以在地铁站或3号航站楼自动购票机购买，自动购票机不接受纸币购买，但可以使用信用卡、银行卡或硬币购买。地铁发车间隔为5分钟左右，晚上为15～20分钟的间隔时间，乘坐地铁到市中心15分钟左右。单程票的价格为36丹麦克朗，也可选择购买旅游卡（Klippekort）。

乘出租车

从哥本哈根机场乘坐出租车前往市中心的价格白天约200丹麦克朗，晚上和周末约为250丹麦克朗。如果有自行车、行李等大件物品，则还需一个外部架固定的费用。哥本哈根机场每个航站楼外均设有出租车停靠站。

哥本哈根2日行程

Day 1 **五角公园→小美人鱼雕塑→阿美琳堡王宫**

哥本哈根最有代表性的景点莫过于小美人鱼雕塑了，所以第一天的行程就安排在小美人鱼雕塑及其附近的景点游玩。

哥本哈根第1天行程		
时间	目的地	行程安排
9:30~12:00	五角公园	五角公园原来是重要的军事基地，造型十分奇特，在这座四面环水的岛上公园游玩，能看到长堤公园和市中心的优美景色
12:00~15:30	小美人鱼雕塑	小美人鱼雕塑就位于五角公园旁边的海岸上，雕塑有真人大小，小美人鱼看起来并不高兴，或许她是在为自己没有双脚而苦恼吧
15:30~18:00	阿美琳堡王宫	丹麦王室的居所——阿美琳堡王宫，这里每天都会举行卫兵换岗仪式，不容错过

▲ 哥本哈根第1天行程路线示意图

五角公园

　　五角公园（kastellet）又被称为卡斯特雷特或卡斯特雷特星型地带，该公园外观呈五角星形，在地图上看起来十分醒目。这里曾是北欧的防御工事，现在成为丹麦的现代军事基地。游客只可以在公共区域进行参观和拍照，并要遵守城堡内的图标指示，但可以看到丹麦别具风味的风车，还有百余年历史的火炮。同时，这里也是到达小美人鱼雕塑的必经之地。

旅游资讯

地址：Gl.Hovedvagt, Kastellet 1 2100 København

交通：乘1A路公交车在Esplanaden站下向东步行500米或乘991、992路水上公交在Nordre Toldbod站下向西步行200米可到

网址：www.kastellet.info

小美人鱼雕塑

　　小美人鱼雕塑（Den Lille Havfrue）是人身鱼尾的美人鱼，坐在一块巨大的花岗石上，但是神情忧郁，似心事很重。这是丹麦雕刻家爱德华·艾瑞克森根据安徒生童话《海的女儿》铸塑的。在丹麦还有一个延续了近百年的传统，

旅游资讯

地址：Langelinie, Kbenhavn Danmark

交通：乘26路公交车至Indiakaj站下，向南步行200米可到

票价：免费

就是每年都要为小美人鱼庆祝生日。小美人鱼雕塑还曾在上海世博会期间，在世博园丹麦馆内展出。

中午在哪儿 吃

　　在阿美琳堡王宫附近有不少餐厅，可以选择喜欢的餐厅就餐。丹麦的很多小吃也都是不错的选择，这些小吃店很多开在景点附近。在众多小吃中，开放式三明治经济实惠，是中午就餐的首选。

1 Grønbech & Churchill餐厅

　　这家餐厅位于前往阿美琳堡王宫的路上，提供用优质新鲜原材料制作而成的丹麦当地美食。

地址：Amaliegade 49 1256 København K，Danmark

交通：乘1A路公交车在Esplanaden站下，向东步行400米或乘991、992路水上公交在Nordre Toldbod站下向西步行300米可到

网址：www.gronbech-churchill.dk

阿美琳堡王宫

阿美琳堡王宫（Amalienborg Slotsplads）由著名的建筑师尼古拉·伊格维（Nicolai Eigtved）设计，并由4座宫殿围成了一个八边形的广场。这里也是丹麦王室的主要宫殿。在广场中央有腓特烈五世国王的骑马铜像，广场上也是来往游人拍照留念的好地方。现在，每当丹麦女王及其家人住在王宫时，其所在的建筑物上便会升起丹麦国旗。

旅游资讯

地址： 哥本哈根市区东部欧尔松海峡之滨
交通： 乘66路公交车在Kvæsthusbroen站下或乘M1、M2号线地铁在Kongens Nytorv st站下车后向东北方向步行500米可到
票价： 20丹麦克朗
开放时间： 夏季8:30～18:00，冬季9:00～16:00

晚上在哪儿玩

在哥本哈根的夜晚可以选择前往大型购物中心"血拼"，或是前往剧院观看一场歌剧演出，此外，热闹的酒吧也是不错的选择。当然这些都需要返回市中心才能办到，小美人鱼雕塑所在的长堤公园南部就有回市中心的水上公交，还可以选择步行或骑自行车回到市中心。

Day 2 　趣伏里公园→国家博物馆→克里斯蒂安堡宫

今天的行程是以哥本哈根市政厅广场周边的景点为主，主要参观趣伏里公园、国家博物馆与克里斯蒂安堡宫等景点，可以选择步行或是骑自行车游玩。

哥本哈根第2天行程		
时间	目的地	行程安排
9:30～12:00	趣伏里公园	趣伏里公园是北欧最大的游乐场之一，但是实际上，这里的面积并没有想象的那么大，但独具北欧风情，是不可错过的好景点
12:00～14:30	国家博物馆	你可在国家博物馆内一览丹麦历史文物。国家博物馆有众多的展室，展出了从远古时代到近现代的丹麦国级文物，都非常值得一看
14:30～18:30	克里斯蒂安堡宫	与国家博物馆一河之隔的克里斯蒂安堡宫，也非常值得一看，这里到处都是著华的巴洛克风格建筑，有一部分还是丹麦皇室的迎宾室，也有作为博物馆开放的场馆可以参观

▲ 哥本哈根第2天行程路线示意图

地图标注：
- Vester Voldgade
- Stormgade
- Hotel Danmark
- Vester Voldgade / Stormgade
- Nationalmuseet
- Dansk Design Center
- Rio Bravo
- 克里斯蒂安堡宫 Christiansborg Slotsplads — C
- BC约300米，步行约5分钟
- 国家博物馆 National Museet — B
- AB约300米，步行约5分钟
- Frederikholms Kanal
- Borups Hojskole
- Vester Voldgade
- Ny Kongensgade
- 趣伏里公园 Tivoli Gardens — A

趣伏里公园

　　趣伏里公园（Tivoli Gardens）是欧洲最著名的游乐园之一，有趣伏里音乐厅、趣伏里仪仗队、露天舞台、哑剧院、中国塔、一段仿中国长城等许多娱乐设施，还设有餐馆等。另外，园内环境非常优美，花卉展览是公园的一大特色。在这里无论是欣赏音乐会或是享受一次饕餮盛宴，还是在狂欢节中畅饮啤酒，都能让你特别尽兴，它有着当之无愧的"童话之城"的称号。

旅游资讯

地址：Copenhagen, København
交通：从哥本哈根中央火车站向东南方步行50米或乘12、26、33路公交车在Rådhuspladsen站下车可到
票价：65丹麦克朗，儿童35～40丹麦克朗
开放时间：4月中旬至9月中旬，11月中旬至12月23日，11:00～23:00

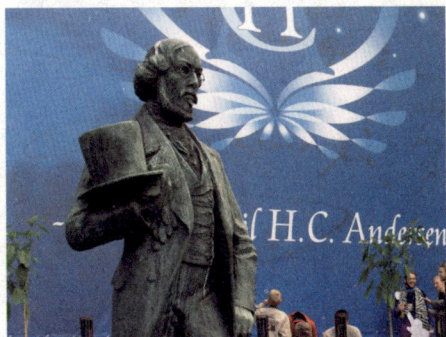

中午在哪儿吃

　　国家博物馆附近的街道上，林立着几十家餐厅，可以任选一家作为吃午饭的地方。

Rio Bravo

这家餐厅就位于国家博物馆旁边，有地道的丹麦美食和意大利风味的餐饮提供。

地址：Vester Voldgade 86 1552 København
交通：沿Stormgade路向东北方向步行130米可到
网址：www.riobravo.dk

国家博物馆

国家博物馆（National Museet）曾经是一座豪华的宫殿，现如今是丹麦最大规模的博物馆，里面的展品跨越多个时代，包括石器时代、维京时代、中世纪时代、文艺复兴时期以及现代，许多文物都堪称丹麦国宝级别的，尤其是收藏了1650年以来皇家宝库中的文物。此外，博物馆还展有与丹麦文化相关的文献，很值得参观。

旅游资讯

地址：Prinsens Palæ, Ny Vestergade 10, 1471 København
交通：乘11A路公交车在Nationalmuseet Indgang站下车可到
网址：www.natmus.dk
开放时间：周二至周日10:00～17:00，周一闭馆

克里斯蒂安堡宫

克里斯蒂安堡宫（Christiansborg Slotsplads）是克里斯蒂安六世国王的寝宫，故名克里斯蒂安堡宫。现在的宫殿为1928年建成的，具有巴洛克式风格，自19世纪起，克里斯蒂安堡宫开始用作国会场所。现在的克里斯蒂安堡宫是丹麦议会所在地，因此也被称为议会大厦。其中一部分是丹麦皇家迎宾室，同时也是一座博物馆，开放供人参观。其地下展出有12世纪初的城池遗迹。

旅游资讯

地址：Christiansborg, 1240 København
交通：乘1A、2A、15、26等路巴士至Christiansborg站下，或乘地铁至Kongens Nytorv站下车可到
网址：www.christiansborgslot.dk
票价：70丹麦克朗，儿童35丹麦克朗，7岁以下免费

晚上在哪儿 **玩**

哥本哈根的街头巷尾随处都有热闹的酒吧，这里有最正宗的丹麦啤酒，同时也有热情的北欧人。所以在夜幕降临之后前往哥本哈根的酒吧小酌，是游客融入当地生活的好选择。

哥本哈根住行攻略

在哥本哈根 住宿

哥本哈根不仅有各类星级酒店，还拥有多样且优质的住宿地可供选择。这里的快捷酒店被称为Danhostels，适合大部分游客，可以根据空房情况和自己的预算，选择预订私人间、家庭间或共用宿舍。另外，还有很多仅提供多人房间的宾馆，深受背包客的欢迎。

在哥本哈根，一个双人家庭间价格为300~580丹麦克朗，共用宿舍单个床位价格为80~300丹麦克朗，住宿加早餐旅馆（Bed&Breakfast）双人间的价格通常为400~600丹麦克朗。

在哥本哈根 出行

哥本哈根有火车、地铁、公交车、自行车等公共交通，如果只是在哥本哈根的市区游玩，那么租赁自行车将是一个不错的选择。而在大哥本哈根区，乘坐公交车、地铁、火车等交通工具时，可以购买不同种类的车票或旅行卡，能节省不少费用。具体选择取决于具体的旅行方式和旅行预算。

Tips

若计划游览多个博物馆和景点，可以购买哥本哈根卡，此卡有成人卡和儿童卡，有效期分为24小时、48小时、72小时和120小时。持有这张卡，可享受大哥本哈根区的75个博物馆与景点的免门票政策，可无限制乘坐巴士、火车与地铁，还可享受租车折扣、餐馆折扣以及其他景点门票折扣。

地铁及有轨电车

哥本哈根地铁的所有地铁站都会有一个红色"M"标识，它一共有2条路线，都会经过市中心，M1路线从Vanlose站通往东阿马格（East Amager）的哥本哈根机场；M2路线从Vanlose站通往西阿马格（West Amager）。哥本哈根的有轨电车系统比较发达，交通方便，主要为前往郊区的路线，每次车费为5丹麦克朗，而且在1小时内，有轨电车和公交车可自由换车。

公交车

哥本哈根有日间和夜间两种公交车。日间公交车颜色一般为黄色，还有黄色和红色（A-busses）或黄色和蓝色（S-busses，最快的公交车）。夜间公交车车头前通常都印有字母"N"。乘坐公交车游览哥本哈根十分方便，几乎所有的景点附近都有公交车站点。另外，在哥本哈根还有991、992两趟水上公交连接市中心与各个岛屿。

自行车

在哥本哈根骑自行车是既经济又省力的游览方式，费用每天15～20丹麦克朗，同时需要另外交付50~100丹麦克朗的保证金。骑行结束后，可以在任一公共自行车站停放好车，投入的押金就会退还给你。

从哥本哈根至斯德哥尔摩

乘火车

从哥本哈根到瑞典斯德哥尔摩乘坐火车算得上是性价比最高的交通方式了，在火车行进途中会先经过著名旅游城市马尔默，然后再经过瑞典著名的火车站——林雪平火车站后，就到达了目的地。此外，列车行驶过程中还会经过雄伟的跨海大桥，其壮观的景色难以用语言形容。火车车次较多，车程5小时左右，票价为80欧元左右，如果购买学生票的话，一般只需30欧元左右即可。可以在网站www.sj.se上查询或预订火车票。

到达斯德哥尔摩

斯德哥尔摩（Stockholm）是瑞典首都，位于波罗的海西岸，是岛屿最多的城市之一，被称为"北方威尼斯"。作为阿尔弗雷德·诺贝尔的故乡，著名的诺贝尔奖颁奖典礼就在这里举行，在每年的颁奖典礼上，瑞典国王会为获奖者亲自颁发奖金和证书。

如何到市区

斯德哥尔摩阿兰达国际机场（Stockholm Arlanda International Airport，网址：www.swedavia.com/arlanda）

位于斯德哥尔摩市以北42千米处，是北欧航空（SAS）一个主要的枢纽机场。该机场共有5个航站楼，其中中国国航的航班降落在5号航站楼，除1号航站楼外，其他航站楼之间的距离并不是很远，在2、4、5号航站楼大厅均有乘车和购物的地点，4号航站楼与5号航站楼之间还设有机场酒店和购物中心。

从阿兰达国际机场如何前往市区

乘火车

从阿兰达国际机场前往斯德哥尔摩市区的火车有高铁、长途火车和通勤列车3种，其中最便捷的是阿兰达快线高速列车，只需20分钟就可抵达斯德哥尔摩中央火车站，可在网站www.arlandaexpress.com上查询相关信息。

乘公交车

乘坐公交车前往斯德哥尔摩市区，可以选择彩虹机场大巴（Flygbussarna），到达斯德哥尔摩巴士总站需40分钟，在繁忙时间可能耗时更长。

乘出租车

从阿兰达国际机场可以乘坐出租车前往斯德哥尔摩市区，费用一般为600～700瑞典克朗。出租车接受信用卡付款。

租车自驾

在阿兰达国际机场2、4、5号航站楼均设有租车服务点，游客也可以选择租车自驾前往斯德哥尔摩市区。

斯德哥尔摩2日行程

Day 3 斯德哥尔摩皇宫→斯德哥尔摩大教堂→诺贝尔博物馆

　　斯德哥尔摩最富有古色古香情调的就是斯德哥尔摩老城区了，瑞典皇宫就坐落在这里，斯德哥尔摩大教堂与诺贝尔博物馆等景点也都集中在这里。斯德哥尔摩第1天的行程以在老城区参观为主。

斯德哥尔摩第1天行程		
时间	目的地	行程安排
9:30 ~ 12:00	斯德哥尔摩皇宫	斯德哥尔摩皇宫是瑞典国王的办公地点，同时也是瑞典各类大型庆典的举办地
12:00 ~ 15:30	斯德哥尔摩大教堂	斯德哥尔摩大教堂就位于诺贝尔博物馆的不远处，这是斯德哥尔摩的标志性建筑，在这里可以参观历届瑞典国王举行加冕典礼的地方
15:30 ~ 18:30	诺贝尔博物馆	在这里可以看到关于诺贝尔奖及各届诺贝尔奖得主的相关资料

斯德哥尔摩皇宫 Stockholm Palace

AB约400米，步行约6分钟

Livrustkammaren

斯德哥尔摩大教堂 Storkyrkan

BC约50米，步行约1分钟

Kungliga myntkabinettet

诺贝尔博物馆 Stockholm Nobel Museum

▲ 斯德哥尔摩第1天行程路线示意图

斯德哥尔摩皇宫

斯德哥尔摩皇宫（Stockholm Palace）是瑞典国王办公和举行庆典的地方，同时也是重要的旅游景点。在皇宫南侧的墙角上，有1米多宽的瀑布，为古老的皇宫增添了不少活力。皇宫对外开放的部分包括皇家寓所、古斯塔夫三世的珍藏博物馆、珍宝馆、三王冠博物馆、皇家兵器馆等。

旅游资讯

地址：Stockholm Palace，Slottsbacken

交通：乘43、46、55等路公交车可到或乘地铁到Gamla Stan站下步行可到

网址：www.kungahuset.se

票价：110瑞典克朗，儿童、学生65瑞典克朗；皇室公寓70瑞典克朗；珍宝馆70瑞典克朗

中午在哪儿吃

参观完斯德哥尔摩皇宫后，就可以动身前往斯德哥尔摩大教堂了，在路上会看到很多餐厅和咖啡馆，可以在这里选一家美美地享用午餐。

1 Da Peppe

这家餐厅就位于皇宫前往大教堂的路上，餐厅提供各类瑞典特色美食，价格也十分合适。各种口味的海鲜面条十分美味，值得一尝。

地址：Storkyrkobrinken 16，111 28 Stockholm

交通：乘3路公交车至Riddarhustorget站下步行可到

网址：www.dapeppe.se

斯德哥尔摩大教堂

斯德哥尔摩大教堂（Storkyrkan）毗邻斯德哥尔摩皇宫，是瑞典砖砌哥特式建筑的代表作，自15世纪始，所有瑞典国王的加冕仪式都在此大教堂举行，它也是该地区历史最悠久的教堂。教堂内还有壮观宏伟的乐器以及巨幅油画《最后的审判》等艺术珍品。

旅游资讯

地址：Trngsund 1111 29 Stockholm，Sverige

交通：乘2、43、55等路公交车在Slottsbacken站下步行可到

网址：www.stockholmsdomkyrkoforsamling.se

票价：10月至次年4月免费，5~9月成人40瑞典克朗

开放时间：6月周一至周六9:00~17:00，周日9:00~16:00；7~8月周一至周六9:00~18:00，周日9:00~16:00；9月周一至周六9:00~16:00，周日9:00~16:00；其余月份周一至周六10:00~16:00，周日9:00~16:00

诺贝尔博物馆

诺贝尔博物馆（Stockholm Nobel Museum）是专门弘扬诺贝尔奖精神的博物馆，博物馆里展示有诺贝尔奖得主们为人类做出巨大贡献的事迹，以及阿尔弗雷德·诺贝尔生平的资讯。诺贝尔奖是根据瑞典化学家阿尔弗雷德·诺贝尔的遗嘱所设立的奖项。博物馆内设有展览室、电影院、剧院和科学辩论室等。此外，馆内还有书店、纪念品商店和咖啡馆等。

旅游资讯

地址：Stortorget 2111 29 Stockholm

交通：乘2、43、55、71路公交车在Slottsbacken站下，从大教堂沿着Källargränd向南前行，然后转入Stortorget前行即可看到

网址：nobel.se

票价：60瑞典克朗，儿童20瑞典克朗

开放时间：6~8月10:00~20:00，9月至次年5月10:00~17:00

晚上在哪儿 玩

参观完诺贝尔博物馆后，可以在夜幕降临时前往位于不远处的瑞典皇家歌剧院，欣赏一场精彩的演出，如果时间尚早还可以前往国王花园逛一逛。

瑞典皇家歌剧院

瑞典皇家歌剧院每天都有音乐会与歌剧演出，剧院内设有餐厅，还会举办夏季露天音乐会。经典剧目《蝴蝶夫人》《茶花女》《唐璜》等都经常在这里演出。

地址：Gustav Adolfs Torg 2, 103 22 Stockholm, Sverige

交通：乘43路公交车或有轨电车7号线至Stockholm Kungsträdgården站下，向南步行200米穿越国王花园可到

网址：www.operan.se

Day 4 — 瓦萨沉船博物馆→斯堪森露天博物馆

在斯德哥尔摩第二天的行程里，安排了瓦萨沉船博物馆和斯堪森露天博物馆两个著名景点参观。结束了一天的行程之后，可以前往斯德哥尔摩新港周围的酒吧消遣，也可以乘坐夜班飞机前往下一个目的地——伊瓦洛小镇。

斯德哥尔摩第2天行程		
时间	目的地	行程安排
9:30~12:00	瓦萨沉船博物馆	这是为一艘船而建的博物馆，在这里能够深入地了解瓦萨号
12:00~18:30	斯堪森露天博物馆	在斯堪森露天博物馆可以看到瑞典各个历史时期的样子，不同时代的店铺让这里更像是一个与世隔绝的小镇

瓦萨沉船博物馆
Vasa Museum

Kiokstekarna AB

Rosendalsvagen

Galarvarvskyrkogarden

AB约450米，
步行约8分钟

Hazeliusporten

Djugardsvagen

Djurgardsvagen

♨ Spritmuseum

Djurgardsvagen

🏛 Biologiska museet

B

斯堪森露天博物馆
Skansen Open-air
Museum

▲ 斯德哥尔摩第2天行程路线示意图

瓦萨沉船博物馆

瓦萨沉船博物馆（Vasa Museum）展示了一艘航行不足30分钟的瓦萨号沉船。走进依照瓦萨船形建造的博物馆中，参观高高的暗金色双层船身、排列整齐的几十门火炮炮口，还有甲板层展示的瓦萨号打捞的设备，以及表现船上生活的蜡像等，你会发现这不只是一艘沉船，这还是沉没王朝曾经辉煌的代表。

旅游资讯

地址：Galarvarvsvagen 14

交通：乘44路公交车或有轨电车7号线至Stockholm Nordiska museet/Vasa站下，向西步行30米可到

票价：70瑞典克朗，10人以上的团体60瑞典克朗

开放时间：1月2日至6月9日、8月21日至12月30日10:00～17:00，6月10日至8月20日9:30～19:00

中午在哪儿
吃

在参观完瓦萨沉船博物馆后，如果觉得饿了，可以在码头附近的餐厅用餐，再游玩下一个景点。

1 O'Learys Djurgården

这是一家在瑞典十分常见的连锁餐厅，就位于瓦萨沉船博物馆和斯堪森露天博物馆附近，这里是品尝当地美食的好选择。

地址：Allmänna gränd 6，115 21 Stockholm，Sverige
交通：从瓦萨沉船博物馆沿Djurgårdsvägen向东南步行450米可到；乘44路公交车或有轨电车7号线至Stockholm Liljevalc Gröna Lund站下，向西步行20米可到
网址：www.olearys.se

斯堪森露天博物馆

斯堪森露天博物馆（Skansen Open-air Museum）是世界上第一座露天博物馆，这里融汇了瑞典全国不同风格的古老街道，街道上有铁匠炉、药材店以及陶瓷、玻璃器皿、金银首饰镶嵌、印刷装订和面包作坊等店铺。博物馆已成为瑞典重要的文化娱乐中心，这里经常举行各种艺术展览、音乐和戏剧的演出。

旅游资讯

地址：Djurgården
交通：从瓦萨沉船博物馆沿Hazeliusporten向东北方步行400米可到；乘7号有轨电车或44路公交车在Stockholm Skansenslingan站下车可到
票价：1~4月、9~12月50瑞典克朗，5~8月70瑞典克朗
开放时间：1~4月10:00~16:00，5月10:00~20:00，6~8月10:00~22:00，9月10:00~17:00，10~12月10:00~16:00

斯德哥尔摩住行攻略

在斯德哥尔摩 住宿

斯德哥尔摩是热门的旅游城市，酒店有很多，在各类酒店预订网站上都很容易找到合适的住宿地点。斯德哥尔摩的住宿费用相对较高，提前预订可以节省一些住宿费用。

在斯德哥尔摩出行

斯德哥尔摩拥有庞大的地下交通系统，交通非常便利。

地铁

斯德哥尔摩地铁（T-banan）由红、蓝、绿3条干线组成，网络密集，方便又有效率。地铁站门口都写有大大的"T"字记号，非常容易辨认。斯德哥尔摩的地铁凌晨2:00还有车，只是间隔时间可能长达0.5小时。购买车票建议选择通票套票，具体信息可以查询网站www.sl.se。

公交车

斯德哥尔摩的公交车系统很发达，可以到达许多地铁无法到达的地方。在市区内，主要的公交车路线标号以1~4开头，并且都是蓝色的公交车。其他非主要路线，都由红色的公交车运营，工作日每隔7~20分钟发一班车。如果红线和蓝线公交车都到目的地的话，建议选择蓝色。

有轨电车

斯德哥尔摩的有轨电车网络（Commuter Rail）能够到达斯德哥尔摩地区的近郊以及远郊，甚至可以到达Bålsta和Gnesta等位于乌普萨拉省以及Södermanland省的小城镇，不过冬天有轨电车到达时间一般不能保证准点，它使用与公交车和地铁相同的车票和通票。

出租车

在斯德哥尔摩乘出租车出行既方便又快捷，有很多出租车公司供你选择，有计价器的合法出租车都有黄色数字标识。大多数出租车起步价在300瑞典克朗以内，出租车公司对于进出阿兰达国际机场都设定了固定的价格，一般为450~500瑞典克朗，需要在出发前与司机确认。

从斯德哥尔摩至伊瓦洛

乘飞机

可以选择乘坐飞机前往芬兰拉普兰地区的伊瓦洛小镇，在伊瓦洛小镇西南几千米的位置有芬兰最北的机场。从伊瓦洛机场有机场大巴前往周边小镇。

到达伊瓦洛

伊瓦洛（Ivalo）位于芬兰北部拉普兰地区，每年的冬季是这里最美的时候，也是小镇的最佳旅游季节。每到11月至次年的4月，游客就会络绎不绝地来到这里，等待着看北极光，体验北极的冬日风情。在伊瓦洛小镇还有一座小型机场，方便游客往来。

如何到市区

虽然伊瓦洛地处拉普兰东北一隅，离芬兰和俄罗斯的边境不足50千米，但是早在1943年就已启用的伊瓦洛机场，为来芬兰旅游的各国游客提供了探索极地的最大便利。伊瓦洛机场距离伊瓦洛市中心只有不到10千米的距离，可以乘坐大巴、出租车或是酒店提供的车辆前往市中心。

伊瓦洛3日行程

Day 5~7

伊瓦洛小镇→萨利色尔卡→乘坐雪地摩托

在接下来的伊瓦洛3日行程中，我们可以选择在小镇上游玩，也可以乘车到周边的小镇游玩，或者前往较远处的圣诞老人村游玩。这里为你安排的行程为：第1天在伊瓦洛小镇游玩，第2天从伊瓦洛小镇乘30分钟车到萨利色尔卡小镇滑雪，并入住玻璃雪屋度假村；第3天的行程为在玻璃雪屋度假村体验具有芬兰特色的桑拿，然后返回伊瓦洛小镇体验乘坐雪地摩托的快感。

伊瓦洛3日行程		
日期	目的地	行程安排
第1天	伊瓦洛小镇	初到小镇，可以先办理酒店入住手续，然后前往镇上的雪地摩托俱乐部预约第3天体验雪地摩托的活动。之后，可以前往小镇酒吧，小镇大型酒店内几乎都设有酒吧，那里也是认识新朋友的好地方
第2天	萨利色尔卡	这是位于伊瓦洛小镇不远处的小镇，有享誉世界的著名滑雪场，在这里可以尽情享受滑雪所带来的乐趣。在晚上入住著名玻璃雪屋度假村，等待神秘极光现身
第3天	乘坐雪地摩托	前一晚等待极光时，会睡得很晚，第3天就多睡一会以养足精神。在度假村睡到自然醒后，可以前往度假村内的桑拿房，体验一把真正的芬兰特色桑拿，当然，一定要记得随时补充水分，或者可以学习当地人，在蒸桑拿的时候，喝上一杯清甜的果子酒。然后乘车返回伊瓦洛小镇，前往雪地摩托俱乐部体验雪地摩托，俱乐部会派出有经验的教练与领队，带领游客穿越森林体验萨米文化

伊瓦洛小镇
Ivalo

伊瓦洛机场
Ivalo Airport

**AB约30千米,
乘车约30分钟**

Hammastunturin
erämaa-alue

萨利色尔卡
Saariselkä

萨利色尔卡滑雪场
Ski Saariselkä Oy

玻璃雪屋度假村
Hotel Kakslautta-
nen&Igloo Village

乌尔霍凯科宁国家公园
Urho Kekkosen National Park

▲ **伊瓦洛3日行程路线示意图**

伊瓦洛小镇

　　冬天的伊瓦洛,是一个银装素裹的冰雪世界,你可以尽情滑雪,还可以乘狗拉雪橇、雪地摩托。这里有长达4个月的极夜时光,你可以住在酒店特设的玻璃小屋里,等待着神秘北极光的出现,观赏人生难得一见的极地自然奇观。这里还有爱斯基摩犬,你可以跟可爱的狗狗合个影留作纪念。

旅游资讯

地址: Ivalo,Suomi

交通: 从赫尔辛基或斯德哥尔摩乘飞机可到小镇机场,或从斯德哥尔摩乘坐长途汽车前往

网址: www.finavia.fi/en/ivalo

萨利色尔卡滑雪场

　　萨利色尔卡滑雪场(Ski Saariselkä Oy)位于萨利色尔卡小镇东北角,是享誉世界的滑雪胜地,从每年的10月开始,这里就成为无数滑雪爱好者的聚集地。由于地处北极圈以内,这里的滑雪时间可以持续到次年的3月,完善的滑雪设施与无与伦比的极地风光,是萨利色尔卡滑雪场深受人们欢迎的主要原因。

旅游资讯

地址：Kullanhuuhtojantie，99830 Saariselkä，Suomi
交通：从萨利色尔卡市中心沿KullanhuuHtojantie路向东南行驶10分钟左右可到
网址：www.skisaariselka.fi

玻璃雪屋度假村

　　玻璃雪屋度假村（Hotel Kakslauttanen&Igloo Village）以其独特的带有圆顶玻璃的房间而著名，由于地处拉普兰地区，这里也是观赏极光的优选地点，其圆形玻璃顶使游客不出屋门便可观赏到绚丽极光。度假村内除了住宿设施，还有桑拿浴室、酒吧、餐厅等设施，酒店前台还提供越野滑雪板、越野行走手杖和雪鞋等工具的租赁服务，工作人员可安排哈士奇狗拉雪橇和驯鹿拉雪橇之旅。

旅游资讯

地址：Hotel Kakslauttanen&Igloo Village，99830 Saariselkä Suomi
交通：从伊瓦洛机场乘大巴25分钟可到；从萨利色尔卡镇中心乘车向南行驶5分钟可到
网址：www.kakslauttanen.fi

芬兰桑拿

　　人在蒸桑拿时当然会大汗淋漓，所以别忘了多喝水。水可能是最好的选择，但是芬兰人最喜欢喝啤酒和苹果酒。蒸桑拿的具体步骤完全取决于场合的不同，最为重要的就是放松、交流，喝上几杯，并且享受桑拿后，身心都会有被洗涤一清的那种幸福感。在户外的火堆上烤肉肠，或是将锡纸包裹的肉肠直接搁在桑拿炉上烤，也是桑拿体验的重要元素。

旅游资讯

地址：芬兰北部任意一家酒店内都有
票价：一般为免费，偶尔会有10欧元以内的收费

雪地摩托穿越

旅游资讯

地址：Ivalo，Suomi
票价：每小时60～100欧元，包含专业装备与指导

　　雪地上运动最快的交通工具莫过于雪地摩托，因为速度快，它可以到边境，或者深入北极荒原等。乘雪地摩托穿越极地是众多游客在拉普兰最想体验的户外项目，雪地摩托车比常见的摩托车更容易学习和掌握。一般说来，雪地摩托的速度可以发挥到普通小汽车的程度，在旷野里，最高时速限制为80千米，在森林道路上是60千米。要想体验风驰电掣穿林海过雪原的快感，那就一定不能错过伊瓦洛雪地摩托。

伊瓦洛住行攻略

在伊瓦洛住宿

在伊瓦洛及其附近的小镇上有很多设施完善的酒店，如果打算入住，则一定要提前预订好，毕竟在伊瓦洛这种常年冰天雪地的地方，拖着行李四处寻找住宿地的经历，是不会被人喜欢的。

在伊瓦洛出行

在伊瓦洛出行可以选择的常规交通工具并不多，在各个小镇之间大巴车是最便捷的交通方式，在小镇内部步行就可以基本上满足出行需求，而在不少地方，雪橇与雪地摩托是主要的交通方式。

路线改变

在北欧这片神奇的土地上，有众多如诗如画的景点：冰川消融而形成的峡湾奇景，众多的清澈河流与繁华而有人文气息的街道交错，古色古香的建筑绝美又梦幻。你可以根据自己的喜好，前往北欧其他地方，欣赏不一样的风景。

奥斯陆是挪威的首都和最大的城市，也是诺贝尔和平奖的颁奖地。这里既有海滨城市的旖旎风光，又有依托高山密林而生的雄浑气势，还有带有浓重的中世纪色彩和独具一格的北欧风光。在奥斯陆的大街小巷总能看到神态安详的人们，在港口附近则更是安静，没有林立的高楼大厦，没有喧闹的人群。在奥斯陆能看到北欧安静的一面。

去**奥斯陆**吧

挪威王宫

挪威王宫（Norway Royal Palace）是一座白色的建筑，19世纪初由瑞典国王兼挪威国王卡尔十四世提议修建。王宫的大部分地方不开放，不允许游客参观，只有其中的15个房间可由导游带领参观。每天13:30可以看到王宫前卫兵们的换岗仪式。王宫周围是王宫公园，你可以从这里穿过去，前往市中心的商业区。

旅游资讯

地址：Henrik Ibsens Gate 1，0010 Oslo

交通：乘地铁1、2、3、4号线至Nationaltheatret站下沿Frederiks Gate路向东北方向步行20米后左转可到

网址：www.kongehuset.no

票价：95挪威克朗

开放时间：英语导游6月20日至8月15日周一至周四、周六12:00、14:00、14:20，周五、周日14:00、14:20、16:00

PART 8 日本一周游

Part 8

日本一周游

日本印象

★★★ 陶醉于烂漫樱花

日本是一个樱花之国，每到樱花盛开的时节，大大小小的赏樱名所早已被"预订"，樱花开得灿烂如霞的上野公园更是游人如织。在如此风光旖旎的春日，阖家欢聚，一边野餐一边赏樱，真是一幅美丽的春日图画。而在这如画般的美景下，又不知在上演着多少纯美的爱情故事。

★★★ 相遇唯美北海道

位于日本北部的北海道，也是日本最为热门的旅游目的地之一。在北海道，火山、温泉与流冰景观，都是其独特之处。而终年积雪的高山也是众多滑雪爱好者的天堂，每年滑雪季都有来自世界各地的滑雪爱好者聚集在这里，开启他们一年一次的狂欢盛典。

★★★ 眺望悠然富士山

富士山与樱花可以算作是日本最有标志性的名片了，这座日本最高峰，总是会不经意地出现在与日本有关的地方。而在泡温泉的同时，与身后的富士山合影也成为众多游客必须要做的事情。

★★★ 遇见绝色艺伎

在日本文化中，艺伎是一道亮丽明艳的人文景观。不少人都是从日本作家川端康成《伊豆的舞女》一文中，了解到了日本艺伎。艺伎之美不仅在于她的身姿、技艺、服饰，也在于她的神秘。在京都的古街上，偶尔能看到艺伎迈着碎步，举止优雅地前往茶社或从茶社归来，但是她们都自顾自地低头前行，是不会和他人搭话合影的。

推荐行程

| A 东京 | 约90千米 | B 箱根 | 约380千米 | C 京都 | 约60千米 | D 大阪 |

高山
高崎
东京 Tokyo
松本
福井
千葉
郡上
阿智村
约90千米
岐阜
箱根 Hakone
约60千米
约380千米
B
大多喜町
C
相模湾
静岡
京都 Kyoto
豊橋
伊豆
伊勢港
駿河湾
D
志摩
大阪 Osaka
十津川村
熊野港

交通方式对比

路线	交通方式	优点	缺点	运行时间	单程费用
东京—箱根	火车	价格合适	需要换乘	约1小时	约2500日元
	乘高速公交车	较为便捷	时间较长	约2小时	约2000日元
箱根—京都	火车	方便快捷	需要换乘	约3小时	约13000日元
京都—大阪	JR京都线	节省时间	费用最高	约30分钟	约540日元
	坂急电铁	较为快捷	需要换乘	约50分钟	约390日元
	京坂电车	价格较便宜	需要换乘	约50分钟	约400日元

最佳季节

在日本旅行，一年四季的景色各异，春季万物苏醒，百花盛开，正是赏樱的好时候；夏季则到处郁郁葱葱，乡野景色格外迷人；秋季到处布满了火红的秋叶，热情似火；冬季是观赏雪景的最佳时节，还有精彩纷呈的日本滑雪节举行。本条线路游玩的最佳季节当属春（3～5月）秋（9～11月）两个季节，在这两季前往东京、京都、大阪等城市旅游，能观赏到最为优美的景色。

最佳季节的衣物

在春秋两季前往日本旅游，不用准备过多的衣物。在这两个季节，日本大部分地区，特别是东京、京都等地的气候十分舒适，只需要携带时下在国内所需要穿的衣服即可，如果打算到富士山周边地区游玩，则需要再多带上一件稍厚的外套。

日本旅行最佳季节衣物						
衣物种类	3月	4月	5月	9月	10月	11月
薄外套	√	√	√	√	√	√
厚外套	√	√	—	—	√	√
长袖T恤	√	√	√	√	√	√
长裤	√	√	√	√	√	√
墨镜	√	√	√	√	√	√
平底鞋	√	√	√	√	√	√

推荐路线： 东京—箱根—京都—大阪6天6夜游

6天6夜的推荐路线			
城市	日期		每日安排
东京	Day 1	上午	浅草寺
		下午	皇居→银座
	Day 2	上午	东京铁塔→涩谷
		下午	新宿→歌舞伎町
箱根	Day 3	上午	箱根汤本→强罗车站换乘→箱根强罗公园
		下午	早云山
	Day 4	上午	芦之湖→箱根海贼观光船
		下午	元箱根→恩赐箱根公园
京都	Day 5	上午	京都车站→清水寺
		下午	祇园→二条城→东寺
大阪	Day 6	上午	大阪城公园→心斋桥筋商店街
		下午	四天王寺→道顿堀

到达东京

东京（Tokyo）是世界经济与商贸的重镇，也是有名的时尚之都。走在大街上，那琳琅满目的店铺，充满独特风格的原创作品以及打扮时尚的年轻男女，都是时尚东京的代表。漫步在东京街头，你会发现这里也保留了很多历史古迹与传统习俗，无论是建筑、景观、服装、美食，乃至文化艺术和思想理念，各个方面都能看到传统与现代的融合。

通航城市

目前，从中国飞往东京城市的航班大多都是从北京、上海、广州或深圳等城市出发的，直飞航班主要由中国国际航空、中国东方航空、中国南方航空等公司经营。

从中国飞往东京的航班

从中国飞往东京的航班很多，各大城市都能很容易购买到直飞东京的机票，直飞航班价格约为人民币2500元（不含税），中转航班（首尔等城市）机票价格约为人民币2000元（不含税）。偶尔会有直飞东京的特价机票，最低可达人民币1500元左右。下面表格列出几大航空公司提供的航班详情，以供参考。

中国飞往东京的航班				
航空公司	电话	城市	单程所需时间	出航信息
中国国际航空（www.airchina.com.cn）	95583	北京	约3小时	北京直飞东京的航班最多，上海、广州等城市直飞东京的航班较少
		上海	约3小时	
		广州	约4小时	
中国东方航空（www.ceair.com）	95530	北京	约3小时	上海直飞东京的航班最多，北京、广州等城市飞东京的航班多为经停
		上海	约3小时	
		广州	约4小时	
中国南方航空（www.csair.com）	95539	北京	约3小时	广州直飞东京的航班最多，北京、上海等城市直飞东京的航班较少
		上海	约3小时	
		广州	约4小时	

如何到市区

东京作为日本重要的交通枢纽城市，拥有众多大型机场，其中成田国际机场（过去亦称为"新东京国际机场"）、东京国际机场（羽田机场）是中国前往东京航班降落次数较多的机场。下面介绍从这两个机场如何到达东京市区。

成田国际机场的交通

成田国际机场（Narita International Airport，简称成田机场）位于距东京市区68千米的千叶县成田市，是日本最大的国际航空港之一。成田机场内设有两个航站楼，第1、2航站楼间有接驳公交车，每天6:30～22:30运营，发车间隔10分钟。每个航站楼都有地铁站连接JR线和京成线，从机场到东京市区需要1小时左右。

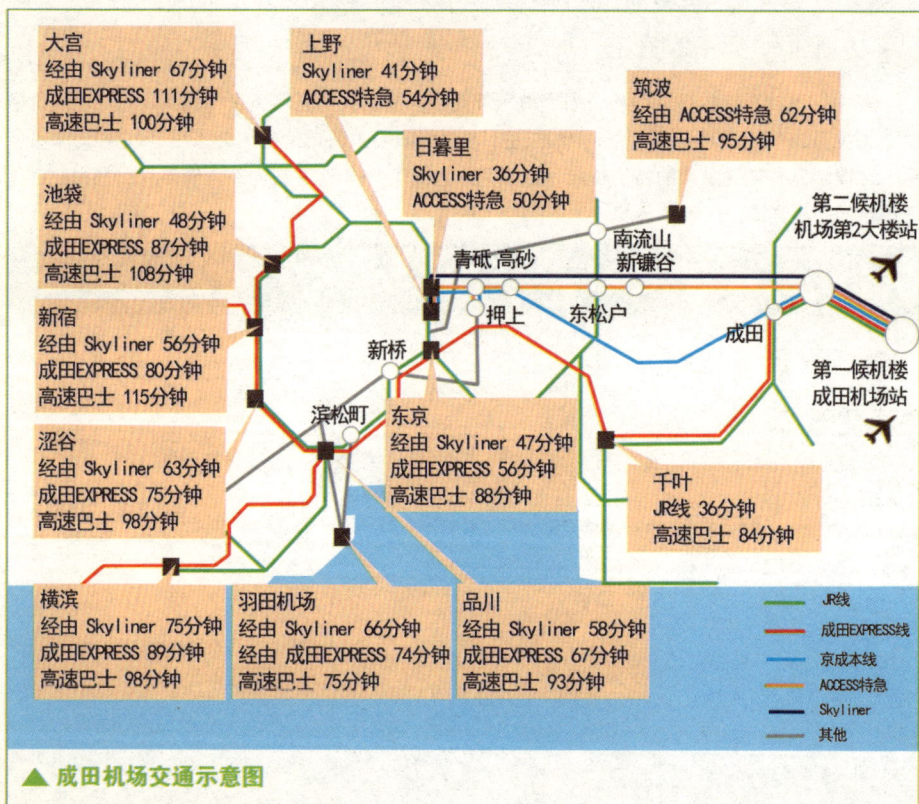

大宫
经由 Skyliner 67分钟
成田EXPRESS 111分钟
高速巴士 100分钟

上野
Skyliner 41分钟
ACCESS特急 54分钟

筑波
经由 ACCESS特急 62分钟
高速巴士 95分钟

日暮里
Skyliner 36分钟
ACCESS特急 50分钟

池袋
经由 Skyliner 48分钟
成田EXPRESS 87分钟
高速巴士 108分钟

第二候机楼
机场第2大楼站

南流山
新镰谷

青砥 高砂

新宿
经由 Skyliner 56分钟
成田EXPRESS 80分钟
高速巴士 115分钟

押上   东松户

成田

新桥

第一候机楼
成田机场站

涩谷
经由 Skyliner 63分钟
成田EXPRESS 75分钟
高速巴士 98分钟

滨松町

东京
经由 Skyliner 47分钟
成田EXPRESS 56分钟
高速巴士 88分钟

千叶
JR线 36分钟
高速巴士 84分钟

横滨
经由 Skyliner 75分钟
成田EXPRESS 89分钟
高速巴士 98分钟

羽田机场
经由 Skyliner 66分钟
经由 成田EXPRESS 74分钟
高速巴士 75分钟

品川
经由 Skyliner 58分钟
成田EXPRESS 67分钟
高速巴士 93分钟

—— JR线
—— 成田EXPRESS线
—— 京成本线
—— ACCESS特急
—— Skyliner
—— 其他

▲ **成田机场交通示意图**

羽田机场的交通

羽田机场位于东京都大田区，距离东京市中心很近，这里多停靠日本国内和韩国的一些航班。从羽田机场乘出租车到东京市区约6000日元，在各候机楼1楼有公交车站，可前往东京市区及周边县城。

东京2日行程

Day 1　浅草寺→皇居→银座

在东京第1天的行程，安排了最具有东京特色的3个景点，分别是最古老的寺院——浅草寺，天皇起居地——皇居以及东京繁华之地——银座这3个东京标志性的景点。

东京第1天行程		
时间	目的地	行程安排
9:00~13:30	浅草寺	早上起床用餐后，就可以前往浅草寺了，也可以提前0.5小时在浅草寺周围的商业街购买日本小吃作为早餐，浅草寺香火极为旺盛，游客众多，要提前做好心理准备
13:30~16:00	皇居	皇居的二重桥是标志性建筑，护城河上有一座"眼镜桥"，与其十分相似，要仔细辨认
16:00~19:30	银座	银座是东京的繁华所在，在这里能充分感受东京的现代气息

▲ 东京第1天行程路线示意图

浅草寺

浅草寺（Sensō-ji）是东京最为著名的寺院，几乎每个游客都会来这里参观。这座寺院相传建于推古天皇三十六年（628年），后在江户时代，由德川家康重建才形成了如今的规模。游客从寺院的大门"雷门"沿100多米长的参拜神道进入正殿，观看寺内五重塔、雷神、风神像等文物古迹，就能亲身感受日本民族文化。

旅游资讯

地址：东京都台东区浅草2-3-1

交通：乘坐地铁银座线到浅草站下车步行5分钟可到

网址：www.senso-ji.jp

开放时间：6:00～17:00（10月至次年3月6:30开放）

Tips

　　浅草寺是日本极为重要的寺院，香火旺盛，前往参观一定要注意礼仪，如进殿前要用干净的水洗手，不要随便用手触摸佛像等。浅草寺前的商业街，有各种日本的小吃、工艺品出售，很有特色，在此购买物品的时候一定要先谈好价格。另外，在游玩过程中，注意保管好自己的随身物品。

中午在哪儿 吃

　　浅草寺附近有超级多的日式美食店，随便选择一家就能轻松品尝到日式美食了，其中大黑家的天妇罗盖饭、金龙山浅草饼本铺的浅草饼与炸馒头、东南屋餐厅的泥鳅火锅都是值得一尝的美味。

1 浅草大黑家

　　大黑家是在日本很常见的连锁餐厅，位于浅草寺附近的这家，同样提供最具日本特色的

地址：日本东京都台东区浅草1-38-10

交通：从雷门右转步行1分钟可到

美食。他们家的天妇罗盖饭、各类铁板烧，以及招牌海天老井都是很受欢迎的菜品。另外，午餐11:00开始营业，如果要来这一家吃饭，最好在10:40左右就到这里，否则就需要排队等候了。

皇居

　　皇居（Imperial Palace）即日本天皇的居住地，原为德川幕府的居所江户城，后成为天皇及皇后的居所。皇居并不完全开放，只有外苑、东御苑和北之丸公园可以参观，并且需要提前预约。其外苑的二重桥是皇居的象征，也是游人合影留念最多的景观。另外，在皇居东御苑有江户城天守台、大奥遗迹等旧江户城建筑，北之丸公园附近的东京都现代美术馆、科学技术馆等地点也都是很值得参观的。

旅游资讯

地址：东京都千代田区千代田1-1

交通：乘坐地铁千代田线到二重桥前站下车步行可到

网址：sankan.kunaicho.go.jp

票价：免费

银座

银座（Ginza）是东京最繁华的商业区，也是象征日本自然、历史、现代的三大景点（富士山、京都、银座）之一。银座大道贯通银座8个丁目（街区），周围坐落着三越百货（最早实行明码标价的商店）、和光百货（百货大楼的钟是银座的标志）以及不计其数的夜总会。白天这里的各种大型招牌和广告是日本繁华一面的最好体现，而招牌背后的商店则是女士们购物的天堂。夜幕降临后，这里闪烁的霓虹灯则是对日本丰富夜生活的最好诠释。

旅游资讯

地址：东京都中心区
交通：乘坐地铁在银座站下车可到

晚上在哪儿玩

在银座的晚上是注定不会寂寞的，这里聚集着东京乃至日本最火爆的夜店、夜总会以及剧院。无论是逛街购物还是在酒吧狂欢，抑或是在剧院欣赏歌舞演出，在银座你总能度过一个热闹而充满日本风情的夜晚。

新银座歌舞伎座剧院

新银座歌舞伎座剧院坐落在繁华的银座核心地段，这里曾上演过许多具有代表性的歌舞伎表演，是名副其实的"歌舞伎殿堂"。剧院既有日本传统特色，又有现代而专业的设施，是欣赏日本歌舞表演的好去处。

地址：东京都中央区银座4-12-15
交通：乘地铁至东银座站下车可到
网址：www.kabuki-za.co.jp

Day 2　东京铁塔→涩谷→新宿→歌舞伎町

东京铁塔也是到东京游玩不可错过的地标建筑，今天的行程就从东京铁塔开始，依次前往涩谷、新宿等区域游玩。

东京第2天行程		
时间	目的地	行程安排
8:30～9:30	东京铁塔	如果想要登塔观景的话可以在8:30到达，排队登塔
9:30～13:30	涩谷	从东京铁塔附近的地铁站乘坐地铁到涩谷，游览以后可以在涩谷吃午饭。如果看过《忠犬八公》这部电影，一定要去涩谷地铁出口处的八公雕塑看一看
13:30～20:00	新宿	从涩谷前往新宿乘坐JR十分方便，十几分钟就能到达
20:00～21:30	歌舞伎町	在新宿步行就可到达歌舞伎町，无论是吃饭或是泡吧，这里都有很多选择，最好不要单独行动，也不要轻易听信路边热情招揽生意的当地人

歌舞伎町
Kabukicho

新宿
Shinjuku

政法大学食堂

成女高

大妻女子大

BC约4千米，
乘车约15分钟

千代田女学院高

四谷小

文化学院大

庆应义塾大医学部

皇居

ホテルニューオータニ

首都高速4号新宿线

明治神宫

明治神宫外苑

首都高速4号新宿线

秀熊

代々木公园

ホテルグランドフレッサ
赤坂

青山公园

港区立赤坂中

东京铁塔
Tokyo Tower

涩谷
Shibuya

B

AB约5.5千米，
乘车约20分钟

A

都立青山公园

首都高速3号涩谷线

▲ 东京第2天行程路线示意图

东京铁塔

　　东京铁塔（Tokyo Tower）虽然已经不是日本最高塔（现已被东京天空树超越），但这座红白相间的铁塔依旧是游客在东京合影留念的主要建筑物之一。在不同的季节，其塔身的灯光颜色也会不同，塔上设有瞭望台，天气好的时候可以看到迪士尼乐园、台场和东京湾等景观。在铁塔大楼内部还设有休息厅、商场、水族馆等设施，值得一看。

旅游资讯

地址：东京都港区芝公园4-2-8

交通：乘地铁到赤羽桥站、神谷町站、御成门站下车步行可到，或乘JR到滨松町站下车步行可到

网址：www.tokyotower.co.jp

票价：大瞭望台成人820日元，儿童600日元

开放时间：大瞭望台9:00～22:00（21:45起截止入场）

涩谷

涩谷（Shibuya）是东京都特别行政区之一，这里汇聚了许多商场、店铺，其中大部分都是面向青少年的个人商店，主要经营时装、文化、娱乐。快来涩谷地标建筑109大楼前合影，给你自己的日本之行留下一抹充满年轻活力的色彩吧。这里除了随处可见的潮男潮女外，位于地铁站不远处的忠犬八公雕像也是吸引游客前来的重要原因。

旅游资讯

地址：东京都中央区以西

交通：乘地铁在涩谷站下车可到

中午在哪儿 吃

如此热闹的涩谷，怎么会少得了各种好吃的呢？商场里有平时常见的快餐店与西餐店，小巷子里有经营当地特色美食的小餐馆，在地铁站周边也有不少日本当地的连锁餐厅，经济实惠。

一兰拉面

这家店在日本很多地方都有分店，主营的豚骨拉面在其他地方很少见，味道也十分美味，有日本九州地区的美食特色。涩谷的这家店24小时营业，并且就在忠犬八公雕像的不远处。

地址：东京都涩谷区神南1-22-7

交通：从JR涩谷站（八公口出）步行3分钟可到

新宿

新宿（Shinjuku）作为东京的"副中心"，高楼林立、遍地是商场店铺，著名的歌舞伎町、黄金街、早稻田大学也都坐落在这里。在新宿的白天可以逛街、购物，或是前往新宿最具有标志性的LOVE雕塑前合影留念；而晚上，在繁华热闹的歌舞伎町，让满街的霓虹灯带给你"不眠之夜"吧。

旅游资讯

地址：东京都中央区以西

交通：乘坐JR中央线在新宿站下车，京王线、新宿线也可以到达

晚上在哪儿 玩

在晚上，可以在新宿的歌舞伎町消遣，这里众多的酒吧、夜总会是最热闹的选择。如果想要安静地整理一下这几天游玩的思绪，或是想要体会一下安静的东京，那么可以在街边的小巷子走一走，那里有不少居酒屋，是体验日本饮酒文化的好选择。

战国武勇传居酒屋

战国武勇传居酒屋（战国武勇伝）是一家以日本战国时期风貌为主题的居酒屋，店内的装饰战国氛围十足，随处可见的武士家徽及盔甲、武器雕塑等，都让这座居酒屋个性十足。在这里饮酒、吃饭还会让人感受到乱世英雄的豪气。

地址：新宿歌舞伎町1-6-2
交通：从JR新宿站东口出，步行3分钟可到；或乘地铁丸之内线在新宿站下，从东口出，步行3分钟可到
人均消费：晚间约3500日元，服务费500日元

如果多待一天

多待一天的游玩

东京还有很多的旅游胜地没有游玩，如果只多出来一天的时间，可以选择前往迪士尼乐园尽情狂欢；如果是在春季到来，可以到东京大大小小的公园去赏樱。

东京迪士尼乐园

东京迪士尼乐园（Tokyo Disneyland）有世界市集、探险乐园、动物天地、梦幻乐园、西部乐园、卡通城及未来乐园7个主题区域。另外，这里还有以"海"为主题的迪士尼海洋（Disney Sea）乐园，其由7大主题海港构成，以古今各国有关海的传说和故事为蓝本而建，在这里可以穿梭到世界各大海港，欣赏不同地域的风土人情。

地址：千叶县蒲安市舞滨
交通：在东京车站和新宿车站都有直达迪士尼乐园度假区的公交车，或乘JR京叶线、JR武藏野线在舞滨站下车可到
网址：www.tokyodisneyresort.co.jp
票价：一日票成人6200日元，学生5300日元，儿童4100日元
开放时间：8:00～22:00或8:30～22:00

2 原宿

地址：	东京都涩谷区，近代代木公园
交通：	乘坐JR山手线到原宿站下车可到

原宿（Harajuku）是东京街头文化的代表，也是潮流的先锋。在这里游玩，一定要提前做好心理准备，千万不要被突然出现的Cos-play吓到。如果你也够前卫，可以与那些打扮另类的少男少女们合影，也算是为自己的日本之行增加一些动漫元素。另外，著名的赏樱去处——代代木公园也坐落在这里，如果季节合适，不妨前往该公园度过一个浪漫午后吧。

东京其他景点推荐			
名称	特色	地址	地铁站
上野公园	赏樱名所	台东区5-20	上野站
六本木	东京新地标，旧城改造典范	港区	六本木站
台场	彩虹大桥，东京新娱乐城	港区	JR列车到台场区
东京晴空塔	日本第一高塔	墨田区押上1-1-2	押上站
代代木公园	东京奥运会的比赛场所	涩谷区神南2丁目	代代木公园站
新宿御苑	日本皇家园林，赏樱佳地	新宿区内藤町11	新宿御苑前站

多待一天的美食

在东京这个国际化大都市里，到处都有美食的踪迹，在这里你能尝到不同国家的顶级烹饪，还有日本传统美食，东京23区中每个区的美食都有自己的特色，但最出名的还是寿司、生鱼片、拉面、天妇罗等美食，在东京根本不用担心找不到餐厅，因为在大的购物中心附近肯定有美食街。

多待一天的购物

东京是一个购物的天堂，除了游览观光外，大部分人都会花时间好好逛逛东京的购物区，在银座和新宿汇聚了许多大牌名品，涩谷的原宿是年轻人的时尚发源地，浅草地区有保留传统文化精华的商品，秋叶原则是有名的电器一条街。

东京购物地推荐		
名称	简介	地址
秋叶原	日本电器一条街、漫画书屋	台东一丁目（外神田五丁目地铁站）
仲见世	商业街	浅草寺附近（浅草地铁站）
池袋	购物中心	东京池袋区（池袋地铁站）
筑地市场	鱼市	中央区筑地5-2-1（筑地地铁站）
表参道	HILLS商厦	涩谷区神宫前4-12-10（表参道地铁站）

多待一天的娱乐

在东京，无论是观看传统的日本相扑比赛、歌舞伎表演，还是在酒吧、夜总会等现代娱乐场所消遣，众多的娱乐场所和方式，都能让人体验到浓浓的日式风情。

东京娱乐地推荐			
名称	简介	地址	网址
旧国立剧场	日本传统表演艺术	千代田区隼町4-1（永田町地铁站）	www.ntj.jac.go.jp
东京巨蛋	体育馆、演唱会	文京区后乐1-3-61（水道桥地铁站）	www.tokyo-dome.co.jp
大江户温泉物语	泡温泉	江东区青海2-6-3（JR电信中心站）	www.ooedoonsen.jp
Human Trust Cinema Shibuya	电影院、国际大片	涩谷区涩谷1-23-16（JR山手线涩谷站）	www.ht-cinema.com
Kiha（キハ）	东京地铁特色酒吧	中央区日本桥堀留町1-6-11（人形町地铁站）	www.kiha-sake.com
吉本喜剧剧场（ルシネtheよしもと）	喜剧表演场地	新宿区新宿3-38-2（新宿站）	www.yoshimoto.co.jp

东京住行攻略

东京作为亚洲热门的旅游城市，这里的住宿和出行都十分方便，不过相对来说，东京的物价，特别是住宿和饮食的消费水平还是很高的。

在东京住宿

东京不仅有各类星级酒店，还有充满日式风格的日式旅馆。日式旅馆中有高档的连锁酒店，也有经济实惠的民居，能满足不同类型的消费人群。

东京住宿地推荐

名称	类型	地址	参考价格（双人间）	网址
太阳道酒店	连锁商务酒店	涩谷代代木2-3-1（近代代木公园）	约12500日元	www.hotelsunrouteplazashinjuku.jp
西铁酒店	连锁商务型酒店	日本桥（近人形町地铁站）、新宿（近新宿车站）、莆田均有分店	约7200日元	www.tokyo-dome.co.jp
MyStays酒店	连锁商务酒店	上野、浅草、秋叶原、池袋、新宿均有分店	约4800日元	www.mystays.com
浅草樱花旅馆	经济型旅馆	台东区浅草2-24-2（近浅草地铁站、浅草寺）	约9000日元 3300日元（床位）	www.sakura-hostel.co.jp/chinese/hostel_location_map.htm
三河屋旅馆	日式旅馆	台东区浅草1-30-12（近浅草地铁站、雷门）	约7700日元	www.asakusamikawaya.com
三河屋旅馆	日式旅馆	台东区浅草1-30-12（近浅草地铁站、雷门）	约7700日元	www.asakusamikawaya.com

东京日式旅馆推荐

名称	简介	地址	参考价格（日式客房）
浅草指月日式旅馆	提供公共浴池	浅草1-31-11（近浅草地铁站）	约10000日元
加茂川日式旅馆	设有大型公共浴室、独立淋浴房	浅草1-30-10（近浅草地铁站）	约15000日元
浅草太阳道酒店	胶囊客房、带榻榻米地板日式客房	浅草3-7-2（近浅草地铁站、浅草寺）	约4600日元（单人间）约2200日元（胶囊间）
樱花旅馆	榻榻米、传统被褥	台东区入谷2-6-2（近入谷、浅草地铁站）	约12000日元
贵美旅馆	日式客房	池袋2-36-8（近JR池袋火车站、池袋地铁站）	约5000日元
富士旅馆（Ryokan Fuji）	日式住宿	江户川区东小岩6-8-3（近小岩火车站）	约7000日元

在东京出行

在东京出行可以选择地铁、JR列车、公交车、出租车等多种交通工具。公共交通中最为便利的就是地铁和JR列车了，在市内出行，乘坐地铁最为方便；前往东京周边城市，乘坐JR列车十分便捷；而在一些JR和地铁无法填补的地区，可以乘公交车前往。

东京交通介绍		
交通工具	车票	详解
地铁	普通车票、回数券、月票、PASMO（IC卡）、换乘车票 普通车票面值有160日元、190日元、230日元、270日元和300日元，需按乘车距离购票	东京地铁共有13条路线，包括银座线、丸之内线、日比谷线、千代田线、有乐町线、浅草线及新宿线等 如果在购票后改变乘车路线，可在出口处的"清算机"补齐差价后出站
JR列车	特急票、头等票（绿色）、回数券（多次乘车票）	东京主要的JR线路有：山手线、京滨东北线、中央线、京叶线等，其中山手线最为重要，它把主要繁华街区连成一线
公交车	市营公交车23个区内为统一车费200日元，儿童100日元	公交车有从前门上车和从后门上车2种
巡游公交车	东京敞篷大巴（Sky Bus），成人1500日元，儿童700日元 文京区、台东区内巡游大巴：单程票价100日元，1天乘车票300日元	每隔大约15分钟就有一辆公交车在主要景点附近停车，乘坐这种公交车，游览参观及购物都十分方便
出租车	710日元/2千米，超过后90日元/288米	日本出租车司机服务比较到位，但是搭乘出租车价格很贵，建议尽量乘坐公共交通工具出行

从东京至箱根

乘火车

乘坐JR东海道新干线从东京站到小田原站约40分钟，换乘箱根登山铁路，从小田原站到箱根汤本站约15分钟，全程不到1小时，费用约2500日元。

从东京的新宿站乘坐小田急电铁的"浪漫"特快列车，到箱根汤本站约1.5小时。可在车站的自动售票机、新宿及小田原的旅游服务中心购买车票。

乘高速巴士

从东京到箱根还可以乘坐高速巴士，有新宿—御殿场—箱根，羽田机场—横滨—箱根等路线，可在乘车站点附近购票。乘坐高速巴士时，下一个停靠站的站名会显现在车内的讯息显示板上，乘客快到要下车的巴士站时，需按车铃通知驾驶员，如果巴士站牌处无人候车，也没有人按下车铃，巴士就不会停车。购买单程票乘车，下车时需要将车票投入车票回收箱。

到达箱根

箱根（Hakone）位于富士箱根伊豆国立公园的中央，也是日本著名的温泉地。这一带曾是熔岩四溅的火山口，现在则是一处风景秀丽、流水潺潺的疗养胜地。这里四季都有美丽的自然景色，在新年期间还有箱根长途接力赛跑等赛事和祭祀等众多活动，近年来已经成为日本旅游的热门城市之一。

如何到市区

无论是乘坐火车或是高速巴士，都会在箱根汤本车站下车。箱根汤本是箱根7个温泉之一，自古以来，生意兴隆的汤本温泉成就了现在住宿设施完善的旅游胜地，这里也有许多土特产商店及游玩景点。箱根汤本站1号站台为小田急浪漫特快列车停靠，2号站台停靠前往小田原方向的列车。

箱根汤本车站2楼

寄物柜　售票处　寄物柜

楼梯前往1楼　　箱根市场

行李临时寄存：
小型360日元
大型510日元

剪票　入口处

往宫之下、强罗方向

箱根汤本车站1楼

电扶梯　正面入口

温泉街入口（北）

楼梯　投币式寄物柜

电梯　计程车下车处

箱根随身行李搬运服务
投币式寄物柜

电梯　通往剪票2楼

洗手间洗手间

箱根登山电车

3号站台

1、2号站台

浪漫特快

免费接送巴士停靠站点

电梯

温泉街入口（南）

东入口

箱根巴士入口

计程车乘车处

服务中心
寄物柜

紫阳花桥

▲ 箱根汤本车站平面示意图

箱根2日行程

Day 3

箱根汤本→强罗车站换乘→箱根强罗公园→早云山

箱根最经典的旅游路线就是赏富士山美景、泡箱根温泉。来到箱根的第一天，就要开始赏景泡汤之行了，首先从箱根汤本车站出发，乘车前往箱根强罗公园，在游览并就餐后继续前往早云山，远眺富士山美景。

箱根第1天行程		
时间	目的地	行程安排
9:30~10:30	强罗车站	在早上起床后，在箱根汤本站乘坐箱根登山电车40分钟就能到达强罗车站，可在强罗车站换乘箱根登山缆车（3分钟）前往箱根强罗公园，也可以从强罗车站步行10分钟前往箱根强罗公园
10:30~13:30	箱根强罗公园	箱根强罗公园是箱根主要的景点之一，在附近还有箱根美术馆可以参观
13:30~18:00	早云山	早云山是观赏富士山景色的好地点，附近还有道了尊箱根别院可以参观

箱根山

CD约800米，步行约15分钟

BC约600米，步行约8分钟

明星ケ岳

强罗车站
Gora Station

塔ノ峰青少年の家

箱根强罗公园
Hakone Gora Park

AB约8千米，乘车约20分钟

塔ノ峰

早云山
Mt. Soun

神山

千条の滝

浅间山

箱根汤の花ゴルフ場

东海道

箱根汤本
Hakone fuji

▲ 箱根第1天行程路线示意图

强罗车站

强罗车站（Gora Station）是箱根登山电车的终点，也是箱根登山缆车的起点，电车从箱根汤本站驶出，到达强罗车站的过程中要穿越隧道，并且在电车前进过程中海拔一直在攀升，沿途景色也十分优美。在强罗附近有箱根强罗公园、箱根美术馆等景点可以参观。登山缆车从强罗到达早云山车站只需要10分钟，中间海拔差200多米，坐在缆车后方可以清楚地看到陡峭的坡面，实在不失为一次难忘体验。

旅游资讯

地址：神奈川县足柄下郡箱根町强罗
交通：从箱根汤本乘登山电车40钟可到

箱根强罗公园

箱根强罗公园（Hakone Gora Park）是箱根极为重要的观景公园之一，公园始建于1914年，是一座古老的法式庭院。在这里可以观赏到樱花、杜鹃、石南、绣球花等四季的各种植物，园内的工艺坊还能供人体验陶艺和吹制玻璃的制作。在公园不远处的路口有箱根美术馆可以参观，在公园周围有很多出售当地特色商品的商店。

旅游资讯

地址：神奈川县足柄下郡箱根町强罗1300
交通：从箱根汤本车站乘坐箱根登山电车约40分钟后，在强罗车站换乘箱根登山缆车，乘缆车约2分钟在公园下车站下车，或4分钟在公园上车站下车，步行约1分钟可到
开放时间：9:00～17:00（16:30入园结束）

中午在哪儿吃

箱根有随处可见的荞麦面馆，是享用午餐的好地方，如果时间充足也可以在公园内的餐厅坐一会，吃点小吃，顺便放松下自己的心情。强罗车站附近的商业街则有很多美味的小餐馆，这也是品尝美食的好地方。

とんかつ里久

这是一家主要经营炸猪排的小店，使用鹿儿岛的黑猪肉炸制的猪排外皮酥脆，鲜香可口。在餐厅附近有不少日式餐馆营业。

地址：神奈川县足柄下郡箱根町强罗1300-356
交通：从强罗公园向东步行300米后左转前行100米可到
网址：www.rikyu.info

早云山

早云山（Mt. Soun）是箱根登山缆车的最后一站，也是前往桃源台乘坐空中缆车的车站。在早云山车站附近有道了尊箱根别院可以参观，早云山周围有很多著名的温泉，如果有时间，可以在这里好好享受一下充满日式风情的温泉。天气晴朗、能见度高的时候，在这里就能很清晰地看到远处的富士山。

旅游资讯

地址：神奈川县足柄下郡箱根町早云山

交通：从强罗车站乘坐箱根登山缆车10分钟可到

晚上在哪儿 玩

箱根是日本著名的温泉之乡，这里的温泉根据其功效和成分的不同，被称作"箱根十三汤"或"箱根十七汤"，其中大部分都坐落在今天行程景点的附近。在夜幕降临时分，前往温泉浴场，让温暖的泉水浸泡身体，洗去一天奔波的辛苦吧。

姥子温泉

地址：神奈川县足柄下郡箱根町元箱根160
交通：乘箱根缆车至桃源台站下车步行可到

姥子温泉（Ubako Hot Spring）是一家在箱根地区十分著名的温泉，以泡温泉时能看到富士山风光而闻名。

Tips

泡温泉禁忌

1. 请勿拔掉浴池塞子。
2. 请勿在浴池里使用肥皂。
3. 请勿将擦洗身体的毛巾泡进浴池里。
4. 请勿带着大毛巾入浴。
5. 请勿在浴池里搓澡及剃胡须。
6. 请勿站立冲洗身体。
7. 穿游泳衣裤不能入浴。

泡汤步骤

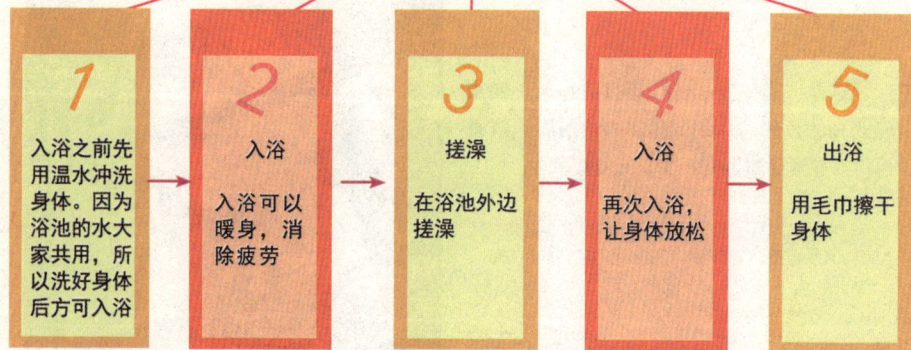

1	**2**	**3**	**4**	**5**
入浴之前先用温水冲洗身体。因为浴池的水大家共用，所以洗好身体后方可入浴	入浴 入浴可以暖身，消除疲劳	搓澡 在浴池外边搓澡	入浴 再次入浴，让身体放松	出浴 用毛巾擦干身体

Day 4 芦之湖→箱根海贼观光船→元箱根→恩赐箱根公园

箱根最著名的景观应当数芦之湖和富士山了，今天主要的行程是乘船游览芦之湖，然后前往恩赐箱根公园，在这个公园内能看到富士山倒映在水面上的难得景象。

箱根第2天行程		
时间	目的地	行程安排
9:30~10:30	芦之湖	在早云山乘空中缆车30分钟就可到达芦之湖岸边的桃源台
10:30~13:00	箱根海贼观光船	从桃源台乘坐箱根海贼观光船在芦之湖上游玩，约30分钟可到达元箱根
13:00~15:00	元箱根	可在元箱根港附近吃午饭，也可顺便去参观附近的箱根神社（又名箱根元宫）
15:00~19:30	恩赐箱根公园	从元箱根步行15分钟左右及可到达著名的恩赐箱根公园，这里是观赏富士山景色的绝佳之地

箱根カントリー倶楽部

箱根湖畔ゴルフコース

芦之湖
Lake Ashi

B

早云山
Mt.Soun

A

AB约7千米，
乘车约15分钟

B&Bパンシオン箱根

神山

千条の滝

BD约6千米，
乘船约30分钟

芦ノ湖

箱根湯の花ゴルフ場

富士芦ノ湖パノラマパーク

箱根海贼
观光船

C

箱根園ゴルフ場

元箱根

D

DE约800米，
步行约15分钟

芦ノ湖

恩赐箱根公园
Onshihakone Park

E

▲ 箱根第2天行程路线示意图

335

芦之湖

芦之湖（Lake Ashi）大约形成于3000年前，是神奈川县内面积最大的湖泊，也是远望富士山的著名地点。芦之湖上有游船提供，可供观光客乘船游览。此外，芦之湖也是一个垂钓的好去处，湖中主要的鱼类有虹鳟、黑鲈等。从桃源台能转乘箱根海贼观光船，不同的季节在芦之湖能观赏到各种美丽的景色。

旅游资讯

地址：神奈川县足柄下郡箱根町芦之湖

交通：从早云山乘箱根空中缆车30分钟可到芦之湖桃源台港

箱根海贼观光船

箱根海贼观光船是芦之湖上的渡轮，因外形像海盗船而得名。该船从桃源台港出发后，靠岸的港口分别是元箱根港和箱根町港。船内全部都是自由座位，分成头等舱和二等舱，另外还设有洗手间、电梯及小卖部等设施。

旅游资讯

地址：神奈川县足柄下郡箱根町芦之湖桃源台港

交通：从早云山乘箱根空中缆车30分钟可到芦之湖桃源台港

票价：桃源台港→箱根町港1000日元，儿童500日元；桃源台港→元箱根港1000日元，儿童500日元；箱根町港→元箱根港360日元，儿童180日元

元箱根

元箱根的港口位于芦之湖畔，附近的湖畔路是观赏富士山美景的好地方。在港口不远处，还有著名的箱根神社（又名箱根元宫）可以参观，箱根神社建于757年（奈良时代天平宝字符年），神社的鸟居位于芦之湖沿岸，游客在尚未下船时就能看到。芦之湖与神社的红色鸟居、富士山一起构成了一组绝美的风景图。空气清新的清晨有时还会看到湖面上映出的"富士山倒影"。

旅游资讯

地址：神奈川县足柄下郡箱根町元箱根

交通：乘箱根登山巴士或箱根海贼观光船在元箱根港下即是

便利店

③ 巴士乘车处

← 往湖尻、桃源台方向　国道1号线　国道1号线　国道1号线　往箱根町方向 →

① 巴士乘车处

寄物柜

巴士候车室　② 巴士乘车处　洗手间

寄物柜

停车场　停车场

箱根登山巴士车
售票处

④　⑤ 车票售票处

箱根海贼观光船

芦之湖　码头　芦之湖

1.巴士站（开往箱根汤本、小田原车站）
2.巴士站（开往汤河原车站、三岛车站、箱根汤本车站）
3.巴士站（开往箱根町）
4.箱根登山巴士车票售票处
5.箱根海贼观光船窗口、船票售票处

▲ 元箱根港平面示意图

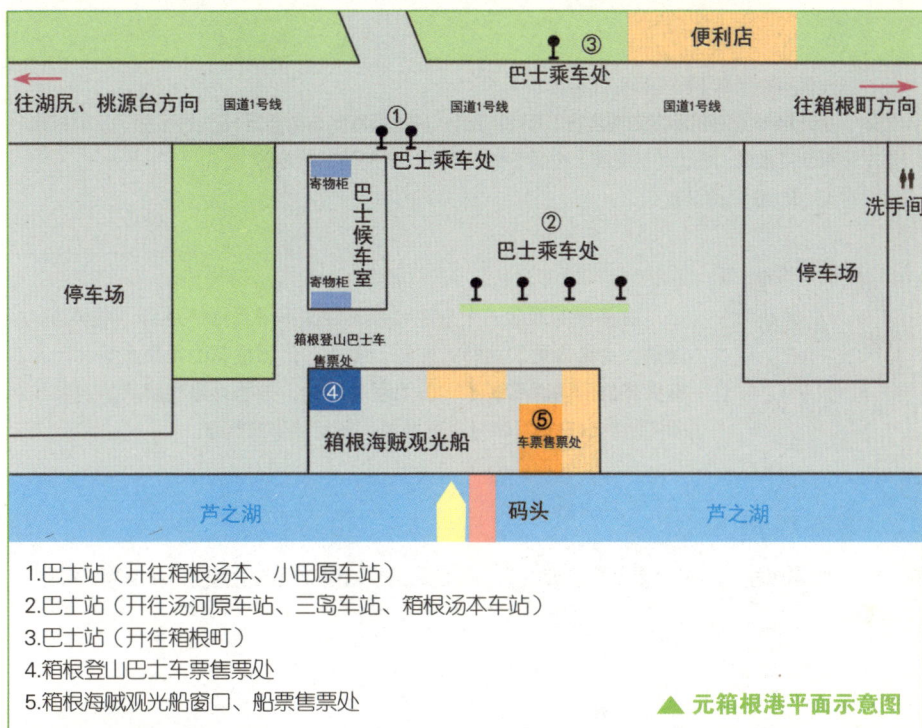

中午在哪儿 吃

可以在抵达元箱根后用午餐，也可以在船上或是在桃源台餐厅用餐。相对来说，元箱根附近可以选择的餐厅较多，价格也较为便宜。

小田急山之饭店

这是一家在箱根地区极具知名度的饭店，早在明治时代就已经存在了，饭店内的杜鹃花海十分漂亮，在花开季节，更有杜鹃花面朝富士山竞相怒放的壮观景象。另外，饭店的餐厅也提供美味的日式料理。在美景相伴之下，享受一顿日式大餐，也能给自己的行程增分不少。

地址：神奈川县足柄下郡箱根町元箱根80
交通：从元箱根港按照指示牌步行3分钟可到，从其他地点乘小田急箱根高速巴士至山之饭店站下车可到
网址：www.odakyu-hotel.co.jp

恩赐箱根公园

恩赐箱根公园曾经是皇族的御用别墅山庄——箱根行宫的所在地，这里能够清楚观赏到富士山。公园周围生长着豆樱花和山百合等精细整修过的树木，不少富士山的景点照片都是在这座公园内取景拍摄的。在春季樱花盛开的时候，樱花、富士山与其倒影所构成的美丽景色，让无数人为之陶醉。

旅游资讯

地址：神奈川县足柄下郡箱根町元箱根171

交通：从元箱根港沿东海道向南步行15分钟可到，从箱根港向东北步行10分钟可到，从箱根汤本车站乘坐箱根登山巴士（H路线）约40分钟在恩赐公园前站下车可到

开放时间：9:00～16:30

晚上在哪儿 玩

在箱根的最后一个夜晚可以去尝试不同风格的温泉，特别是室外温泉，会给人更加独特的感觉。春季，落满樱花的温泉水池，让人在享受舒适的同时更多了一份浪漫的感受；冬季，热气腾腾的温泉与周围皑皑的白雪相互映衬，更增添了一丝神秘的气息。

返回箱根汤本

如果不想在元箱根过多逗留，可以从元箱根港乘坐箱根登山巴士返回箱根汤本，车程35分钟左右。

箱根住行攻略

在箱根住宿

箱根的住宿地十分有特色，几乎所有的酒店都配有温泉设施，不过大多数是室内的温泉，如果对室外温泉情有独钟，建议在预订酒店时问清楚。

箱根住宿地推荐				
名称	类型	地址	参考价格	网址
拉库恩酒店（Hotel Ra Kuun）	日式旅馆	元箱根103	39400日元起	www.rakuun.com
箱根町王子酒店（The Prince Hakone）	观景酒店	元箱根144	103140日元起	www.princehotels.co.jp
箱根山景酒店（Mount View Hakone）	日式旅馆	仙石原885（近威尼斯玻璃博物馆）	54600日元起	www.mvhakone.jp
箱根小涌园饭店（Hakone Hotel Kowakien）	室外温泉酒店	二之平1297（近小涌谷车站）	34020日元起	hotel.hakone-kowakien.com/cn
箱根汤之花温泉酒店（Hakone Yunohana Onsen Hotel）	日式旅馆	芦之湖93（近小涌谷车站）	48390日元起	—

在箱根出行可以选择箱根登山电车、登山缆车、空中缆车、箱根海贼观光船、登山巴士等交通工具。也可以购买箱根周游券，在乘坐各类交通工具的同时节省出行费用。

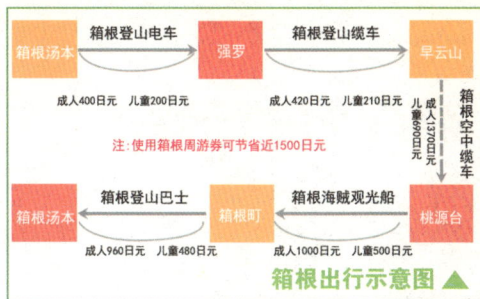

| 箱根汤本 | 箱根登山电车 | 强罗 | 箱根登山缆车 | 早云山 |
| 成人400日元　儿童200日元 | | | 成人420日元　儿童210日元 | |

箱根空中缆车　成人1370日元　儿童690日元

注：使用箱根周游券可节省近1500日元

| 箱根汤本 | 箱根登山巴士 | 箱根町 | 箱根海贼观光船 | 桃源台 |
| 成人960日元　儿童480日元 | | | 成人1000日元　儿童500日元 | |

箱根出行示意图 ▲

从箱根至京都

乘JR列车

从箱根到京都乘坐JR列车十分方便快捷，从箱根汤本站乘坐箱根登山电车到小田原站下后，即可换乘前往京都的JR列车，车程3小时，费用约13000日元。从东京乘坐东海道新干线到京都车站仅需2小时左右。

到达京都

京都（Kyoto）位于近畿地区，8世纪至19世纪中叶一直是日本的首都，这里有众多寺院和神社，其中清水寺、二条城等历史遗迹已被列为世界文化遗产。初夏的葵节、夏日的祇园节、秋天的时代节是京都的三大祭典，同时盂兰盆节时举行的"大文字五山送神火"等都吸引了无数人前来参加。

JR京都车站是从东京方向到达京都的第一站，车站大楼是古都京都的标志。车站的中央广场、空中通道、巨型楼梯等都充满了现代气息，周围百货店、美食街、购物区、影剧院林立，俨然一个现代化的商业中心。另外，东本愿寺、西本愿寺和东寺等古刹，也都坐落在京都车站的周围，给人们展示了古都安宁的一面。

Tips

京都只安排了1天的游玩时间，你可以将行李寄存在火车站存包柜（300～500日元），如果打算乘坐公交车，可以购买京都公交车1日券。

京都1日行程

Day 5　**京都车站→清水寺→祇园→二条城→东寺**

古色古韵的京都给人十分宁静的感觉，即使在这里住上一周也不会觉得厌倦，但京都最重要的几个景点基本上可以在一天的时间内游览完，晚上就可以乘车前往大阪住宿。

京都1日行程		
时间	目的地	行程安排
8:00～11:00	京都车站	早上从箱根或东京前往京都，到达时差不多就接近中午了，可以在京都车站吃午饭或是在清水寺附近吃午饭，
11:00～12:30	清水寺	清水寺是京都众多寺院里人气最高的一个了，从京都火车站乘坐公交车即可到达
12:30～14:30	祇园	从清水寺步行前往祇园，会穿过一片民居，那里能看到很多日式风格的建筑和商店
14:30～16:30	二条城	从祇园乘坐公交车前往二条城大约只要20分钟，二条城是京都作为旧都的重要见证者，值得一看
16:30～18:00	前往大阪或东寺	在二条城参观之后，可以回到京都车站乘车前往大阪，如果意犹未尽还可以前往距离火车站不远处的东寺参观一下

▲ 京都1日行程路线示意图

清水寺

清水寺（Kiyomizu-dera）始建于778年，不过现在的建筑几乎为江户时代重建而成的。寺内有本堂、仁王门、西门、三重塔、钟楼等重要文化遗产，本堂内供奉的"十一面千手观音像"和"清水舞台"是最值得一看的。多数来这里的游客都会排队喝一口音羽瀑布的泉水，据说这里的泉水能带给人好运并使人身体健康。樱花盛开的季节里，寺内会有众多身着日式传统服装的青年情侣，在地主神社内祈求恋爱运。

旅游资讯

地址：京都市东山区清水1丁目294
交通：乘100路公交车到五条坂站下车步行可到
网址：www.kiyomizudera.or.jp
票价：300日元，儿童200日元（一般参拜）；成人400日元，儿童200日元（夜间特别参拜）
开放时间：6:00～18:00，夜间特别参拜18:30～21:30

中午在哪儿吃

在到达京都的时候，如果已经觉得饥肠辘辘，不妨就在京都车站内挑选一家餐厅享用午餐。如果还不太饿，就可以在参观完清水寺后，在周边的餐厅用餐。

武藏野寿司店

武藏野寿司店（寿しのむさし）在京都火车站路口有分店，是解决午餐的好去处，这里有多达50种口味的日式寿司，并且每盘的价格为130日元（税后141日元，每盘2个）。

地址：京都市下京区东盐小路高仓町8－3（京都駅八条口構内）
交通：从京都车站步行5分钟可到八条口（不用过马路）
网址：www.sushinomusashi.com

祇园

祇园（Gion）一般指的是祇园町及其周围有日本文化底蕴的古老街道，这里是日本规格最高的繁华街，也是具有代表性的艺伎区。在街上排列着销售发簪、日式服装、物品等商品的京都特有的商店，也有餐馆和茶馆可供消遣。另外，每年夏天举办的祇园节也广为人知，节日期间有大型的花车游行，十分热闹。

旅游资讯

地址：京都市东山区祇园町
交通：乘406、201等路公交车到祇园站下车可到

二条城

二条城（Nijo Castle）是日本历史变迁的见证者，它最初是德川家康在京都的行宫，现在作为重要的展览地点开放。城内建筑是典型的日式风格，御殿的殿内部分可以参观，但是禁止拍照，而且参观者必须要脱鞋才能进入，屋内的地板进行了特殊设计，人行走在上面会发出声响。城内的《八方对视狮子图》无论从哪个角度去看，画上的狮子均面向正面，值得一看。

旅游资讯
地址：京都市中京区二条通堀川西入二条城町541
交通：乘9、50、101路公交车到二条城前下车
网址：www.city.kyoto.jp

东寺

东寺（Toji）又称教王护国寺，寺内珍藏着许多国宝级的密教珍品，如兜跋昆沙门天、千手观音等。寺内的五重塔是最大的看点，但是只在固定的时间开放，所以平时只能远观了。每月的21日，这里还会举行弘法集市，届时人潮涌动，场面十分火爆。

旅游资讯
地址：京都市南区九条町1
交通：乘19、78路公交车到东寺南门前下车可到
网址：www.toji.or.jp

晚上在哪儿玩

在京都的晚上，可以继续游览一些当地著名建筑，再乘车前往大阪，由于京都是热门的旅游城市，住宿地价格较高，前往大阪住宿还能节省住宿费用。

京都住行攻略

在京都住宿

京都住宿，除了有众多古色古香的日式旅馆可以选择，在京都火车站周围还有很多西式的酒店，祇园附近也有不少便宜的旅舍可以选择。

京都住宿地推荐			
名称	地址	电话	网址
京都布莱顿宾馆（Kyoto Brighton Hotel）	京都市上京区新町通中立卖（御所西）	075-4414411	www.brightonhotels.co.jp
京都甘乐酒店（Hotel Kanra Kyoto）	京都市下京区乌丸通六条下北町185	075-3443815	www.hotelkanra.jp
京都花酒店（Hana Hotel Kyoto）	京都市东山区清水5-130-6	075-5611191	www.kyotohanahotel.com

在京都出行

京都主要的交通工具有市营公交车、地铁、观光车、JR、电车以及出租车等，如果只是在京都市中心的著名景点游玩，乘坐地铁或观光车基本就能满足出行需求，如果前往周边城市则可以乘坐JR及电车等交通工具。

京都交通简介

交通工具	票价	备注
市营公交车	在任一区间内成人220日元，儿童110日元；一日乘车券为500日元	淡绿色车身，后门上车，下车前需要按铃
地铁	按区间计票，票价分别为210日元、250日元、280日元、310日元、340日元	分为乌丸线（绿色）和东西线（红色）
观光公交车	2000日元，学生1000日元	途经金阁寺、清水寺等景点
JR	在市区范围内，基础单程票价为120～400日元	JR京都线、JR嵯峨野线、JR奈良线
电车	150日元起，具体价格按距离远近而不同	有多条线路，涵盖了周围的县、市
出租车	起步价为580～650日元/2千米	提供包车服务，价格另算

从京都至大阪

大阪距离京都约50千米，从京都乘坐JR京都线、坂急电铁、京坂电车均可轻松到达大阪。乘坐JR东海道新干线从东京车站到新大阪车站约2小时30分钟，从新大阪车站出发经由JR大阪车站到大阪城公园约13分钟。

乘JR京都线

搭JR京都线从京都到达大阪全程约30分钟，比起搭阪急京都线与京阪本线的特急车种快约10分钟以上，全程票价540日元。JR京都线共有3种车次，3种车次的价格都是540日币，依速度分为下面三种。

新快速：代表符号△，最快的列车，只停靠大阪、新大阪、高槻、京都（约30分钟），停的站数最少

快速：代表符号↑，比普通车停的站少一些，全程停靠9站（约45分钟）

普通：代表符号○，每站都停，所以搭乘时间是最久的（约60分钟）

乘阪急电铁

从京都四条河原町乘阪急电铁到大阪阪急梅田站，用时约50分钟，票价390日元，可在自动售票机购票，售票机只接受1000日元及以下面值的钞票。进出站使用自动检票闸机。

乘京阪电车

从京都出町柳驿站乘坐京阪电车到达大阪淀屋桥驿（或中之岛驿）站用时约50分钟，票价400日元。它为自动检票机检票，进站检票后，勿忘记取回车票，出站时也需要使用车票，因此请爱护车票，不要折叠弯曲或污毁车票。

到达大阪

大阪（Osaka）是日本重要的港口城市，其运河水系发达，被称为"水之都"。大阪也是日本重要的食材中转站之一，每天都有大量的新鲜食材从这里运往日本各地，因此大阪也获得了"日本的厨房"这一赞誉。

如何到市区

大阪有3个交通枢纽，从北到南分别是新大阪、大阪和难波。JR大阪车站是大阪最主要的车站，连接全国各地重要的交通枢纽，紧挨着JR大阪站的是私营铁路阪急梅田站和阪神梅田站，所以说，大阪站和梅田站其实指的是同一区域。梅田是大阪的北大门，同时也是大阪最大的商业中心。从京都来的火车通常会在梅田车站停靠。

大阪1日行程

Day 6

大阪城公园→心斋桥筋商店街→四天王寺→道顿堀

大阪最有代表性的景点当属大阪城公园了，今天的行程就从大阪城公园开始, 中午在繁华的心斋桥吃午饭, 然后再参观四天王寺, 在夜幕时分前往道顿堀, 度过本次日本之行的最后一个夜晚。

大阪1日行程		
时间	目的地	行程安排
9:30~12:00	大阪城公园	大阪城是一个辉煌时代的代表, 也是大阪曾经作为首都所留下的重要见证, 在这里有大量珍贵的文物可以参观
12:00~13:30	心斋桥筋商店街	在心斋桥这片热闹的商业区, 有不少餐厅、商店, 既能解决午餐又能购买一些旅游纪念品
13:30~14:30	四天王寺	四天王寺是大阪人气最高的寺院之一
14:30~17:30	道顿堀	位于难波地区的道顿堀同样是繁华所在, 这里有不胜枚举的酒吧、夜总会等娱乐场所, 也有众多的电影院可供人夜晚消遣

南天满公园

大阪城公园
Osaka Castle Park

少彦名神社

AB约5千米,
乘车约40分钟

大阪府
警察本部

大阪公园

Arietta Hotel Hotel

シティプラザ大阪

阪神高速13号东大阪线

阪神高速13号东大阪线

难波别院

难波宫迹公园

心斋桥筋商店街
Shinsaibashi

大阪府立清水谷高

BC约4千米,
乘车约30分钟

大阪市立高津中

真田山公园

なんばワシントンホテルプラザ

大阪

国立文乐剧场

大阪府立
高津高

大阪市立
束小桥小

道顿堀
Dotonbori

生玉公园

上宫高

桃谷公园

大阪市立
御幸森小

CD约2千米,
乘车约20分钟

四天王寺
Shitennoji Temple

大阪市立鹤桥小

大阪市立
鹤桥中

▲ 大阪1日行程路线示意图

大阪城公园

　　大阪城与名古屋城、熊本城并称为日本历史三大名城，最初由丰臣秀吉下令建造，后由德川家康增建，最后形成了现在的规模。现在的大阪城已经成为一处供市民休闲游览的公园，天守阁是公园的核心，各楼层的展品都很精美，非常值得一看。城门外是一条气势宏伟的护城河，还有大量巨石堆砌的石垣。

旅游资讯

地址：大阪市中央区大阪城1-1
交通：乘大阪环线（外圈）到大阪城公园站下车可到
网址：www.osakacastle.net
票价：600日元
开放时间：9:00～17:00（12月28日至次年1月1日不开放）

中午在哪儿吃

　　参观完大阪城公园后，已经时至中午，可以在公园门口的公交车站乘车至心斋桥吃午饭。在热闹的心斋桥有众多美味的小吃店可以选择。

心斋桥筋商店街

　　早在江户时代，心斋桥就是有名的繁华商圈，如今的心斋桥筋商店街更是大阪最具人气的购物街道。这里集中了特色老店、高级百货公司、名牌专卖店等，所售商品无一不让人心动。购物街上还安装了透明的顶棚，无论外面的天气如何，人们都能在这里悠然自在地购物。另外，心斋桥也是日本药妆店的聚集区，想要购买药妆的游客可以在这里挑选。

四天王寺

　　四天王寺是日本最古老的寺庙之一，搭配上寺庙正前方的鸟居，成为了日本宗教中"神佛习合"建筑的典型代表，一排排正红色的檐柱更显大气肃穆。每年都有许多活动在此举行，包括Doya-Doya祭、圣灵会和四天王寺Wasso等，这些活动充分体现了这座寺庙的悠久历史。寺庙周边的街道有不少集市，在集市上能够淘到很多带有故事的旧货。

旅游资讯

地址：大阪市天王寺区四天王寺1-11-18
交通：乘地铁谷町线到四天王寺前夕阳之丘站下车步行可到
网址：www.shitennoji.or.jp
票价：中心伽蓝300日元（大学生、高中生200日元、15岁及以下的人免费），宝库200日元（大学生、高中生100日元、15岁及以下的人免费）
开放时间：寺庙及宝库4～9月8:30～16:30，10月至次年3月8:30～16:00

晚上在哪儿 玩

最后一天，不如到大阪最热闹的街道——道顿堀转一转吧，这里霓虹灯闪烁，还有很多好吃的，你会沉浸在这日本风情浓郁的街区里。

道顿堀

地址：大阪市中央区难波
交通：乘地铁至难波车站下，从14号出口出站，向西北方向步行3分钟可到

道顿堀是大阪最繁华的地段，可以称得上地标级的美食据点、大阪饮食文化的发源地，也是旅行者来大阪时的首选，章鱼烧、铁板烧、烤肉、炸串、旋转寿司、河豚料理，还有各种可爱的甜点，这里几乎囊括了大阪所有的特色美食。

大阪住行攻略

在大阪 住宿

大阪的住宿类型很多，从星级酒店到青年旅舍应有尽有。这里的房间主要分为日式和西式两种，日式的房间白天都不见寝具，晚上才会有服务人员拿来被褥。你可以选择在大阪站、心斋桥等交通便利的地方住宿。

在大阪 出行

在大阪出行可以选择地铁、JR列车、公交车等交通工具，它们可以满足基本的出行需求。地铁能前往市区的较大景点和城市周边，公交车的票价相对便宜，并且能欣赏沿途风光，水上公交车则是大阪作为海港城的一大特色交通工具，值得一试。

大阪市内交通简介		
名称	票价	备注
地铁	1至5区间为200～360日元，儿童半价	运营时间为5:00～24:00，设有8条铁路线及1条新电车（New-tram）
JR	距离不同，价格不同	白天发车间隔5～10分钟，车次很多
水上公交车	1700日元，儿童800日元	"Aqualiner"水上公交车可在大阪城码头、八轩家滨码头、淀屋桥码头和OPA码头乘坐，往来约60分钟，10:00、10:10、10:20、10:40各一班，之后每1小时一班
公交车	200日元，儿童100日元	到站前按铃，下车前投入现金或刷卡
水陆两用公交车	3600日元，小学生2300日元，5岁以下儿童600日元	"Duck Tour"是大阪旅游的一大特色，从大阪新阪急酒店出发，连接樱之宫公园、大川、扇町公园等景点，全程约90分钟

路线改变

每个人的旅行时间都不尽相同，除了本次路线中安排的城市外，还有横滨、名古屋、奈良、神户以及著名的北海道都是日本不错的旅游目的地。如果有充足的时间，或是对其他城市有更大的兴趣，可以根据自己的需求更改路线安排。为自己量身定制一个灿烂的日本之行。

在日本的旅行如果有充足的时间，可以在游览完大阪后，前往素有"东方的罗马"之称的奈良游玩。早在3～5世纪，山明水秀的奈良就是日本"大和国"的中心，那些遗留下来的宫殿、寺庙建筑反映了日本文化的繁荣。不仅如此，奈良还是日本人的"精神故乡"，因为这里是日本的佛教中心和文化发祥地。作为日本的佛教中心，这里除了寺庙还有很多跟佛教相关的故事，如鉴真东渡等，都是佛教文化的体现。这里以东大寺为代表的多处寺院，都已经被列为世界文化遗产。

去奈良吧

唐招提寺

旅游资讯

地址：奈良市五条町13-46

交通：乘六条山行公交车到唐招提寺下车即可

网址：www.toshodaiji.jp

票价：600日元，初、高中生400日元，小学生200日元

唐招提寺是专门为鉴真和尚所修建的道场，也是日本律宗的总本山。该寺的金堂从奈良时代留存至今，除了金堂、讲堂之外，寺内还有"校仓造"的宝库和藏经阁。现在，寺内的琼花（象征鉴真故乡扬州）依旧开放。

去**北海道**吧

　　每个到日本旅游的人，心中都会有一个关于北海道的梦。如果有充足的时间（3～5天），何不前往北海道圆梦呢？作为日本的观光胜地，北海道一年四季风光无限。春天到来的时候，富良野就被观音莲占据；初夏时节，富良野的薰衣草开始接班，札幌炫目的紫丁香、金合欢也不服输，热烈地盛开着，还有小樽似彩虹般的大片花田；冬日的皑皑白雪下，登别温泉用它温暖的泉水让人感受北海道的热情拥抱。北海道雪祭盛会于每年2月上旬举行，其会场分设于大通公园及真驹内自卫队广场，届时，各国冰雕艺术高手云集，各展身手，雕砌精湛之作，其场面雄伟壮观，有不少游客前来参观。

札幌

　　札幌是北海道的首府，位居日本五大都市之列。这里干净、友好、随和，有无数的公园和绿荫街道，人们在石像边游玩、喂鸽子，气氛非常祥和。这里节日众多，在庆祝活动中的热闹场景，让人瞬间忘记这里的严寒。

小樽

　　小樽市是北海道著名的旅游城市，它曾经因其海港优势而繁荣一时，而被称为日本的"北方华尔街"。小樽市内有如小樽运河、小樽音乐盒堂、小樽堺町通、小樽市综合博物馆等景点。冬季，小樽的景致更加迷人。

富良野

　　富良野是北海道地区最负盛名的旅游胜地，位于北海道的中央地带。每年6月下旬至7月下旬，这里驰名遐迩的薰衣草迎风盛开，景色极为壮观。而冬季，坐落于这里的众多滑雪场也会吸引很多观光客前来游玩。

PART 9 韩国一周游

Part 9 韩国一周游

韩国印象

★★★ 美食胜地

　　韩国的美食五花八门，深深地吸引着许多美食达人。来到韩国，怎能不一饱口福，无论是街边的小摊，还是韩国特色的帐篷屋，又或者人流如潮的小吃美食街，太多的地方值得你去走一走，所以跟着我们的脚步，来尝尝那些美味无比、五花八门的韩国美食吧。

韩定食

参鸡汤

冷面

石锅拌饭

韩式烤肉

炒年糕

韩国泡菜

活章鱼

炒杂菜

★★★ 走进韩剧场景

　　韩国的影视文化十分繁荣，一部韩剧的流行甚至能影响亚洲的时尚潮流，韩剧中所描述的各种浪漫爱情故事，也令不少女性为之心动，从而也带动了众多粉丝，在此你可跟随韩剧中的风景旅行，重拾自己被感动的那个瞬间。

南怡岛——《冬季恋歌》的拍摄地

南山缆车——《我叫金三顺》中出境

骆山公园——《巴黎恋人》男女主角约会地

舞衣岛——《天国的阶梯》女主角小时候生活的地方

韩国仁川大学——《来自星星的你》中都教授讲课的地方

N首尔塔——各类韩剧中经常出现的标志性建筑

首尔色公园——《城市猎人》中出镜率最高公园

韩国民俗村——《大长今》《屋塔房王世子》等剧取景地

梨花壁画村——这里的楼梯经常在各电视剧、电影中出现

推荐行程

A 首尔 — 约90千米 — **B** 仁川 — 约380千米 — **C** 釜山

仁川
Inchon

首尔
Seoul

江陵
Gangneung

东海
Donghae

原州
Wonju

龙仁
Yongin

蔚珍
Uljin

AB约90千米

55

清州
Cheongju

安东
Andong

45

保宁
Boryong

大田
Daejeon

BC约380千米

群山
Gunsan

全州
Jeonju

20

庆州
Gyeongju

蔚山
Ulsan

45

光州
Gwangju

晋州
Jinju

12

35

10

釜山
Busan

交通方式对比

路线	交通方式	优点	缺点	运行时间	单程费用
首尔—仁川	地铁	价格合适，较为便捷	需要换乘	约1小时	约8000韩元
仁川—釜山	飞机	方便快捷	费用较高	约1小时	约10万韩元
	火车	价格较为便宜	车程时间较长	约2.5小时	约5万韩元

最佳季节

韩国一年四季都有属于自己风格的美景，春季从3月持续到5月，气候温暖，鲜花遍地；夏季从6月持续到9月，炎热潮湿，很多韩国人选择在此季节度假；秋季从9月持续到11月，天气温和，是旅行的好季节；冬季从12月持续到3月中旬，受西伯利亚冷空气影响，十分寒冷。韩国东北部的暴风雪为滑雪提供了最佳条件。

最佳季节的衣物

　　韩国是位于亚洲大陆东侧的半岛国家，四季分明，冬暖夏凉。春季，通常无须穿着过厚的外衣，带上毛织或棉质的外衣，准备好薄马甲和围巾抵抗夜晚的寒冷就足够了。在夏季梅雨季节的时候，棉质衣料或其他舒适感较强的衣服是人们出行时的主要选择，当然，别忘了携带墨镜和帽子防晒。秋季，风衣、厚夹克、围巾都是不错的选择。冬季来临，羊绒大衣、羽绒服、毛衣、以及厚裤子等保温性良好的服饰是必备的。此外，围巾、带毛的帽子、耳包、手套、靴子等辅助性保温衣物也是不可或缺的。

韩国最佳旅行季节衣物						
衣物种类	5月	6月	7月	8月	9月	10月
单长袖外套	～	√	√	√	√	～
厚外套	√	～	～	～	～	√
单层套装	√	√	√	√	√	√
牛仔衫裤	√	√	√	√	√	√
T恤裙装	√	√	√	√	√	√
墨镜	√	√	√	√	√	√
平底鞋	√	√	√	√	√	√

推荐路线：首尔—仁川—釜山6天6夜游

6天6夜的推荐路线			
城市	日期		每日安排
首尔	Day 1	上午	明洞→南山谷韩屋村
		下午	N首尔塔→梨花洞壁画村
	Day 2	上午	景福宫→北村韩屋村
		下午	仁寺洞→清溪川广场
	Day 3	上午	乐天世界
		下午	东大门
仁川	Day 4	上午	仁川大学→自由公园
		下午	仁川中华街→月尾岛
釜山	Day 5	上午	海云台
		下午	APEC世峰楼→迎月路
	Day 6	上午	太宗台
		下午	札嘎其市场→龙头山公园→BIFF广场

到达首尔

首尔（Seoul）全称是首尔特别市，是大韩民国的首都。市内的建筑古老和现代共存，既有景福宫等朝鲜时代的古宫，也有最尖端的综合文化设施。此外，明洞、狎鸥亭洞等购物街道也世界闻名。

通航城市

仁川机场是从中国前往韩国最主要的航班停靠机场之一，其余还有金浦机场、釜山机场、济州岛等机场有航班直达。目前，从中国飞往首尔等城市的航班大多都是从北京、上海、广州或青岛等城市出发的，中国国际航空、大韩航空、中国南方航空都有直飞或中转航班飞往。

从中国飞往首尔的航班

从中国飞往首尔的直飞航班通常需要从北京、上海、青岛等城市出发，下面表格列出几大航空公司提供的航班，以供参考。

中国飞往首尔的航班				
航空公司	电话	城市	单程所需时间	出航信息
中国国际航空（www.airchina.com.cn）	95583	北京	直飞约2小时	每天有多趟航班从北京首都机场的T3航站楼出发前往首尔
		青岛	直飞约1小时	每天有多趟航班从青岛流亭机场T2航站楼出发
中国南方航空（www.csair.com）	95539	北京	直飞约2小时	每天有多趟航班从北京首都机场的T2航站楼出发
		上海	直飞约2小时	每天有多趟航班从上海浦东机场的T3航站楼出发
		广州	直飞约3.5小时	每天有多趟航班从广州白云机场出发
大韩航空（www.koreanair.com）	010-84685288	北京	直飞约2小时	每天有多趟航班从北京首都机场的T2航站楼出发
	021-52082080	上海	直飞约2小时	每天有许多趟航班从上海浦东机场和虹桥机场出发
	020-38773878	广州	直飞约3.5小时	每天有多趟航班从广州白云机场出发
	0532-83880221	青岛	直飞约1~1.5小时	每天有多趟航班从青岛流亭机场出发

如何到市区

乘坐飞机到达仁川机场，在办理完相关手续并领取行李后，就可以乘车前往首尔市区了，如果不打算在仁川机场逗留，可以直接乘坐机场快线或巴士前往首尔。机场内的购物餐饮设施十分完善，如果时间比较充裕，可以在仁川机场逗留一段时间，购买一些旅行装备。

仁川机场前往首尔市区的交通

仁川机场位于仁川西部的永宗岛上，距离首尔市区52千米。从这里到仁川市区及首尔市中心的交通都非常方便，可以选择机场快线、机场大巴、出租车等交通工具。如果打算先到仁川市区游玩，可以乘坐机场快线在桂阳站换乘仁川地铁1号线到达仁川市区。

搭乘机场快线

乘坐机场快线（AREX：Airport Railroad Express）到首尔市区所花时间在50分钟左右，直达列车则只需要40分钟左右，始发站在仁川国际机场的地下一层交通中心。

搭乘机场巴士

从仁川国际机场出发的机场巴士线路很多，可以到达首尔的各个地方。机场巴士有高速巴士、一般巴士，机场一层的咨询处和机场巴士乘车券售票处可以询问并购买所需车票，从仁川机场到首尔市区，高速巴士的车票价格约为14000韩元，一般巴士则约为10000韩元。

搭乘出租车

如果是对自己的目的地信息不是很明确，可以选择乘坐出租车前往。仁川国际机场一层的4～8号门对面就是出租车乘车点，从仁川国际机场到首尔市中心需要60000～100000韩元，并且要支付高速公路的过路费。

金浦机场到达首尔市区的交通	
交通工具	介绍
地铁	乘坐地铁5号线和9号线都能抵达
出租车	从金浦机场打车到首尔市中心大约需要30000韩元

首尔3日行程

Day 1 明洞→南山谷韩屋村→N首尔塔→梨花洞壁画村

首尔有很多有特色的景点，今天的行程就从热闹的明洞开始，然后穿越古色古香的南山谷韩屋村，远眺漂亮的N首尔塔，再抵达富有浪漫气息的梨花洞壁画村。

首尔第1天行程		
时间	目的地	行程安排
9:30~12:00	明洞	在明洞可以散开自己的胃，尽情享受韩国美食给味蕾带来的愉悦，这里不仅有川流不息的游客，更有数不胜数的韩国小吃等你品尝
12:00~14:30	南山谷韩屋村	在品尝完韩国小吃后，是否对韩国人的生活模式产生了好奇心，那么就前往不远处的南山谷韩屋村吧，步行前往还能在沿途看到更多韩国人生活的场景
14:30~15:30	N首尔塔（南山公园）	在参观完南山谷韩屋村后，就朝着高耸入云的N首尔塔进发吧，如果你有些恐高或是对登塔不感兴趣，那么就这样看一看它的远景，之后就直接飞奔至梨花洞壁画村吧
15:30~18:30	梨花洞壁画村	虽然这是一个不太著名的小村子，但是当你踏上这片土地，你就会被这里随处可见的浪漫气息所感染，台阶上画着色彩斑斓的花朵，永远带着韩剧里浪漫爱情遗留下的痕迹，也是最佳的拍照地点，当然，这里的地形起伏较大，一双舒适的平底鞋才足够支撑起一个热爱文艺与浪漫的灵魂
18:30~20:30	酒吧	在夜幕降临之后，可以前往依旧热闹的明洞地区，那里有各种酒吧与咖啡馆等着你

▲ 首尔第1天行程路线示意图

明洞

明洞（명동）是首尔著名的商业大街，一般指的是从地铁4号线的明洞站到乙支路、乐天百货店之间约1千米长的街道。街道两旁品牌专卖店、百货店、免税商店和传统老店鳞次栉比，还有出售数百种韩国小吃的美食市场。总之，明洞是一站式体验韩国的最佳地点。在明洞不远处还有韩国第一座天主教教堂——明洞圣堂，如果逛累了可以到安静的明洞圣堂，让自己过于激动的心沉静一下。

旅游资讯

地址：Myeongdong, Seoul
交通：从德寿宫沿Sogong-ro街向东南方向步行约1千米可达；或乘坐地铁4号线，在明洞站下车，从5、6、7、8号出口出都可到
网址：www.mdsd.or.kr（明洞圣堂）
开放时间：9:00~21:00（明洞圣堂）

中午在哪儿吃

明洞地区有不少的小吃店都是享用午餐的好去处，这里几乎有全部的韩国小吃品种，随便选择一家人多的店面，基本上就不会有错了。

1 Two Two炸鸡

Two Two炸鸡已经有30多年历史，是韩国著名的炸鸡连锁品牌。这里的鸡肉全部为韩国产，在加入了特制调味粉后，经由特制的压力炸鸡炉烹饪，才制作出了外皮酥脆、内里嫩滑的炸鸡。

地址：10-1 Namsandong 2（i）-ga, Jung-gu
交通：乘坐地铁4号线在明洞站下，从3号出口，步行2分钟，太平洋酒店附近
网址：www.22chicken.co.kr
参考价格：原味炸鸡15000韩元（1只，约2人份），调味炸鸡16000韩元（1只，约2人份）
开放时间：10:00至次日3:00

南山谷韩屋村

南山谷韩屋村（남산골한옥마을）是位于南山公园不远处的一外韩屋村，这里的5幢传统韩式房屋是在自然原貌的场地上复原建造而成的，从士大夫到平民家庭的生活方式，以及使用的家具等都在这里的韩屋展出。现在，这里多为韩式旅馆及传统工艺展览馆，你也能在这里的茶铺喝茶或购买纪念品。

旅游资讯

地址：84-1 Pildong 2（i）-ga, Jung-gu
交通：乘首尔地铁3号或4号线在忠武路站下，从3或4号出口出，走约5分钟可到
票价：免费
开放时间：3月9:00~18:00，4、5、9、10月9:00~19:00，6~8月9:00~20:00，11月至次年2月9:00~17:00

N首尔塔

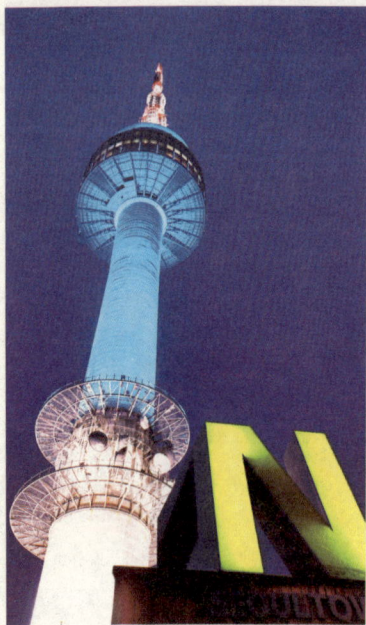

N首尔塔（N서울타워）是首尔当之无愧的标志性观光景点。N首尔塔200多米的身高，让人们在它的面前显得如此渺小，登上塔顶能将首尔市区的景色尽收眼底。N首尔塔的下面有缆车，乘坐缆车可以节省不少时间；塔的旁边有很多爱情锁，情侣可在这里许下美好愿望。韩剧《我叫金三顺》中，男女主人公乘坐缆车的浪漫一幕，就是在这里拍摄的。

旅游资讯

地址：首尔市龙山区南山公园路105
交通：乘地铁1号线在首尔站4号出口出，然后换乘402路公交车在南山图书馆前站下车，步行20分钟左右可到；乘地铁4号线在明洞站3号出口出，往Parcific酒店方向步行10分钟左右即到缆车搭乘处
票价：展望台7000韩元
开放时间：9:00～23:00，缆车运行时间10:00～22:30

梨花洞壁画村

梨花洞壁画村（이화마을）是骆山公园东侧依山而建的小村落，这里的每一条街道似乎都透露着一种浪漫的气息，上上下下的台阶、画满花朵的阶梯、墙上向你张望的小狗都让这座小村庄变得灵动有趣。这里是韩国出镜率最高的地点之一了。

旅游资讯

地址：432-695 Sindang-dong, Jung-gu
交通：乘地铁4号线至惠化站（혜화）下车，经由2号出口出站后直行，在第一个路口有指示牌，沿着骆山公园方向走，到公园正门左转，沿路走约15分钟可到
网址：www.seoulnavi.com

晚上在哪儿 **玩**

在梨花洞壁画村的游玩结束后，时间已经到了晚上，如果意犹未尽，可以返回热闹的明洞，找一家酒吧继续狂欢或是观看一场乱打秀。如果已经有些疲惫，那就在车站坐车返回酒店，睡一个安稳的好觉吧。

明洞乱打秀

本剧故事发生在一个大型厨房里，讲述的是4名厨师在准备婚宴的过程中，将厨房中随处摆放着的平底锅、碟子、切菜的案板等，当作打击乐器来演奏的故事。乱打的最大特点是没有台词，完全通过音乐和形体语言来演绎故事情节，所以不懂韩语的人也不必担心欣赏起来会有障碍。

地址：首尔市中区明洞2街50-14号UNESCO大楼3楼
交通：乘地铁2号线至乙支路入口站下车，经由6号出口出站后，沿着中间的道路直走200米左右，在明洞艺术剧场十字路口处左转，继续直走50米左右，即可看到UNESCO大楼
网址：www.nanta.i-pmc.co.kr
票价：VIP席/60000韩元，S席/50000韩元，A席/40000韩元
演出场次：17:00、20:00（周六增加14:00）

Day 2 　景福宫→北村韩屋村→仁寺洞→清溪川广场

在首尔第2天的行程首站为景福宫，然后路过北村韩屋村前往仁寺洞，在夜幕降临的时候到达清溪川广场，体会不一样的韩国夜晚。

首尔第2天行程		
时间	目的地	行程安排
8:30～12:00	景福宫	作为首尔最著名的古老宫殿之一，游玩景福宫自然是要花费很长的时间
12:00～14:00	北村韩屋村	这是一个位于景福宫不远处的韩屋村，至今仍旧是很多传统韩国人生活的地方
14:00～17:30	仁寺洞	仁寺洞是韩国著名的文化一条街，在街头巷尾有随处可见的古董店
17:30～20:00	清溪川广场	这里的夜晚十分迷人，也是不少首尔市民消夜纳凉的好去处

AB约600米,
步行约10分钟

北村韩屋村
북촌한옥마을

BC约1.3千米,
步行约20分钟,
乘车约15分钟

景福宫
경복궁

仁寺洞
Insa dong

清溪川广场
청계천

CD约800米,
步行约15分钟,
乘车约10分钟

▲ 首尔第2天行程路线示意图

景福宫

　　景福宫（경복궁）是首尔现存规模最大、最古老的宫殿之一，也曾经是朝鲜王朝时期的五大宫之一。景福宫的"景福"两字摘选自《诗经》"君子万年，介尔景福"的诗句，颇有意境。宫内有很多的殿阁，其中勤政殿、思政殿、康宁殿等都很值得一看，可以买张通票一一参观。

旅游资讯

地址：首尔市钟路区世宗路1号
交通：乘地铁3号线在景福宫站下车可到
网址：www.royalpalace.go.kr
票价：成人3000韩元，儿童1500韩元
开放时间：9:00～18:00

中午在哪儿
吃

　　在北村韩屋村和景福宫的周围有不少的韩式餐厅，是吃午饭的绝佳之地，在这里可以很轻易找到口味地道的韩式烤肉店、年糕店等。

笑谈年糕坊

地址：首尔市钟路区嘉会洞141
交通：搭乘地铁3号线在安国站下车，步行抵达
人均消费：约5000韩元
开放时间：10:30～21:00

笑谈年糕坊是位于北村众多年糕店中最为出彩的一家新兴年糕店。店中除了出售以宫廷年糕为代表的传统年糕以外，还有很多创新的年糕，其中还有一些获过年糕大奖的种类。

北村韩屋村

北村韩屋村（북촌한옥마을）是一个非常典型的韩屋聚集地，因地处首尔市中心以北而得名。村内的文化中心，是一座由内宅、行廊、别馆所构成的传统韩屋建筑，提供各种有关北村的信息。你还可以跟着街道上的地标寻找著名的北村八景，并与元合影留念，十分有趣。

旅游资讯

地址：首尔市钟路区桂洞105号
交通：乘地铁3号线至安国站（안국역）下车可到
网址：www.bukchon.seoul.go.kr

仁寺洞

仁寺洞（Insa dong）是首尔著名的文化艺术街区，这里以中央的大街为中心，四周围绕着数条小巷，在古代是朝鲜两班之家（官宦士大夫阶层）聚居之地，后来由于李氏王朝的没落，许多人把家中的古玩字画拿出来卖钱，仁寺洞就这样成了古董街。现在这里聚集了众多画廊、美术馆和特色店铺，是韩国文化古典与前卫的碰撞之地。

旅游资讯

地址：Insa-dong, Jongno-gu
交通：可选择搭乘地铁1号线至钟阁站下车，经由3号出口出站，往塔谷公园（탑골공원）方向步行，左拐便可看见仁寺洞街的入口
开放时间：全天（商店至22:00）

晚上在哪儿玩

在夜幕降临之后，可以继续在仁寺洞游玩，也可以前往不远处的清溪川看一看夜幕下不一样的韩国风情。

清溪川广场

地址：太平路1街世宗大路119号
交通：乘地铁1号线至钟阁站（종각역）下车，经由5号出口出站，步行约3分钟可到
网址：www.cheonggyecheon.or.kr

清溪川自西至东流淌在首尔市中心，是钟路区和中区之间流淌的古老河道，全长约为5.8千米。清溪川广场（청계천）是清溪川的源头，是受很多首尔市民喜爱的地方，也是这座都市中一道亮丽的风景线。

Day 3 乐天世界→东大门

在首尔的最后一天自然要纵情狂欢一下了，上午是在乐天世界尽情玩耍，下午则是在著名的东大门疯狂血拼，晚上可以就近选择一家安静的咖啡馆，整理自己的思绪。

首尔第3天行程		
时间	目的地	行程安排
9:00 ~ 14:30	乐天世界	吃过早餐后，前往首尔著名的大型游乐场——乐天世界，在这里享受属于孩子们的童真欢乐，这里还有众多的免税店、商场、餐厅等休闲娱乐设施
14:30 ~ 17:30	东大门	在乐天世界游玩过后，乘坐地铁前往首尔的另一个地标性建筑——东大门，这个被标榜为首尔时尚之地的地方有不少商店，可以在这里购买带回国的纪念品

▲ 首尔第3天行程路线示意图

乐天世界

乐天世界（롯데월드）是一个非常受欢迎的主题公园，它以"冒险与神秘"为主题，主要分为探险世界和魔幻岛。魔幻岛区是室外的，在那里，游客可以玩充满刺激和挑战的游戏项目。探险世界是室内的，在里面可以欣赏到各种演出。此外，园内还有百货商店、饭店、免税店、大型折价商场等场所。当然，如此重要的地点也多次在热门韩剧（如《天国的阶梯》《浪漫满屋》等）中出境。

旅游资讯

地址：首尔市松坡区蚕室洞40-1号

交通：乘地铁2号线在蚕室站下车可到

票价：白天入场24000韩元，平日自由券（入场费+游乐设施）34000韩元；夜间入场（17:00～22:30）21000韩元，夜间自由券（入场费+游乐设施）26000韩元；Moon light券13000韩元（限19:00以后入场的游客，入场费+3种游客设施利用可能）

开放时间：周一至周四9:30～22:00，周五至周日9:30～23:00（滑冰场10:30～22:30）

旅友点赞

乐天世界星光大道也是不可错过的景点之一，韩国影星玄彬、金贤重、张根硕、2PM、崔智友等人的巨大灯箱均在星光大道展出。出示乐天世界通票和乐天免税店收据就可以免收门票，所以参观星光大道最好放在乐天世界游玩项目的最后。

中午在哪儿 吃

在乐天世界的游玩至少需要半天时间，如果感觉到饿，就可以在乐天世界内部的餐厅吃午饭，如果不是很饿，可以在出了乐天世界后，在附近寻找美味的韩国料理。

龙首山

龙首山是一家经营开城菜肴的高级韩式餐厅，在韩国很多地方都有分店。在这里可以品尝到正宗开城口味的肉包饭、血肠、Joraengyi米糕汤等。

地址：首尔市松坡区松坡调58-17

交通：乘地铁至蚕室站下步行可到

网址：www.yongsusan.co.kr

开放时间：午餐12:00～15:00，晚餐18:00～22:00

东大门

东大门（홍인지문）也称兴仁之门（Heunginjimun），这座位于首尔市钟路区的城门建于朝鲜时代初期，是首尔一处非常重要的历史遗迹。不远处极具现代设计感的东大门设计广场与之交相辉映，成为在首尔游玩的必到之地。

旅游资讯

地址：首尔市钟路区钟路6街东大门
网址：www.korean.visitkorea.or.kr
交通：乘地铁2号线在东大门体育场站下，从1号口出步行15分钟即可；乘地铁4号线在东大门体育场站下，从4号口出步行5分钟可到
票价：免费

晚上在哪儿 玩

在参观完古今交融的东大门地区后，可以前往首尔市中心热闹的夜市去逛逛，或是早早回到酒店休息，为第二天的仁川之行储蓄能量。

매직바트릭

这是一家魔术酒吧，不仅有色彩鲜艳的各式鸡尾酒，还有绚丽神奇的魔术表演，这里也是来自世界各地魔术达人的聚集地，在酒吧消遣的同时，他也可以向身边的魔术高手学习几个小魔术。

地址：90-10 Jeodong 1（il）-ga, Jung-gu
交通：乘地铁到乙支路站6号或5号出口，步行400米可到
网址：www.mtrick.co.kr
票价：20000韩元

如果多待一天

多待一天的游玩

首尔周围还有很多景点值得游览，如果可以在首尔多待一天的话，南怡岛和韩国民俗村都是不错的选择。当然青瓦台、德寿宫、奥林匹克公园、水原华城等景点也十分值得参观。

1 南怡岛

南怡岛（남이섬）是因江水淹没而形成的半月状岛屿，拥有得天独厚的美丽景观，成为很多电视剧（如《冬季恋歌》等）的取景地，也使得这里成为无数人心中的童话仙境。

地址：Banghari198, Namsan-myeon, Chuncheon-si
交通：在仁寺洞和蚕室都有通往南怡岛的公交车，在加平火车站搭出租车约10分钟就可到渡口，然后乘船前往
网址：www.namisum.com

2 韩国民俗村

韩国民俗村（한국민속촌）聚集了韩国各地的农家民宅、寺院、贵族宅邸及官府等各式建筑；完美地再现了韩国的传统文化。也是《大长今》《屋塔房王世子》等韩剧的主要拍摄地。

地址：107 Bora-dong, Giheung-gu, Yongin-si
交通：在首尔市区乘地铁2号线在江南站下，换乘1560、5000-1路公交车，在民俗村下车（需要30～40分钟）
网址：www.koreanfolk.co.kr

多待一天 的美食

在首尔最不能错过的事情就是品尝韩国美食了，这里有各种韩国代表性的小吃，很多街道已经完全被某些小吃攻陷，成了"吃货"们必去的地方。

首尔美食地推荐			
名称	特色	地址	邻近地铁站
避马胡同小吃街	平民小吃	首尔市钟路区	光化门站
奖忠洞猪脚街	韩式卤猪脚	中区奖忠洞奖忠坛路176	东大入口站
新堂洞炒年糕街	辣炒年糕	首尔中区贞洞	新堂站
新林洞香米肠街	阿巴依米肠	冠岳区奉天6洞	新林洞站
百济参鸡汤	参鸡汤	首尔市中区明洞2街50-11	明洞站
春川辣炒鸡排	辣炒鸡排	西大门区沧川洞57-8号	西大门站
全州中央会馆	石锅拌饭	中区忠武路1街24-11号	明洞站
凤雏炒鸡肉	辣炒鸡肉	首尔市钟区明洞2街33-9	明洞站
明洞饺子店	韩国饺子	中区明洞2街25-2	明洞站

多待一天 的购物

首尔无疑是韩国购物的最好地方，这里上到大型百货公司，下到充满特色的路边小摊，都是购物狂不可错过的地点。

首尔购物地推荐			
名称	简介	地址	网址
乐天百货公司	包括乐天青年广场、乐天百货名品馆、免税店	27 Jamsil-dong	www.lotteshopping.com
Gallaira百货	分为东馆和西馆，经营精品百货	515 Apgujeong-dong	www.dept.galleria.co.kr
COEX购物城	各种服饰、礼品，还有电影院、书店、音像店	159 Samsung-dong, Gangnam-gu	www.coex.co.kr
泰可诺商场	第9层被公认为首尔的最佳"瞭望台"	46-4 Guui 3（sam）-dong	www.tm21.com
Doota商场	主要销售时尚品牌，还有当地设计师的作品出售	275 Jangchungdan	www.doota.com
马里奥折扣商场	有Burberry、Dior、Armani、杜嘉班纳等品牌	60-22 Gasan-dong	www.mariooutlet.co.kr
坡州名牌折扣购物中心	有各大品牌服装、饰品，经常有25%～65%的优惠	1790-8 Beopheung-ri	www.premiumoutlets.co.kr

首尔住行攻略

在首尔住宿

在首尔寻找住宿的地方是很容易的，这里从青年旅舍、家庭旅馆（Homestay）到精品酒店、星级酒店，再到豪华的特1级、特2级、1级、2级、3级的宾馆都有。如果你想要住高级而又设施完备的酒店，可以到江南区看看；如果想要住得方便一些，可以选择住在景点附近。一间双人间，高级酒店20万～30万韩元每晚，经济型酒店5万～15万韩元每晚。

首尔住宿地推荐			
名称	地址	电话	网址
Grand Hotel De Nantes酒店	186-54 Jangchungdong 2（i）-ga, Jung-gu	02-22751101	www.grand.ambatel.com
Shinchon Hostel	90-15 Daehyeon-dong, Seodaemun-gu	02-7448000	www.sc-hostel.com
Kimchi Hongdae Hostel	570-16 Yeonnam-dong, Mapo-gu	02-60826059	www.hostelseoulkorea.com
Backpacker Friends Guest House	4F 404-8 Seokyo-dong Mapo-guMapo-gu	70-88004205	www.bfhostel.com
Ibis Myeong-dong Seoul	59-5 Myeongdong 1（il）-ga, Jung-gu	02-62721101	www.ibis.ambatel.com
Ibis Hotel Seoul	893-1 Daechi-dong, Gangnam-gu	02-4541101	www.ibis.ambatel.com
Ibis Seoul Hotel	410 Shinpyong-Dong	54-7457000	www.ibis.ambatel.com

在首尔出行

首尔的市内交通非常方便，有地铁、公交车、出租车、游船等。首尔的地铁系统非常完善，其路线覆盖到了首尔的各个角落，几乎每个景点都有地铁到达。即使没有地铁，也有很方便的公交车到达。

地铁

首尔的地铁系统非常发达，不仅延伸到首尔的各个角落，甚至附近的京畿道一带也可以到达。地铁的每条线路都有自己的代表性颜色，车厢、路线图，以及地铁站里的标识等大部分都用了统一的颜色，因此在首尔出行乘坐地铁是非常方便的交通方式。

首尔地铁的运营时间根据具体的线路和站点的不同而不同，一般为5:00～24:00。具体的地铁运营时间可以参考www.traffic.visitkorea.or.kr。如果你没有办理公交卡，乘坐地铁时则需要购买一次性的交通卡（票价+押金500韩元），在地铁刷卡口处的机器上可以买到，出站退还卡时退还500韩元押金。

首尔其他交通工具介绍		
交通工具	票价	概况
公交车	按路程计价，10千米以下是1050韩元，用T-Money卡会有一定的折扣	首尔的公交车路线很清晰，分黄、红、蓝、绿4种常见车型。其中黄色公交车循环市中心，主要经过商务中心地区；红色公交车连接首都周围主要蓝色公交车路线和市中心、次市中心；绿色公交车循环局部地区，与蓝色公交车路线相连；蓝色公交车连接市中心和郊区
出租车	普通出租车起步价2400韩元（2千米），高级出租车起步价4500韩元（3千米）	分普通和高级两种，高级出租车（模范出租车）的车身为黑色，比普通出租车要贵，但是能提供更优质更舒适的服务。普通出租车呈银色。在首尔的主要街道都很容易叫到车；Call Taxi需要多付1000韩元的叫车费

从首尔至仁川

乘地铁

从首尔到达仁川市区最便捷的方式是乘坐地铁，首尔地铁1号线可以到达仁川，运行时间约为1.5小时。

乘机场快线

你也可以在首尔市区乘坐前往仁川机场的机场快线，在桂阳站换乘仁川地铁1号线可以直达仁川市区，约1小时可到仁川市区。

到达仁川

仁川，全名为仁川广域市（인천광역시），是首尔附近的一座面朝黄海的港湾城市。由于距离首尔很近，市郊的仁川国际机场已然成为韩国与其他国家通航的重要门户，加上这里的摩尼山、唐人街、月尾岛、舞衣岛等观光胜地，所以每天都有大量的游客来往于首尔和仁川两地。第十七届亚洲运动会就在这里举办。

如何到市区

从首尔到仁川的交通十分方便，仁川市内的交通也相对便捷，有仁川地铁1号线连接仁川市内的主要景点。首尔地铁与机场快线都分别有换乘仁川地铁的站点。

乘地铁

如果你选择乘坐地铁来到仁川，如果乘坐的是首尔1号线，可以在富平站换乘仁川地铁1号线，在仁川大学站下车，开始自己一天的观光行程。如果对仁川大学不感兴趣，则不必换乘，直接在仁川站或者仁川东站下车，地铁站不远处就是仁川自由公园和仁川中华街等景点。

乘机场快线

当你乘坐机场快线在桂阳站换乘仁川地铁1号线后，可直接在仁川大学站下车，开始游玩。如果想要直接到达仁川自由公园，从机场快线换乘仁川地铁1号线后，还需在富平站换乘首尔1号线地铁到达仁川站或仁川东站。

仁川1日行程

Day 3　仁川大学→自由公园→仁川中华街→月尾岛

仁川标志性的景点是仁川自由公园与仁川中华街，随着韩剧《来自星星的你》的热播，片中都教授讲课的拍摄地——仁川大学，也成为游客前往仁川旅游的又一大热门景点。

仁川1日行程		
时间	目的地	行程安排
8:30～9:30	仁川大学	仁川大学是韩国少见的综合性大学之一，这里有不少中国留学生，校内还设有孔子学院
9:30～12:00	自由公园	自由公园是韩国最早的西式公园，这座公园周围有雄伟的应峰山，在这里还能眺望韩国西海的美景
12:00～13:30	仁川中华街	在仁川中华街可以欣赏到"微缩"的中国传统景观，中午的时候，你可以在以红色为基调的中国传统餐馆饱餐一顿
13:30～14:30	月尾岛	月尾岛与仁川陆地连接，有游乐场、咖啡厅、公园、文化街等场所
14:30～17:30	月尾岛文化大街	当你在游船上欣赏了夕阳的壮丽景色，傍晚时分，你可以回到岸上，在月尾岛文化大街上散散步，或者去街上气氛温馨而浪漫的咖啡馆里坐坐

▲ 仁川1日行程路线示意图

仁川大学

仁川大学（University of Incheon）是韩国首都地区的一所国立综合大学，设有12个学院60多个系。仁川大学在教育部推行的大学特性化工程和国际专业人才培养领域，被评为"最优秀国策大学"。仁川大学现代简约风格的校园，充满个性的教学楼都在不少韩剧中出现。

旅游资讯

地址：119, Academy-ro, Yeonsu-gu, Incheon

交通：乘地铁到仁川大学站下车，步行可到

网址：www.incheon.ac.kr

自由公园

　　自由公园（Jayu Park）是韩国最早的西式公园之一，曾经名为"万国公园"，后因公园中树立了美国麦克·阿瑟将军的铜像而更名为"自由公园"。在公园的周围有雄伟的应峰山，韩国西海的美景也能尽收眼底。公园树荫浓密，一年四季呈现出不同的景致，特别是春天樱花盛开的时候，最为美丽。

旅游资讯

地址：Jayu Park Incheon, Gyeonggi-do

交通：乘地铁在仁川站或东仁川站下车，步行可到

仁川中华街

旅游资讯

地址：仁川广域市中区善邻洞

交通：乘地铁到仁川站下车，步行约2分钟可到

　　仁川中华街（차이나타운）紧邻自由公园，这里有"微缩"的中国传统景观。在中华街两旁矗立着带有中国传统特色的民居、各类味道正宗的中餐馆及中国风摆设。虽然现在的中华街居民多为第二代或第三代华裔，但是这里的中餐依旧十分美味。

中午在哪儿吃

　　既然已经到了仁川中华街，又怎么能不吃一顿美味的中餐，以缓解自己的思乡之情呢？好在中华街上有不少中餐馆可以选择，其中川菜和东北菜系的餐馆是最多的，也可以找到粤菜馆。

太和园

地址：仁川广域市中区中华街10号

交通：乘地铁仁川站下车，1号出口出站，步行可到（Paradise Olimpos酒店对面）

　　太和园位于中华街内，是仁川中华街的"明星中餐馆"，还曾被评为"仁川乡土骄傲酒店"。这里的菜品类型很丰富，招牌菜为四川糖醋肉、海鲜锅巴汤等。

月尾岛

旅游资讯

地址：Wolmido, Incheon

交通：在仁川站出口前的停车站乘坐2、15、23、45路市内汽车，到月尾岛终点站下车，用时约5分钟

　　月尾岛（Wolmido）与仁川陆地连接，是仁川非常著名的旅游胜地。岛上有月尾公园、游乐园、文化街、咖啡厅等场所，还可乘坐岛周围的游船，近距离观赏海上美景。月尾公园中的韩国传统庭院是了解月尾岛历史的好地方，游乐园中惊险刺激的海盗船，会让你感受到月尾岛充满活力的一面。夕阳西下时，阳光会将海面、船、岛都染成绚烂的红色，十分壮观。

晚上在哪儿
玩

欣赏了夕照月尾岛的壮丽景色，夜幕降临之后可以在月尾岛文化大街上散步。在这里无论是慵懒地在某个浪漫的咖啡馆休息，或是在某个具有当地特色的餐馆大吃一顿，哪怕只是漫无目的地闲逛，仁川的夜景都会让人感受到浓浓的韩国特色。

月尾岛文化大街

月尾岛文化大街两旁有不少小商店、咖啡馆、小酒吧等店铺，其中有不少地方都有能眺望大海景色的窗户，还有的可以很清楚地看到仁川机场的灯光。

地址：月尾岛上
交通：在仁川站出口前的停车站乘坐2、15、23、45路市内汽车，到月尾岛终点站下车，步行可到

仁川住行攻略

在仁川
住宿

在仁川中区及其周边的小岛上，你能找到各种档次的住宿地。在沿海岸一带，有不少可以欣赏到美丽海景的高级酒店；在松岛和月尾岛周边，则有不少价格低廉的汽车旅馆和小旅馆。

仁川住宿地推荐			
名称	地址	邻近车站	参考价格（双人间）
奥瑞卡松岛公园酒店（Orakai Songdo Park Hotel）	151, Techno park-ro, Yeonsu-gu	仁川大学站	12万~14万韩元
仁川天堂湾酒店（Paradise Hotel Incheon）	3-2, Hang-dong 1（il）-ga, Jung-gu	仁川站	9万~10万韩元
Ramada Songdo Hotel	812, Dongchun-dong, Yeonsu-gu	仁川大学站	9万~10万韩元
Harbor Park Hotel Incheon	5, 5 Hangdong 3（sam）-ga, Jung-gu	仁川站	7万~9万韩元
仁川夏普酒店（Incheon Sharp Hotel）	Juan 1（il）-dong, Nam-gu	仁川站	5万~7万韩元
仁川NYX酒店（NYX Hotel Incheon）	4-1, Juanjung-ro, Nam-gu	胡安地铁站	5万~7万韩元

在仁川出行

在仁川出行，如果距离较远的话，可以乘坐地铁；如果你只是观光，可以乘坐仁川专门的观光巴士；如果你想要领略海上风光，仁川也有客船往来于各小岛和陆地之间。

地铁

目前，仁川市内运行的地铁主要是仁川地铁1号线和首尔地铁1号线。仁川地铁1号线是从仁川北的桂阳站开往南部的国际业务园区站，全程约需1小时；首尔地铁1号线连接了首尔和仁川，终点站是仁川站，游客常到的仁川东站也在首尔地铁1号线上；富平站是仁川地铁1号线和首尔地铁1号线的换乘车站。

首尔的T-money卡可以在仁川使用，也可以购买一次性交通卡。在10千米内如果使用一次性交通卡票价为1150韩元，如果使用T-money交通卡则是1050韩元；10～40千米每5千米多加100韩元；超过40千米每10千米追加100韩元。

公交车

仁川虽然也有公交车，但是选择乘坐地铁的人比较多，所以在这里只是简要介绍一下仁川的公交车。仁川的公交车总站位于Shinsegae百货商场，这里有前往韩国各主要城市的长途汽车。公交车站大多位于地铁站附近。

观光巴士

为方便游客出行，仁川开通了观光巴士。目前，仁川主要有市内路线、江华观光路线两种。车票在仁川站前综合旅游指南处现场购买，可刷卡结算，更多详细信息可咨询仁川市区游：032-7724000（韩语），或者1330旅游咨询热线：02-1330（韩、英、日、中文）。

游船

仁川的客船串联了仁川的陆地和各个小岛，这里最常用的码头是仁川陆地的沿岸码头。从沿岸码头开往白翎的客船每天7:10、7:40各一班，约4小时可达；从沿岸码头开往舞衣岛的客船每天8:30一班，约1小时可达；另外还有从沿岸码头开往陆岛、丰岛、大兰芝等地的客船。

从仁川至釜山

乘飞机

如果时间较为紧张，可以选择乘坐飞机前往釜山，平均每1个小时都有航班从首尔金浦机场飞往釜山，航程约1小时，十分方便。

乘火车

从仁川直接到达釜山的列车不多，一般人都会选择从仁川乘坐地铁到达首尔火车站，换乘火车前往釜山。从仁川到首尔乘坐地铁时间约为1小时，从首尔火车站乘坐火车到达釜山需要2.5～3小时，费用根据座位和车次的不同而有所区别，普通舱成人票价5万韩元左右。

到达釜山

釜山（Busan）全称为釜山广域市，是韩国的第二大城市，这里也是每年10月釜山国际电影节的举办地。釜山东南部临海，西北部多山，西邻洛东江，有山、有海、有江的多种地形造就了这里旖旎的风光。

如何到市区

从釜山金海国际机场到釜山市区的交通非常方便，最常用的交通方式有机场巴士和城铁。而釜山火车站前往釜山市区的交通就更为方便了，在火车站就可以直接换乘地铁前往海云台或是中央洞等地区。

从金海国际机场前往市区的交通

停靠在国际航站楼外的巴士，可以分为城际豪华巴士、城市豪华大巴、城市公交车和循环巴士。如果你要去往市区，出机场大厅之后，你可以乘坐201、300、307路巴士（一般巴士，发车间隔20分钟）或者3–1路循环巴士到达市区。釜山目前已开通经过金海国际机场的轻轨，在车站乘坐轻轨后，可在大渚站换乘城铁3号线，或在沙上站换乘城铁2号线前往市区。

从釜山火车站前往市区的交通

釜山火车站在草梁洞（Cho–ryang–dong）西南、中央洞（Jung–ang–dong）东北，车次非常多，而且有直接的通道通向地铁"釜山驿"（Bu–san–yeok）站，只要乘坐1～3站路公交车，就可以分别到达中央洞（Jung–ang–dong）、南浦洞（NaM–po–dong）、扎嘎其（Ja–gal–chi）等最繁华的地区；要到冬柏岛（Dong–baek–do）或海云台（Hae–un–dae）可以乘坐公交车，但乘坐1号线到"西面"（Seo–Myeon）站然后换乘2号线更快捷。

釜山2日行程

Day 5

海云台→APEC世峰楼→迎月路

釜山最为著名的景点就是海云台了，今天的行程安排就以海云台为出发点，在沙滩戏水后前往APEC世峰楼参观，晚上则在热闹的迎月之路上休息玩耍。

釜山第1天行程		
时间	目的地	行程安排
9:30～12:30	海云台	海云台是釜山的标志性景点，这里各类水上娱乐设施十分完善，可以在沙滩玩耍或是进行其他娱乐项目

续表

时间	目的地	行程安排
12:30～15:30	APEC世峰楼	这座为迎接APEC会议的召开而建的建筑，十分漂亮，也是釜山地标性的建筑之一，在这里合影留念很有意义
15:30～18:30	迎月路	这里也是海云台周边较为著名的景点之一，每到晚上就十分热闹，有不少的小酒吧和餐厅，都是不错的去处

▲ 釜山第1天行程路线示意图

海云台

　　海云台（Haeundae）是釜山的著名旅游胜地，被誉为韩国八景之一。海云台全年提供各种各样的看点和玩点，这个国际级海水浴场有蜿蜒曲折的白沙滩，沙质松软，踩上去非常舒适，每年6～9月都可以享受海水浴。海云台附近还有温泉、东柏岛水营快艇赛场、奥利匹克园、釜山市立美术馆等景点。

旅游资讯

地址：釜山市海云台区中洞水营湾内，离釜山市中心11千米

交通：乘地铁2号线在海云台站下；或在釜山市内乘40、139、239、302路等公交车或乘东海南部线火车至海云台火车站，再步行20分钟可抵达

票价：浴场免费

开放时间：全天

中午在哪儿吃

　　海云台不仅有美丽的风景，还有美味的食品。在海云台附近有不少具有当地特色的餐厅，是享用午餐的好去处。由于地理环境的原因，这里的餐厅所提供的美食多以新鲜海产品为主。

PRO酱蟹

PRO酱蟹是一家以酱蟹为主打料理的连锁店，在韩国与日本有多家分店。位于海云台的这家店深受广大游客的欢迎。

地址：U-dong, Haeundae-gu, Busan
交通：从海水浴场往西北方向步行约5分钟可到
网址：www.prosoycrab.co.kr
营业时间：11:00～23:00

APEC世峰楼

APEC世峰楼（Nurimaru APEC House）是为召开世界首脑峰会而建，它不仅是高水准的世界会展中心，更是釜山人引以为傲的建筑。世峰楼建筑以现代手法展现了韩国传统"亭子"的风采，屋顶线条模仿冬柏岛轮廓，使整座建筑与周围环境自然相融。建筑外还有不同国家首脑的模型。你可以用各种姿势与这些"国家元首"合影留念。

旅游资讯

地址：714-1 U 1（il）-dong, Haeu-ndae-gu
交通：地铁2号线冬柏岛站下，步行20分钟左右至冬柏岛即到；从海云台沿着漫步道往冬柏岛方向步行，即可到达
开放时间：10:00～17:00

晚上在哪儿玩

夜幕降临之后的海云台，在月光的映照下会显得分外神秘。傍晚的时候，你也可以沿着海滩慢慢散步，回到海云台。此时，海云台东北方向的迎月路也会变得热闹起来，这里有很多酒吧、餐厅可供消遣。

迎月路

迎月路（Dalmaji-gil）是沿小丘陵而形成的坡路，被称为"釜山蒙马特区"。傍晚时分沿坡而上，可清楚地观赏到悬挂在天空中的明月。这里聚集了大大小小的画廊、特色咖啡屋、西餐厅等，也是电影和电视剧中常选的外景地之一。

Day 6 太宗台→札嘎其市场→龙头山公园→BIFF广场

在釜山的第2天，除了在釜山市区游玩外，还特意加上了具有历史意义的太宗台。今天的行程中，还能前往釜山电影节的举办地BIFF广场游玩，感受电影文化带来的时尚。

釜山第2天行程

时间	目的地	行程安排
9:30～12:30	太宗台	太宗台最著名的景点是望夫石，另外如果幸运的话，还有可能看到祭雨仪式
12:30～14:00	札嘎其市场	这是釜山最为著名的市场之一，这里有无数的新鲜海产品出售，各种稀奇的海产品让人增长见识
14:00～16:30	龙头山公园	龙头山公园是釜山市区最受欢迎的公园之一，在公园内的观景台上可以俯瞰釜山的美丽景色
16:30～19:30	BIFF广场	这里是釜山时尚与前卫的代名词，也曾举办过著名的釜山国际电影节，时至今日，每年电影节开幕前夕都会在这里举行相关的庆祝活动

▲ 釜山第2天行程路线示意图

太宗台

　　太宗台（Taejongdae）位于著名的影岛上，磅礴大气的蓝色大海与秀气的山茶树相依相伴，景色十分优美。太宗台有3处卵石庭院，分别为灯台卵石庭院、太原卵石庭院和甘池卵石庭院。在眺望台前雕有象征温情母爱的母子像。望夫石就位于太宗台灯塔下的神仙岩上，相传是一个等候丈夫归来的女子，天长日久在此伫立而化成的石像。

旅游资讯

地址：釜山市影岛区东三2洞山29-1

交通：在釜山市区乘8、30、88等路公交车或坐游艇前往；市政府到此车程约30分钟

网址：www.taejongdae.bisco.or.kr

票价：成人（19岁以上）600韩元，青少年（13～18岁）300韩元

开放时间：4:00～24:00

札嘎其市场

札嘎其市场（Jagalchi Market）是韩国一个历史悠久的大型水产市场，也是韩国最大的水产市场之一，指的是从影岛大桥底下的干鱼市场至忠武洞早市区一带。在札嘎其市场的路边，经常可以看到一些妇女出售放在木板箱里的鲐鱼、海胆等。在市场里可以吃到现做现卖的生鱼片，新鲜美味。每年10月，这里都会举行札嘎其文化观光节。由于这里通地铁，所以交通十分方便。

旅游资讯

地址：釜山中区札嘎其海岸路52号

交通：乘坐地铁在札嘎其站下车，即可到达

中午在哪儿吃

在札嘎其市场周围有很多能够品尝海鲜的小餐厅，都可以作为吃午饭的地方。既然已经来到了札嘎其市场，自然不能错过海鲜盛宴，即使对海鲜不感兴趣的话，也能在这里找到其他韩国特色美食。

南浦参鸡汤

南浦参鸡汤（남포삼계탕）开业于20世纪60年代，拥有50多年的料理秘诀。肉汤是采用韩国产的活鸡、糯米、金山人参等新鲜原料熬制而成，出汤需要24小时，味道非常纯正，散发着南浦参鸡汤独有的味道。你也可以品尝到采用美味鲍鱼做成的参鸡汤、烤全鸡。

地址：釜山市中区南浦洞3街12号

交通：乘坐103、11、126等路普通公交车，乘坐地铁1号线在南浦站、Jagalchi站或中央站下车，步行可到

开放时间：10:00～22:00

龙头山公园

龙头山公园（Yongdusan Park）像是一条巨龙，是釜山市区中最美丽的公园之一。龙头山是釜山三座著名的山峰之一，原名松云山（Songhyunsan），后来因其形似龙头，故改名为龙头山。釜山塔就屹立在山顶，在观景台上眺望，能俯瞰札嘎其市场、国际市场、钢桶市场和影岛大桥等釜山城市景色。

旅游资讯
地址：釜山广域市中区光复洞2街1-1号（1-1 Gwangbokdong 2（i）-ga, Jung-gu）
交通：乘8、13、15、310等路公交车在南浦洞云雨堂或剧场街下车，步行10分钟可到，或乘城铁1号线在南浦洞站下车后，从龙头山公园方向出口出去即可
开放时间：10月至次年3月9:00～22:00，4～9月8:30～22:00

BIFF广场

BIFF广场（BIFF Square）位于釜山南浦洞的影院街，不远处就是著名的明星一条街。现在的广场可谓是一个融购物、电影、娱乐为一体的综合商业中心，有众多出售个性独特、创意新颖的服装、包类、鞋类及饰品等的商店。每年的釜山国际电影节前，都会在这里举办庆祝活动，十分热闹。

旅游资讯
地址：釜山广域市区南浦洞5街
交通：乘坐城铁1号线在札嘎其站下，从7号出口出，走到南浦十字路口然后向国际市场方向步行约100米可到

晚上在哪儿玩

在电影节前的那几天，这里十分热闹，还能看到不少的电影明星。平时这里则是购物和品尝美食的好地方。而在行程的最后一晚，刚好可以在这里为亲朋好友们挑选礼物。

南浦洞

南浦洞（남포동）是釜山首屈一指的购物天堂，在街上，忙着试戴耳环、项链饰品，尽享悠闲购物乐趣的购物者随处可见。此外，南浦洞的主街上有年轻人喜爱的Young Casual品牌卖场。

地址：釜山广域市中区南浦洞
交通：乘坐城铁1号线在南浦洞站下，从1号出口处，向光复路时装街方向步行约200米可到

如果多待一天

**多待一天
的游玩**

如果有时间在釜山多待一天，可以选择在海云台继续享受清凉度假的休闲时光，也可以前往釜山博物馆探寻韩国历史的秘密，或者去看一看广安大桥的雄浑气势，这都是不错的选择。

1 五六岛

五六岛（Oryukdo Island）位于釜山南区，因每天随潮水涨退，显露出几个不同的小岛（5个或6个）而得名。五六岛附近的韩餐非常地道，在欣赏自然美景的同时，也能品尝一下美味。

> 地址：釜山广域市南区龙湖洞936-941
> 交通：乘坐城铁2号线在海云台站下车，从3号、5号出口出，再步行约10分钟可到；在火车站广场前乘坐27路公交车可直达入口
> 游船运行时间：09:00～日落，1小时一班（休日，夏季40分钟一班）

2 冬柏公园

冬柏公园（Pongbeak Park）是冬柏岛上著名的旅游景区，生长着大量松树、柏树。最吸引人的是岛上的鱼人像、葱郁的山茶树和各种雕刻。如果有时间你可以在这里欣赏日出或者日落，场景十分震撼。

> 地址：釜山广域市海云台区佑洞
> 交通：乘坐城铁2号线到冬柏站下车，从1号出口出站，再步行约10分钟可到

3 广安大桥

广安大桥（Gwangan Bridge）是韩国著名的跨海大桥，连接釜山海云台区和水营区。整座大桥看起来非常有气势，灯光效果也值得称赞。

> 地址：203 Suyeonggangbyeon-daero, Haeundae-gu
> 交通：乘坐城铁2号线在广安站下车，从3号出口出来，再步行约10分钟
> 网址：www.gwanganbridge.bisco.or.kr

釜山博物馆

　　釜山博物馆（Busan Museum）是釜山最重要的博物馆之一，被分为6个大馆。在馆内的文化体验馆，游客可以试穿龙袍、翼善冠、阔衣、圆衫等服饰，十分有趣。

地址：948-1 Daeyeon 4(sa)-dong, Nam-gu
交通：乘坐地铁2号线在大渊站下车，从3号口出来再步行约10分钟
网址：www.museum.busan.kr

釜山住行攻略

在釜山住宿

　　釜山有各种类型的酒店，到海水浴场附近度假的游客，可在釜山市西面附近和海水浴场附近住宿，这里可以观海景，能让你一眼望到窗外蔚蓝色的大海，不过房间价格会高些，根据不同的住宿地类型，每晚住宿价格2万～20万韩元。

釜山住宿地推荐		
名称	地址	特色
釜山乐天酒店（Lotte Hotel Busan）	772, Gaya-daero, Busanjin-gu	这是韩国豪华的酒店之一。处于釜山市中心，紧邻乐天购物中心，地理位置优越，住宿非常方便
釜山柏悦酒店（Park Hyatt Busan）	Marine City 1-ro, Haeundae-gu	这家酒店紧邻海云台，方便去往新世界Centum商场、釜山海洋馆等景点，装修设计考究，充满浓郁的自然气息
釜山威斯汀朝鲜酒店（The Westin Chosun Busan）	Dongbaek-ro, Haeundae-gu	此酒店地理位置理想，交通便利，距离海云台火车站约10分钟车程，从酒店出发步行约10钟可到达釜山水族馆，乘车10分钟左右可到乐天百货商场
帕拉贡酒店（Hotel Paragon）	564-25, Sasang-gu	酒店位于Sasang-gu/Kimhae International Airport，它是游览釜山时的完美住宿选择。酒店拥有高品质的服务以及完善的设施，可满足游客的绝大多数需求

在釜山出行

　　釜山政府鼓励人们选择公共交通工具出行，并出台了相应的换乘优惠政策。就游客来说，在釜山出行时，对于距离较近的景点可以选择步行；距离较远的景点可以选择城铁、公交车、出租车等多种交通方式；如果想要体验釜山特色游览方式，还可以乘游船进行观光游览。

城铁

釜山城市铁路连接了主要政府机关、文化财团、购物中心、候车站、客车站等场所，城铁1、2、3、4号线在介绍换乘车站时，用韩语、英语、中文、日语提供向导服务，提醒乘客到站。橙色、绿色、棕色和蓝色分别表示1、2、3、4号城铁线路，紫色的为釜山—金海轻轨。釜山城铁按里程分区间计价，距始发站不超过10千米的地方成为1区间，距始发超过10千米的地方称为2区间。1区间成人1次性票1300韩元，2区间1次性票1500韩元。

公交车

釜山市内公交车分为普通公交车、座席公交车、区内公交车等。通常在前门上车，上车后通过侧面的收款箱或读卡机付费。使用现金时如果面值较大，不容易收回余钱，因此最好准备小额纸币或硬币。现金普通票价为成人1300韩元，中学生900韩元。

公交车上会有报站机，实时通告公交车位置及到达车站的预计时间。乘客下车前按墙上的响铃按钮，待车停稳后从后门下车。

出租车

釜山有普通、模范、品牌、大型4种出租车，普通出租车主要在出租车站等候乘客，车内无客时显示红色"空车待租"字样，起步价（2千米）2800韩元，按距离加收费用，夜间费用较高。模范出租车车身为黑色，灯标为黄色，主要在机场、饭店、旅游景点等候乘客，提供免费车载电话、信用卡结账、发票等服务，起步价（3千米）4500韩元，按距离加收费用。

观光巴士

乘坐观光巴士可以让你快速了解釜山的美景。釜山的观光巴士分为循环型路线和主题型路线，其中循环型路线可按行程在各站点上下车，而主题型路线只能在釜山站站点（釜山站广场阿里郎观光酒店前）上下车，路线可以分为历史文化探访、海东龙宫寺、乙淑岛自然生态和夜景路线等主题，乘坐这种观光巴士需提前预约，而且购票后仅可使用一次。更多关于观光巴士的信息可登录www.citytourbusan.com了解。

路线改变

韩国除了首尔、仁川、釜山等城市外，还有很多美景值得游览。如果有充足的时间，可以选择前往济州岛或是大邱等地游览观光，也可以根据自己的喜好，对路线做出相应的调整。无论从首尔还是釜山前往济州岛都十分方便。

济州岛（Jeju Island）是韩国最著名的岛屿，岛中央有火山爆发形成的韩国最高峰——汉拿山（Mt. Halla）。济州岛上有着浓浓的海岛风情，再加上宜人的海洋性气候，有"韩国的夏威夷"之称。该岛以汉拿山为中心，四面环海，奇岩怪石、瀑布和旅游景区交辉相映。汉拿山垂直分布亚热带和温带的动植物，中文旅游区则融合了济州岛的精华，还有龙头岩、济州民俗博物馆等众多景点。

去**济州岛**吧

汉拿山

汉拿山是济州岛的名山，又称瀛州山，这座由火山熔岩形成的高山上，生长着各种植物，有着很高的学术价值。汉拿山的坡面有6条登山路线，既有可直通白鹿潭的路线，也有可观赏"城板岳"和北边的"观音寺"的路线，沿汉拿山东边的城板岳山路可到达汉拿山顶峰。

旅游资讯

地址：济州道济州市海岸洞山220-1号

交通：可以在济州市外长途汽车站或516国道汽车站乘坐郊外汽车，在城板岳入口下车，票价分别为1700韩元和1900韩元；或者从济州市外长途汽车站乘坐开往奥利木的郊外汽车，在奥利木入口下车即可，票价为2200韩元

PART 10 泰国一周游

Part 10 泰国一周游

泰国印象

★★★ 安达曼海的"明珠"

普吉岛是泰国最大的海岛，这个海岛拥有迷人的热带风景：浓密的热带雨林、整齐的橡胶种植园、柔软细腻的沙滩、陡峭的山崖等。此外，还有丰富多彩的活动。作为印度洋安达曼海上的一颗"明珠"，普吉岛的美景无可挑剔。

★★★ 东方的夏威夷

芭堤雅的大海一望无际，清澈无比，犹如散发着光芒的蓝宝石，滚滚蓝色尽头彩霞万道，岸边的椰子摇曳，栋栋西洋、泰式建筑掩映其间。这里一尘不染，无时无刻不散发着热带海滩独有的风情，难怪有人赞叹其为"东方的夏威夷"。

★★★ 礼仪之邦

泰国是一个礼仪之邦，非常注重民俗礼仪，这样的气质在泰国中部体现得淋漓尽致。当你行走在泰国的街道上，会发现无论男女老幼，都举止文雅、彬彬有礼，青年人谦恭温情，妇女端庄可亲，老年人平和安详。当他们遇见路人，都会双手合十，含笑致意；如果从他人眼前走过，也都会躬起身子，表示歉意。这样的景象，会让你的心境也变得平和宽容，充满爱意。

推荐行程

A 曼谷 ————— 约852千米 ————— **B** 普吉岛

曼谷
Bangkok

土瓦

那空那育

叻武里府

春武里

碧武里

芭提雅

丹老

尖竹汶

班武里府

AB约852千米

春蓬

拉廊府

泰国湾

素叻他尼

攀牙湾

洛坤府

普吉岛
Phuket Island

甲米

合艾

交通方式对比

路线	交通方式	优点	缺点	运行时间	单程费用
曼谷—普吉岛	飞机	较为便捷	价格较高	约1小时	约500元人民币
	长途汽车	价格便宜	车程时间较长	约13小时	约300元人民币
	租车自驾	时间由自己掌控	耗费精力，影响游玩心情	约10小时	约500元人民币

最佳季节

泰国大部分地方属热带季风气候，终年炎热，一年中最舒适的月份是11月至次年1月，此时是泰国中部的凉季，平均温度31℃左右，各种花卉依然绚丽多姿，景色最美。在每年的12月，曼谷作为首都，都会举行盛大的行军大典，身着鲜艳军服的皇家军队和特色民族服装的泰国人装点着街市，更加美不胜收。

最佳季节的衣物

泰国常年气温的平均值不低于20℃，所以平时到泰国中部旅游准备一些清爽舒适的衣服最合适。泰国中部最适合旅游的时间是10月至次年2月，这几个月份晚上的温度非常舒适，降雨量相对均衡，此时去泰国可准备轻便、透气的服装。由于晚上空气湿凉，有件薄外套会更保险，尤其当同行人员有老人和小孩时，更要注意给他们携带防风、防暑、防晒的物品。如果你当天的行程安排里有参观寺庙，就一定要带着长裤、短袖等衣服，实在不行，在景点售票处租借也可以，千万不能穿着短裤、短裙、吊带装、无袖装等直接进入寺庙。

泰国最佳旅行季节衣物					
衣物种类	10月	11月	12月	1月	2月
棉制短袖	√	√	√	√	√
薄外套	√	√	√	—	—
长裙	√	√	√	√	√
单层套装	√	√	√	√	√
牛仔裤	√	√	√	√	√
泳装墨镜	√	√	√		√

推荐路线： 曼谷—普吉岛6天6夜游

6天6夜的推荐路线			
城市	日期		每日安排
曼谷	Day 1	上午	大王宫
		下午	国家博物馆→考山路
	Day 2	上午	唐人街→金佛寺
		下午	暹罗广场→四面佛
	Day 3	上午	卧佛寺
		下午	郑王庙→帕蓬夜市
普吉岛	Day 4	上午	普吉镇
		下午	卡伦海滩
	Day 5	上午	芭东海滩
		下午	幻多奇乐园
	Day 6	上午	查龙寺
		下午	神仙半岛

到达曼谷

曼谷（Bangkok）是泰国的首都，这个城市的名字意译为"天使之城"，素有"佛庙之都"的美誉。它现在是泰国政治、经济、文化和交通中心，也成为绝大多数游客到泰国旅行的首选城市之一。曼谷位于湄南河畔，市内河道纵横，货运频繁，故又有"东方威尼斯"之称，著名景点大王宫、卧佛寺、郑王庙等都坐落在曼谷城内。

通航城市

曼谷是从中国前往泰国最主要的通航城市之一。中国各大型国际机场几乎每天都有航班飞往曼谷。其中，中国国际航空、中国东方航空、中国南方航空、国泰航空等都是常用的航空公司。

从中国飞往的航班

从中国飞往曼谷的航班，一般都是从北京、上海或者深圳等城市出发，下面表格列出几大航空公司提供的航班，以供安排行程参考。

中国飞往曼谷的航班				
航空公司	电话	城市	单程所需时间	出航信息
中国国际航空（www.airchina.com.cn）	95583	北京	直飞航班约5小时，中转加上等待时间8～12小时	目前国航直飞的航班是每天19:45左右起飞
		上海	中转加等待时间8～18小时	国航目前没有从上海直飞曼谷的航班，通常都要从深圳宝安机场中转
		广州	中转加等待时间11～14小时	国航从广州出发的航班都要先从北京中转
		深圳	有直飞航班，约5小时，中转加等待时间11～26小时	国航有从深圳到曼谷的直飞航班，中转一般从北京中转，有时要隔天
中国东方航空（www.ceair.com）	95530	北京	中转加等待时间8～9小时	东方航空无从北京直飞曼谷的航班，主要从上海浦东机场或昆明长水机场中转
		上海	直飞航班约5小时即到	上海直飞曼谷的航班从浦东机场出发
		广州	中转加等待时间12.5～17.5小时	东方航空从广州到曼谷没有直飞的航班，基本从上海虹桥机场或者云南昆明长水机场中转
		深圳	中转加等待时间8.5～13小时	东方航空没有从深圳直飞曼谷的航班，基本从虹桥、长水、浦东等机场中转

如何到市区

曼谷有廊曼国际机场（Don Mueang International Airport，DMK）与素万那普国际机场（Suvarnabhumi international Airport，BKK）两个机场。亚洲航空公司从国内飞到曼谷的飞机一般停在廊曼机场，其他航空公司则大部分停在素万那普国际机场。

从廊曼国际机场到市区的交通

廊曼国际机场位于曼谷市中心以北，相距约30千米。从市区到机场可考虑坐公交车、出租车、火车。

搭乘出租车

从廊曼国际机场到考山路最便捷的方式是乘出租车。你只要出了入境大厅的门，就会看到出租车站，不过车站一般人很多，需要排队等位。可将要去的地方或酒店地址给出租车站服务人员看，他就会开两张单给你，然后安排你上哪辆车。这里安排的出租车全是按表计费的，但是要加付50泰铢的管理费。

搭乘公交车

跟着抵达大厅的指示牌走，就可以找到空调和普通公交车站。尽管普通公交车的价格比空调公交车便宜很多，但经常人满为患，尤其是在高峰期。一共有6条普通公交车线路（29、59、95、504、510、513路）和3条空调车线路（4、10、29路）连接机场和曼谷的不同地区。

搭乘火车

出了抵达大厅大门，对面就可以看到一个电梯入口。从这里坐电梯上二楼，你会看到一个通道，右拐走下去就是火车站了，距离机场约100米，非常近。几乎所有向南开的火车都会到曼谷市区，所以一般不会出现无票可买的情况。

从素万那普国际机场到市区的交通			
交通方式	价格		概况
公交车	全程票价34泰铢左右		可乘坐550、553、554、555、558路公交车到达市区
面包车	全程票价25~50泰铢		乘坐549、550、552等路面包车到市区
出租车	起步价35泰铢，到达曼谷市区总计约400泰铢		24小时服务，约40分钟可到，在航站楼1层（4号和7号门口）可打出租车
曼谷机场快线（运营时间6:00~24:00）	SA City Line	15~45泰铢	运营线路总长28千米，耗时15分钟，每20分钟一趟。约30分钟可达市中心Phaya Thai
	Makkasan Express Line	往返票价150泰铢，单程票价90泰铢	15分钟之内即能乘机场快线直达玛卡山（Makkasan）站
	Phaya Thai Express Line	往返票价150泰铢，单程票价90泰铢	17分钟之内即能乘机场快线直达市中心Phaya Thai

曼谷3日行程

Day 1 大王宫→国家博物馆→考山路

　　曼谷最有代表性的景点当属大王宫和卧佛寺了，由于两个景点都很大，所以第一天的行程只安排了大王宫和国家博物馆两个主要景点，在游览活动结束后，可以前往不远处的考山路夜市，品尝当地小吃，体验泰国文化。

曼谷第1天行程		
时间	目的地	行程安排
8:30～12:30	大王宫	作为曼谷最著名的景点，大王宫的游览至少要花去半天的时间，在参观的时候一定要注意礼仪
12:30～16:00	国家博物馆	在博物馆内可以了解泰国的历史和当地民俗
16:30～20:30	考山路	夜晚前往热闹的考山路，无论是休闲娱乐还是品尝美食，都能为第1天的行程画上圆满的句号

Art Gallery
National Museum

BC约800米，
步行约10分钟

国家博物馆
National Museum

Thammasat
University

考山路
Khao San Road

Trok Sake

AB约650米，
步行约8分钟

Wat Mahathat
Yuwaratrangsarit

Sanam Luang

Buranasat

Ratchini Alley

Atsadang Road

Bunsiri Rd

大王宫
Grand Palace

Lak Muang Rd

Phraeng Nara Rd

曼谷第1天行程路线示意图 ▲

大王宫

大王宫（Grand Palace）几乎是每个游客游览曼谷的起点。它位于湄南河东岸，始建于1782年，汇聚了泰国建筑、装饰、雕刻、绘画等民族特色的精华。大王宫的主要建筑约22座，最为著名的建筑是节基宫、律实宫、阿玛林宫和玉佛寺。其中，玉佛寺是泰国最著名的佛寺，泰国佛教最神圣的地方，也是泰国三大国宝之一。大王宫现仅用于举行加冕典礼、宫廷庆祝等仪式。如果想比较详细地了解大王宫，可以租一个中文导游讲解器。

玉佛寺

玉佛寺（Wat Phra Kaew）又称为"护国寺"，位于大王宫东北角，是曼谷乃至整个泰国最为重要的寺庙，因寺内供奉玉佛而得名。寺内有玉佛殿、先王殿、佛骨殿、藏经阁、钟楼和金佛塔寺等，为泰国曼谷王族供奉玉佛、泰王举行登基加冕典礼及进行各种祭礼活动的场所。

旅游资讯

地址：曼谷市中心，昭披耶河东岸，纳帕兰路
交通：从华南蓬火车站乘48、53路公交车即达
网址：www.palaces.thai.net
票价：500泰铢
开放时间：8:30～11:30，13:00～15:30（王室举行仪式除外）

Tips

参观时要求穿着整齐，禁止穿无袖T恤、背心、露脐装、透视装、任何短裤、破洞乞丐裤、紧身裤、裙裤、迷你裙，也不能穿拖鞋，如果衣服不合格，入口有免费衣服供游客租用。

中午在哪儿 吃

大王宫附近有不少餐厅，在参观完大王宫后可以前往就餐。由于大王宫面积很大，参观也很耗费体力，所以中午吃顿好的很有必要。

Theppadungporn Coconut

这家餐厅位于大王宫西边，靠近河边的地方，不仅提供正宗的泰国美食，还能让人品尝美食的同时，欣赏远处郑王庙的美丽景色。

地址：392/56-58 Soi Preecha, Maharaj Rd., Prabarommaharajchawang Pranakorn
交通：乘坐47、53、82路公交车在โรงเรียนพณิชยการตั้งตรงจิตร站下车
网址：www.tcc-chaokoh.com

国家博物馆

泰国的国家博物馆（National Museum）位于王纳宫（Wang Na Palace）中，是泰国最大的博物馆之一。博物馆里面的展品非常多，有史前时代到近代的各种艺术品，其中最吸引人的是泰国各个时期的古典艺术品，包括雕刻、木偶和皮影戏用具、古代武器、壁画、石像、剪纸、象牙等，还有很多关于泰国历史风俗的展品。

旅游资讯

地址：4 Th Na Phra That，Bangkok

交通：乘32、123、503等路公交车可到，也可从大王宫步行10分钟可到

网址：www.thailandmuseum.com

票价：200泰铢

开放时间：周三至周日9:00～16:00

晚上在哪儿 玩

傍晚时分，一天紧凑的行程可能会让你略感疲惫。此时，可以前往考山路，一边购物，一边享用曼谷地道小吃。

1 考山路

考山路（Khao San Road）的夜市充斥着各种平价旅舍、小吃摊、酒吧、推拿按摩店等场所，非常有气氛，尤其深受欧美游客的欢迎。推荐小吃：芒果米饭、香蕉叶烤鱼饼。

Day 2 唐人街→金佛寺→暹罗广场→四面佛

在曼谷的第2天，先去唐人街吃中餐、购物，之后参观金佛寺，之后再到暹罗广场体会曼谷的时尚潮流，最后参观四面佛。

曼谷第2天行程		
时间	目的地	行程安排
9:00～11:30	唐人街	曼谷的唐人街上有口味正宗的中餐，也有可购买一些纪念品的商店
11:30～13:00	金佛寺	金佛寺就位于唐人街附近，寺内的黄金大佛是泰国的国宝
13:00～16:30	暹罗广场	这个广场是泰国时尚潮流的聚集地，也是购物的好地方
16:30～19:30	四面佛	四面佛是曼谷香火最为旺盛的佛像之一，在车水马龙的路口，这一尊佛像显得尤为庄重

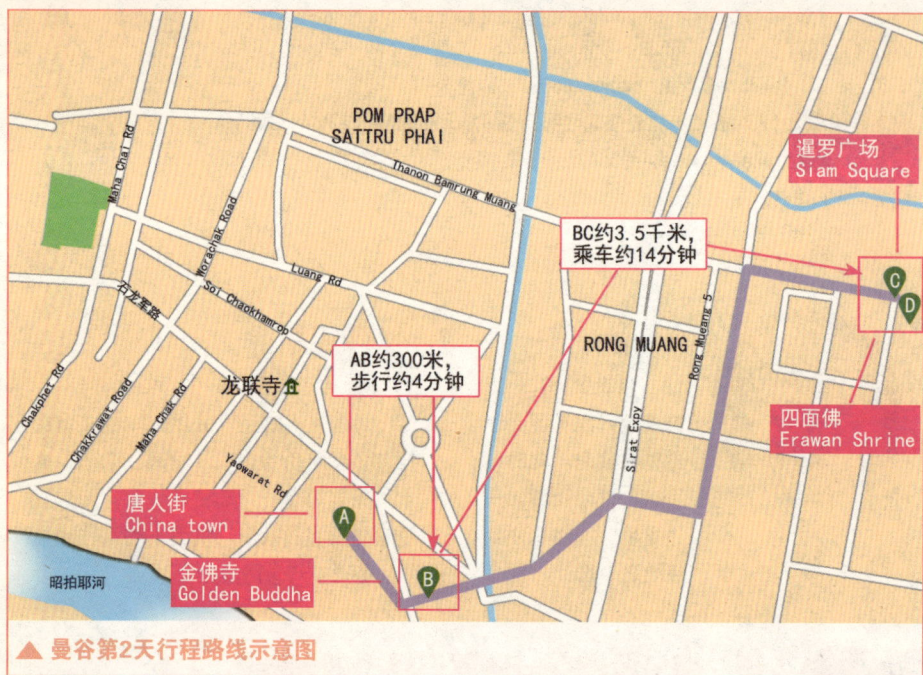

POM PRAP
SATTRU PHAI

Thanon Bamrung Muang

暹罗广场
Siam Square

BC约3.5千米,
乘车约14分钟

RONG MUANG

AB约300米,
步行约4分钟

龙联寺

四面佛
Erawan Shrine

唐人街
China town

昭拍耶河

金佛寺
Golden Buddha

▲ 曼谷第2天行程路线示意图

唐人街

曼谷的唐人街(China Town)位于耀华力路(Yaowarat Road)和加伦功(Charoen Kung Road)路上,街道上遍布金铺、中药店、餐馆、杂货铺和中国寺院等,非常繁华。如果你想吃中国美食,那就不能错过这里了。在耀华力路的尽头有一座著名的金佛寺,很值得参观。

旅游资讯

地址:耀华力路(Yaowarat Road)和加伦功(Charoen Kung Road)路上

交通:乘地铁至Hua Lamphong站,出1号口可到

金佛寺

金佛寺(Golden Buddha)又被称为戴密寺(Wat Traimit),因寺内供奉一尊泰国最大的金佛而闻名。佛像全身皆为纯金铸造,为泰国素可泰时代的艺术品,是泰国三大国宝之一。

旅游资讯

地址:唐人街耀华力路(Yaowarat Road)的尽头,华南蓬火车站西南面

交通:乘1、4、11、25、53、73路公交车可到

网站:www.wattraimitr-Withayaram.com

票价:20泰铢

开放时间:8:00~17:00

中午在哪儿
吃

在唐人街逛，最不要错过的就是各种美食了，鱼翅、燕窝、猪杂汤、芒果糯米饭……都非常好吃。唐人街上不仅有小吃店，还有大排档等实惠的用餐地点可以选择。

中国城银都鱼翅酒楼

地址：耀华力路（Yaowarat Road）483-5号
交通：金佛寺西北约200米，步行可到
网址：www.chinatownscala.com

中国城银都鱼翅酒楼（Chinatown Scala Shark's Fin Soup Restaurant）是唐人街众多海鲜饭店中的一家，餐厅主营泰国风味的各类海鲜，价格也很实惠，一只大螃蟹约300泰铢，值得一试。

暹罗广场

暹罗广场（Siam Square）位于曼谷市中心，聚集有泰国最知名的购物中心、国际连锁店、学校、书店、酒吧等，是曼谷乃至泰国的时尚潮流聚集地。广场周围也有如暹罗海洋世界（Siam Ocean World）、杜莎夫人蜡像馆、吉姆·汤普森之家（Jim Thompson's House）等著名景点。

旅游资讯

地址：Rama I Rd.
交通：乘坐25、501、508路公交车可到，或乘轻轨在Siam站下

四面佛

四面佛（Erawan Shrine）被称为"有求必应"佛，是泰国香火最盛的佛像之一，位于曼谷市中心Ratchadamri路和Phloen Chit路交界处。佛像有4尊佛面，分别代表爱情、事业、健康和财运。很多路过的泰国人都会双手合十致意。在拜四面佛的时候，要顺时针逐面拜，四面拜完再回到正面拜一次。

旅游资讯

地址：Rajdamri Road, Bangkok（位于Th Ratchadamri路和Th Ploenchit路交叉路口）
交通：乘坐轻轨Sukhumvit线在Chit Lom站下，徒步约5分钟
票价：免费

晚上在哪儿
玩

晚上可以前往百丽宫（Siam Paragon）或暹罗购物中心（Siam Center）购物、看电影或品尝美食。这里有世界各地名牌时装店、美食店、电子产品店、电影院、化妆品店、珠宝店等众多休闲购物场所，是一个购物和娱乐的好地方。

暹罗购物中心

　　暹罗购物中心（Siam Center）是曼谷当地一家老牌购物中心，同赫赫有名的百丽宫隶属同一集团。对于到曼谷淘宝的年轻人来说，这里绝对是不可多得的好地方。此外，暹罗购物中心里有很多泰国本土的品牌，如果对于泰国本土的服饰好奇，不妨前来看看。

地址：989 Siam Tower, Rama Road, Bangkok
交通：在曼谷乘坐地铁到暹罗站，百丽宫隔壁
网址：www.siampiwat.com
开放时间：10:00 ~ 22:00

Day 3 卧佛寺→郑王庙→帕蓬夜市

　　卧佛寺作为曼谷的代表性景点之一，里面很大，游览完大约需半天的时间，而不远处的郑王庙也需要三四个小时才能参观完，在曼谷第3天的行程只安排了这两个主要的景点，如果精力充沛，可以前往帕隆夜市，继续在曼谷的狂欢之旅。

时间	目的地	行程安排
		曼谷第3天行程
12:00 ~ 13:30	卧佛寺	卧佛寺内的卧佛是来泰国旅游不得不看的佛像。在参观完卧佛寺后，还能享受一下舒适的泰式按摩
13:30 ~ 14:30	郑王庙	郑王庙的大佛塔就是10泰铢背面的图案，在参观的时候，可以手持一枚硬币与大佛塔合影，想必十分有趣
14:30 ~ 17:30	帕蓬夜市	帕隆夜市是曼谷著名的夜市，在曼谷的最后一个晚上，不妨来这里热闹一下

▲ 曼谷第3天行程路线示意图

卧佛寺

卧佛寺（Wat Pho）又名菩提寺（Temple of the Reclining Buddha），寺内分为佛堂、僧舍和佛塔几部分，规模及佛塔、佛像数量均居曼谷佛寺之冠，有"万佛寺"之称。卧佛寺正殿很雄伟，殿中央就是卧佛，卧佛全身呈金黄色，光芒四射。正殿外面有一个走廊，在走廊上能看见寺内林立的佛塔，其中最大的四座佛塔直冲云霄。

旅游资讯

地址：2 Sanamchai Road，Phra Nakhon，Bangkok

交通：乘508、512路公交车可到

网址：www.watpho.com

票价：100泰铢

开放时间：8:00～18:00

郑王庙

郑王庙（Wat Arun）又名黎明寺，位于湄南河右岸，与卧佛寺隔河相望。寺内有泰国境内规模最大的大乘舍利式塔，主塔是泰国著名的建筑，刻在10泰铢硬币背面的图案就是郑王庙主塔。主塔周围还有4座陪塔，形成一组庞大、美丽的塔群，被誉为"泰国埃菲尔铁塔"。在塔顶，可以眺望到曼谷老城中心，大王宫、卧佛寺、湄南河等景色都一览无余。

旅游资讯

地址：34 Arun Amarin Road，Bangkokyai District，Bangkok

交通：从卧佛寺出来随着人流走到Tha Tien码头，坐摆渡船到河对岸

网站：www.watarun.org

票价：50泰铢

开放时间：7:00～17:30

晚上在哪儿玩

傍晚时分，曼谷市区的帕蓬夜市非常热闹，如果精力充沛的话，可以前往帕蓬夜市逛一逛。

帕蓬夜市

帕蓬夜市（Patpong Night Market）所有的摊位都摆在马路的正中间，围巾、靠垫、创意家具、灯具等是这里的特色，熏香、锡器、佛像、纸质工艺品和钥匙链的价格都较低，砍价后就更能让人接受了。

地址：位于席隆路和素里翁（Surawong）路之间

交通：在轻轨席隆线的沙拉丹（Saladaeng）站下，从1号出口出，往西步行即达；若乘坐地铁，则在席隆站下，往西步行可达，但距离会相对远点；另外，15、76、77路公交车也经过帕蓬夜市

如果多待一天

3天时间很快就过去了，你肯定还有众多的景点没有游完，如果有时间多待一天，曼谷还有众多令人惊叹的寺庙可以游览，也可以前往河滨，欣赏不一样的曼谷风光。

1 湄南河

湄南河（Menam River）又叫昭披耶河（Chao Phraya River），是泰国最主要的河流。湄南河除了是曼谷的"高速公路"外，其河岸两边的谷地还是泰国的主要农业区，盛产稻谷、玉米、棉花等。湄南河畔有许多的文化古迹，沿途可以看见郑王庙、大王宫、卧佛寺等，还有很多知名酒店及建筑。乘水上公交，荡漾在湄南河之上，一路看过去，古老与现代交织，极具特色。

地址：乘坐出租车到River City码头，或乘轻轨到Saphan Taksin站，然后在旁边的Sathorn Pier（Central）码头乘坐水上公交游览

2 金山寺

金山寺（Wat Saket）坐落在曼谷的人造"金山"上，是泰国的著名佛寺之一。从山脚向上看，金山寺仿佛是一座要塞，非常雄伟。寺内拥有泰国最大的铜佛，并有供奉佛祖释迦牟尼遗骨舍利子的佛塔。在金山寺顶层，矗立着一座被称为"黄金丘"的巨大佛塔。在山顶的寺庙中，可以顺着阶梯往佛塔上爬，阶梯中间挂有小钟，很多参拜者都是一边敲钟一边爬上塔顶。

地址：344 Avenue Road Emperor Pong Ban Bat.Pom Prap Sattru Phai District, Bangkok
交通：乘坐8、15、37、39、44等路公交车可到
票价：参观寺庙免费，进入佛塔内部的入场券10泰铢
开放时间：7:30～17:30

曼谷是一个美食集中地，这里的美食遍布大街小巷，随处都可以品尝到冬阴功汤、青木瓜沙拉、芒果糯米饭等特色美食。就餐时，可以选择在餐厅用餐，比较卫生，但价格比较贵。如果想省钱，可以去便宜又美味的路边摊或大排档。在街边小摊，一份泰式米粉价格为25～30泰铢，街头售卖的甜点如椰汁红豆、豆浆薏米等价格一般在10泰铢左右。

1 机器人餐厅

机器人餐厅虽然不在曼谷市中心的黄金地段，但是由于它独特的"服务人员"，每日前来就餐的客人仍然源源不断。在机器人餐厅中，有机器人为你服务，还可以欣赏到机器人服务员跳舞。而等到客人就餐完毕后，机器人还会为客人收走空盘子。吃饭后，还可以同这些机器人服务员拍照留念。

地址：曼谷Monopoly Park，距离曼谷市中心较远
交通：由于餐厅距离曼谷市中心较远，建议打车前往，也可乘坐205路公交到Chong Nansi站下

2 星空餐厅

星空餐厅（Sirocco Restaurant）位于The Dome at State Tower的63层，是曼谷最高的餐厅，被誉为"亚洲最宽敞的露天顶级餐厅"。晚上，到餐厅的露台上享用餐点，俯瞰曼谷璀璨的夜景，感觉非常棒。每晚还有爵士乐现场表演。在餐厅旁边还有天空酒吧，在那里品尝美酒、欣赏美景，非常惬意。在这里就餐需要预约，并需要顾客穿着比较正式。

地址：1055 State Tower, Silom Rd, Bangkok
交通：搭乘轻轨到Saphan Thaksin站下
网址：www.lebua.com
人均消费：3000泰铢

多待一天 的购物

曼谷是泰国乃至东南亚著名的购物天堂，那里既有世界各地的名牌商品，也有泰国本地的传统工艺品和特产。购买时尚高档商品可以去暹罗广场，购买纪念品和特产可以去考山路、是隆路、素坤逸路，想淘宝可以去门类齐全的乍都乍周末市场。曼谷一般每年6月和12月左右会有打折购物季，暹罗广场周围的几个大商场刷银联卡还有折扣。

多待一天 的娱乐

曼谷的夜生活神秘、活色生香，因而吸引了大量的娱乐人士，他们喜欢在空闲的时候到这些地方坐坐。泰拳是徒手自卫斗争的手段，很有威力和艺术性，拳击手从头到脚尖，身前身后，全部身体部位都可以用来战斗，极具欣赏价值。泰国旅游业极富地方特色，其中最著名的便是"红艺人"表演，它是泰国的一大特色。

1 暹罗梦幻表演

暹罗梦幻表演（Siam Niramit）是到曼谷旅行不可不看的大型表演，演出时长为80分钟，有100多名演员参加演出，华丽的服饰、美妙的舞台，配上演员的生动表演，以及完美的灯光、音效，很好地表现出了泰国的艺术和文化遗产。

地址：19 Tiamruammit Road, Huaykwang, Bangkok
交通：乘地铁到Thailand Cultural Centre Station下，从1号出口出，此处有免费班车前往演出中心，18:10发车
网址：www.siamniramit.com
票价：不同座位的价格不同，费用1500 ~ 2350泰铢
开放时间：演出时间为20:00开始，晚餐时间17:30 ~ 19:30

曼谷住行攻略

在曼谷住宿

在曼谷如果要住中高档酒店的话，可以选择在暹罗广场周围、素坤逸路这两条商业街上，这里有轻轨和地铁站，交通方便，不过费用比较贵，费用在1500泰铢（300元人民币）以上。如果要找比较便宜的住宿地，可以去考山路周围看看，那里云集了很多房间价格便宜的青年旅舍、家庭旅馆，很多背包客都喜欢在这里住宿。

曼谷住宿地推荐		
名称	地址	网址
Conrad Bangkok Hotel	All Seasons Place，87/3 Wireless	www.map.hilton.com
Asia Hotel Bangkok	Phayathai Rd，Phayathai	www.asiahotel.co.th
Imm Fusion Sukhumvit	1594/50 Sukhumvit Rd	www.immhotel.com
Nasa Vegas Hotel Bangkok	44 Ramkhamhaeng Rd，Hua Mak	www.nasavegashotel.com
Suk11 Hostel	1/13 Sukhumvit 11	www.suk11.com
曼谷机场国际青年旅舍	58/203 Kingkaew58 Kingkaew Road，Bangplee	—

在曼谷出行

曼谷的地铁还算便利，路线也涵盖了曼谷主要景区，加上地铁按时发车、准点到达的便利性，使得这种交通方式更加符合人们的需求；曼谷是一个很容易堵车的城市，如果乘坐地铁出行，会减少很多等待的时间；当然，有机会乘坐泰国特色的嘟嘟车、双条车，也会非常有趣。

地铁及轻轨

目前曼谷只有一条地铁线，两条轻轨线，分别叫席隆线和素坤逸线，两条轻轨间可以自由换乘。曼谷的地铁（MRT）和轻轨（BTS）属于两个不同的公交系统，因此在地铁和轻轨间换乘，需要出站后，另行购票进入。

地铁及轻轨实用信息				
交通方式	单程票价	通票	主要站点	优惠
地铁	成人15～39泰铢，90～120厘米高的儿童8～20泰铢，90厘米以下儿童免费	1日票120泰铢，3日票230泰铢，30日票900泰铢	华南蓬火车站、席隆站、乍都乍公园站	使用储值卡每次优惠2～6泰铢，储值卡押金30泰铢
轻轨席隆线	15～40泰铢	1日票120泰铢，30日有效的BTS Smart Card分20次440泰铢和30次600泰铢两种，押金30泰铢	国立竞技场站、暹罗站、沙拉丹站	使用储值卡按次扣款，每次乘车有2～4泰铢的优惠，押金30泰铢
轻轨素坤逸线			暹罗站、集龙站、莫集站	

公交车

曼谷的公交车车次很多，服务不错，但高峰时期相当拥挤，尽量避开7:00～9:30、15:00～18:00的高峰时间。乘坐公交车最好先买一份交通路线图，因曼谷有许多单行道，很多时候公交车往返的路线并不相同，所以尽可能在上车前确认清楚。过了22:00后，部分公交车会提高收费。此外，曼谷的公交车是招手即停，上车后保留好票据，以备验票，下车前按车门旁的按钮提示司机停车。

出租车

曼谷的出租车很多，而且绝大部分都安装了空调。通常出租车起步价为35泰铢，在曼谷市区内乘出租车价格通常35～250泰铢。如果遇到向你提出收取定额车费的出租车司机，一定要回绝他。

嘟嘟车

嘟嘟车（Tuk-Tuk）已经成为泰国的一大特色，曼谷街头随处可见。在搭乘嘟嘟车时，上车前一定要事先和司机谈好价钱，如果步行需要10分钟，嘟嘟车价格在15～20泰铢，如果步行超过30分钟，嘟嘟车价格在50～100泰铢，你可以与嘟嘟车车主砍价。

游船

在曼谷还有一种值得一提的交通工具，就是湄南河上的游船。船运公司有着大小规模不等的游船、渡船。它们能使你方便地到达大王宫、黎明寺等。可以说，在"堵车第一城"曼谷，它是最舒服的交通工具，不仅不会塞车，还价格低廉。但缺点是等候的时间比较长。

从曼谷至普吉岛

乘飞机

从曼谷前往普吉岛，最方便快捷的方式自然是乘坐飞机了。从曼谷飞往普吉岛的航班每天都有数十趟，仅需1小时就能到达普吉岛，费用因时间、航空公司的不同而又有很大的差别。一般情况下，从曼谷飞往普吉岛的航班费用300～500元人民币，偶尔也会有低于200元人民币的特价机票。

到达普吉岛

普吉岛（Phuket Island）泰语是"山丘"的意思，它是泰国最大的海岛，以旖旎的风光和丰富的旅游资源被称为"安达曼海上的一颗明珠"。普吉岛有著名的"3S景观"，即Sunshine（阳光），Sea（海水），Sand（沙滩），这些大自然所赠予人类的宝物，被虔诚的泰国人奉为最珍贵的财产。

如何到市区

普吉国际机场位于城市以北30千米处，乘坐飞机无疑是去普吉岛最轻松的方式。从曼谷到普吉岛，泰国国际航空公司每天从早到晚有十几班飞机。如果是从中国到普吉岛，每周都有从上海（每周至少3班）、香港直飞的航班，而北京和广州每周也都有经停曼谷到普吉岛的航班。

从普吉国际机场前往市区		
名称	费用	交通概况
小车	约80泰铢	到普吉镇80泰铢/人，但是去Patong、Kata和Karon需要约120泰铢/人
出租车	约400泰铢	去普吉镇大约400泰铢，但是去海滩的价格在500～600泰铢

普吉岛3日行程

Day 4　普吉镇→卡伦海滩

普吉岛是著名的海滨度假胜地，也是很多人度蜜月的首选地。它拥有蓝天碧水、白沙椰林、明媚阳光、梦幻般的海底世界，有着自成一派的浪漫，岛上的空气中似乎都弥漫着挥之不去的甜蜜气息。如果你想逃离人群，可以去普吉镇游览一下，漫步在安静的街道上，看着两旁古老的建筑，感受着彼此的气息，浪漫无比。在卡伦沙滩上，恋人们可以穿宽松的衣服，不着妆容，让双脚与细腻的沙粒接触，让头发在微风中飞扬，让心在大海中得到释放。

普吉岛第1天行程		
时间	目的地	行程安排
13:30～14:30	普吉国际机场	从机场乘车前往普吉镇大约需要30分钟的时间，沿途可以看到非常美丽的热带岛屿风光
14:30～17:30	普吉镇	普吉镇是一个古色古香的小镇，十分静谧安详，在街道上随处逛逛，还能顺便品尝一下这里的美食。镇上保留着很多古老中国和葡萄牙风格的建筑，拥有非常质朴的人文气息，很多街道和店铺都有中文招牌
17:30～18:30	卡伦海滩	卡伦海滩游客没有芭东海滩多，比较安静，而且这里的风浪比较大，是冲浪者的最爱。如果不会冲浪，可以在海滩上晒晒太阳，吃些泰国美食，欣赏那些会冲浪的游客驰骋在大海上的飒爽英姿

A

Sirinat National Park

普吉国际机场
Phuket International Airport

4031

402

4027

AB约28千米，
乘车约30分钟

4025

4025

402

Thakkasattri Rd

Red Mountain
Golf Course

4233

4029

Central
Festival Phuket

BC约20千米，
乘车约20分钟

B

402

普吉镇
Phuket Town

卡伦海滩
Karon Beach

C

4027

4021

4023

4028

▲ 普吉岛第1天行程路线示意图

普吉镇

　　普吉镇（Phuket Town）坐落于普吉岛的东南部。19世纪中期，这里锡矿开发，引进大批华人劳工，所以至今仍保留了非常中式的建筑风格，让国内游客感觉无比亲切。镇上保留着中式传统风格的建筑，集中在泰朗路（Thalang Road）和迪布街（Dibuk Road），而比较典型的葡萄牙风格建筑在甲米路（Krabi Road）和沙敦路（Satun Road）交叉口。

旅游资讯

地址：普吉岛的东南部

交通：从机场可以乘出租车和小客车到普吉镇，嘟嘟车从海滩至镇上为200～400泰铢；如果自驾，从机场出发，沿402国道一直前行就会进入普吉镇区域

中午在哪儿 吃

可以在普吉镇的餐馆吃午饭，也可以前往卡伦海滩吃美味的海鲜。卡伦海滩的Luangpohchuan路有很多海鲜店，游客在每一家都能尝到非常好吃的海鲜，而且价格不是很贵。

99海鲜

地址：Rat-U-Thit 200 Pee Road, Patong Beach
交通：从Jungceylon购物中心正门所在的那条路往北走约300米
人均消费：约600泰铢

99海鲜（99 Seafood）有冰冻和活海鲜两种，经改良的口味更适合旅行者，由于其地理位置优越，所以食物价格与其他海鲜大排档比偏高。泰式柠檬蒸海鲈鱼、菠萝炒饭味道都很不错。

卡伦海滩

卡伦海滩（Karon Beach）位于普吉岛的东南海边，气氛相较于芭东海滩更为悠闲、安静。海滩的最南边，有很多珊瑚，适合浮潜。此外，海滩边有一个艺术社区，这里聚集了很多泰国画家建造的画室和画廊，可以到那里欣赏泰国的艺术。

旅游资讯

地址：紧邻芭东海滩，距普吉镇20千米
交通：从普吉镇搭乘中巴45分钟可到，每隔0.5小时一班，运营时间为7:00~18:00，车费20泰铢左右。如从普吉机场坐出租车前往，车费为700泰铢左右，车程1小时

晚上在哪儿 玩

普吉岛四周有着非常好的海域条件，这里的海水清澈碧蓝，珊瑚多样，非常适合潜水，而且普吉岛周围岛屿的潜水条件也非常不错，因此潜水成了白天最主要的娱乐活动。此外，各个海滩的晚上是非常热闹的，酒吧、海滩烧烤区、夜总会等都非常活跃。

江西冷购物中心

地址：181 Rat-u-thit 200 Pee Road, Patong, Kathu
网址：www.jungceylon.com
营业时间：5~10月11:00~22:00，11月至次年4月11:00~23:00

江西冷购物中心（Jungceylon）是芭东海滩上规模最大的购物中心，共分为5个主题商品区，主要出售各种泰国品牌商品及国际品牌，如NaRaYa、Levi's、华歌尔（Wacoal）等。商场的底层有一个很富泰国风情的That's Siam商场，主要出售泰国工艺品。这里的商品价格都比较便宜，且折扣力度很大。

Day 5 芭东海滩→幻多奇乐园

　　芭东海滩应当算是普吉岛最热闹的海滩了，而幻多奇乐园也是普吉岛最有代表性的景点之一。今天的行程是：早上在芭东海滩的微风中唤醒自己的身体，欣赏完美景后，前往幻多奇乐园开启一段欢乐旅程。

普吉岛第2天行程		
时间	目的地	行程安排
8:00～13:30	芭东海滩	在普吉岛最热闹的海滩享受阳光
13:30～18:30	幻多奇乐园	前往传说中的"泰国迪士尼"欢乐畅玩一个下午

幻多奇乐园
Phuket Fantasea

B

AB约7千米，
乘车约10分钟

Paresa Resorts

Kathu Waterfall

Watsons
Jungceylon Phuket

Thavorn Beach
Village & Spa

芭东海滩
Patong Beach

A

▲ 普吉岛第2天行程路线示意图

芭东海滩

　　芭东海滩（Patong Beach）是普吉岛开发最完善的海滩区，也是岛上最热闹的地方。白天，可以在细腻的沙滩上晒日光浴，或者去体验乘坐香蕉船、帆板、游艇等带来的刺激。晚上，在芭东海滩享受夜生活，可以在露天酒吧感受一下当地的酒吧氛围，在海滩边一边喝着美酒或饮料，一边欣赏海景，也是一种很棒的享受。

旅游资讯

地址：距泰国普吉镇15千米

交通：从普吉机场乘坐机场巴士到Central Festival或Big C下车，再坐双条车前往约200泰铢；从普吉镇搭乘突突车前往约400泰铢

中午在哪儿吃

普吉岛盛产海鲜，新鲜打捞的龙虾、生蚝、鱿鱼、蟹等海鲜几乎在每个餐厅都有提供，游客在此可享受到美味的海鲜盛宴。普吉岛上还盛产各种热带水果，随处都能买到新鲜甜美的水果。

6号餐厅

6号餐厅（No.6 Restaurant）人气很高，如果想要在这里吃饭，最好提前来。这里以泰式小炒为主，看菜单点菜，螃蟹200～350泰铢/份，鱼380泰铢/条，鱿鱼120～150泰铢/份，虾150～300泰铢/份。

地址：Rat-U-Thit 200 Pee Road
交通：从Jungceylon购物中心正门所在的那条路往北走约200米可到
营业时间：11:00～24:00

幻多奇乐园

幻多奇乐园（Phuket Fantasea）位于卡玛拉海滩旁，是一座大型的夜间主题公园。在幻多奇乐园里，有主题商业街、小吃摊、宫廷式餐厅、购物中心以及著名的拉斯维加斯秀场——梦幻王国剧场。它以拉斯维加斯式的歌舞表演、嘉年华村和巨型自助餐厅为特色，被认为是"泰国的迪士尼"。

旅游资讯

地址：99 Moo 3 Kamala Kathu Phuket
交通：从芭东海滩乘坐出租车或嘟嘟车前往约10分钟。普吉镇上的旅行社一般都会代理幻多奇乐园的门票和岛内所有酒店到乐园的接送服务
网址：www.phuket-fantasea.com
票价：舞台表演1500泰铢；自助餐成人800泰铢，4～12岁儿童600泰铢；演出+自助餐套餐成人1900泰铢，4～12岁儿童1700泰铢

晚上在哪儿玩

在普吉岛的夜晚注定不会让人寂寞。喜欢泡吧的游客，可以去芭东海滩的酒吧街看看；想要做SPA放松身心的游客，岛上的度假村和酒店一般都提供SPA服务；想要看表演的游客，则可以前往芭东海滩附近的泰拳馆。

芭东酒吧街

晚上的芭东酒吧街是普吉岛当之无愧的最热闹的地方，点一杯酒，坐在露天吧台，听听音乐，看看来往的行人，也是一种惬意的享受。芭东酒吧街可以说是普吉岛夜晚最好的消遣时光的地方。

Day 6 查龙寺→神仙半岛

今天的主要行程是前往神仙半岛游玩，在前往半岛的路上会经过普吉岛著名的查龙寺，在参观寺庙的时候，要注意尊重宗教礼仪。

普吉岛第3天行程		
时间	目的地	行程安排
9:30～12:00	查龙寺	在这座供奉着佛祖舍利的寺庙，更多了一份庄严与肃穆
12:00～18:30	神仙半岛	顺着山坡可以走到临海的礁石边，近距离感受惊涛拍岸的海滨风光，在日落时分欣赏震撼人心的落日美景

查龙寺
Wat Chalong

A

AB约12千米，
乘车约15分钟

Patak Road

Big Buddha
Phuket

Patak Road

4021

4021

4024

4024

Karon
View Point

4233

4233

Ko Lon

4024

B

神仙半岛
Prom Thep Cape

▲ 普吉岛第3天行程路线示意图

查龙寺

查龙寺（Wat Chalong）又被称为越差庙，位于普吉岛的查龙地区。寺院内采用泰国传统的建筑风格，可供游览的主要有主大殿、舍利塔、寺庙原址和老祖师庙。舍利塔是寺内最高的建筑，一共分为三层。第一层供奉着7尊佛像，姿态各不相同，分别供周一至周日出生的人参拜；第二层供奉着汉白玉雕成的佛像；第三层也就是顶层，供奉着由斯里兰卡赠送给泰国的佛教圣物。

旅游资讯

地址： Mueang Phuket District，Phuket

交通： 骑摩托车从南北主干道402号公路转4021西侧公路向神仙半岛方向前行7千米左右，位于马路左侧

开放时间： 7:00～18:00

中午在哪儿吃

神仙半岛上有一些环境很不错的餐厅，其中最有名的就是神仙半岛观景餐厅，在这个餐厅就餐，不仅环境很好，还能畅享美食，当然消费略高；如果想要吃得更加尽兴，可以到海鲜排档去，那里人多热闹，菜肴的价格也会便宜一些。

神仙半岛观景餐厅

地址： 神仙半岛餐厅就坐落在日落观景台的旁边

神仙半岛观景餐厅面朝着蔚蓝的大海，开阔的视野、奢华的装修给人一种无限的享受。在座位上就可以看到美丽的日落。餐厅内的泰国菜口味也很纯正，泰国有名的菜在这里都可以品尝到。

神仙半岛

神仙半岛（Prom Thep Cape）位于普吉岛最南端，因观景台上供奉了一尊四面佛而得名"神仙半岛"。九世王登基纪念灯塔矗立于神仙半岛的最高点，可以免费进入参观。神仙半岛也是普吉岛观赏日落的最佳地点，如果想看日落的话，要早点去占一个比较好的位置。

旅游资讯

地址： 距离普吉镇18千米处

交通： 从普吉镇搭车前往约需30分钟

神仙半岛有一座小山，山上有一个广场，那里可以停车。广场上有平台和护栏，供游客凭栏欣赏日落。在日落的时候，夕阳余晖将海水染红，犹如金鱼的锦鳞，一片辉煌。当落日沉入海中时，天空中出现一片彩霞，绚丽多姿。在欣赏完日落美景后，有的游客就需要乘车前往机场了。如果回程的航班是在第二天，也可以在晚上选购一些带回国的小礼物。早班航班的游客最好不要再去酒吧狂欢了，以免耽误第二天赶飞机。

如果多待一天

多待一天的游玩

在普吉岛周围还有很多值得一去的景点，无论你是想要欣赏自然美景还是感受文化内涵，普吉岛都不会让人失望。

1 皇帝岛

皇帝岛（Ko Racha Yai）上的沙滩很漂亮，是一个幽静的海上世外桃源。在这里，游客可以饱览完整的天然热带岛屿风光，沐浴灿烂的阳光，聆听阵阵海浪拍岸声，享受潜入水底探索海底世界的乐趣。岛上有的潜水机场有会说中文的工作人员，打消了语言障碍，让游客的潜水培训更顺畅。

地址：距离普吉岛20千米
交通：从普吉岛的查龙港坐快艇只要25分钟，坐普通轮船约50分钟可以到达，单程票价400~800泰铢

2 攀牙湾

攀牙湾（Ao Phang-Nga）位于普吉岛东北75千米处，是一处风光雄浑壮丽、碧波万里的梦幻之地，素有"泰国的小桂林"之称。这里有上百座形态奇特的石灰岩小岛，其中最为著名的是平甘岛（KoPingkan）。攀牙湾还有巧夺天工的钟乳岛石洞和数不清的怪石、海洞。其中，钟乳岛石洞以其天然奇景而声名在外。

地址：从普吉镇搭乘长途汽车前往攀牙府，车次频繁，最晚一班车到20:00，票价75泰铢，2小时可到
票价：200泰铢

多待一天的美食

普吉岛有来自世界各地的游客，也有世界各地的美食，如中国、法国、美国等国家的美食。但身在泰国，就要品尝一下当地的美食，普吉岛随处都可找到颜色鲜艳、味道鲜美的泰国美食，如冬阴功汤、芒果糯米饭、菠萝炒饭、青木瓜沙拉、海鲜等。地道的普吉菜在普吉的一些经典老店都可吃到。普吉岛的主要餐馆集中在芭东海滩和普吉镇上，其他一些海滩上的餐馆虽然不够密集，但也有些不错的选择。

普吉岛住行攻略

在普吉岛 住宿

普吉岛是泰国旅游业非常发达的地区，因此住宿地非常多，从度假村、高档酒店到经济酒店、青年旅舍都有。四星级和五星级的酒店费用4000～6000泰铢，经济型旅馆房费约300泰铢，在海滩周围一般花费2000泰铢就能住上条件还算不错的海滩酒店。

普吉岛住宿地推荐		
名称	地址	网址
Casa Blanca Boutique Hotel	26 Phuket Road, Taladyai, Muang, Phuket	www.casablancaphuket.com
BYD Lofts Boutique Hotel	5/28, Haad Patong Road, Patong, Kathu	www.bydlofts.com
The Yorkshire Hotel	169/16 Soi Sansabai, Rat-u-thit 200 Rd, Patong Beach	www.yorkshireinn.com
Patong Princess Hotel	34/106 Prachanukroh Rd, Patong	www.patongprincess.com
Blu Monkey Hostel Phuket	113/3 Soi Hongyok Utit Road, Talad Yai, Muang, Muang	www.blumonkeyphuket.com
Phuket Chaba Hotel	Kata Rd, Karon, Muang	www.katachaba.com

在普吉岛 出行

在普吉岛游玩，很多人都会选择租车，无论是租用摩托车还是小轿车，都非常方便，开车兜风，也非常好玩；除了租车外，还可以乘坐普吉镇的各色公交车、嘟嘟车出行。

普吉岛其他交通工具		
名称	费用	概况
双条车	10～50泰铢，根据距离长短而定	没有固定的站点，随叫随停，大约每0.5小时一趟，运营时间到18:00
嘟嘟车	到南部各海滩300～600泰铢	这种车比较小，价格便宜，但一般开价都比较高，一定要砍价
出租车	从普吉机场到芭东海滩需要400～500泰铢	出租车比较少，而且车也比较小，没有计价器，乘车前需谈好价格
摩托车	约200泰铢/天	普吉镇上有许多摩托车行可租车，用车前先看好油量，归还时还需按原油量返还
租车	1000～3000泰铢/天	拿着中国驾照、护照等文件到普吉镇上的租车公司，如Budget、Avis就可租车，用车前先看好油量，归还时还需按原油量返还
长尾船	往返于岛屿间的价格在1000～2000泰铢	去周边小岛的必备交通工具，可以砍价

路线改变

除了曼谷、普吉岛外，泰国还有很多城市值得细细品味，山清水秀的清迈就是其中之一，它是邓丽君生前最爱的地方，这位拥有甜美声音的女子把生命的最后时光留在了这里。

清迈位于泰国北部，是泰国北部最大的城市。它有着精美的建筑、高耸的山峰、茂密的热带雨林、灵动的流水，是一个山清水秀、鸟语花香、气候凉爽的美丽山城。当你穿行在清迈那花木扶疏的小巷中时，轻声哼唱着"好像花儿开在春风里"，一定会发现，曲调中的宁静甜美与眼前的一切如此契合。清迈旖旎的风光使人不禁怀疑自己是否在"梦里见过你"。

去清迈吧

帕辛寺

帕辛寺（Wat Phra Singh）是清迈规模最大的佛寺，也是清迈历史最悠久的佛寺之一，因供奉着狮佛帕辛（Phra Singh）而闻名。寺内有两条用彩色玻璃片和扇形彩釉小瓷砖镶嵌而成的巨龙，以及一座大金塔，非常壮观。寺院内的苍松翠柏给人一种古木参天的感觉，很大气神圣。帕辛寺还是当地人民每年庆祝泼水节的主要地点之一。

旅游资讯

地址：Sri Phum, Mueang Chiang Mai

交通：乘嘟嘟车可到，50泰铢左右

PART 11 柬埔寨一周游

Part 11 柬埔寨一周游

柬埔寨印象

★★★ 古迹悠扬

万庙之母、世界上最大的宗教建筑群——吴哥窟，柬埔寨境内保存最完好的法式殖民风格建筑——集会市场、总督官邸、法式老铁桥，吴哥时代古老的寺庙，美轮美奂的浮雕壁画等，你都可以在这里欣赏到。

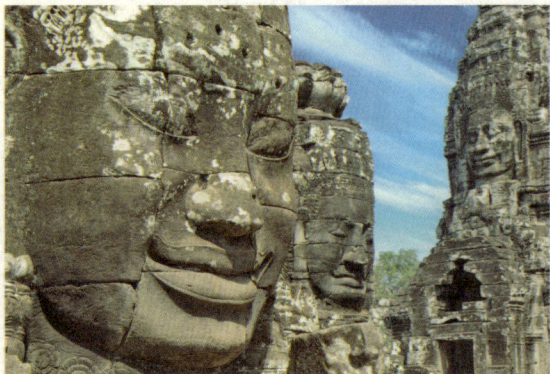

★★★ 独特文化

从高棉时代走来的佛像带着优雅的微笑，它已经成为柬埔寨对外宣传的名片。在这片被岁月洗涤过的地方，纯净、质朴的乡村风情，高低起伏的小山丘，参天大树与古老建筑融为一体，如果不是手中的相机提醒，你将会有一种穿越时空的错觉。

推荐行程

| A 吴哥窟 | 约5千米 | B 吴哥王城 | 约4千米 | C 龙蟠水池 | 约5千米 | D 皇家浴池 | 约21千米 | E 女王宫 |

女王宫
Banteay Srei

67

67

67

DE约21千米
乘车约27分钟

龙蟠水池
Preah Neak Poan

CD约5千米
乘车约13分钟

BC约4千米
乘车约10分钟

吴哥王城
Angkor Thom

AB约5千米
乘车约5分钟

吴哥窟
AngKor Wat

皇家浴池
Srah Srang

67

67

最佳季节

春夏秋这几个季节的柬埔寨都是很舒适的。不过在旅游淡季时游玩，不仅可以看到别样的风景，还能节省不少旅行费用。

最佳季节的衣物

柬埔寨旅行的参观景点主要有吴哥窟、吴哥王城、古寺古庙等遗迹，在柬埔寨这个注重礼仪的地方，游客进寺庙是不允许穿短裤、短裙、吊带装的，所以要带上几件端庄、保守的长衣长裤。在降水较多的时候，尽管可以穿雨衣，但难免会意外淋湿，所以建议多带几件换洗衣服。天气热可以带一两双轻便透气的鞋子，既要方便出行又要舒适。太阳大的时候，可以带上一把可以随身携带的折叠扇解热。

柬埔寨最佳旅行季节衣物						
衣物种类	4月	5月	6月	7月	8月	9月
风衣	√	√	√	√	√	√
短袖衣物	√	√	√	√	√	√
单层套装	√	√	√	√	√	√
牛仔衫裤	√	√	√	√	√	√
T恤裙装	√	√	√	√	√	√
轻质运动鞋	√	√	√	√	√	√

推荐路线： 吴哥古迹5天4夜游

5天4夜游的推荐路线			
城市	日期		每日安排
暹粒	Day 1	上午	吴哥窟
		下午	巴肯山
	Day 2	全天	吴哥王城
	Day 3	上午	圣剑寺→龙蟠水池
		下午	塔萨寺
	Day 4	上午	塔布隆寺
		下午	斑黛喀蒂→皇家浴池→豆蔻寺→比粒寺
	Day 5	上午	女王宫
		下午	高布斯滨

到达吴哥

吴哥除了著名的吴哥窟外，还有吴哥王城、女王宫等众多古迹，而这些令人神往的神秘遗迹都坐落在暹粒（Siem Reap）周围。暹粒是吴哥古迹的所在地，因此也成全了暹粒今日的发展。来到这里，除了参观吴哥古迹，还可在暹粒城内品味美食，感受洞里萨湖的渔村、当地的水上村庄、沼泽森林、珍稀鸟类保护区等众多的自然风景。

通航城市

暹粒是中国航班飞往柬埔寨的主要停靠城市之一，全国各大型机场几乎每天都有航班从中国飞往暹粒。其中，中国东方航空、中国南方航空、港龙航空等都是常用的国内航空公司。但由于直飞航班较少，所以掌握航班信息十分重要。

从中国飞往暹粒的航班

从中国飞往暹粒的航班通常需要从上海、昆明、广州等城市的机场出发。国外航空公司的航班也大都要在釜山、首尔和新加坡中转，下面表格列出几大航空公司提供的航班，以供安排行程参考。

中国飞往暹粒的航班				
航空公司	航空公司电话	出发城市	单程所需时间	出航信息
中国东方航空	95530	上海	直飞4小时	北京、广州、深圳等全国其他班机，都需要从上海浦东机场或是昆明长水机场中转至暹粒。因为是直飞，所以飞行时间就是单程所需时间，直飞航班较少，需要留意
		昆明	直飞约2.5小时	
中国南方航空	95539	广州	直飞约3.5小时	国内其他城市都必须从广州白云机场转机到暹粒，且航班数量少
港龙航空	400-8886628	上海	直飞约4.5小时	北京、广州、深圳等全国其他班机，都需要从上海浦东机场中转至暹粒。飞行时间大概5小时，航班数量较多

如何到市区

暹粒成为柬埔寨热门旅游城市的很大原因是因为吴哥窟，因此暹粒国际机场也建造于暹粒市和吴哥窟的中间，方便游客的旅程。如果你下飞机后很累，想快点休息，那么你可以直接在机场周边的酒店住宿，酒店有捷运在机场接待。

从暹粒国际机场如何搭乘交通

暹粒吴哥国际机场（AngkorInternational Airport）位于柬埔寨暹粒市西北，距世界著名的吴哥窟仅5千米，是柬埔寨第二大机场。

乘坐嘟嘟车

机场外会有接待游客的嘟嘟车，这里一般不讲价，从机场到市区乘坐时间也就20分钟，花费8000瑞尔。你从机场走到街上再叫嘟嘟车就比机场里边便宜，但是要注意安全。

乘坐出租车

机场出站口外面的停车场都会有出租车站，你只需登记一下信息，就可以按意愿乘坐出租车。出租车价格偏贵，一般是1.6万～2万瑞尔，但出租车24小时都有，非常方便。

乘坐酒店捷运

酒店的捷运其实也就是酒店派来接你的嘟嘟车，你可以发邮件给酒店提前预约或是打电话，酒店派遣的嘟嘟车价格偏贵，如果你不会讲价的话就很吃亏，一般为2万瑞尔，若是酒店存心坑游客的话，价格可能高达4万瑞尔。

吴哥古迹5日行程

Day 1　吴哥窟→巴肯山

暹粒最具特色的就是精美的庙宇、壁画和栩栩如生的雕塑，当然还有恢宏的吴哥王城和吴哥窟。在这里，你将完全沉浸在吴哥时代创造的奇迹中，美轮美奂的各式建筑、精妙绝伦的各式艺术品让人眼花缭乱。

吴哥古迹第1天行程		
时间	目的地	行程安排
9:30～12:30	吴哥窟	被誉为东方四大奇迹之一的吴哥窟面积不小，游览一次要花费掉大半天的时间
12:30～18:00	巴肯山	位于吴哥窟北边的巴肯山是拍吴哥窟全景的绝佳之地，也是欣赏吴哥窟日落的好地方

▲ 吴哥古迹第1天行程路线示意图

吴哥窟

　　吴哥窟（AngKor Wat）原名为Vrah Vishnulok，意为"毗湿奴的神殿"。吴哥窟是高棉古典建筑艺术的高峰，代表了柬埔寨早期的建筑风格。吴哥窟的外廊呈长方形，其中心建筑群是由大、中、小3个长方形回廊为周边的须弥座，中心矗立5座宝塔为顶点，象征须弥山。雕刻与画廊石壁上的8幅巨型浮雕则是吴哥窟的另一大看点，每幅浮雕高200余米，长近百米，全长达700余米，绕寺一周。浮雕描述的是关于印度大神毗湿奴的传说和吴哥王朝的历史，均取自印度史诗。

旅游资讯

地址：暹粒市北约5.5千米处

交通：可在市内乘坐嘟嘟车、摩托车前往

票价：1天8万瑞尔，3天16万瑞尔，7天24万瑞尔

开放时间：5:00～19:00

Tips

　　1.售票处从下午的17:00就开始卖吴哥窟第2天的票了，买了票就可进入参观，不过17:30之后就不会再放游人上山。景区内会有人随时查票，发现逃票会被罚款。

　　2.吴哥窟的一些建筑是比较高的，很多楼梯又高又窄又滑，因此穿一双防滑且舒适的鞋子很有必要。同时注意早上的时候比较冷，要多带点衣服。进入寺庙等地，不可穿拖鞋、短裙短袖、无袖上衣等。

　　3.吴哥窟内有设施完备的餐馆和咖啡馆，可以在吴哥窟内就餐，也方便多安排些行程。当然也可以去城里吃饭，那里的小吃摊很多。

游览吴哥古迹时，大可不必匆匆忙忙赶回暹粒市内吃饭。在吴哥窟附近就有很多不错的美食供你选择。在这些旅游景点的旁边，既有很多的小吃摊位，也不乏正规像样的餐馆。

小吃摊

在大多数寺庙的院外都有美食摊，这里的美食种类多，价格也合理。例如，巴戎寺北面有很多当地的米线摊，很受当地人和游客的喜爱。

> 地址：吴哥窟内外均有

巴肯山

巴肯山位于吴哥窟西北方，是吴哥遗迹群中的一座小山丘，也是附近唯一的制高点。修建于山顶的巴肯寺，是高棉王朝移都吴哥建造的第一个寺庙，被称为"第一次吴哥"，巴肯寺的独特建筑格局，代表着当地人对宇宙及神的崇拜。登上巴肯山，可以俯瞰吴哥窟，因此这里也是看日出日落美景的宝地之一。

旅游资讯

地址：吴哥城南门外西侧，吴哥窟西北
交通：可乘山下的"大象的士"，也可打车或沿山路步行
票价：包含在吴哥通票内

一天的行程结束了，到晚上就该好好放松一下，想要体验一下暹粒的夜生活就去酒吧吧！暹粒全城有不少摇滚酒吧，晚上便是狂欢的时刻，根本不用担心无聊。

Warehouse

Warehouse是一家人气很旺的酒吧，地处繁华地段的街角、老市场的对面，所以非常吸引人。酒吧里有免费无线网络、热门歌曲、桌上足球、台球桌等玩乐项目，还提供酒吧小吃和诱人的饮品。对于想寻找好玩地的游客来说，来这里是一个不错的选择。

地址：Street 9 Siem Reap
交通：从景点回到市区后，沿着Charles de Gaulle路往南走，步行2.7千米，大概33分钟即可到达，乘坐出租车或是嘟嘟车只需5分钟左右
开放时间：10:30至次日3:00

Day 2 吴哥王城

暹粒的吴哥王城是曾经的高棉帝国的繁荣象征，而现在的吴哥王城成为游客在暹粒必须要参观的景点。由于吴哥王城面积很大，内部又有很多寺庙等景点，故这天的行程只安排了参观吴哥王城。

吴哥古迹第2天行程		
时间	目的地	行程安排
9:00~18:30	吴哥王城	参观吴哥王城可以按照南门→巴戎寺→巴芳寺→空中宫殿→战象平台→癞王平台→南北仓库和十二塔的顺序游览

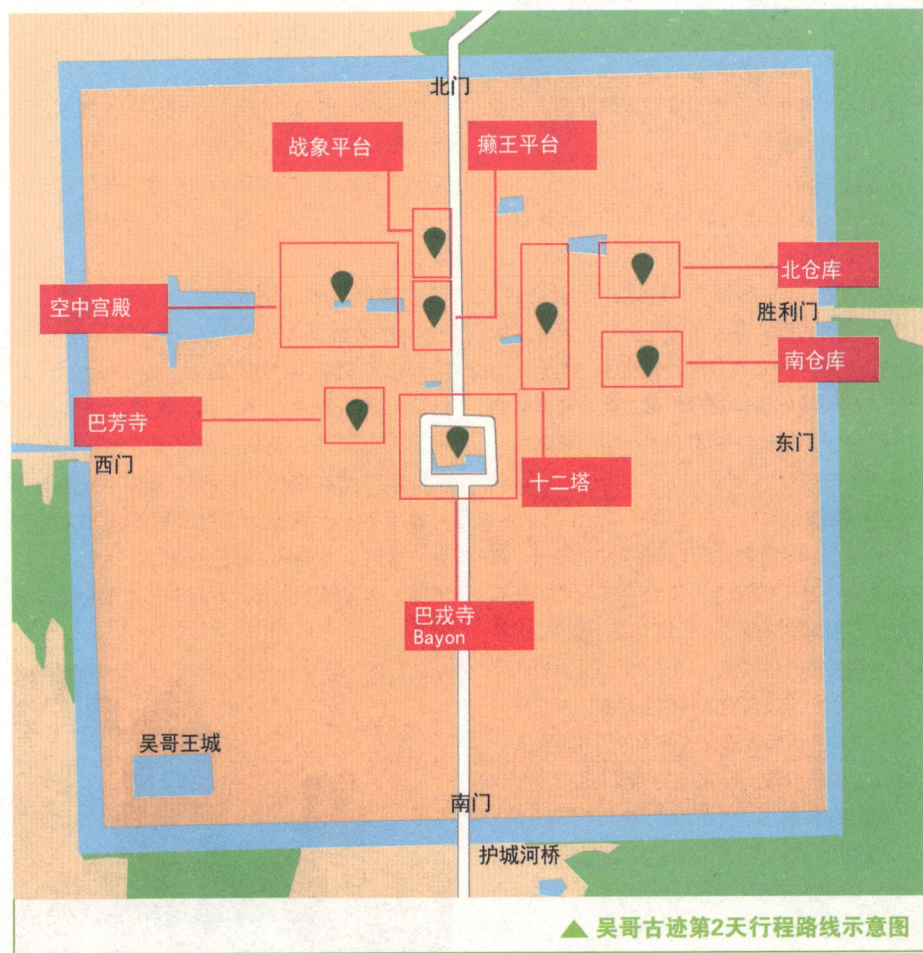

北门

战象平台　　　癞王平台

北仓库

空中宫殿

胜利门

南仓库

巴芳寺

西门

东门

十二塔

巴戎寺
Bayon

吴哥王城

南门

护城河桥

▲ 吴哥古迹第2天行程路线示意图

吴哥王城

吴哥王城（Angkor Thom）又称大吴哥，是9～15世纪时高棉帝国的国都，也是高棉帝国最长久的国都。吴哥城的外围呈长方形，城墙周围被百米的护城河围绕，城外的护城河桥是这里的一大看点。城内有巴戎寺、巴方寺、战象平台等景点。

旅游资讯

地址：Angkor，Cambodia

开放时间：5:00~18:00

巴戎寺

巴戎寺（Bayon）位于吴哥王城中心，建立在三层基台之上，中心为圆形平面的雕刻塔，各层基台周围有围廊，基台中部和围廊上共有塔49座，犹如拔地而起的高山，形成了林立的塔群。从外观上看，其像是一座金字塔形建筑。而宝塔上四面佛的原型就是阇耶跋摩七世本人，佛像安详地微笑着，这就是蜚声世界的"高棉的微笑"。

巴芳寺

巴芳寺位于吴哥城内，巴戎寺西北部，曾是历史上第三座吴哥城的中心。巴芳寺是一座须弥山寺，由3层须弥台构成，台基呈金字塔形，四周回廊上有大量做工精致的浮雕，取材于印度史诗，反映了当时繁盛发达的文化。巴芳寺的大部分建筑都已倒塌，院内有两间通过一条高于地面的通道相连的十字形藏经阁，藏经阁有4个拱门。

空中宫殿

空中宫殿原名金角山，是皇宫中的神庙。在它的最高平台上曾建造一座金字塔，最初是真腊国王罗因陀罗跋摩二世兴建王宫时建造的湿婆庙，后来被苏利耶跋摩一世改建成须弥山式印度教寺庙。因此，该宫殿的风格多受到印度文化的影响，其中包含着吴哥建筑艺术中的几项元素：须弥山、中心宝塔、画廊、庙门阁。

战象平台

战象平台共有4座向中央广场延伸的外围工事，中间国王观礼的部分稍平坦，两端有3米左右高的高台。平台的护墙也有着丰富的雕刻，包括实物大小的神鸟迦鲁达（国王的座骑）、狮子、战象、赶象的高棉人等。这里曾是当时的国王阅兵和举办大型庆典活动的地方，现在成为一个很好的观景台。

癫王平台

癫王平台位于战象平台的背面，据说这里是当时的皇家火葬场所在地，因平台顶端有一座没有性别的"癫王"雕像得名。如今，原有的雕像被保存在金边博物馆内，而这里的只是一个复制品。平台下面是一个中央广场，台子规模不大，但是周围布满了大量雕刻精美的浮雕。

南北仓库和十二塔

南北仓库和十二塔位于战象平台的对面。十二塔其中10座在同一条直线上，另外靠近胜利路的一南一北2座塔向东偏出。据说，这里是古高棉人解决争议的地方，争执的双方坐在塔尖，直到有人因为支持不住而掉下来，而在上面坐到最后的人即为胜利者，他们认为这是"神的制裁"。也有人认为塔顶之间有绳索相连，上面是艺术家为国王表演节目的地方。

多数去吴哥王城参观的旅行团或个体游客，中午都会选择匆匆赶回暹粒吃午饭，其实在吴哥附近吃午饭是一个不错的选择，你可以趁人少的时候好好游览一下那些受欢迎的景点。吴哥窟主要庙宇的院墙外边都有食品摊，可以粗略地解决午饭，当然要想吃得好也可以去餐馆。在吴哥窟的入口对面有许多的餐馆，如Angkor Cafe、Chez Sophea。

中午在哪儿吃

Chez Sophea

这家餐馆就位于吴哥王城的围墙外，距离吴哥王城非常近，主要经营烤鱼、烤肉，还有自助沙拉可供选择。由于位于景点周边，这家餐厅的食物价格稍贵，人均消费60～150元人民币。

> 地址：位于吴哥窟西边围墙外边

晚上在哪儿玩

暹粒市的购物和娱乐设施都非常齐全，有很多市场和酒吧可供选择。在吴哥古迹游览时，也会遇到兜售纪念品的小商贩们。夜晚，你可以欣赏夜幕下的吴哥，也可以去一些市内的酒吧喝喝啤酒，或是在市场闲逛。

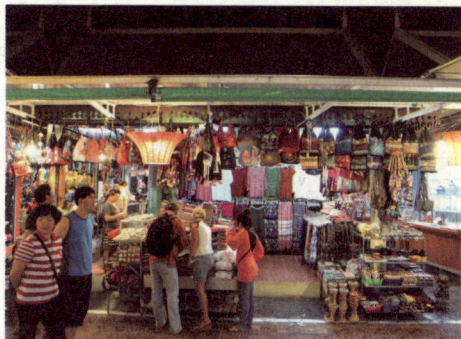

吴哥夜市

吴哥夜市（Angkor night market）是暹粒人气很旺的购物场所，各种商品琳琅满目，应有尽有。晚上凉爽的时候出来逛一下夜市，你会看到路上摆满了出售各种手工艺品、纪念品和丝绸的小摊位，细细挑选，你能挑到很多好货。

> 地址：Sivatha St.附近，Charles de Gaulle路与National Highway6交叉路口
> 交通：回到市区后，沿着Charles de Gaulle路往南走，步行约1.7千米可到
> 开放时间：16:00至午夜

Day 3 圣剑寺→龙蟠水池→塔萨寺

吴哥王城外还有很多风格独特的寺庙与古建筑值得一游。今天我们从吴哥王城北部的圣剑寺开始，沿龙蟠水池前行，参观游览龙蟠水池周围的古建筑。在游览结束后，可以选择回到暹粒市区或是留在吴哥欣赏夜景。

吴哥古迹第3天行程		
时间	目的地	行程安排
8:00～10:30	圣剑寺	圣剑寺的意境和建筑风格让人有时空交错的感觉，在阳光的照射下，斑驳的树影让古寺显得尤为庄重
10:30～12:30	龙蟠水池	龙蟠水池的曾经被认为是治病救人的圣水，虽然现在已经不能再祛病治人，但它在人们心中仍然是一个神圣的地方
12:30～16:00	塔萨寺	在参观完龙蟠水池后可，乘坐嘟嘟车前往塔萨寺，如果还有体力则可以选择步行前往，一路上还能看到不少独特的风景

FCC Angkor

AB约3.5千米，
乘车约5分钟

Krol Ko

A

B

BC约2.6千米，
乘车约3分钟

C

Jayatataka

圣剑寺
Preah Khan

龙蟠水池
Preah Neak Poan

塔萨寺
Ta Saom Temple

Stung Siem Reap

▲ 吴哥古迹第3天行程路线示意图

圣剑寺

　　圣剑寺（Preah Khan）相传是阇耶跋摩七世为纪念其父亲而修建的，它规模宏大，整个建筑呈十字形，中心是中央圣堂，周边则是由拱顶长廊连着的4扇大门，门外是漫长的甬道。中央圣堂内供奉着依照国王面容设计的雕像，并有高僧日夜陪伴左右。圣剑的传说、珠宝镶嵌的塔、层层石门、仙女雕塑等，这些都使得圣剑寺闻名于世。

旅游资讯

地址：东人工湖西北地区

交通：从暹粒市区乘坐汽车或嘟嘟车约20分钟可到

龙蟠水池

　　龙蟠水池（Preah neak Poan）又名龙蟠寺，位于圣剑寺东侧，它是建于12世纪末的佛教寺庙。在龙蟠水池中间有一个大水池，在其四方各连着一个小型水池，大水池的水通过4个雕塑的喷口流入小水池。当时大水池的池底种满了具有医疗作用的草药，待雨季到来，池内水涨，药水就会流入小水池中。

旅游资讯

地址：暹粒圣剑寺以东300米

交通：从圣剑寺乘坐嘟嘟车约5分钟可到

塔萨寺

　　塔萨寺（Ta Saom Temple）位于龙蟠水池的东侧，同样也是12世纪末由阇耶跋摩七世兴建的佛教寺庙。塔萨寺的中心地区毁坏得有点严重，但世界寺庙基金会对它进行了修复，现在寺庙焕然一新，很值得一看。游客可从寺庙西口进入，特色景观在东边，那里有一棵巨大的榕树吃掉了整个寺门。

<table>
<tr><td colspan="2">旅游资讯</td></tr>
<tr><td>地址：</td><td>位于东人工湖以东</td></tr>
<tr><td>交通：</td><td>从龙蟠水池乘汽车或嘟嘟车约3分钟可到</td></tr>
</table>

晚上在哪儿玩

　　在夜晚到来的时候，不妨回到暹粒市区，找一家热闹的酒吧，来融入当地人的生活吧。在暹粒市区的中央广场附近有不少热闹的酒吧可以选择，大多数酒吧都提供啤酒、红酒和调制鸡尾酒等饮品，还有部分酒吧有气氛热烈的现场演出。

死鱼酒吧

　　这是当地一家人气非常旺的酒吧兼餐厅。高凹凸低的木质平台错综悬浮在宏大的开敞空间内，各个平台之间通过一道狭窄的木楼梯相连。还配有卧榻、靠枕，使顾客可以非常舒服自在地在此用餐。晚上，人们在此还可以欣赏到传统舞蹈表演。

地址：Sivatha Blvd与酒吧街相交的路口附近
人均消费：4万瑞尔左右

Day 4 　塔布隆寺→斑黛喀蒂→皇家浴池→豆蔻寺→比粒寺

　　在参观完吴哥王城与吴哥窟后，可以继续参观塔布隆寺、斑黛喀蒂、皇家浴池等具有独特风格的景点，深入了解柬埔寨的历史风情。

<table>
<tr><td colspan="3">吴哥古迹第4天行程</td></tr>
<tr><td>时间</td><td>目的地</td><td>行程安排</td></tr>
<tr><td>10:30 ~ 12:30</td><td>塔布隆寺</td><td>位于吴哥王城东门不远处的塔布隆寺，也是一个十分受游客喜爱的寺庙，这里独特的氛围，成了很多游客拍照留念的好地方</td></tr>
<tr><td>12:30 ~ 16:30</td><td>斑黛喀蒂、皇家浴池等</td><td>在皇家浴池周围有不少各具特点的小寺庙，很值得参观游览，豆蔻寺、比粒寺等都是很不错的选择</td></tr>
</table>

塔布隆寺
Ta Nei

AB约2千米，
乘车约5分钟

皇家浴池
Srah Srang

DE约2.3千米，
乘车约5分钟

BC约1.5千米，
乘车约5分钟

A

E

斑黛喀蒂
Banteay Kdei

B

C

比粒寺

SANGKAT
NOKOR THUM

CD约1千米，
步行约20分钟

D

豆蔻寺

Prasat Bat Chum

▲ 吴哥古迹第4天行程路线示意图

塔布隆寺

　　塔布隆寺（Ta Nei）的入口是一条狭长的林荫道，两旁则是高耸的树木。山门内的前殿，可以看到一棵大树长在房顶上，而树根已经深扎入石造的建筑缝隙里，这便形成了这座寺庙最具特色的景观——"树与塔的同生，建筑与植物的和谐"。众多的参天古树则让寺庙拥有了不一样的风景，很多人为寻找这份和谐、自然的景象而特地前往。它是吴哥古迹中最为著名的景点之一。

旅游资讯

地址：吴哥城外东南方向

交通：从战象平台出来，往东前行4.4千米，步行约1小时

票价：包含在吴哥通票内

开放时间：5:00~18:00

斑黛喀蒂

　　斑黛喀蒂（Banteay Kdei）是一座由砂岩建造而成的佛教寺庙，据说曾是国王与王后游泳后小憩的地方。它四门上有神鸟伽鲁达浮雕装饰，门上方有四面佛雕像，中央殿堂的墙壁处有蒂巴特女神的雕像，东塔门后"舞女之台"的平台上，刻有飞天在荷花上翩翩起舞的形象。

旅游资讯

地址：皇家浴池对面

交通：从塔布隆寺步行可到

中午在哪儿
吃

吴哥窟入口的对面有很多餐馆，如Khmer Angkor Restaurant，每道菜的价格在3~6美元；Blue Pumpkin分店提供三明治、沙拉、冰激凌、点心等；Chez Sophea提供烤鱼、烤肉，不过价格比较高。在皇家浴池的北岸有一些热情的高棉餐馆，都是可以吃午餐的去处。

皇家浴池

皇家浴池（Srah Srang）是皇家举行沐浴仪式的场所，中央原有一座寺庙，现只剩石基。皇家浴池内一直都有蓄水，有大规模的优美平台，通向池中央的平台呈十字形，周围是巨蛇栏杆和两尊石狮。黄昏时分的皇家浴池最为美丽，能看到最佳的吴哥园林景观，这里也是欣赏日出的绝佳地点之一。

旅游资讯

地址：斑黛喀蒂以东，比粒寺以西
交通：从斑黛喀蒂步行可到
票价：包含在吴哥通票内

豆蔻寺

豆蔻寺位于皇家浴池之南，是吴哥古迹中的一座印度教寺庙。独特的红砖浅浮雕，5座一字排开的砖结构塔，这些都是豆蔻寺所独有的。整个建筑呈对称分布，5座塔排成一排，面向东方，在塔壁上有巨幅毗湿奴和他的妻子拉克什米形象的浮雕。

旅游资讯

地址：皇家浴池之南
交通：从皇家浴池步行可到
票价：包含在吴哥通票内

比粒寺

比粒寺又名变身塔，位于皇家浴池以东，是一座用来举行国王火葬仪式的庙宇。它是一座典型的塔山建筑，基座上建造砖塔，因属红砖建筑，在夕阳照射下泛出暖暖的红，再加之建筑较高、视野开阔，因此也是除巴肯山以外另一处欣赏落日的好地方。

旅游资讯

地址：皇家浴池以东
票价：包含在吴哥通票内
交通：在暹粒市区包嘟嘟车前往约18美元

晚上在哪儿
玩

在夜幕降临之后，可以回到暹粒市区好好放松一下。暹粒的餐馆和旅馆在晚上都会举办文艺演出，对游客来说，这是为数不多的能够欣赏到柬埔寨经典舞蹈的机会。而且这些表演费都包含餐费，十分划算。

Day 5　女王宫→高布斯滨

不是所有的古迹都和苍翠的森林融为一体，在看过了有浓厚历史色彩的各类吴哥古迹后，女王宫这座色彩鲜艳的建筑会给人耳目一新的感觉。在暹粒的最后一天，就前往较远的女王宫好好参观一下吧。

吴哥古迹第5天行程		
时间	目的地	行程安排
7:00 ~ 14:00	女王宫及周边	女王宫是一座小巧但相当完美的建筑，也是吴哥古迹的又一个精华所在。女王宫的建筑色彩较为鲜艳，因此最佳拍摄时间是上午9点到10点、下午4点到5点，上午提前1小时左右到达会较好。无论是墙壁、立柱、门楣上，浮雕覆盖了宫内建筑物的每一寸皮肤，其手法相当精湛细腻，并且色彩鲜艳，在吴哥所有的浮雕中，这是最精致的
14:00 ~ 16:00	高布斯滨	高布斯滨又名"林迦"雕塑，是典型的生殖崇拜遗迹，前往的路上可以看到河道上的雕塑，有罗摩、拉克什米和哈努曼的形象。

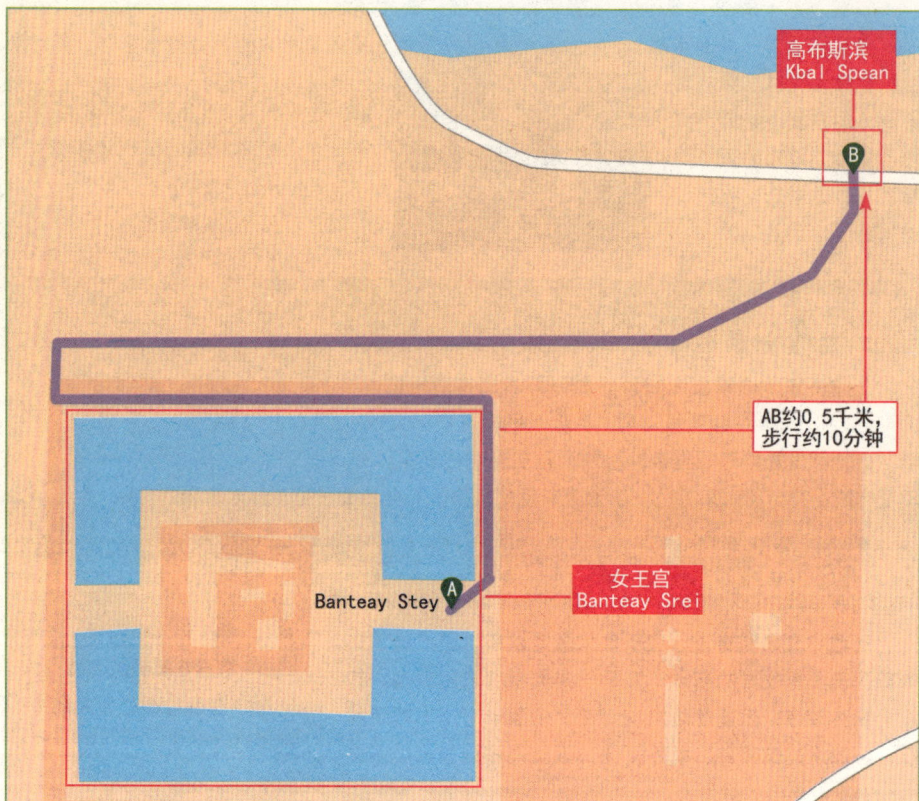

高布斯滨
Kbal Spean

AB约0.5千米，
步行约10分钟

Banteay Stey

女王宫
Banteay Srei

▲ 吴哥古迹第5天行程路线示意图

女王宫

　　女王宫（Banteay Srei）又名"女人的城堡"，它以精致小巧的建筑、艳丽的色彩和精美的浮雕著称于世，有"吴哥古迹明珠"和"吴哥艺术之钻"的美誉。女王宫的建筑规模虽不大，但周围却开凿了同样的护城河，现存的主体建筑有3座中央塔和大型藏书室，所有外墙全部布满精美的雕刻，非常漂亮。女王宫内供奉着婆罗门教三大天神之一的湿婆，因其雕刻过于精美，据猜测是由当时的女性修建和雕刻的。

旅游资讯

地址：暹粒市区东北方向
交通：乘汽车或突突车约40分钟可以到达
票价：包含在吴哥通票内

高布斯滨

高布斯滨（Kbal Spean）位于暹粒河的上游，女王宫北面，又名"林迦"雕塑，是生殖崇拜的遗迹。按照婆罗门教的理念，经林迦上流出来的水就是圣水了。圣水能净化灵魂，洗掉晦气和罪恶，同时也会得到神的保佑。沿河步行，可看到河道两岸的雕塑，有拉克什米、罗摩和哈努曼的形象。雕刻下面的瀑布，在7～12月的丰水季节时显得极为壮观。

旅游资讯
地址：女王宫北面
票价：门票包含在吴哥通票中
交通：在暹粒市区包汽车前往约50～60美元

晚上在哪儿玩

在暹粒的最后一天行程结束了，晚上回到暹粒市区后，可以到市场上购买点纪念品。暹粒市里购物非常方便，有很多市场可供选择。

1 中央市场

中央市场位于暹粒市中心，是一个大市场，你想要的东西在这边都可以找到。这边的纺织品比较多，鲜艳的围巾、面料、桌布都是不错的购买选择。

地址：Center Market Street, Siem Reap
交通：在暹粒市中心步行前往，或乘坐公交车在Orient Express 1907 Bus站下车可到

2 老市场

老市场中央酒吧街上的店铺和位于暹粒主干道街上的店铺都值得一去，里面的东西无论品质还是包装都会比中央市场上的好一些。精致的香料、花茶、大型佛像和精美的丝巾，都比中央市场的更有特色。

地址：Old Market Area, Krong Siem Reap
交通：乘坐嘟嘟车前往

如果多待一天

多待一天的游玩

如果吴哥的魅力让你沉浸其中，那么不妨在这里多待一天，无论是前往古迹探秘或是慵懒地享受阳光，在这里的时光总会变得让人难忘。

1 崩密列

崩密列在吴哥古迹群东面，是吴哥建筑群第一座完全用沙石建筑的庙。它是一座未完工也未被修缮过的庙宇，保留了原始的吴哥风貌，因此也成了吴哥古迹群中最值得去、同时也是最难前往的遗迹。丛林的神秘气氛在断裂的柱石、坍塌的墙壁间弥漫，大有探险的味道。

地址：女王宫东北方
交通：可坐能容纳6~7人的3排座汽车前往
票价：2万瑞尔，不包含在吴哥通票中

2 吴哥国家博物馆

吴哥国家博物馆的建筑，无论长廊、门坊、镶窗，都是继承了吴哥窟的风格并融合了现代因素而建成的。博物馆内的展厅主要展示了高棉宗教、文化、艺术领域的数千件精品，都是吴哥王朝各时期的代表作，且均为真品。这里是个深入了解吴哥历史和文化的好地方。

地址：No.968，Vithei Charles de Gaulle
交通：从老市场乘嘟嘟车约15分钟
票价：5万瑞尔，不包含在吴哥通票中

3 荔枝山

荔枝山位于吴哥东北方向，是柬埔寨的佛教圣地和著名的风景区。其原名为八角山，相传元朝使者访吴哥王朝时，将所带的荔枝种子送给当地居民，种在八角山上，后来荔枝长满

地址：吴哥东北方向，离扁担山约95千米
交通：可乘坐汽车或嘟嘟车前往，价格为15美元或更多
票价：8万瑞尔，不包含在吴哥通票中

山坡，遂改名为荔枝山。山上有很多的吴哥遗迹，周围有一些小寺庙。其中荔枝波列昂通寺是荔枝山上最大的寺庙，寺内有经后人改造为两层楼的佛塔。在波列昂通寺西南有著名的荔枝山瀑布，瀑布分两节，极为壮观。

多待一天的美食

作为热门旅游城市，暹粒的美食也是种类多样，并且色香味俱全，无论是地道的柬式饭菜，还是西式牛排、印度咖喱、中式菜肴，应有尽有。你可以去暹粒老市场的摊位前品味当地小吃，也可以去高档的餐厅里寻找美味。不过，这里的餐饮价格明显偏高，并且有针对本地人和游客的两套价格体系。

暹粒美食地推荐				
名称	地址	简介	营业时间	人均消费
Khmer Kitchen	Mondul I, Sangkat Svay Dangkum	供应柬式菜肴和泰国菜	10:00~22:00	8000~2万瑞尔
FCC Angkor	Pokambor Avenue	高级餐厅，有游泳池、花园酒吧	7:00至午夜	2万~6万瑞尔
Angkor Plam	Hospital Street	柬埔寨菜、香蕉叶烤鱼	10:00~22:00	1.2万~3.2万瑞尔
Le Malraux	Siivatha Rd	法国餐馆	7:00至午夜	2万~5万瑞尔

暹粒住行攻略

暹粒作为一个旅游城市，有齐全的住宿类型。老市场周围双人房6～20美元，房间设施差异颇大，有时间的话可以多走几家比较比较。洞里萨湖边整体住宿条件要好于老市场，双人房间每晚20美元左右，有单独卫生间，供应热水，电视、空调、冰箱等设施俱全。早上可以看日出，晚上的夜景也不错。

暹粒住宿地推荐			
名称	地址	参考价格	网址
Popular Guesthouse	285，urban 741，Phuoc Thien	1.2万～7万瑞尔	—
Shadow of Angkor Guesthouse	353 Pokambor Avenue	3万～10万瑞尔	www.shadowofangkor.com
Neth Socheata Hotel	284，Street.2thnou，Mondol I Village Svay Dangkum	6万～7万瑞尔	www.nethsocheatahotel.com
Earthwalkers	National Route 6	3万～10万瑞尔	www.earthwalkers.no
My Home Tropical Garden Vill	142，Road to Psar Krom	3万～7万瑞尔	www.myhomecambodia.com

暹粒出行非常方便，到处都有摩的、嘟嘟车，你只要向其一招手，车就会开到你面前。

自行车

骑自行车旅行是柬埔寨当地较为方便也很流行的一种方式，可以从城里的旅馆和商店租用自行车，约2美元/天。

摩托车

在吴哥旅行，最流行的方式是找一个当地的摩托车司机，在旅行的过程中司机可以顺便充当你的导游的角色。当地人把两轮摩托叫Moto，三轮的叫嘟嘟。一般Moto的价钱是5～8美元/天，嘟嘟是10～15美元/天，小轿车20美元/天，面包车25美元/天。去女王宫和崩密列路比较远，需加30美元左右，单去女王宫的话加10美元即可。

嘟嘟车就是一种有车棚的摩托车，非常适合成双成对游览暹粒的情侣乘坐，但是要注意，这里的司机喜欢抬高价格。一般来说，如果就在城市周围转转，只需4000瑞尔，晚上的话较贵一点，但最多8000瑞尔。千万不要很多人挤在一辆车上，这样价格不但不会降低反而会升高。

船

在暹粒市内乘船游览也是一种很方便也很舒服的出行方式。大多数的旅馆都可以安排，价格4万～10万瑞尔/天。

路线改变

柬埔寨不只有吴哥窟，还有金边、西哈努克等城市也都值得一玩。如果时间允许或是想要欣赏不一样的风景，可以根据自己的实际情况改变路线。无论是前往柬埔寨首都金边，还是前往风光迤逦的西哈努克，柬埔寨的风景总不会让人失望。

金边（Phnom Penh）是柬埔寨的首都，也是柬埔寨最大的城市。它昔日有"东方小巴黎"之称，被誉为"是从废墟中站起来的城市"，现在它正向着现代化的方向蓬勃发展着。这座古老的城市以其独特的魅力吸引着世界各地的游人，悠久的历史、辉煌灿烂的文化，留给了人们深刻的印象。金色屋顶的王宫是它的标志，国家博物馆、监狱博物馆讲述了这个民族的历史，繁华的中央市场则会让你恋恋不舍，他茅山野生动植物营救中心、基里隆国家天然公园，则会让你见识不一样的风景。

去**金边**吧

金边国家博物馆

金边国家博物馆建于1913年，是柬埔寨最重要的历史文物和手工艺品的收藏地。馆内的藏品主要是4~10世纪、吴哥王朝时期的手工艺品及雕刻艺术品，是世界上收藏高棉物质文化遗产最丰富的博物馆之一。博物馆为开放式设计，采用人字屋顶和雕花门、高棉古寺庙建筑样式，融高棉古典建筑艺术与法国殖民风格于一体，是金边的经典建筑之一。

旅游资讯

地址：178街与13街交界处，王宫北面
交通：从市区内乘坐嘟嘟车或步行前往
网址：www.cambodiamuseum.info
票价：12000瑞尔
开放时间：8:00~11:30，14:00~17:00

Tips

博物馆内禁止拍照，每周一和节假日都会闭馆，如去参观的话最好提前打电话确认一下。

金边王宫

金边王宫（Royal Palace）又称四臂湾大王宫，为长方形，外有城墙，屋顶中央有高高的尖塔，屋脊两端尖尖翘起，从空中俯瞰，造型美观。它最初由柬埔寨国王蓬黑阿亚特于1434年迁都金边后建造，现今的王宫则是由法国设计师在19世纪末建造的。现在，王宫依旧是国王居住、办公和会见外宾的地方。

旅游资讯

地址：索帝罗亲王大道上，184街和240街之间，位于塔山以东2千米处
交通：从市区内乘坐嘟嘟车或步行前往
票价：25000瑞尔，拍照不另外收费
开放时间：8:00~11:30，14:00~17:00

西哈努克（Sihanoukdille）与柬埔寨首都金边、吴哥齐名，是柬埔寨著名的旅游胜地。它因拥有迷人的海滩、湛蓝的海水、炫目的白沙而闻名。这里的海滩大多风景秀丽，未经过高度开发，维持着自然风貌。这里也有着众多的餐馆和饭店，海鲜美食更是不可小觑，而那些漂亮的海景房也是住宿的好地方。来西哈努克港的沙滩上度过几天悠闲假日，大嚼着现烤的鱼虾，看着贩卖小吃的姑娘和嬉闹玩耍的儿童，堪称一段完美的旅途。

去**西哈努克**吧

索卡海滩

索卡海滩（Sokha Beach）是当地最漂亮的海滩之一，位于独立海滩和好运海滩中间，其呈弧形，非常迷人。海滩绵延大约1千米，有着洁白的沙滩和平缓的海底，海滩旁的椰林通道是散步的好地方。

旅游资讯

地址：泰国湾沿岸西哈努克市港湾，独立海滩和好运海滩中间

交通：到达索卡海滩，只需沿奥彻蒂尔海滩向右（西北）走约1.5小时，穿过一大片乱石滩便能到达

胜利海滩

胜利海滩位于西哈努克城的西北角，被礁石和小山分成两段。其北段有大货船来来往往，游客较多，是西哈努克看日落的最好地方；南段又称夏威夷海滩、国王海滩，可在此租船出海。海滩上有当地人在滨海公园附近开设的具有柬埔寨独特风味的餐厅，也有华人经营的中式餐厅和泰国人开设的独立饭店。

旅游资讯

地址：西哈努克市港湾

交通：可乘大巴前往，也可租自行车或摩托车

奥彻蒂尔海滩

奥彻蒂尔海滩（Occheuteal Beach）以美丽的景致而闻名，位于奥彻蒂尔海滩西北端的岩石地带，即好运海滩，是受游客们热捧的休闲胜地。在这里除了可以欣赏美丽的自然风光外，还可租香蕉船、喷气式滑水车、轮胎内胎等享受畅游海上的乐趣。

旅游资讯

地址：泰国湾沿岸西哈努克市港湾，好运海滩的旁边

交通：从好运海滩向东南步行3分钟左右即可到达

PART 12 澳大利亚一周游

Part 12 澳大利亚一周游

澳大利亚印象

★★★ 拥抱阳光

澳大利亚充足的阳光和海浪、优美的沙滩，魅力独特的国家公园，各种令人眼花缭乱的主题公园，绝好的潜水点等各种海上奇观和繁华都市组成了东海岸的无限风光，这是一次能够与海洋最亲密接触的旅行，也是与大自然最浪漫的一次约会。

★★★ 特有生物

在澳大利亚有很多独属于这个大陆的生物，而澳大利亚人也一直很尊重这片大陆除人类以外的小主人。你会在半岛上看到鸭嘴兽、袋鼠和考拉，它们张扬地生活在这里，明目张胆地与人类嬉戏，逍遥地享受这片大陆所带来的恩赐。

推荐行程

A 悉尼 约940千米 **B** 布里斯班 约1600千米 **C** 凯恩斯

凯恩斯
Cairns

汤斯维尔
A1 Townsville

珊瑚海群岛

马凯
Mackay

BC约1600千米

克朗克里
Cloncurry

A2

A6

A7

朗里奇
Longreach

埃默拉尔德
Emerald

A7

A1

伯兹维尔
Birdsville

A2

A5

A3

伊罗曼加
Eromanga

A2

布里斯班
Brisbane

B

希伯尔
Hebel

博加比拉
Boggabilla

A55

AB约940千米

Kati Thanda-Lake
Eyre National Park

B71

A39

A15

A1

A55

达博
Dubbo

A32

奥古斯塔港
Port Augusta

A32

A32

悉尼
Sydney

A

交通方式对比

路线	交通方式	优点	缺点	运行时间	单程费用
悉尼—布里斯班	飞机	较为便捷	价格较高	约1小时	约100澳元
	火车	能欣赏美景	乘车时间太长	约23小时	约80澳元
	长途汽车	价格便宜	乘车时间长	约17小时	约60澳元
	租车自驾	能看到独特的风景	耗费精力	约10小时	约120澳元
布里斯班—凯恩斯	飞机	节省时间	价格较高	2.5小时	80～180澳元
	乘火车	价格较低	乘车时间长	约10小时	80澳元

最佳季节

澳大利亚的季节与中国正好相反（夏季始于12月至次年2月，3~5月为秋季，6~8月为冬季，春季则为9~11月），在中国的冬季前往澳大利亚旅游，度过一个温暖的春节是很多游客的选择。就澳大利亚当地气候来说，没有极端温差，一年四季都是前去旅游的好时机。

最佳季节的衣物

在澳大利亚的春秋季去旅行，适宜穿着休闲薄装（如衬衫、T恤、防风外套）和舒适运动鞋；冬季前往，因夜间气温会变低，必须带上毛衣和厚外套等衣物。澳大利亚一年四季阳光充足，太阳镜、防晒霜、遮阳帽等装备是必不可少的。在大堡礁的珊瑚区欣赏鱼群，或是在沙滩嬉水时，准备一双护脚的沙滩鞋也十分必要。

澳大利亚最佳旅行季节衣物						
衣物种类	10月	11月	12月	1月	2月	3月
长袖衣物	√	—	—	—	—	√
半袖衣物	—	√	√	√	√	—
短裤/短裙	—	√	√	√	√	—
薄外套	√	√	√	√	√	√
厚外套	√	—	—	—	—	√
泳衣	√	√	√	√	√	√
墨镜	√	√	√	√	√	√
沙滩鞋/平底鞋	√	√	√	√	√	√

推荐路线：悉尼—布里斯班—凯恩斯6天6夜游

6天6夜的推荐路线			
城市	日期		每日安排
悉尼	Day 1	上午	悉尼歌剧院→环形码头
		下午	岩石区→悉尼海港大桥
	Day 2	上午	圣玛利亚大教堂→悉尼塔
		下午	维多利亚女王大厦→悉尼水族馆→达今港
布里斯班	Day 3	上午	布里斯班市政厅→昆士兰文化中心
		下午	龙柏考拉保护区
	Day 4	全天	阳光海岸
凯恩斯	Day 5	上午	凯恩斯博物馆
		下午	凯恩斯地区美术馆→凯恩斯前滩漫步道
	Day 6	全天	大堡礁

到达悉尼

悉尼（Sydney）是澳大利亚最大的城市和港口，也是澳大利亚新南威尔士州的首府。200多年前，这里是一片荒原，经过来自世界各地的人们艰辛开拓与经营，它已成为一个现代化、国际化城市，被誉为"南半球的纽约"，以海滩、歌剧院和海港大桥等闻名于世。

通航城市

悉尼是中国航班飞往澳大利亚的主要到达城市之一，目前国内飞往悉尼多是从北京、上海等城市出发的航班。经营这些航班的主要航空公司有中国国际航空、中国东方航空、中国南方航空等。

从中国飞往悉尼的航班

从中国飞往悉尼的航班通常需要从北京、上海、广州等城市的机场出发，下面表格列出几大航空公司提供的航班，以供参考。

中国飞往悉尼的航班				
航空公司	电话	城市	单程所需时间	出航信息
中国国际航空（www.airchina.com.cn）	95583	北京	直飞约12小时	每天有多个航班，16:50有直飞航班
		上海	直飞约10.5小时	浦东机场有19:35出航的直飞航班，也有其他时间的中转航班
		广州	中转18～39小时	需在北京或上海转机
中国东方航空（www.ceair.com）	95530	北京	中转14～32小时	需从上海浦东机场转机，20:20有直飞悉尼航班
		上海	直飞约11小时	
		广州	中转17～36小时	
中国南方航空（www.csair.com）	95539	北京	中转24～27小时	需从广州转机，后换乘广州直飞悉尼的航班
		上海	中转17～27小时	
		广州	直飞约9小时	

如何到市区

悉尼机场（Sydney International Airport）又叫京斯福特·史密斯机场，是澳大利亚最繁忙的机场。从中国飞往悉尼的航班多降落在悉尼机场1号航站楼。

从悉尼机场如何前往市区

悉尼机场是全澳洲最大的国际机场，位于悉尼麻萨考特（Mascot）区。从机场前往悉尼市区的交通十分方便，有多种交通工具可以选择。

乘机场火车

乘坐机场火车（Airport Link）前往悉尼市中心是最便捷的，每10分钟就有一趟火车，只需13分钟就可以到达悉尼市区。

乘机场快线

机场快线（Airport Express）有多条运行路线，可到达市中心各大热门地区。单程票价7澳元，往返12澳元，运行时间5:00～23:00。

乘悉尼机场巴士

悉尼机场巴士（Sydney Airporter）由交通服务公司（Kingsford Smith Transport）运营，单程票价8澳元，每20～30分钟一班车。

悉尼2日行程

Day 1　悉尼歌剧院→环形码头→岩石区→悉尼海港大桥

在悉尼的第一天，还有什么比迎着朝霞去参观著名的悉尼歌剧院更有意义的呢？之后，前往热闹的环形码头和岩石区游玩，然后在悉尼海港大桥欣赏落日余晖的美丽景色。

悉尼第1天行程		
时间	**目的地**	**行程安排**
9:30～11:00	悉尼歌剧院	来澳大利亚必须要来悉尼，来到悉尼一定要来悉尼歌剧院。这座"贝壳"建筑是悉尼的标志，更是艺术的展示中心
11:00～13:30	环形码头	在这里的咖啡馆喝杯咖啡，享受闹中取静的悠闲自在
13:30～14:30	岩石区	在这里可以买一些造型精美而独特的艺术品，送朋友或者自己做纪念
14:30～17:30	悉尼海港大桥	在悉尼海港大桥欣赏美丽的风景，是不容错过的"悉尼体验"

▲ 悉尼第1天行程路线示意图

悉尼歌剧院

悉尼歌剧院（Sydney Opera House）三面临水，视野开阔，这座综合性的艺术中心，在现代建筑史上被认为是巨型雕塑式的典型作品，也是20世纪最具特色的建筑之一。从远处看，悉尼歌剧院就好像一艘正要起航的帆船，从近处看，它就像一个陈放着贝壳的大展台。悉尼歌剧院作为悉尼的灵魂，不仅是悉尼艺术文化的殿堂，更是公认的"20世纪世界十大奇迹之一"。

旅游资讯

地址：Bennelong Point, Sydney NSW 2000
交通：乘坐333、389、392、396、399、890、L94、X94等路公交车，在Circular Quay Stand E站下，步行约10分钟可到
网址：wwww.sydneyoperahouse.com
票价：24澳元
开放时间：内部参观时间为9:00～17:00，餐厅开放及演出时间各不相同。悉尼歌剧院全天开放16小时，圣诞节、耶稣受难日关闭

环形码头

旅游资讯

地址：悉尼港北部
交通：乘坐市区环线City Circle，或乘坐311、431、433等路公交车可到

环形码头（Circular Quay）是悉尼的海上门户，位于悉尼湾悉尼商业中心的北部边缘。东侧就是悉尼歌剧院，西侧是海港大桥，这里是拍摄悉尼360° 全景照片的好地方。码头周围有海滨小径、行人购物中心、公园、餐厅和咖啡馆等，热闹非凡。

中午在哪儿 **吃**

环形码头附近有不少可以用餐的地方，或是前往岩石区，在那里选择一家餐厅用餐。两地之间的距离不远，步行不到10分钟。

Phillip's Foote

这家餐厅在岩石区附近，食物价格还比较合理，装潢很有感觉，是一个午餐与休息的不错选择。因为处在热闹的景区附近，中午人可能比较多，建议提前预订。

地址：101 George Street, The Rocks
网址：www.Phillipsfoote.com.au

岩石区

岩石区（The Rocks）有很多殖民时期的建筑，是悉尼最热闹的地区之一，由于这里最早的建筑大多用当地的砂岩建成而得名。在这里你可以找到充满文艺气息的咖啡馆、美术工艺品店、餐厅和展馆。

旅游资讯

地址：Sydney, New South Wales 2000
交通：从环形码头步行即至

悉尼海港大桥

悉尼海港大桥（Sydney Harbour Bridge）和悉尼歌剧院一起构成了悉尼最知名的景色。游客感受大桥魅力的方式有很多，可以驾车从桥上飞驰而过，也可以乘坐火车穿梭其中，或迎着风扬起帆，从大桥下穿越而过，最刺激的方式就是攀登至海港大桥顶端，俯瞰整个悉尼风光。

旅游资讯
地址：Sydney Harbour Bridge，Sydney NSW
交通：乘坐城铁或者免费巴士到环形码头下车，步行即可到达
网址：www.australia.gov.au

晚上在哪儿玩

夜晚来临的时候，在海港可以欣赏海港大桥与悉尼歌剧院灯火辉煌的景色。随着阵阵海风，连心都随之荡漾，或许会给你带来一个伴着海浪声的美梦吧。

Day 2　圣玛利亚大教堂→悉尼塔→维多利亚女王大厦→悉尼水族馆→达令港

第2天，先去圣玛利亚大教堂参观，看过高大的悉尼塔后，前往美丽的维多利亚女王大厦参观、购物，最后到达浪漫的达令港，欣赏魅力的海港夜景。

悉尼第2天行程		
时间	**目的地**	**行程安排**
9:30 ~ 11:00	圣玛利亚大教堂	这座庄严神圣的大教堂内部有很漂亮的玻璃彩绘，而且建筑材料是当地的砂岩，具有十足的"澳洲风格"
11:00 ~ 13:30	悉尼塔	想要登上悉尼塔观景，需要在入口接受安全检查，并且还规定游客进入塔内不准吸烟
13:30 ~ 14:30	维多利亚女王大厦	这里有富丽堂皇的购物中心，精致的拱门、华丽的穹顶、七彩玻璃及层次分明的砖地板，在这座富有浓浓古典风格的大楼中购物，使人印象深刻
14:30 ~ 17:30	悉尼水族馆	在这里通过透明的隧道，不仅可以看到鲨鱼、海龟等海洋动物，还可以在展示区看到企鹅和鸭嘴兽等珍稀动物
17:30 ~ 19:30	达令港	傍晚时分，可以在达令港附近的咖啡馆休息一下，这里优美的风景让人心情舒畅

City Recital Hall

悉尼水族馆
The Sydney Aquarium

悉尼塔
Sydney Tower

AB约500米，
步行约10分钟

DE约800米，
步行约12分钟

CD约850米，
步行约11分钟

达令港
Darling Harbour

D

A4

Sussex St.

Kent St.

Clarence St.

George St.

Market St.

Market St.

Castlereagh St.

E

B

A

维多利亚女王大厦
Queen Victoria Building

BC约220米，
步行约3分钟

圣玛利亚大教堂
St Mary's Cathedral

C

Pitt St.

A4

A4

A4

PARKROYAL
Darling Harbour

Meriton Serviced
Apartments Pitt Street

▲ 悉尼第2天行程路线示意图

圣玛利亚大教堂

圣玛利亚大教堂（St Mary's Cathedral）是澳大利亚规模最大、最古老的宗教建筑之一。教堂是用当地的砂岩建成，气势恢宏，内部庄严肃穆。圣玛利亚大教堂地下墓穴的马洛哥神父地板图案，是以创世纪为主题的，由彩色的碎石镶嵌而成，因其精巧的手工而闻名世界。

旅游资讯

地址：St Marys Rd，Sydney

交通：乘坐480、483路公交车至St Marys Rd Near Cathedral St站下车可到

网址：www.stmaryscathedral.org.au

开放时间：周二至周日10:00~16:30

悉尼塔

悉尼塔（Sydney Tower）是悉尼地标性建筑之一，也是悉尼中心商务区最高的建筑。悉尼塔塔身呈金黄色，塔楼一二层是旋转餐厅，三四层是瞭望层，塔基部分则是购物中心。从悉尼塔的瞭望层远眺，悉尼景色尽收眼底，非常迷人。

旅游资讯

地址：Centrepoint Podium Level/100 Market St.，Sydney

交通：乘坐391路公交车在Elizabeth St. Near Market St.站下车，步行可到

网址：www.sydneytowereye.com.au

票价：成人26澳元，网上预订18.2澳元；儿童15澳元，网上预订10.5澳元

开放时间：9:00~22:30（圣诞节不开放）

445

中午在哪儿 吃

在悉尼塔和维多利亚女王大厦附近有不少餐厅，都可以作为吃午饭的地方。如果你想吃一顿地道的中餐，可以前往附近的中国城，那里有很多传统而地道的中餐馆，很多餐厅老板会说中文，有些餐厅里的菜单也是有中文的。

金汤海鲜酒家

地址：393-399 Sussex St, Sydney
交通：乘坐城铁L1 Dulwich Hill Line在Capitol Square Light Rail站下车，再步行5分钟
网址：www.goldencentury.com.au

金汤海鲜酒家（Golden Century Seafood Restaurant）是一家中餐馆，也是一家海鲜料理店，采用新鲜的海鲜为原料，包括三文鱼、牡蛎等海鲜制作成中餐口味的海鲜，十分受欢迎。

维多利亚女王大厦

维多利亚女王大厦（Queen Victoria Building）是一座建于1898年的拜占庭式建筑，被世界服装设计大师皮尔·卡丹誉为"全世界最漂亮的购物中心"。大厦内有时装店、珠宝店、特色商店及咖啡厅。琳琅满目的商品令人目不暇接，而楼梯和走廊墙壁上的精美油画，又让人仿若置身于博物馆中。

旅游资讯

地址：455 George St, Sydney
交通：乘坐412、413、431、433、436、L38路等公交车，在George St Near Market St站下车即可
网址：www.qvb.com.au
营业时间：周一至周三、周五、周六10:00~18:00，周四10:00~21:00，周日11:00~17:00

悉尼水族馆

悉尼水族馆（The Sydney Aquarium）位于皮尔蒙特大桥的旁边，里面集中了澳大利亚近海及河流中的上万种水生动物。如果对水生物感兴趣的话，这里很值得一看。这里还有一些有澳洲特色的生物，比如鸭嘴兽和企鹅等。

旅游资讯

地址：1-5 Wheat Road, Sydney
交通：乘Monorail单轨列车在Darling Park Monorail Stop站下车即可
网址：www.sydneyaquarium.com.au
票价：成人38澳元，网上预订26澳元；儿童24澳元，网上预订16.8澳元
开放时间：9:00~22:00（售票至21:00）

达令港

达令港（Darling Harbour）又名情人港，由港口码头、绿地流水和各种建筑群组成。人们来此可以到岸边的户外区就餐，在港口购物中心购物，或者坐在码头边的台阶上吹吹海风等，这都是不错的享受。还可以参加从达令港出发的游船游览团，更近距离欣赏港口两岸的风景。

旅游资讯

地址：Darling Harbour, Sydney
网址：www.darlingharbour.com

华灯初上，可以到达令港附近找一家咖啡馆坐一坐，品一杯香醇的咖啡，吹一吹清凉的海风，细致地感受属于悉尼的夜晚。

如果多待一天

**多待一天
的游玩**

悉尼还有很多可以游玩的景点，如果你的时间比较宽裕，可以在悉尼多待一天，那样就可以前往悉尼周边的景点游览。

蓝山国家公园

蓝山国家公园（Blue Mountains National Park）位于悉尼以西约100千米处。由于山上生长着各种尤加利树（桉树），其挥发的油滴在空气中经过阳光折射呈现出蓝雾，因而得名蓝山。蓝山以拥有茂密的原始森林及优美的瀑布而闻名。

地址：Blue Mountains National Park NSW
交通：从悉尼中央车站（Center Station）搭乘Intercity的Blue Mountain Line火车可到
网址：www.nationalparks.nsw.gov.au

悉尼住行攻略

**在悉尼
住宿**

悉尼作为澳大利亚最繁华的城市，这里不乏一些星级奢华酒店；也有很多背包客旅馆，而且这些旅馆大都设在海港旁边，环境设施非常好。你可以根据自己的需求在这个城市选择最适合自己的住宿地。在市中心、岩石区或者靠近国王十字区的地方住宿价格比较贵，豪华酒店的价格240～550澳元，中等宾馆的价格在95～170澳元，经济旅馆的价格在55～90澳元。另外，在悉尼需缴纳占房价10%的床铺税。

在悉尼出行

在悉尼出行可以选择火车、公交车、观光巴士等交通工具，也可以选择骑自行车在海港附近的街道穿梭。

火车

悉尼火车来往于各大小镇，乘火车所需时间与巴士差不多，路线也基本相同。悉尼市内的中央火车站、市会堂火车站等车站列车的车次频繁，候车方便。在悉尼购买一张火车票，可在一天内不限次数的乘坐火车来往于各城镇、景区之间，乘坐火车是最省时省钱的办法。

公交车

悉尼公交车线路发达，每条线路都有各自的时刻表，一般隔15分钟会有一辆车。公交车上司机就是售票员。另外，公交车出售IC卡，根据不同的距离，需要买不同种类的卡。

一般乘坐2个站买蓝卡，5个站买黄卡，10个站买绿卡，价位均不相同。

观光巴士

悉尼市内观光巴士极为便利，The Sydney Explorer便是其中一种。乘坐这种巴士不但可以游览市内各大景点，而且其价格也是十分实惠。只要购买一张车票，就可以无限次搭乘，并且可以在任意站点上下车。The Sydney Explorer每天8:40从Circular Quay首发（悉尼歌剧院附近），每隔20分钟一班，围绕悉尼转一圈的时间为1小时40分钟左右，末班车的时间17:20。

从悉尼至布里斯班

乘飞机

悉尼国际机场是澳大利亚乃至南太平洋地区的最大航空港。澳大利亚的国内航空公司都是比较廉价的，从悉尼到布里斯班只需要一个多小时，价格在100澳元以内，提前一个月在网上预订，还可能订到50澳元左右的机票，方便快捷。

乘火车

从悉尼到布里斯班乘坐火车需要1天的时间，坐票约80澳元，卧铺约200澳元。不过，乘火车所需时间长、价格高，并不是理想的出行之选。但是对于旅行时间充分、想要欣赏沿途风光的游客来说，乘坐火车还是非常适合的，它能让你更好地了解澳大利亚的自然风光。

乘长途汽车

Premier Motor Service提供从悉尼到布里斯班、凯恩斯、艾利海滩等地的长途汽车，也有少量连接墨尔本的长途汽车。Ansett Pionerr公司、灰狗巴士在悉尼和各城市都有长途汽车到布里斯班。从悉尼前往布里斯班需要16.5小时，时间虽然很长，但是比乘飞机和火车便宜，所以很受欢迎。可在网站www.premierms.com.au（Premier Motor Service公司）与www.greyhound.com.au（灰狗巴士）上查询列车时刻表和预订车票。

租车自驾

从悉尼前往布里斯班租车自驾约14小时可到，如果沿途想要欣赏风景，则需要选择途中城市休息。

到达布里斯班

布里斯班（Brisbane）是昆士兰州的首府，有"考拉之都"的称号。这里气候温暖，降水适中，有着迷人的自然风光，多种多样的动植物在这里生存，特别是一些澳洲动物，与人类的关系十分亲近。同时，布里斯班的人文景观也很丰富，游人来到布里斯班，还可以感受到浓厚的文化艺术气氛。

如何到市区

布里斯班国际机场距离市区约13千米，前往市区的交通十分方便。机场分为国际航站楼和国内航站楼，设施十分完善。游客信息中心分别位于国际航站楼和国内航站楼的2层，提供旅游信息及机场与交通信息。可在国际航站楼和国内航站楼的News Travels或Travelex店购买电话卡。

在国际航站楼各层及国内航站楼2层均有Travelex亭，可兑换货币，或在网上预订货币，在机场取现。布里斯班机场的许多店铺均接受中国银联卡付款。在国际航站楼和国内航站楼均有免费Wi-Fi，信号最强的地方是美食大厅的座位区。Wi-Fi限用3小时，而且有数据下载量限制。

乘机场巴士

布里斯班国际机场每天都有机场巴士往返于布里斯班市和CBD、黄金海岸、布里斯班邮轮码头、汉密尔顿临港码头和阳光海岸之间。单程票价14澳元，往返26澳元，单程时间约需25分钟。

机场专线火车

机场专线火车（Airtrain）运行于布里斯班国际机场、布里斯班市和黄金海岸之间，还提供国内与国际航站楼之间的转乘服务，非常便利。机场专线火车运营时间5:45～22:00，高峰期每15分钟发车一次，单程票价12.5澳元。

布里斯班2日行程

Day 3　布里斯班市政厅→昆士兰文化中心→龙柏考拉保护区

布里斯班的景点不是太多，其最为知名的景点是龙柏考拉保护区，位于市郊，需要乘车前往。今天的行程是上午在布里斯班市区游玩，下午乘车前往龙柏考拉保护区。

布里斯班第1天行程

时间	目的地	行程安排
9:30～10:30	布里斯班市政厅	上午前往位于布里斯班市中心的布里斯班市政厅参观
10:30～12:30	昆士兰文化中心	参观完市政厅后可步行前往昆士兰文化中心,在这里可以了解到昆士兰地区的文化与艺术方面的成就
12:30～16:30	龙柏考拉保护区	这是澳大利亚唯一一个能拥抱考拉的地方,在这里你能抱着一只清醒的考拉合影,这将会成为很珍贵的记忆

布里斯班市政厅
Brisbane City Hall

AB约800米,
步行约12分钟

库萨山
Mount Coot-Tha

昆士兰文化中心
Queensland Cultural Centre

Brisbane River

圣卢西亚
St Lucia

BC约13千米,
乘车约20分钟

Brisbane River

Chelmer

Fig Tree Pocket

龙柏考拉保护区
Lone Pine Koala Sanctuary

穆兽卡区
Moorooka

▲ 布里斯班第1天行程路线示意图

布里斯班市政厅

布里斯班市政厅(Brisbane City Hall)是具有意大利文艺复兴风格的建筑,富丽堂皇。市政厅通体用棕黄色砂石建成,钟楼上的大钟每隔15分钟就要敲响一次。你可以从外围感受这座市政厅古老的气息,也可以搭电梯至内部瞭望台,俯瞰市政厅边上的乔治国王广场和布里斯班如棋盘般纵横的街道,还可以欣赏缓缓流经市区的布里斯班河。

旅游资讯

地址：Adelaide Street，King George Square，Brisbane City

交通：乘坐City Bus在Central站下即可

网址：www.brisbane.qld.gov.au/cityhall

票价：免费

开放时间：周一至周五8:00～16:30，电梯、观景台10:00～15:00

昆士兰文化中心

昆士兰文化中心（Queensland Cultural Centre）位于布里斯班河南岸，由国立美术馆、博物馆、图书馆、歌剧院和音乐厅等组成。它是布里斯班市最具规模的艺术和文化殿堂，综合体现了澳洲在文化、艺术等方面的成就。这里时常举办大型文艺演出，还有各种艺术展览和聚会等活动。

旅游资讯

地址：Grey St, South Brisbane

交通：乘坐公交车60、61、66、100、105、107、108、110、111、112、113、115、116、120、124、125、130路在Cultural Centre, platform 2站下车

网址：www.arts.qld.gov.au

票价：免费（特殊展览需收费）

开放时间：10:00～17:00

中午在哪儿吃

昆士兰文化中心位于布里斯班市中心，周围有众多的餐厅，可以选一家吃午饭。布里斯班河岸边的餐厅不仅能提供地道的澳大利亚美食，还能欣赏优美的风景。

Lyrebird Restaurant

这是一家位于昆士兰文化中心附近的餐厅，价格比较亲民，菜色也不错，推荐午餐来这里吃。

地址：Queensland Performing Arts Centre Melbourne StreetSouth Brisbane

交通：乘坐公交车60、61、66、100、105、107、108、110、111、112、113、115、116、120、124、125、130路在Cultural Centre, platform 2站下车

开放时间：12:00～14:00、18:00～23:00

龙柏考拉保护区

龙柏考拉保护区（Lone Pine Koala Sanctuary）位于布里斯班市郊。这里毛茸茸的考拉被分在不同的园区里，比如有Girl区、Boy区、未婚考拉区、已婚考拉区和老年考拉区。澳大利亚法律规定，只有在昆士兰州才允许人们抱考拉，在其他州则是严格禁止的，所以游客在这里千万别错过能拥抱考拉的机会。

旅游资讯

地址：708 Jesmond Rd, Fig Tree Pocket QLD 4069

交通：乘坐430、445路公交车可直达

网址：www.koala.net

票价：33澳元

开放时间：9:00～17:00

晚上在哪儿
玩

夜晚降临，可以选择乘坐游船欣赏布里斯班的美景。从南太平洋吹来的海风轻抚脸庞，近处的布里斯班灯火璀璨，远处或许还能隐隐看到地平线，如此壮观的美景，将成为澳大利亚之行的难忘记忆。

Day 4 阳光海岸

阳光海岸作为布里斯班最重要的景点，一年四季风景如画。来到阳光海岸，可以好好享受一下阳光与沙滩带给人的惬意。

布里斯班第2天行程		
时间	目的地	行程安排
9:30 ~ 16:00	阳光海岸	可以逛逛游览区的商店与工艺品店，也可以去打高尔夫球或尝试各种水上活动，或者是参加费沙岛（Fraser Island）的一日游活动

AB约100千米，
乘车约1.5小时

▲ 布里斯班第2天行程路线示意图

阳光海岸

阳光海岸（Sunshine Coast）位于布里斯班以北约100千米处，以悠闲景致见长。这里随处可见美丽的沙滩、亮丽的波涛及翠绿的山野，阳光温暖却不灼人，晒在身上非常舒服。阳光海岸可开展滑水冲浪、乘坐游艇、海滩钓鱼、潜水等很多水上活动。对于喜欢阳光、海浪、沙滩、洁净空气的人来说，这里悠闲自在的生活方式足以让人沉醉。

旅游资讯

地址：布里斯班以北约96千米处，南起博来比岛（Bribie Island），一直到天堪湾（Tin Can Bay）

交通：从布里斯班乘灰狗巴士或乘Suncoast Pacific提供的班车前往

中午在哪儿 吃

在阳光海岸上不可错过的美食自然是各式各样的新鲜海产品，无论是著名的澳洲鲍鱼还是大龙虾，都能让人想大快朵颐。在沙滩沿岸有很多餐馆，都可以作为吃午饭的去处。

晚上在哪儿 玩

晚上，可以在阳光海岸附近参加鸡尾酒派对，或是乘车返回布里斯班市区，乘坐前往凯恩斯的火车或飞机，开启下一段旅途。

布里斯班住行攻略

在布里斯班 住宿

布里斯班的住宿地很多，种类齐全。你可以根据自己的需求选择住宿地，市中心的住宿地相当昂贵，并且多位于古老的建筑内，包括一些高级酒店。近郊区的住宿地各具特色，紧靠市区北面的Spring Hill区十分安静，而Fortitude Valley区是布里斯班热闹的夜生活之地。Fortitude Valley东南面的New Farm区既有安静的社区，也有年轻白领的聚集场所。位于市区西侧的Pertrie Terrace区和Paddington区，有小资风情的新潮餐馆和精品商店。在这些地方都能找到环境不错又比较便宜的住处。

在布里斯班出行

在布里斯班出行可以选择观光巴士、游船、出租车等交通工具，骑自行车出行和自驾出行也是不少游客的选择。

观光巴士

游客可以乘坐观光巴士（City Sights Bus）游览市区，大部分观光巴士都有电子显示牌，显示该车的路线和首末站点。观光巴士运营时间6:00～23:00，大部分车的终点站为Queen St Bus Station和Fortitude Valley。可备好零钱在上车后购票。

游船

作为一个近海城市，布里斯班的海上交通比较发达。轮渡是往返布里斯班河南北两岸的主要交通工具，游船则是众多游客喜爱的游览方式。City Ferries是一种传统的渡轮，主要负责短距离的运输，有更多的停靠站点。City Cats是一种高速的双体船，停靠在South Bank和城市中心以及郊外的河畔。

出租车

布里斯班有非常多的出租车，可以搭载乘客去任何地方。主要的出租车公司是Yellow Cabs和Black&White Cabs。出租车招手即停，空车的车头会亮灯。布里斯班的出租车从机场至市区需要50～60澳元。

从布里斯班至凯恩斯

乘飞机

布里斯班机场每天都有数趟飞往凯恩斯的航班，从布里斯班飞往凯恩斯约2.5小时航程，机票价格为80～180澳元。

乘火车

从布里斯班到凯恩斯的火车有The Sunlander号以及The Queenslander号车次，乘车时间约为10小时，费用在80澳元左右，沿途能欣赏到壮观的太平洋美景。

到达凯恩斯

凯恩斯（Cairns）因为有闻名世界的大堡礁和被称为"地球之肺"的热带雨林而成为南半球的旅游胜地。在大堡礁可乘坐玻璃底船或潜水来欣赏那形状各异、五彩斑斓的珊瑚礁；在热带雨林可以徒步穿行探险。这些都是令人难以忘怀的体验。

如何到市区

多数游客都会选择乘坐飞机前往凯恩斯，从凯恩斯国际机场前往凯恩斯市区的交通较为便捷，乘车约10分钟左右即可到达。

从凯恩斯国际机场如何前往市区

凯恩斯国际机场（Cairns International Airport）位于凯恩斯以北7千米处的Aeroglen郊区。凯恩斯国际机场内还设有独立的澳大利亚国内和国际航站大楼，两个航站楼有覆盖式的步行通道连接，步行只需5分钟。

乘机场巴士

机场巴士（Airport Shuttle Bus）直达各大著名酒店，人满即走，单程票价需要9~10澳元。

乘太阳棕榈巴士

太阳棕榈巴士（Sun Palm Transport）提供定时的穿梭巴士服务，可至市中心、北部海滩、棕榈滩、道格拉斯港和考验角。乘坐地点在国内和国际航站楼的抵港大厅外。

乘出租车

从机场至市中心单程需25澳元左右，约10分钟可到。

从凯恩斯火车站如何前往市区

凯恩斯火车站（Cairns Railway Station）位于Bunda Street上，从布里斯班到凯恩斯有The Sunlander号以及The Queenslander号，终点站为位于马克洛德街的火车站。从该火车站到凯恩斯市区广场，步行约需10分钟。

凯恩斯2日行程

Day 5 凯恩斯博物馆→凯恩斯地区美术馆→凯恩斯前滩漫步道

凯恩斯市区内有不少值得参观的景点，今天的行程以凯恩斯博物馆为起点，然后步行前往凯恩斯地区美术馆，最后在凯恩斯前滩漫步道散步。

凯恩斯第1天行程		
时间	目的地	行程安排
9:30～12:00	凯恩斯博物馆	在博物馆探索小城的历史，了解凯恩斯的往昔，会感受到这座城市充满了历史气息
12:00～15:30	凯恩斯地区美术馆	在了解凯恩斯的历史后，前往美术馆看一看艺术家们的杰作
15:30～19:30	凯恩斯前滩漫步道	几千平米的咸水游泳礁湖是这里毋庸置疑的亮点，从日出之后直到深夜，礁湖都是凯恩斯最受欢迎的地点之一

凯恩斯前滩漫步道
Cairns Promenade

Rydges Esplanade
Resort Cairns

Munro Martin Park

The Pier

AB约200米，
步行约3分钟

BC约1.1千米，
步行约20分钟

凯恩斯地区美术馆
Cairns Regional Gallery

凯恩斯博物馆
Cairns Museum

▲ 凯恩斯第1天行程路线示意图

凯恩斯博物馆

凯恩斯博物馆（Cairns Museum）展示了凯恩斯不同时期的众多展品，有澳洲原住民的石器、捕鱼陷阱等各种工具；淘金年代和拓荒时期的生活用品；"二战"时用过的运输工具、蒸汽火车、飞机模型等。此外，博物馆还收藏了澳洲热带雨林的老照片、早期中国移民的神坛等众多展示这片土地历史的展品。

旅游资讯

地址：School of Arts Building, Cnr Lake&Shields Street City Place Cairns
网址：www.cairnsmuseum.org.au
票价：成人5澳元，儿童5澳元
开放时间：周一至周六10:00～16:00

凯恩斯博物馆位于凯恩斯市中心，这里十分繁华，有众多的餐馆可供选择。大多数餐馆都有美味的海鲜供应。

1 Taste of China Restaurant

地址：36 Abbott St，Cairns
交通：乘坐公交车110、110N、111、113、120、121、123、130、131、133、140路在Spence St near Grafton St站下车

这是一家位于凯恩斯博物馆与凯恩斯地区美术馆之间的中餐厅，这里提供常见的中餐，价格相对较为实惠，是吃午饭的好去处。

凯恩斯地区美术馆

凯恩斯地区美术馆（Cairns Regional Gallery）是昆士兰规模最大的区域性美术馆，有很多澳洲人特地造访。该馆以北昆士兰的代表艺术家的作品为主，经常举行澳洲或海外著名艺术家的特展等，屡获好评。美术馆一楼的商店贩卖独特设计的T恤、小饰品等，很适合游客购买纪念品。

旅游资讯

地址：40 Abbott St，Cairns QLD 4870
交通：乘坐公交车110、110N、111、113、120、121、123、130、131、133、140路在Spence St Near Grafton St站下车
网址：www.cairnsregionalgallery.com.au

凯恩斯前滩漫步道

凯恩斯前滩漫步道（Cairns Promenade）的东南端有前往大堡礁的轮渡，名字叫"Reef Fleet Terminal"，北面是一片极其静谧的区域，西北面有密集的餐饮店。步道由木板铺就，长约3千米，漫步道两边有许多木头桌椅，很多人会把带来的食品摊在桌子上食用，以海景佐饭，其乐无穷。

旅游资讯

地址：Esplanade，Cairns
交通：乘坐公交车110、111、113、121、130、131至Sheridan St C225站下车，步行即到

凯恩斯前滩漫步道附近有不少露天酒吧，一到晚上这里都十分热闹，来自世界各地的游客，在这里如同一家人一般，一起欢歌笑语。

Day 6 大堡礁

大堡礁是凯恩斯最著名的景点，一年四季都可以游览，每年的5～10月是最好的季节，这期间天气也不至于太热，而且是澳洲的观鲸季，运气好的话，出海便可以看见鲸鱼的身影。

凯恩斯第2天行程		
时间	目的地	行程安排
8:00～18:30	大堡礁	大堡礁主要分为内堡礁和外堡礁，内堡礁是指靠近城市的部分，外堡礁是指远离城市的部分，远离城市的部分污染较少，观光价格也比较高，所以游客应按照个人需要仔细选择想去的区域

▲ 凯恩斯第2天行程路线示意图

大堡礁

　　大堡礁（Great Barrier Reef）是世界上最大、最长的珊瑚礁群，绵延2000多千米。1981年被列为世界自然遗产，是澳大利亚最著名的景点之一。大堡礁由几百个珊瑚礁岛组成，色彩斑斓，其中心形的珊瑚礁岛已成为大堡礁的浪漫名片。大堡礁区域海水清澈，海洋生物丰富，可以看到各种鱼类、漂亮的珊瑚礁，还有海星、海龟等众多海洋生物。

　　从凯恩斯出发的话，最热门的目的地有绿岛（Green Island）、诺曼外堡礁（Norman Outer Reef）和摩尔外堡礁（Moore Outer Reef）等，其中绿岛是融沙滩、雨林和内堡礁为一体的美丽小岛，有"凯恩斯宝石"之称；诺曼外堡礁是凯恩斯景色最佳的外堡礁之一；而摩尔外堡礁是离凯恩斯最近的外堡礁。

旅游资讯

地址：QLD 4810 Australia（澳大利亚东北海岸，昆士兰州以北）
网址：www.gbrmpa.gov.au

Tips

参观大堡礁的游船

大猫号游船（Big Cat Green Island Reef Cruises）

主要游览区域是绿岛，有半日游和一日游可以选择，也可附加自费项目。有包含自助午餐的套餐，也可自带食物。

网址：www.bigcat-cruises.com.au

太阳恋人号游船（Sunlover Reef Cruises）

主要游览区域是摩尔外堡礁和费兹罗伊岛（Fitzroy Island），可以选择摩尔外堡礁一日游或者费兹罗伊岛一日游，含自助午餐。

网址：www.sunlover.com.au

大冒险号（Great Adventures）

主要游览区域是绿岛和诺曼外堡礁，有中文网站，还可以选择"绝代双礁"（绿岛+诺曼外堡礁），含自助午餐。

网址：www.greatadventures.com.au/chinese

如果多待一天

多待一天的游玩

凯恩斯不远处的市郊还有不少有趣的景点可以游玩，你如果有多余的时间留在这里，不妨乘车前往周围的景点参观游览，恰普凯原住民文化公园和热带雨林夜行动物园都是不错的选择。

1 恰普凯原住民文化公园

地址：Cairns Western Arterial Rd, Barron
交通：乘坐火车在Caravonica Skyrail Terminal站下车
网址：www.tjapukai.com.au

恰普凯原住民文化公园(Tjapukai Aboriginal Cultural Park) 坐落在凯恩斯以北约15千米处，是以古老的澳洲原住民文化艺术为主题的公园。园内分为原住民舞蹈音乐剧场、原住民艺术博物馆、美术馆和露天表演场等，在这里可以尽兴地观赏精彩的原住民歌舞表演，欣赏传统的手工艺品、珍贵的美术作品，还可以投掷古老的回力镖、狩猎长矛，以及观看原始人类的取火烧食等表演。

2 热带雨林夜行动物园

地址：Captain Cook Hwy, Palm Cove
交通：从凯恩斯向北自驾前往，约20分钟可到
网址：www.cairnstropicalzoo.com.au

在热带雨林夜行动物园（Tropical Night Zoo）游览，既能领略热带雨林的特色，又能和小动物们"打成一片"。动物园内有鹦鹉、袋鼠、毛鼻袋熊等动物，上午和下午各有一场鳄鱼表演和鸟类飞行表演。游客晚上游览动物园，工作人员会给每个人配一个手持手电筒，跟着管理员在黑暗的山间穿梭，观察各种澳洲动物。这里还有篝火、啤酒、烧烤、民歌、轮舞等活动，使人们游览动物园变得更加有趣。

凯恩斯住行攻略

在凯恩斯住宿

凯恩斯虽然是一个小城市，但是住宿条件相对较好，经济实惠的旅馆大多在海滨广场。市中心也汇聚了很多住宿地，且交通便利。

凯恩斯住宿地推荐

名称	地址	网址
Shangri La Hotel The Marina Cairns	Pier Point Rd, Cairns	www.shangri-la.com
Cairns Harbour Lights Hotel	1 Marlin Parade, Cairns	www.accorhotels.com
Bay Village Tropical Retreat	227 Lake St., Cairns North	www.bayvillage.com.au
Citysider Holiday Apartments	17A Upward St., Cairns	www.citysider.com.au
Tropic Days	26–28 Bunting St., Cairns	www.tropicdays.com.au
Travellers Oasis	8 Scott st., Cairns	www.travellersoasis.com.au

在凯恩斯出行

凯恩斯面积不算太大，在市内，步行就可以到达各个景点，如果觉得步行太累，则可以乘坐凯恩斯的公交车。如果前往大堡礁则需要乘坐邮轮。

凯恩斯交通资讯

交通工具	票价	备注
巴士	乘坐马林海岸太阳巴士（Marlin Coast Sunbus）到特里尼蒂海滩5.7澳元，到凯瓦拉拉海滩6.45澳元，到棕榈湾6.8澳元；乘坐Whitecar Coaches巴士到库兰达4澳元，到马里巴16.8澳元，到阿瑟顿22澳元	凯恩斯有4家巴士公司：Cairns Trans、Marlin Coast Sunbus、Whitecar Coaches、The Beach Bus，其中Marlin Coast Sunbus线路覆盖了凯恩斯北部及马琳海岸一带，Whitecar Coaches线路覆盖了内陆地区阿瑟顿高原方向
空中缆车	单程成人39澳元，儿童19.5澳元，家庭97.5澳元；往返成人56澳元，儿童28澳元，家庭140澳元	空中缆车（Skyrail）是凯恩斯的一道独特的风景线，同时也是欣赏热带雨林风光最佳方式之一。缆车连接库兰达和卡拉沃尼卡湖站，中途设红顶站（Red Station）和Barron Falls Station

路线改变

如果有更多的时间和精力留在澳大利亚，那么澳大利亚还有很多惊喜在等着你。无论是风景秀丽的首都堪培拉，还是著名城市墨尔本，或者深入内陆，体验刺激的冒险旅程，澳大利亚总有无数的景色等着你。

堪培拉的秀丽风景是很多澳大利亚城市无法比拟的。初到堪培拉，一路上绿树成荫，住宅区也是草坪、树林和小房子相间而列，若不是那一座座气派宏伟的"政治中心"建筑，真的会让人以为自己置身于一座田园城市之中。

去堪培拉吧

伯利格里芬湖

伯利格里芬湖（Lake Burley Griffin）位于堪培拉的中心，是一座美丽的人工湖。大部分湖岸线上都是公共公园，在湖的北面，是新老国会大厦，湖边还有众多的博物馆。围绕在博物馆周围，有许多现代风格的雕塑。

旅游资讯
地址：堪培拉市中心
交通：乘34路公交车可到

澳大利亚国家博物馆

澳大利亚国家博物馆（National Museum of Australia）内展出各类与澳大利亚历史相关的文物，是了解澳大利亚历史最好的去处。但该博物馆并非是简单的展览性质博物馆，它通过各类独特的设计与先进的工艺，使博物馆具有了十足的互动性与趣味性，在这里你能通过幽默风趣的辩论了解到澳大利亚的历史，也能通过高科技的声、光、电结合技术"穿越"到原始时期的原住民部落，"真实参与"澳大利亚的历史与发展。

旅游资讯
地址：Lawson Crescent, Acton
交通：乘坐7路公交车在Lvy Café附近下车，步行可到
开放时间：9:00～17:00
网址：www.nma.gov.au

国会大厦

国会大厦（Parliament House）位于堪培拉的制高点——首都山（Capital Hill）的山顶上，如此的地理位置也彰显了国会大厦的地位和权力。登上首都山，站在国会大厦的楼上，能看到数条以国会大厦为中心、成放射状的大道，其间穿插着伯利格里芬湖、战争纪念馆、国立军事学院等知名建筑物和大片的树林、绿地，景色十分壮观。

旅游资讯
地址：Parliament Dr, Canberra
交通：乘坐公交车1、934路在 Parliament Dr Parliament House 站下车可到
网址：www.aph.gov.au
开放时间：9:00～17:00，讲解团队游9:00～16:00

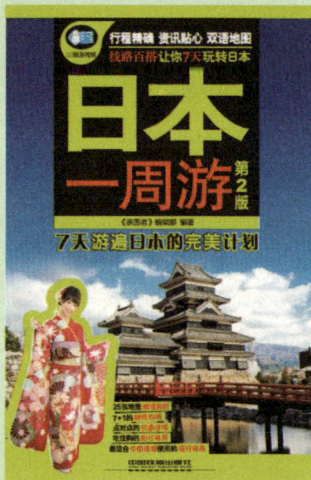